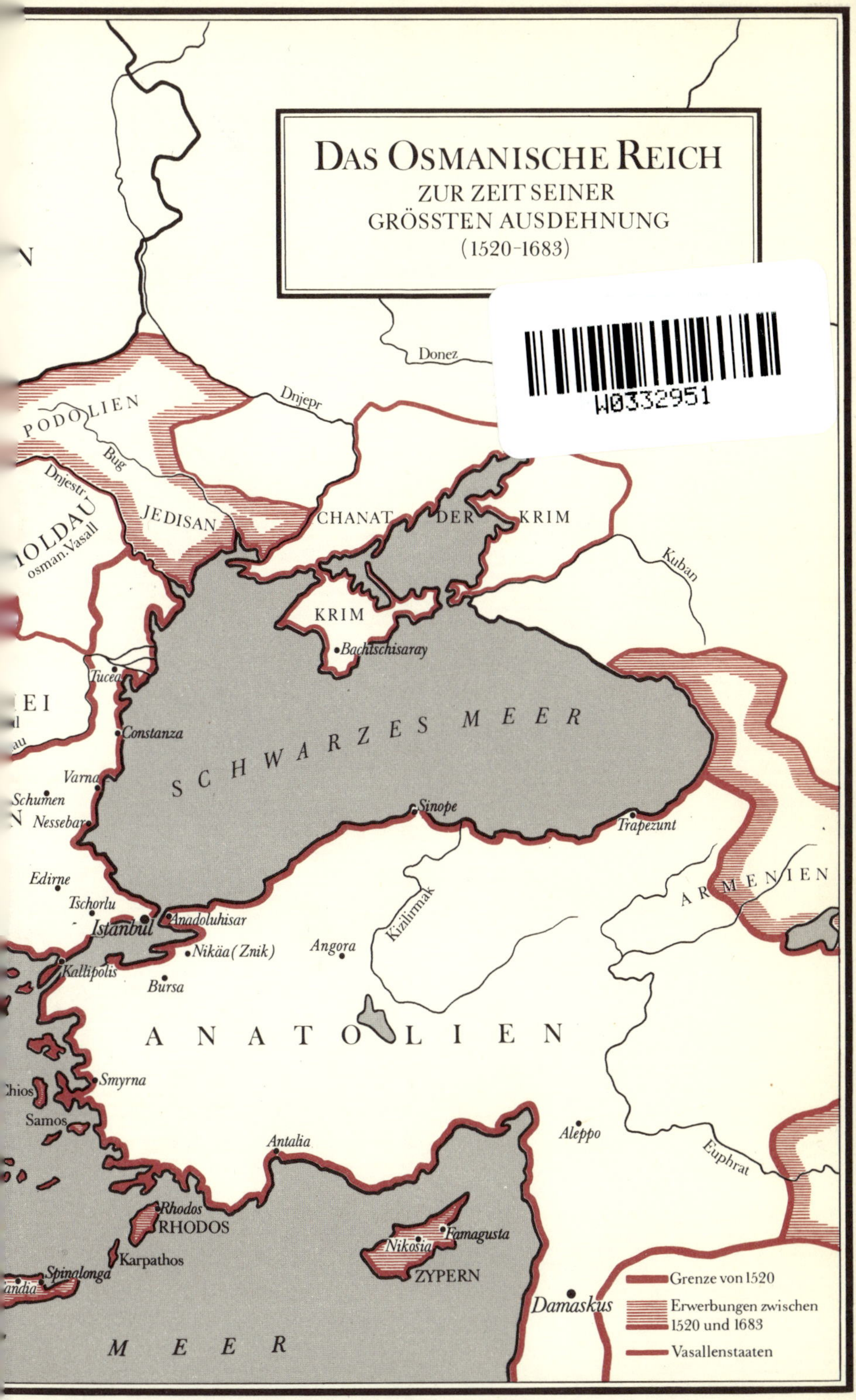

DAS OSMANISCHE REICH
ZUR ZEIT SEINER
GRÖSSTEN AUSDEHNUNG
(1520-1683)
Donez
Dnjepr
PODOLIEN
Bug
Dnjestr
MOLDAU
osman. Vasall
JEDISAN
CHANAT DER KRIM
Kuban
KRIM
Bachtschisaray
Tucea
Constanza
SCHWARZES MEER
Varna
Schumen
Nessebar
Sinope
Trapezunt
Edirne
Tschorlu
Istanbul
Anadoluhisar
Nikäa (Znik)
Angora
Kizilirmak
ARMENIEN
Kallipolis
Bursa
ANATOLIEN
Smyrna
Chios
Samos
Antalia
Aleppo
Euphrat
Rhodos
RHODOS
Karpathos
Spinalonga
Nikosia
Famagusta
ZYPERN
Damaskus
MEER
Grenze von 1520
Erwerbungen zwischen 1520 und 1683
Vasallenstaaten

AUF DEN SPUREN . . .
Begegnungen mit lebendiger Geschichte
Eine Buchreihe im Paul List Verlag
Herausgegeben von Prof. Dr. Hermann Schreiber

*Bereits erschienen:*

Hermann Schreiber
AUF DEN SPUREN DER GOTEN

Fernand Niel
AUF DEN SPUREN DER GROSSEN STEINE

Peter Lahnstein
AUF DEN SPUREN VON KARL V.

Anke Kröning
AUF DEN SPUREN DER JEANNE D'ARC

*In Vorbereitung:*

Hermann Schreiber
AUF DEN SPUREN DES FRÜHEN MENSCHEN

Fernand Salentiny
AUF DEN SPUREN DER MEROWINGER

Celine Debayle
AUF DEN SPUREN VON T. E. LAWRENCE

Humbert Fink
AUF DEN SPUREN DER ARCHÄOLOGEN

Lutz Mackensen
AUF DEN SPUREN DER NIBELUNGEN

*Georg Schreiber*

# AUF DEN SPUREN DER TÜRKEN

*List Verlag München*

Umschlagentwurf: Franz Wöllzenmüller

Umschlagbild: Fahnenträger aus: Bilder aus dem türkischen Leben, Österreich, letztes Viertel 16. Jh. Codex 8626, fol. 11. (Österr. Nationalbibliothek, Wien)

Vorsatzkarte: Christel Aumann

ISBN 3-471-18730-5


Satz: Bruno Leingärtner, Nabburg
Druck- und Bindearbeit: May & Co., Darmstadt

# INHALT

Meiner lieben Frau

## I.
## DER WEG NACH EUROPA

Sulejman, der älteste Sohn des Sultans Orchan, ritt mit achtzig Gefährten zur Meeresküste Kleinasiens. Es mag im Spätsommer, vielleicht schon im frühen Herbst gewesen sein, die Jahreszeit ist nicht genau bekannt, ja sogar über das Jahr liegen verschiedene Angaben vor, 1353, 1356 oder auch dazwischen. Die Chronisten des Westens nahmen jenes Ereignis überhaupt nicht zur Kenntnis, für sie gab es viel Wichtigeres zu verzeichnen: der Luxemburger Karl IV., König von Böhmen und Römisch-deutscher König, wurde in Mailand zum König von Italien, in Rom zum Römischen Kaiser gekrönt. In Italien interessierte man sich überdies für die neuesten Werke von Petrarca und Boccaccio oder redete über die Hinrichtung des Dogen Marino Falieri zu Venedig, in Frankreich war ein Waffenstillstand mit England abgelaufen, so daß der Krieg von neuem begann. Die Küste Kleinasiens kümmerte niemanden.

Jener Ritt des jungen Sulejman hatte den Anschein eines Jagdausfluges, aber seine Begleiter waren nicht Jäger, sondern auserwählte Krieger, und dazu hatte der Sultan dem Sohn seine drei besten Heerführer mitgegeben. Man besichtigte nämlich nicht einen beliebigen Abschnitt der Küste, sondern die enge Meeresstraße der Dardanellen. Drüben lag das Byzantinische Reich, und dessen Kaiser hatte bei Todesstrafe verboten, daß auch nur ein kleines Boot das Wasser überquere.

Sulejman bestieg auch kein Boot, um an das europäische Ufer zu gelangen, sondern ließ Flöße bauen, die von Ochsenblasen getragen wurden. So fuhr er mit seinen Begleitern in einer Vollmondnacht hinüber und landete unterhalb der kleinen Festung Hamni. Ihr Name wird auch mit »Tzympe« angegeben; sie war schlecht bewacht, ja hatte kaum eine richtige Besatzung. Ein Mann vom Lande fiel den Türken in die Hände, und um sein Leben zu retten, zeigte er ihnen einen unterirdischen Gang, der in die Festung führte. Als die Einwohner am nächsten Morgen erwachten, sahen sie ihre Mauern und Tore von türkischen Kriegern besetzt. Sulejman behandelte sie aber freundlich und schwor, er werde ihnen die Freiheit und noch dazu Geschenke geben, wenn einige erfahrene Seeleute unter ihnen helfen würden, türkische Schiffe nach Europa herüberzuführen.

Die Gefangenen dachten nicht daran, sich dem Sieger zu widersetzen. Binnen kurzer Zeit hatte Sulejman 3000 türkische Krieger beisammen, so daß er noch eine zweite Festung erobern konnte. Türkischen Geschichtsschreibern zufolge soll das alles noch in der ersten Nacht geschehen sein. Das ist zwar wenig wahrscheinlich, doch jedenfalls hatte Sulejman mit seinen zwei Positionen nunmehr die Halbinsel Gallipoli vom Binnenland abgeschnitten. Im Altertum hatte die Meeresstraße der Dardanellen »Hellespont« geheißen, die Halbinsel den Namen »Thrakische Chersones« geführt und war durch die unglückliche Liebesgeschichte von Hero und Leander berühmt, aber naturgemäß war sie in erster Linie vom militärischen Standpunkt aus wichtig, ihre Hauptstadt Kallipolis auch als Handelsplatz.

Kallipolis hatte in jenem 14. Jahrhundert seiner Schlüsselstellung wegen schon viel Böses erlebt: eine Besatzung von spanischen Abenteurern hatte 1307 ein Blutbad angerichtet und dann bei ihrem Abzug die Festungswerke geschleift. Aber nun, gegen die neuen Feinde aus Asien, wehrte Kallipolis sich tapfer und zäh. Der Statthalter Kallakonias hatte die Festungswerke notdürftig instand setzen lassen und aus der Nachbarschaft alle jungen Leute zusammengeholt. Sie traten den Türken zunächst im freien Feld entgegen, und als sie der Übermacht weichen mußten, verteidigten sie ihre Stadt hartnäckig ein halbes Jahr lang.

Die Türken besaßen noch nicht viel Erfahrung im Festungskrieg, ihre Zahl war verhältnismäßig gering, und Sulejman wollte unnötige Verluste vermeiden. So reichten die neuen, eher behelfsmäßigen als wirklich soliden Stadtmauern aus, die wiederholten Angriffe abzuwehren, aber der Naturgewalt konnten sie nicht standhalten. Als am 2. März (der Tag steht fest, die Angaben der Jahreszahl schwanken zwischen 1354

und 1359) ein Erdbeben breite Breschen in die Mauern riß und Türme einstürzen ließ, war die Lage aussichtslos, der tapfere Kallakonias mußte die Stadt übergeben.
Damit hatten die Türken ihren ersten Brückenkopf in Europa, die Basis für weitere Eroberungen. Aber woher waren sie gekommen? Wer waren sie überhaupt, diese Türken?

Turkvölker, die als Reiterkrieger, als aggressive Nomaden aus den weiten, unbekannten Gebieten Zentralasiens hervorbrachen, hatte Europa schon mehrmals erlebt, hatte unter ihren verheerenden Vorstößen gelitten und sich mit ihnen auseinandergesetzt, sie bekämpft oder auch als Mittel der eigenen Politik verwendet. Erst waren die Hunnen bis Frankreich und Italien vorgedrungen und dann wieder verschwunden, die Macht der Awaren wurde gebrochen, die Magyaren waren seßhaft geworden. Petschenegen und Kumanen tauchten auf, spielten ihre Rolle in den wechselvollen Kriegen auf der Balkanhalbinsel und wurden aufgesogen.
Zu der großen, ethnisch schwer abzugrenzenden Gruppe dieser Nomadenvölker zählten auch die Seldschuken, die um das Jahr 1000 Armenien bedrohten und damit in den Gesichtskreis des Byzantinischen Reiches traten. Auch sie kamen als tapfere Krieger auf kleinen, ausdauernden Pferden, raubten und zerstörten, wurden abgewehrt und kamen wieder. In einer Hinsicht aber unterschieden sie sich von ihren Vorgängern: sie kamen nicht als Anhänger einer Naturreligion, nicht mit Schamanen und Zauberern, sondern sie hatten sich bereits zum Islam bekehrt, ihr Herrscher fühlte sich als Vorkämpfer des Kalifen von Bagdad und wurde von diesem mit Ehren überhäuft.
Der Name dieses Volkes geht auf einen König Seldschuk zurück, der einst in halb sagenhafter Zeit aus Innerasien nach Samarkand vorgestoßen war; er soll das Alter von 107 Jahren erreicht haben. Sein Volk galt als einer der 24 Stämme der Oghuzen, doch solche Einteilungen besagen wenig, denn niemand war imstande, verläßliche Übersicht zu behalten. Jedem Kriegszug schlossen sich andere Stämme oder Sippen an, solange er Beute brachte, nach einer Niederlage stoben

die Reiter auseinander, die Wohnwagen und Schafherden zogen getrennt ihre Wege, bis ein neuer Ruf, ein neues Ziel sie wieder sammelte. Aber auch ein Sieg konnte Schwierigkeiten bringen, wenn es einem Heerführer einfiel, die eroberte Stadt zu seinem eigenen Fürstentum zu erklären. So bildeten sich von Jahrzehnt zu Jahrzehnt immer neue Zentren lokaler Macht, Systeme von Bündnis und Abhängigkeit, Oberherrschaft und Lehen.

Seldschukische Heerführer kämpften im Laufe des 11. Jahrhunderts im nördlichen Persien, in Syrien, Palästina und Kleinasien, in Ägypten wie in Armenien. Ihre unerwarteten, schnell durchgeführten Kriegszüge machten sie allen Nachbarn gefährlich, besonders dem Byzantinischen Reich. Aber trotz etlicher Niederlagen, die byzantinische Heere erlitten, erschienen die Seldschuken nicht durchwegs als Bedrohung, sondern mitunter auch als begehrte Verbündete.

Als ein Söldnerführer im Dienste des Byzantinischen Reiches, der normannische Abenteurer Roussel de Bailleul, einen Aufstand in Kleinasien erregte, warb er um den Beistand eines jungen Seldschukenprinzen namens Sulejman. Gemeinsam besiegten sie ein kaiserlich-byzantinisches Heer. Aber nicht viel später war es Kaiser Michael VII. (1071-78) selbst, der Sulejman bitten ließ, ihn gegen Roussel zu unterstützen.

Der Seldschukenprinz war vorsichtig genug, seinen Sultan um Zustimmung zu ersuchen. Sobald er sie erhalten hatte, betrat er mit seinen Reitern als Verbündeter des Kaisers byzantinisches Gebiet, nahm Roussel gefangen und lieferte ihn gegen hohes Lösegeld an den Kaiser aus. Mehr als das Geld wogen jedoch die anderen Zugeständnisse des Kaisers: Sulejman erhielt die Regierung aller Provinzen im Inneren Kleinasiens zugesprochen, die seine Krieger besetzt hatten.

Diese Krieger nahmen weiter an der Politik des Byzantinischen Reiches teil. In der Armee, mit welcher der betagte Feldherr Nikephoros Botaniates einen Aufstand erregte, zogen auch seldschukische Reiterabteilungen durch Kleinasien. Dafür bestätigte der neue Thronanwärter die Zugeständnisse, die Sulejman dem Kaiser abgerungen hatte.

Schon im folgenden Jahr, 1079, konnte der Seldschukenprinz aus der selbstmörderischen Uneinigkeit im Byzantinischen Reich neuerlich seinen Vorteil ziehen. Der nächste Rebell, der reiche, vornehme Nikephoros Melissenos, versprach ihm als Lohn für Waffenhilfe die Hälfte aller Städte und Provinzen, die man gemeinsam im Krieg gegen den Kaiser erobern würde. So kamen die Seldschuken weit in den Westen Kleinasiens, bis nach Bithynien, und hier gedachte Sulejman zu bleiben. Er erklärte sich zum selbständigen Sultan und machte Nikäa zu seiner Hauptstadt.

Damit hatte Sulejman allerdings den Bogen überspannt. Man ist versucht zu glauben, daß hier, auf altem griechischen Boden, das griechische Gesetz von Hybris und Moira, Selbstüberhebung und rächendem Schicksal, auch den sieggewohnten Seldschuken nicht verschonte. Das Ausmaß seiner Eroberungen machte nicht nur die Christen besorgt, sondern auch die anderen mohammedanischen Fürsten Vorderasiens, und als er gar noch nach Syrien zog und Antiochia eroberte, fand er zu viele Feinde. Im Kampf gegen seinen Onkel Tutusch, den seldschukischen Herrscher von Syrien, unterlag er und starb auf der Flucht, sei es, daß er getötet wurde oder sich selbst das Leben nahm. Seine Hauptstadt Nikäa aber wurde im Jahre 1097 von den christlichen Kriegern des Ersten Kreuzzuges erobert.

Die Kreuzzüge bilden einen wichtigen Abschnitt in der Geschichte Vorderasiens. Nicht ganz so bekannt, nicht so oft von Dichtern und Chronisten geschildert, aber kaum von geringerer Bedeutung ist der Ansturm der Mongolen unter Dschingis-Khan, der jene Gebiete erschütterte, bevor er Europa berührte. Vor den Mongolen her flüchteten türkische Nomadenvölker nach Kleinasien, unter ihnen ein Stamm, der später als Osmanen bekannt wurde.

Wie der Name der Seldschuken, so leitet sich auch jener der Osmanen von einem frühen Herrscher her. Osman ist zwar historisch genauer faßbar als Seldschuk, aber die Art, wie sein Stamm ins Licht der Geschichte trat, ist doch leicht umwölkt von der Erzählfreude orientalischer Überlieferung.

Eine Legende besagt, Osmans Vater Tughril habe zufällig zwei kleine Reiterheere erblickt, die gegeneinander kämpften, und sich als edler Held entschlossen, den Unterliegenden beizustehen. Also griff er mit seinen Kriegern in den Kampf ein, vertrieb die Leute, die schon dem Siege nah gewesen waren, und stellte danach erst fest, daß er dadurch dem seldschukischen Sultan Kaichosrau das Leben gerettet habe. Zum Dank dafür erhielt er einen großen Landstreifen in der Mitte Anatoliens als Lehen, der sich von Eskischehir bis gegen Konya zu erstreckte.

Eine andere Version nennt den Helden der Geschichte Erdogrul, den Geretteten aber Aladdin (oder Ala-ed-din), Sultan von Ikonion. Der wesentliche Unterschied besteht nicht so sehr in den Namen wie darin, daß Erdogrul nicht zufällig zu dem Kampf kam. Er wußte, daß die Landschaft Ankyra schon längere Zeit von Kriegerscharen beunruhigt wurde, die vom großen Heere Dschingis-Khans übriggeblieben waren, und Sultan Aladdin sie vertreiben wollte. Er selbst hatte von dem Sultan die Erlaubnis erhalten, sich mit seinem Volk in der Landschaft Ankyra niederzulassen, und kam nun mit 5000 auserwählten Kriegern, Aladdin Heerfolge zu leisten. Erdogruls Edelmut ist aber auch in dieser Version zu erkennen: er kam nämlich in dem Augenblick auf den Kampfplatz, als die Krieger des Sultans sich schon zur Flucht wandten, und seine Leute redeten ihm zu, sich auf die Seite der Sieger zu schlagen und mit ihnen gemeinsam den reichen Troß des Sultans zu plündern. Erdogrul lehnte es aber ab, seinem Wohltäter die Treue zu brechen, griff die Mongolen an und schlug sie in die Flucht. Zum Lohn dafür übergab der Sultan ihm, dem bisher nur geduldeten Heimatlosen, die Verwaltung der ganzen Provinz und machte ihn zu seinem Seraskjer, das heißt obersten Feldherrn des Kriegsheeres.

Ob er nun Tughril oder Erdogrul hieß, macht nicht viel aus; bei der Transkription türkischer Eigennamen ergeben sich ja oft Varianten. Sein ältester Sohn jedenfalls hieß Osman, und sein Stamm wurde nach ihm, wie schon erwähnt, »Osmanen« benannt. Osman war noch sehr jung, als sein Vater nach weiteren rühmlichen Taten starb, aber Sultan Aladdin

erkannte ihn als Nachfolger an und übersandte die Insignien eines Seraskjers, nämlich Roßschweif, Standarten und Trommeln. Das geschah Ende des 13. Jahrhunderts; die Angaben schwanken zwischen 1281 und 1289.
Streitigkeiten der Seldschuken untereinander sowie Kämpfe gegen Mongolen und Turkmenenhorden, die plündernd umherzogen, schwächten die Macht der Sultane. Aladdin konnte ganz zufrieden sein, daß der Ehrgeiz des jungen Osman sich nicht gegen ihn, sondern gegen die Byzantiner richtete und diesen einige Städte abgewann. Daher duldete Aladdin es stillschweigend, daß Osman Münzen mit seinem eigenen Namen prägen und seinen Namen auch in die öffentlichen Gebete aufnehmen ließ. Aber so groß Osmans Macht auch geworden war, er zeigte sich stets als verläßlicher Vasall und unterstützte Aladdin im Kampf gegen die Mongolen wie auch gegen Aufrührer im eigenen Gebiet. Erst nach Aladdins Tod nahm Osman den Sultanstitel an. In der blumigen Sprache des Orients lautet der Bericht darüber, er habe den Fuchspelz abgelegt und die Löwenhaut angezogen.
Mit diesem Datum beginnt die Geschichte des Osmanischen Reiches, nur wird das Datum sehr verschieden angegeben. Noch dachte kein Orientale daran, sich europäischer Pedanterie anzupassen und auf genauen Jahreszahlen zu bestehen. Gegen die byzantinischen Städte in Kleinasien wendete Osman ein altes, eigentlich primitives, aber wirksames Mittel an. Er verzichtete von vornherein auf offenen Sturmangriff und legte lieber in der Nähe der Städte kleinere Befestigungen an. Diese dienten seinen Kriegern als Rückhalt, während sie sich samt ihren Familien rund um die Griechenstädte ansiedelten. Sie ernteten die Gärten und Felder ab, ließen ihr Vieh weiden, raubten alles, was zu rauben war, und lebten auch für längere Zeit ganz zufrieden, während die belagerten Städter, dauernd beobachtet, beunruhigt, von ihren Feldern ferngehalten, von Handel und Zufuhr abgeschnitten, allmählich ermüdeten. Dann, wenn die Wachsamkeit nachgelassen hatte, glückte den Türken ein Überfall, sie fanden einen Verräter, der ihnen heimlich ein Tor öffnete, oder die Städter kapitulierten schließlich.

Auf diese Art gewann Osmans Sohn Orchan auch die wichtige Stadt Bursa (Brussa). Zehn Jahre lang hatte die Belagerung gedauert, Osman war darüber alt geworden und empfing die Siegesbotschaft erst auf dem Sterbelager. Seine sterblichen Überreste wurden in der alten Zitadelle von Bursa unter einer prachtvollen oktogonalen Kuppel beigesetzt; viele Jahrhunderte lang galt sein Mausoleum als Wallfahrtsort.
Osmans Nachfolger wurde sein Sohn Orchan (1326), 35 Jahre alt und bereits ein bewährter Heerführer, dabei ein schlichter Mann von der Art der einstigen Nomadenhäuptlinge. Er eroberte Nikomedia, die Hauptstadt der Provinz Bithynien, und schließlich auch Nikäa, das die seldschukischen Türken ja schon einmal besessen hatten. Mit ihrer doppelten Befestigung (sie ist noch erhalten) hat die Stadt lange Widerstand leisten können: die niedrigere Außenmauer besitzt 130 Rundtürme, die Innenmauer nur 108, aber sie ist bis zu 7 m dick, bis zu 13 m hoch! Orchan hatte die Stadt in der bewährten Art durch zwei Festungsanlagen blockiert und richtig ausgehungert. Als nun die Verteidiger sich zur Kapitulation entschlossen und um freien Abzug baten, erlaubte Orchan ihnen sogar, alle Habe mitzunehmen, die sie befördern könnten.
Diese Milde wirkte sich sehr günstig aus. Etliche Familien entschlossen sich, doch in der Stadt zu bleiben, andere, die schon vor der Belagerung geflohen waren, kehrten wieder zurück. Der Anblick weinender Witwen soll den Sultan derart gerührt haben, daß er seinen Hofbedienten befahl, sie zu heiraten und den türkischen Frauen gleich zu achten. Das ist durchaus glaubhaft, denn Orchan selbst war von seinem Vater mit einer Griechin verheiratet worden und hatte von ihr zwei Söhne, auf die er mit Recht sehr stolz war.
Den Einwohnern von Nikäa erschien also die Türkenherrschaft ganz erträglich, vor allem weil sie nicht nur von den Leiden der Belagerung, sondern auch von den hohen Steuern des Byzantinischen Reiches befreit waren. Die Stadt blühte auf und soll fast so volkreich wie Konstantinopel geworden sein. Leider läßt sich diese Angabe türkischer Historiker nicht überprüfen. Um 1870 war das berühmte alte, auch in der Kirchengeschichte wichtige Nikäa, Ort des Ersten und des Sieb-

ten Ökumenischen Konzils, arg herabgekommen, innerhalb der weiten Mauern kaum 100 Häuser bewohnt. Heute zählt die Stadt unter dem Namen Iznik immerhin wieder über 8000 Einwohner.

Sultan Orchan wählte jedoch nicht Nikäa, sondern Bursa als Stätte seiner Residenz. Die Art seiner Hofhaltung schloß sich an die alte seldschukische, zum Teil von Persien her beeinflußte Tradition an, nahm einige byzantinische Elemente in sich auf und entwickelte so in der Zeit von Bursa den berühmten Herrschaftsstil des Osmanischen Reiches, der in den folgenden Jahrhunderten Europa verblüffte und faszinierte.

Schon in der frühen Nomadenzeit der Seldschuken dürfte sich die Sitte entwickelt haben, daß sich die Unterhäuptlinge unter dem Zelteingang ihres Herrschers versammelten, um Bericht zu erstatten und Befehle entgegenzunehmen. Das Wort »Kapu« (= Eingang) blieb im Begriff der »Hohen Pforte« bis ins 20. Jahrhundert erhalten, obwohl es längst nicht mehr Häuptlinge, sondern die höchsten Regierungsbeamten waren, die sich da versammelten. Sie blieben auch nicht mehr am Eingang stehen, sondern nahmen in einem Versammlungsraum auf Diwanen Platz, die ringsum an den Wänden aufgestellt waren. Das Wort »Dîwân« stammt aus dem Persischen; es bezeichnete bei den seldschukischen und nachher den osmanischen Sultanen die oberste Ratsversammlung.

Ebenso übernahmen die osmanischen Sultane in ihr Reich das Amt des Wesirs als Verwalter der Reichsgeschäfte und des Seraskjers als Feldherrn. Wie bei allen Nomadenvölkern, bildete bei den osmanischen Türken die Reiterei den Kern des Heeres, und das blieb so, auch als sie nicht mehr Nomaden waren. Der größte Teil des Landes war als Lehen an Krieger verliehen, die dafür verpflichtet waren, schwerbewaffnet zu Pferd Kriegsdienst zu leisten. Jeder dieser »Sipahi«, der Lehensträger, hatte mehrere Begleiter auszurüsten und mitzubringen. Dabei war es ihm überlassen, wen er wählte, Pächter oder Sklaven, Mohammedaner oder Christen.

Die Erfahrungen der vielen Kriegszüge, vor allem der Kampf gegen befestigte Städte, zeigte bald, daß außerdem eine Fuß-

truppe nötig war, doch die war nicht leicht zu errichten. Die Türken selbst waren nicht bereit, zu Fuß zu kämpfen, das hätte aller Tradition, dem Ehrgefühl und auch der Bequemlichkeit widersprochen. Sultan Orchan versuchte zunächst, Bauern für den Kriegsdienst zu Fuß aufzubieten, aber diese Truppe bewährte sich nicht, es fehlte den Leuten an Kampfgeist wie an Disziplin. Sie gebrauchten ihre Waffen allzu oft nach eigenem Ermessen, um ihre Forderungen durchzusetzen oder unbeliebte Heerführer zu verjagen.
Der nächste Versuch, eine brauchbare Fußtruppe zu schaffen, hatte besseren Erfolg. Auf den Rat seines alten Kadjaskers (Heeresrichters) Kara Chalil Tschendereli ließ der Sultan junge Christen zusammenholen, zwang sie, zum Islam überzutreten, und bildete aus ihnen eine stehende, in Krieg und Frieden fest geschlossene Abteilung von zunächst nur 1.000 Mann. Der berühmte Derwisch Hadschi Bektasch selbst soll ihnen religiöse Weihe gegeben, eine Fahne überreicht und ihnen den Namen »Jeni Tscheri« verliehen haben, das heißt eben »Neue Truppe«. Als »Janitscharen« wurden sie bald berühmt und gefürchtet. Die ersten waren ihren Familien mit Gewalt entrissen worden, nun strömten bald Freiwillige herbei, die der gute Sold und günstige Aussichten im Dienste des Sultans anlockten.
Im Jahre 1337 wagte Orchan den Versuch, nach Europa überzusetzen, und landete mit seinen Kriegern bei Rhegion, nur drei Wegstunden von Konstantinopel. Aber damit hatte er seine Gegner doch unterschätzt! Kaiser Andronikos III. und sein Kanzler Johannes Kantakuzenos stürzten sich mit geringer Streitmacht auf die Türken und vertrieben sie aus Europa. Nur eines der 36 Schiffe soll entkommen sein. Es war jedoch kein dauernder Rückschlag: in den Thronstreitigkeiten nach des Kaisers Tod brauchten beide Parteien Waffenhilfe und erbaten sie unbedenklich von den Feinden.
Unter den Machtfaktoren jener Jahrzehnte nahmen die Osmanen noch keinen besonders großen Rang ein; ein wichtigerer Verbündeter war der seldschukische Emir von Ajdin, ferner die Seemächte Venedig und Genua, zu Lande die Kriegerscharen der Serben und Bulgaren. Erst im Jahre 1345

wandte sich Anna (Johanna) von Savoyen, die Witwe des Kaisers Andronikos III., an Sultan Orchan um Hilfe und gestand ihm zu, die Untertanen ihres Gegners Kantakuzenos als Sklaven nach dem Orient schleppen zu dürfen. Zwar gelang es Kantakuzenos – oder Kaiser Johannes VI., wie er sich nunmehr nannte –, den osmanischen Sultan auf seine Seite zu ziehen, doch dafür mußte er ein persönliches Opfer bringen: Orchan verlangte eine Kaisertochter zur Gemahlin.

Für Osman, den Stifter der Dynastie, war es seinerzeit eine große Ehre und Anerkennung gewesen, als ihm, dem rauhen Krieger, der wahrscheinlich weder lesen noch schreiben konnte, der gelehrte, vornehme Edebali, Scheich der Derwische, seine Tochter zur Ehe gab. Sein Sohn Orchan stieg nun eine weitere Stufe höher; es hob sein Ansehen und demütigte den Kaiser, daß die junge Theodora Kantakuzenos nach Bursa gesandt werden mußte, um in den Harem des Sultans eingereiht zu werden.

Ein Jahrzehnt später, als der Kaiser sich in ein Kloster auf dem Berg Athos zurückgezogen hatte, verfaßte er ein Werk über die historischen Ereignisse seiner Zeit. Im dritten Teil schildert er, wie er mit seiner Gemahlin und den drei Töchtern sowie dem Heer nach Selymbria am Marmarameer reiste (heute Silivri, westlich von Konstantinopel). Die Braut wurde auf einer Holztribüne vor der Stadt öffentlich gezeigt, sehr theatralisch mit seidenen, golddurchwirkten Vorhängen, die zurückgezogen wurden, mit brennenden Kerzen und viel anderem Aufwand. »Dazu ertönten Posaunen, Flöten, Schalmeien und was sonst des Menschen Ohr erfreut, und wenn die Instrumente schwiegen, stimmten die Hofsänger Loblieder an, die von Hofdichtern auf die Braut verfaßt waren; als alle für kaiserliche Bräute bestimmte Zeremonien vollzogen waren, bewirtete der Kaiser die Heere und die Würdenträger der Römer (= Byzantiner) und der Türken mehrere Tage lang. Dann sandte er die Tochter ihrem zukünftigen Gemahl zu, der sie mit großer Freude empfing.«

Ob sich die junge Theodora freute, ist nicht bekannt – es war eben das Schicksal der Herrschertöchter, nach diplomatischer Zweckmäßigkeit verheiratet zu werden. Immerhin durfte sie

Christin bleiben und hatte soweit Bewegungsfreiheit, daß sie gefangene Landsleute aus der Sklaverei freikaufen und in ihre Heimat schicken konnte.
Mehrmals kamen in den folgenden Jahren türkische Truppen nach Europa, um Kaiser Johannes VI. in seinen Kriegen zu unterstützen. In jenen verwirrten politischen Verhältnissen war es oft schwer zu unterscheiden, wer Freund, wer Feind sei; die osmanischen Krieger fragten gar nicht danach, sondern kämpften, wo es nötig, und plünderten, wo es möglich war. Wenn sie wieder nach Asien zurückkehrten, blieben ausgeraubte Siedlungen, Brandstätten und verwüstete Äcker zurück.
Und dann kam jenes Jahr, in dem sie nicht wieder abzogen, sondern in Europa festen Fuß faßten. Kallipolis, ihr erster Brückenkopf, wurde zum Ausgangspunkt für die weiteren Unternehmungen.

Sulejman, der Eroberer von Kallipolis, starb durch einen Reitunfall, bald nach ihm verschied sein Vater, Sultan Orchan. Die Herrscherwürde ging also auf den jüngeren Sohn über, der nun um 1360 als Murad I. Sultan der Osmanen wurde. Er war schon über 40 Jahre alt und hatte sich als Statthalter bewährt, soll aber wenig Bildung besessen haben, ja angeblich konnte er nicht einmal lesen und schreiben. Wenn ein Schriftstück zu unterzeichnen war, tauchte er seine Hand in Tinte und drückte sie so ab, daß die drei Mittelfinger nebeneinander lagen, Daumen und kleiner Finger aber weggespreizt waren.
Das war jedoch nicht Murads eigene Erfindung, sondern schon bei den Seldschuken üblich gewesen, und wenn Murad die Tradition fortsetzte, muß er deshalb noch kein Analphabet gewesen sein. Dieser Handabdruck des Sultans, »Tughra« genannt, wurde weiterhin als Unterschrift beibehalten, allerdings nicht in dem wörtlichen Sinn, daß sie unter das Schriftstück gesetzt wurde, sondern gleich an den Beginn, über der ersten Zeile. Als die Sultane keine rauhen Krieger mehr waren, beschmutzten sie sich auch nicht mehr selbst die Hand mit Tinte. Es gab einen eigenen Hofbeamten,

den »Nischandschi-Baschi«, der den Namen des Sultans – immer noch die Tughra, aber kunstvoll gezeichnet – an den Beginn der wichtigen Dokumente setzte.
Ob Murad I. nun wirklich ungebildet war oder nicht, als Herrscher bewährte er sich jedenfalls wie als Kriegsmann, und er verfügte auch über sehr tüchtige Feldherren. So dehnte er seine Macht in Kleinasien und bald danach in Europa aus. Als erste Residenz wählte er Didymoteichos nahe dem Fluß Maritza, der die heutige Grenze zwischen Griechenland und der Türkei bildet. Damals hatte der Ort große strategische Bedeutung, besaß ein gewaltiges Kastell, war mit Mauern und Türmen stark befestigt und vordem ein Rückhalt der Familie Kantakuzenos gewesen.
Kallipolis hatte nur als Brückenkopf Wert besessen, von Didymoteichos aus konnte Murad nun die Verbindung von Konstantinopel nach dem Westen sperren. Obwohl er offiziell in Frieden mit dem Rest des Byzantinischen Reiches (mehr war ja nicht von dem einstigen weiten Reichsgebiet geblieben) lebte, gedachte er, seine Eroberungen nicht herauszugeben, sondern richtete sich in Didymoteichos für längeren Aufenthalt ein, ohne freilich seine asiatische Hauptstadt Bursa deswegen aufzugeben.
Noch zu Lebzeiten seines Vaters Orchan hatte Murad die stark befestigte Stadt Tyrilos angegriffen. Sie wehrte sich tapfer; die Eroberung brachte so hohe Verluste, daß Murad zur Rache alle Bewohner töten und die Stadt dem Erdboden gleich machen ließ. Allerdings entstand an dieser verkehrstechnisch wichtigen Stelle bald eine neue Siedlung, das heutige Tschorlu, dessen Häuser sich malerisch einen Hang hinaufziehen. Kaum 100 Jahre nach der Zerstörung wurde hier die Sultan Mehmed-Moschee erbaut.
Die Katastrophe von Tyrilos warnte die Bewohner von Pyrgos, dem antiken Arkadiopolis. Um kein ähnliches Schicksal zu erleiden, flüchteten sie allesamt und überließen die leere Stadt dem Feind. Sie blieb freilich nicht lange unbewohnt, denn sie lag an einer alten, immer stark befahrenen Straße. Zunächst wurde der Einkehrgasthof wieder benützt, dann Bäder gebaut; die prachtvolle Moschee stammt erst aus dem

16. Jahrhundert. Der Ort erhielt den türkischen Namen Lüleburgaz.

Das nächste Ziel war Hadrianopolis. Nach dem einen Bericht eroberte der Großwesir mit leichten Truppen die Stadt im ersten Ansturm, bevor noch der Sultan mit dem Hauptheer anlangte, nach anderer Version trat die byzantinische Garnison den Osmanen in offener Feldschlacht entgegen und kämpfte stundenlang sehr tapfer gegen die Übermacht; als sie jedoch unterlegen war, ergab sich die Stadt.

Hadrianopolis war mehrmals von Bulgaren, auch von Kreuzfahrern geplündert worden, hatte sich aber dazwischen und besonders während der letzten 100 Jahre eines einigermaßen gesicherten Friedens erfreut. Die Zahl ihrer Bewohner im 14. Jahrhundert läßt sich auch nicht annähernd bestimmen, doch jedenfalls gewann die Stadt nunmehr unter osmanischer Herrschaft an Bedeutung, sobald der Sultan seine Residenz hierher verlegte. In Didymoteichos aber wurde, als der Hof bereits nach Hadrianopolis übersiedelt war, das erste große Werk islamischer Baukunst in Europa vollendet, eine Moschee mit Zeltdach und schlankem Minarett. Um die Moschee, die der Sultan dann in seiner neuen Residenz errichten ließ, rankt sich eine fromme Legende.

Der Sultan sollte in einem besonderen Rechtsfall als Zeuge auftreten, doch der Mufti und Scheich-ul-Islam, das heißt der oberste Geistliche, der auch das Richteramt ausübte, namens Menla Fenari, ließ das Zeugnis des Sultans nicht gelten. Als Murad darüber verwundert war, antwortete der Mufti, er halte zwar das Wort seines Herrschers für wahr und unverwerflich, aber vor Gericht könne er es nicht als gültig erachten, da es von einem Mann komme, der das allgemeine Gebet niemals zusammen mit den übrigen Muselmanen verrichte. Dieser Vorwurf traf den Sultan so tief, daß er aus Reue und zur Aussöhnung gegenüber seinem Palast eine neue Moschee erbauen ließ, die nach ihm den Namen Muradijé erhielt.

Die Stadt Hadrianopolis, heute Edirne, bietet, soviel sie von ihrem einstigen Glanz auch eingebüßt hat, noch immer sehr viel Sehenswertes, vor allem prachtvolle Moscheen. Doch je-

ne Moschee Murads I. wird der Reisende vergeblich suchen, selbst wenn er viel Geduld aufwendet und Edirne nicht nur (wie es meistens geschieht) als Durchgangsstation nach Konstantinopel berührt. Ist diese Moschee Murads I. abgetragen worden, um einem neuen, größeren Bau Platz zu machen – oder hat sie nie bestanden? Vielleicht knüpft sich die Legende nur irrtümlich an Murad I. Das wäre glaubhaft, denn sogar die älteste erhaltene Moschee der Stadt, die Yilderim-Dschami, die auf Murads Sohn Bayazid Yilderim zurückgeht, ist eine umgewandelte byzantinische Kirche. Wenn nur ein Irrtum vorliegt, nicht einmal im Namen, sondern lediglich in der Zahl, wenn in der Legende nicht Murad I., sondern sein Urenkel Murad II. gemeint ist, (solche Verwechslungen sind sogar in modernen Werken nicht selten, wie erst in den Aufzeichnungen alter Palasthistoriker!) – dann sieht alles viel einfacher aus. Eine Moschee Murads II. in Edirne ist nämlich wohlbekannt: der Sultan ließ sie 1435/36 für den Orden der Mevlevi-Derwische erbauen, dem er selbst angehörte.
Diese Derwische, bekannt unter dem Namen »die Tanzenden«, bekamen also in Edirne einen Ordenssitz, zu dem auch die Murad-Moschee gehörte; ihr Zentrum blieb jedoch weiterhin das kleinasiatische Konya, wo der Scheich des Ordens residierte, bis Kemal Pascha den Orden aufhob und sein Kloster 1927 in ein Museum verwandelte.

## II.
## SIEGE ÜBER BULGAREN UND SERBEN

In den byzantinischen Städten, die nun unter türkische Herrschaft geraten waren, änderte sich selbstverständlich vieles, aber das geschah nur selten plötzlich. Für einschneidende Maßnahmen fehlte es an Zeit und Konsequenz. Vorläufig drängten die Eroberer weiter vorwärts und überließen es der Zeit, die Städte, die bald hinter ihnen lagen, in irgendeiner kaum besonders geplanten Art umzuwandeln.

Nicht einmal die Namen der Städte veränderten sich dadurch, daß der neue Herr zum eigenen Ruhme neue Namen verordnete. Man schrieb im Türkischen die Namen einfach so, wie man sie von der einheimischen Bevölkerung hörte und verstand und selbst aussprechen konnte, also eine türkisierte Form der griechischen Volkssprache, die sich freilich von der amtlichen Bezeichnung oft unterschied. So wurde Pyrgos zu (Lüle-)Burgaz, Didymoteichos zu Dimotiko, Adrianopolis (Hadrianopolis) zu Edirne, Tyrilos zu Tschorlu, Selymbria zu Silivri. Dies wiederholte sich im Laufe der nächsten Jahrzehnte immer wieder. Sogar die Bezeichnung »Rumelien« für alle türkischen Besitzungen in Europa geht auf eine byzantinische Bezeichnung zurück, denn sie nannten sich ja immer noch »Rhomäi« (Römer).

Vordem hatten die Türken als Verbündete des Byzantinischen Reiches gegen die Bulgaren gekämpft, nun taten sie es im eigenen Interesse und Namen und gewannen dabei immer mehr Boden in Europa. 1362 gelangten sie nach Nordwesten bis Stara Zagora, im folgenden Jahr eroberten sie das stark befestigte Philippopolis, das seinen Namen von Philipp II. von Makedonien, dem Vater Alexanders des Großen, erhalten hatte.

Nun war es an der Zeit, einen eigenen Statthalter für die in Europa eroberten Gebiete zu ernennen. Seine Residenz wurde Philippopolis, heute Plovdiv, sein Titel lautet »Bejlerbej von Rumili«. Die Würde des Bej (oder Beg oder Begj, wie man das Wort schreiben will) entsprach ungefähr der eines europäischen Fürsten, »Bejlerbej« könnte man mit »Fürst der Fürsten« übersetzen; es war also eine sehr hohe Stellung, deren Inhaber das Recht auf drei Roßschweif-Standarten hatte. Doch blieb es eine Stellung, kein erblicher Rang, und unterschied sich dadurch von den christlichen Fürsten.

Dem Kaiser in Konstantinopel war klar geworden, daß er die alte bulgarische Gefahr nur gegen die neue türkische eingetauscht hatte, aber diese Erkenntnis half nichts. Er mußte froh sein, daß die Türken noch nicht seine Hauptstadt angriffen, sondern nur ihren Landbesitz in Thrakien erweiterten und den Bulgaren das abnahmen, was jene früher dem Byzantinischen Reich entrissen hatten. Er mußte sogar weiterhin gegen die Bulgaren kämpfen, die ihm Mesembria streitig machten, den heute berühmten Badeort Nessebar am Schwarzen Meer.

Dem späteren Betrachter mag es unverständlich erscheinen, daß zwei christliche Staaten in Europa einander befehdeten, statt gemeinsam den mohammedanischen Eroberer abzuwehren, dessen Gefährlichkeit und Besitzgier doch nicht mehr zu verkennen war. Aber Kurzsichtigkeit zählte seit jeher zu den häufigen Eigenschaften der Politiker. Ein anderer Kriegsmann jener Zeit, noch mehr Europäer als Byzantiner und Bulgaren, ging in seiner Verblendung noch weiter. Auf der Insel Euböa stritten die Venezianer gegen Roger de Loria, den Marschall von Athen und Statthalter des Königs von Sizilien. In seiner Bedrängnis bat Roger de Loria die Türken um Hilfe und übergab ihnen sogar auf dem griechischen Festland die Stadt Theben.

Nicht viel später, im Jahre 1365, schloß die kleine Republik Ragusa (heute Dubrovnik) mit Sultan Murad ein Abkommen, das ihr freien Handel in seinem Reiche sicherte. Dafür mußte sie nur einen jährlichen Tribut von 500 Dukaten bezahlen. Papst Urban V., den die Ragusaner um seine Zustimmung gebeten hatten, erhob keinen Einwand gegen den Vertrag.

Da die Bulgaren im Norden von den Ungarn bedrängt wurden, konnten sie den Türken nicht mit voller Kraft Widerstand leisten. Zar Schischman mußte sich sogar verpflichten, ihnen Heerfolge zu leisten, und zur Bekräftigung des Bündnisses im Jahr 1366 seine Schwester Thamar in Sultan Murads Harem schicken. Byzanz hatte sich inzwischen mit den Bulgaren – wenigstens oberflächlich – ausgesöhnt, aber die Reise, die der Kaiser nach dem Westen unternahm, um Hilfe zu suchen, brachte keinen Erfolg, sondern nur Demütigungen. Die Serben jedoch wagten den Krieg! Vukašin, Mörder des Zaren Stephan VII. Uroš und seither der mächtigste Mann im Lande, zog zusammen mit seinem Bruder Johannes Uglješa und anderen Stammeshäuptlingen im Spätsommer 1371 gegen Edirne. 60 000 Mann sollen es gewesen sein, und da sie keinen Widerstand fanden, fühlten sie sich ihres Sieges sicher. Sie begannen ihn zu feiern, sobald sie sich Edirne bis auf zwei Tagesmärsche genähert hatten. Es war ein hübscher Lagerplatz im Tal der Maritza, die neue Weinernte stand bevor – weshalb sollte man da den alten Wein nicht austrinken? Der Sultan weilte ja gar nicht in Edirne, wahrscheinlich raufte er in Anatolien mit seldschukischen Fürsten, da drohte keine Gefahr!

Sultan Murad I. war wirklich fortgezogen und hatte sogar sein Heer mitgenommen, dem Bejlerbej von Rumelien standen verhältnismäßig wenige Krieger zur Verfügung, angeblich nicht viel über 4 000 Reiter. Aber die sandte er unter dem Befehl des bewährten Kriegsmannes Hadschi Ilbeki den Serben entgegen. Als dessen Kundschafter von der vorzeitigen Siegesfeier der Serben berichteten, entschloß sich Hadschi Ilbeki zu einem Überfall. In der Nacht vom 25. auf den 26. September 1371 brachen seine Reiter von vier Seiten in das Lager der wein- und siegestrunkenen Serben ein, erschlugen unzählige, trieben die anderen in die Maritza. Vukašin, Uglješa und viele andere Fürsten fanden den Tod, die serbische Streitmacht war zersprengt. Der Schlachtort, ein Dorf unmittelbar an der bulgarisch-türkischen Grenze, heißt heute noch »Sirbsindighi«, das heißt »Verderben der Serben«.

Vukašin ist vergessen, sein Sohn Marko aber wurde der bekannteste Held nicht nur seines Stammes, sondern der meisten südslawischen Völker. Wie es dazu kam, ist einer ausführlicheren Betrachtung wert. Die erste Folge des Sieges im

Maritzatal war, daß die Türken ihren Machtbereich erweiterten, vorwiegend nach Westen bis gegen Thessalien und Albanien. Außerdem gewannen sie die makedonische Hafenstadt Kavalla, deren mauerumgürtete Altstadt ihren orientalischen Charakter bis in die Gegenwart bewahrt hat, ferner Drama, ebenfalls Provinzhauptstadt und Sitz eines Erzbischofs. Die dort lebenden Türken mußten nach dem Ersten Weltkrieg auswandern, dafür wurden aus Kleinasien vertriebene Griechen angesiedelt; als Erinnerung und besuchte Sehenswürdigkeit ist aber der türkische Han erhalten geblieben, der große Einkehrgasthof der Karawanenführer. In Serrä, der dritten damals eroberten Stadt, gab es wie in Kavalla eine starke Burg aus byzantinischer Zeit, die dann von den Serben weiter verwendet wurde. In Veria (türkisch Karaferia) bauten die Serben sogar neue Türme an die alten Mauern, aber das half nichts, der Siegeszug der Türken war nicht mehr zu hemmen.

Im oberen Makedonien hielt sich Prinz Marko, König Vukašins Sohn, in seinem Felsennest, einer gut befestigten Burg auf einsamer Bergkuppe in der Nähe von Prilep, noch bis 1390. Selbstverständlich hat sich hier viel verändert, nicht nur durch die Zivilisation der letzten Jahrzehnte, sondern schon seit langem, seit Tabak gebaut und an der Sonne getrocknet wird – in jedem Dorf stehen die hohen Holzrahmen, an denen die großen, sich allmählich verfärbenden Blätter hängen. Aber wenn an einem Sommertag die Luft vor Hitze flimmert und die Büffel im Fluß Zuflucht suchen, wenn am Berghang der Schafhirt seine Flöte bläst, oder wenn ein Regenguß die Wege aufgeweicht hat, daß Mensch und Tier bis über die Knöchel einsinken, dann möchte man meinen, zu Markos Zeiten habe es nicht anders ausgesehen. Die Herbstnebel, abends, wenn die Dämmerung alle Konturen verschwimmen läßt, und nachts die Wolkenfetzen, die am Mond vorbeiziehen, der Ruf eines Nachtvogels, die Fledermäuse um die Burg – das erweckt schon die Vorstellung von den Viljen, den liebenden, hilfreichen und trotzdem gefährlichen Feen, mit denen Marko vertraut war.

Er war nicht der einzige Fürst, der den Türken Widerstand

leistete. Am oberen Strymon und Axios (slawisch Struma und Vardar) kämpften die Söhne des Fürsten Stephan Tvrtko, am Rand des Ossogovo-Gebirges behauptete sich Markos Freund Konstantin, dem zu Ehren die bulgarische Stadt Velbuschd von den Türken in Köstendil umbenannt wurde; die Ruinen seiner Festung sind am Hissarlik-Hügel nordöstlich der heutigen Stadt Kjustendil zu sehen. Ja, die Türken benannten die Stadt nach Konstantin, denn er gab den aussichtslosen Kampf auf und wurde ihr Vasall, eben wie Johann Dragasch, wie Bogdan am Westrand des Rhodope-Gebirges – und wie auch alle die anderen Helden einschließlich Marko.

Die Heldenlieder, die Marko besingen, verschweigen diese Tatsache nicht, sie liefert vielmehr weiteren Stoff, Markos Mut und Stolz sowie seine unüberwindliche Kraft zu preisen. Als Marko einen eifersüchtigen Wesir getötet hat, reitet er selbst zum Sultan nach Jedren (Edirne), um sich zu rechtfertigen. Der Sultan aber wagt nicht, ihn dafür zu bestrafen, sondern

> »Flüsternd sprach er zu dem Königssohne:
> ›Mögst du dafür leben, Kraljewitsche Marko!
> Hättest du dich also nicht betragen,
> möcht' ich meinen Sohn dich nicht mehr nennen.
> Jedes Türklein kann Wesir ja werden,
> doch wie Marko lebt kein andrer Held mehr!‹
> Und in seine seidne Tasche greifend
> zieht er tausend Goldstück' aus der Tasche,
> reichet sie dem Königssohne Marko.
> ›Nimm dies Gold, mein Sohn, von deinem Herren.
> Trinke auf mein Wohlsein, tapfrer Marko!‹«
>
> *(Volkslieder der Serben, hg. v. Therese Robinson [Talvj], Leipzig 1853)*

Wenn selbst der Kaiser in Byzanz sich den Türken beugte, darf man das dem serbischen Königssohn nicht zum Vorwurf machen. Das tat damals auch niemand – im Gegenteil, nach der kleinen Republik Ragusa schlossen die Seemächte Venedig und Genua ihre Verträge mit dem Sultan. Aber warum wurde gerade Marko so berühmt, nicht sein Freund Konstantin, nicht Bogdan oder irgendein anderer? Vielleicht kann eine Strophe aus einem anderen Marko-Lied die Frage beantworten. Da heißt es am Schluß der ergreifenden Geschichte von seinem Tode:

»Wisse, daß der Königssohn gestorben.
Marko trägt der Gürtel drei an Schätzen.
Was für Schätze? Glänzende Dukaten!
Einer dieser Gürtel sei des Finders,
daß des Markos Leiche er begrabe.
Eigentum der Kirche sei der zweite,
daß sie sich in Markos Namen schmücke;
doch der dritte sei geweiht den Blinden,
daß sie ziehen durch die weite Welt und
daß sie Markos stets im Lied gedenken.«

*(Aus: Die österr.-ungar. Monarchie in Wort und Bild, Bd. Croatien und Slawonien, Wien 1902)*

Die Behauptung, Homer sei blind gewesen, wird von der modernen Forschung nicht sehr ernst genommen, aber im Altertum glaubten viele Menschen daran, und blinde Sänger hat es seither immer gegeben. Zu den wenigen Möglichkeiten, wie sich ein Blinder den Lebensunterhalt verdienen konnte, gehörte es doch, daß er bei einer festlichen Gelegenheit, sei es auch nur ein Jahrmarkt irgendwo zwischen dem kleinasiatischen Fluß Mäander und der Drau, von alten Helden sang und nachher mit dem Blechteller milde Gaben einsammelte. Gegen diese armen Leute war Marko freigiebig gewesen, wie es sich für einen Königssohn geziemte, und dafür priesen sie ihn in ihren Liedern. Bis ins späte 19. Jahrhundert sind Schulen nachgewiesen, in denen Blinde und selbstverständlich auch andere die überlieferten Heldenlieder erlernen konnten. Die Mehrzahl der angehenden Sänger dürfte allerdings privat gelernt haben. Drei Jahre lang begleitete ein Jüngling seinen Meister als Knecht, bediente ihn, sammelte die Gaben ein und lernte unwillkürlich die Lieder, da er sie Abend für Abend hörte. Wenn er dann selbst singen durfte, mußte er drei weitere Jahre die Einnahmen seinem Meister abliefern.

Danach war er frei und selbständig, aber durch die Pietät verpflichtet, seinen Meister zu ehren und im Notfall ihm beizustehen. Diese Tradition hat sich bis nach dem Zweiten Weltkrieg erhalten, von Bosnien bis nach Kreta. Neben den epischen Liedern gab es (und gibt es wohl heute noch) religiöse, satirische und mehr lyrische. Diese werden auf der Tamburiza (richtiger: Panduriza) begleitet, die Heldenlieder auf der einsaitigen Gusla oder der zweisaitigen Gega.

Die einzelnen Lieder hatten bis 3 000 Verse, wurden aber durchwegs mündlich weitergegeben, wie das nicht nur für blinde Sänger selbstverständlich ist, sondern überhaupt für Völker, die noch bis ins 20. Jahrhundert zu mindestens 80% aus Analphabeten bestanden. Als sich gegen Ende des 19. Jahrhunderts die wissenschaftliche Forschung damit zu befassen begann, fand sie in Bosnien einen Sänger, der 86 000 Verse rezitieren konnte! Das mag ein Sonderfall gewesen sein, aber 40 000 Verse waren keine Seltenheit. Diese Tradition hat sich, wenn auch in verringertem Umfang, bis in unsere Tage erhalten.

Es entspricht dem Charakter der Lieder, daß sie die Taten ihrer Helden ins Unglaubliche steigern, daß nicht nur der Held selbst menschliches Maß überschreitet, sondern auch sein edles Roß schneller und klüger ist als alle anderen Pferde, sein Schwert schärfer als andere Schwerter, und ähnliches gilt für seinen Hund, seinen Jagdfalken, seine Pfeile; Feen helfen ihm, lieben ihn und verfolgen ihn mit ihrer Eifersucht. Der historische Gehalt der Lieder zeigt sich in einzelnen Fällen deutlich, manchmal ist er noch zu ahnen, oft scheint er überhaupt zu fehlen. Dennoch darf man den Wert der mündlichen Überlieferung nicht unterschätzen. Ohne sie wüßten wir ja auch nicht die Namen der Herrscher uralter mächtiger Burgen und Paläste, so zum Beispiel, daß in Mykene Agamemnon gebot, in Pylos der weise Nestor – und auch die Auseinandersetzung der südslawischen Fürsten mit den Türken wäre uns ohne die Heldenlieder viel weniger vorstellbar. In gewissen Fällen bilden die Lieder sogar – bei aller gebotenen Vorsicht und Kritik – eine Geschichtsquelle, die als fast ebenso verläßlich angesehen werden kann wie die gleichzeiti-

gen Berichte von türkischer Seite. Das gilt in besonderem Maße für die Schlacht auf dem Amselfeld.
Nach dem Tod des ersten Bejlerbejs von Rumelien verlieh Sultan Murad das hohe Amt seinem vertrauten Freund Timurtasch. Dieser tapfere, kampfeslustige Mann wandte sich zuerst (1381) gegen Thessalonike, aber die byzantinische Besatzung verteidigte ihre Mauern und Türme erfolgreich. Mehr Glück hatte Timurtasch im Westen und Nordwesten; dort konnte er den Serben zwei verhältnismäßig wichtige Städte abnehmen, Monastir (Bitola) und Ischtip (Štiplje). Bald danach, 1382, gewannen die Türken in der fruchtbaren Ebene zwischen Vitoscha- und Balkangebirge die Stadt Sofia, die weithin als die reichste galt. Es war das antike Serdika, für das die Byzantiner später den Namen »Triaditza« gebrauchten, die Slawen »Sredez« = »Stadt in der Mitte«, bis – wenige Jahrzehnte vor ihrer Eroberung – der Name der bedeutendsten Kirche, der Sophienkirche, auf die Stadt übertragen wurde.
Indsche Balaban Bej, der türkische Befehlshaber von Filibe (Plovdiv), soll sich einer einfachen List bedient haben: ein vornehmer Türke kam als Überläufer in die Stadt und verstand es, das Vertrauen des Kommandanten zu erringen; als sie einmal zusammen auf die Jagd ritten, wurde der Befehlshaber von seinem neuen Freund in einen Wald geführt, wo Türken im Hinterhalt lagen, und gefangengenommen. Danach war es nicht mehr schwer, sich der Stadt zu bemächtigen.
Der günstigen Lage wegen wurde in der Folgezeit Sofia Sitz des Bejlerbejs von Rumelien und des Kadi-(Richter) Amtes. Die ehrwürdige Sophienkirche, eine Backstein-Basilika aus dem 6. Jahrhundert, und die noch ältere Georgskirche wurden in Moscheen umgewandelt, weitere Moscheen erstanden, aber das geschah erst im Laufe des nächsten Jahrhunderts. Die Türken liebten die Eile nicht, formten die eroberten Städte nicht sogleich um. Es genügte vorläufig, daß in Edirne das Serail, der Sultanspalast, fertiggestellt war (von dem sich leider nichts erhalten hat) und Sultan Murad I. neben allen anderen Bequemlichkeiten, die ihm zustanden, auch seinen

**1** *Das Monemwasia-Tor in Mistra/Peloponnes.*

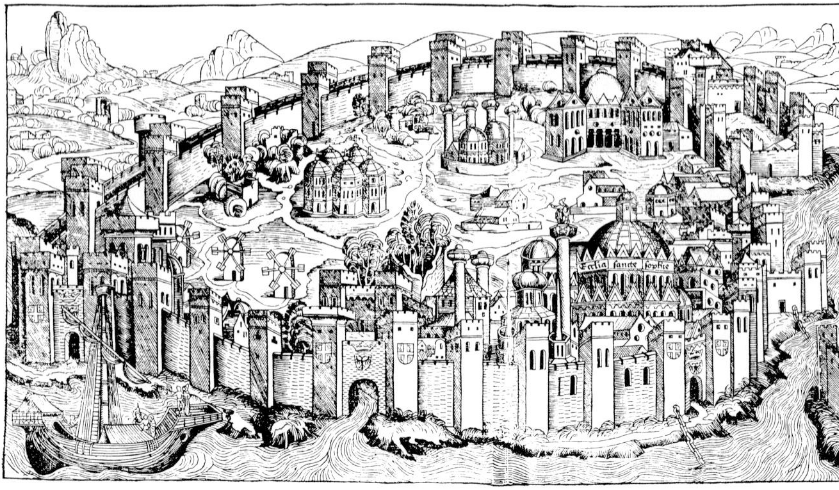


**2** *Konstantinopel: Gesamtansicht aus dem* Liber Chronicarum *von Hartmann Schedel, Holzschnitt 1493.*

**3** *Ankunft der Abgesandten des Sultans Soliman II. in Frankfurt am Main 1562. Holzschnitt von Jost Amman, 16. Jh.*

**4** *Mohammed II. Fathi (1430 – 1481). Vorderseite einer großen Medaille.*

**5** *Golubac, eine Serbenfestung an der Donau, im 15. Jh. von den Türken erobert.*

**6** *Fet-Islam bei Kladovo an der Donau, 1451 von den Türken erbaut.*

Harem mitbringen konnte, sooft er in Europa residierte. Das war nämlich nicht dauernd der Fall: Bursa blieb die asiatische Residenz, und dort in Asien gab es ja noch genug politische und militärische Sorgen, die seine Anwesenheit erforderten. Das Sultansreich dehnte sich schon weit in Europa aus, bevor Kleinasien gänzlich erobert war.
Die Europäer machten es ihm allerdings leicht, immer neue Gebiete zu unterwerfen. Überall, wo zwei Kleinfürsten miteinander stritten, sei es in Griechenland, sei es in Albanien oder Epirus, rief der eine von ihnen (wenn nicht gar beide zugleich!) die Türken zu Hilfe, und Murad zögerte nicht, seine Reiter hinzuschicken. Nicht immer blieben sie gleich dauernd als Besatzungsmacht, aber auch wenn sie wieder abzogen, hatten sie doch einen neuen Landstrich kennengelernt und wußten, wie sie beim nächsten Mal am günstigsten vorzurükken hätten. So kamen sie bald nach dem Fall von Sofia auch ans Adriatische Meer.

Jeder Eroberer muß mitunter auch Rückschläge hinnehmen. Der erste traf die Türken bereits im Jahre 1366, als nach einem Hilferuf des Kaisers von Byzanz der tapfere Graf Amadeo VI. von Savoyen mit französischen und italienischen Rittern das feste Kallipolis angriff. Von venezianischen und genuesischen Streitkräften zu Lande und zur See unterstützt, entriß er den Türken die wichtige Festung – freilich nicht für lange Zeit.
Im selben Jahr 1366 erlebten die Türken auch auf der Balkanhalbinsel ihre erste Niederlage. Ihre eigenen Geschichtsschreiber erwähnen sie nicht, vielleicht war sie auch gar nicht bedeutend, aber der Sieger freute sich. Es war Ludwig I. von Anjou, König von Ungarn, genannt »der Große«, da seine Macht sich – vorübergehend – von Litauen bis ans Adriatische Meer erstreckte. Um den Vorstoß der Türken nach Bulgarien aufzuhalten, führte er sein Heer durch die Walachei nach Vidin an der Donau, besetzte die Stadt und auch gleich das westliche Bulgarien und gründete dort das Bulgarische Banat, das etwa einer deutschen Markgrafschaft entsprach: eine Reihe befestigter Siedlungen, die, vom Hinterland un-

terstützt, die Grenze sichern sollten. Als im Zuge dieser Abwehrkämpfe die Türken einmal eine Niederlage erlitten, eben im Jahre 1366, ließ König Ludwig zum Dank dafür die Wallfahrtskirche von Mariazell in der Steiermark, die weithin großes Ansehen genoß, durch eine Kapelle erweitern und stiftete kostbare Meßgewänder und andere Geschenke.

Es war kein entscheidender Sieg, aber der erste der Ungarn; die Jahreszahl 1366 ist nicht sicher, aber die Schatzkammer von Mariazell bewahrt noch unter einem Baldachin das italienische Madonnenbild, das der fromme Ungarnkönig geschenkt hatte.

Der nächste Herrscher, der einen Sieg über die Türken errang, war Tvrtko, Banus von Bosnien unter König Ludwigs Oberhoheit und Neffe von Ludwigs Gemahlin Elisabeth. 1377 nahm er, wahrscheinlich mit Ludwigs Zustimmung, den Titel eines Königs von Bosnien an, zehn Jahre später stellte er sich zusammen mit dem Serbenfürsten Lazar den Türken entgegen. Die Slawen gingen mit 30 000 Mann in den Kampf, die Türken nur mit 20 000 (wobei diese Zahlenangaben sehr wenig verläßlich sind). Jedenfalls siegten die Slawen, von den Türken sollen nur 5000 dem Tod oder der Gefangenschaft entkommen sein. Im Augenblick schien es ein entscheidender Sieg. Aber nicht deshalb ist der Name des Königs Tvrtko heute noch allgemein bekannt, sondern aus einem ganz anderen Grunde: er schätzte den Wein der Hercegovina, die zu seinem Reich gehörte, und lobte die Qualität dieses Weines in einem Schreiben an Vlatko Vukoslavić, den Knez (Herzog) dieses Gebietes. Diese Tatsache oder wenigstens Tvrtkos Siegel, das einen gewappneten Lanzenreiter auf galoppierendem Pferd darstellt, ist heute noch auf den Flaschenetiketten der besten hercegovinischen Weine zu finden, sowohl des grünlich-gelben, trockenen Žilavka wie des roten, köstlich herben Blatina.

Die siegreichen Bosnier und Serben waren nicht imstande, ihren Erfolg entscheidend auszunützen, ja sie gewannen nicht einmal die Stadt Niš zurück, die sie im Vorjahr nach harter Gegenwehr an die Türken verloren hatten. Der Sultan aber empfand die Niederlage eines seiner Heerführer als

Warnung. Als zwei Bulgarenfürsten Miene machten, sich offen den Serben anzuschließen, begann Sultan Murad I. sofort den Angriff gegen sie, um einer größeren Koalition der Slawen zuvorzukommen. Während er noch sein Heer sammelte, ließ er den Großwesir Ali Pascha vorausmarschieren.
Ali Pascha überschritt im Jahre 1388 mit 30 000 Mann das Balkangebirge und eroberte zunächst Schumen, das in der Folgezeit zu einer der wichtigsten Türkenfestungen auf bulgarischem Boden ausgebaut wurde. Auch die Hauptstadt Trnovo konnte sich nicht lange halten, obwohl sie gut befestigt war. Der Bulgarenzar Schischman verteidigte sich in Nikopolis, einer starken Festung an der Donau. Erst als der Sultan selbst mit seinem Heer die Belagerer verstärkte, gab der Zar nach und schloß Frieden. Er hielt den Frieden, solange der Sultan im Lande war, nahm aber unmittelbar nach Murads Abzug den Kampf von neuem auf. Murad brauchte jedoch nicht umzukehren. Um den unverläßlichen Zaren neuerlich zu bezwingen, genügten die Truppen des Ali Pascha. Sie eroberten die Festungen an der Donau und schufen sich damit eine sichere Grenze nach Norden. Auch Strasimir von Vidin mußte die türkische Oberhoheit anerkennen.
Damit war der Widerstand der Bulgaren gebrochen, wenn auch das Land noch nicht ganz erobert. Murad gedachte vorläufig nicht, sich hier zu lange aufzuhalten; er hatte ja erst einen Gegner ausgeschaltet, der Hauptkampf gegen die südslawischen Völker stand noch bevor.
König Tvrtko war damit beschäftigt, seine Macht über Dalmatien auszudehnen und so ein großes Bosnisches Reich von der Adria bis an Drau und Donau zu schaffen; für den Kampf gegen die Türken schickte er Hilfstruppen, griff aber nicht mit voller Kraft ein. Trotzdem kam ein großes christliches Heer zusammen, angeblich 200 000 Krieger – was gewiß übertrieben ist.
Das Amselfeld (Kosovo Polje) bei Priština war als Schlachtfeld ausersehen. Dort bildete Fürst Lazar mit den Kriegern aus Nordserbien das Zentrum des Heeres, sein Neffe und Schwiegersohn Vuk Branković führte die südserbischen Truppen auf dem rechten Flügel, auf dem linken Flügel stan-

den die bosnischen Hilfskontingente unter dem Wojwoden Vlatko Hranić. Die ungarischen und bulgarischen Verbände – teils Freiwillige, teils Söldner – und ein Teil der Albaner standen in Reserve. Auch Walachen hatten sich eingefunden, der Wojwode Johannes Myrcea führte sie an, schließlich Kroaten unter ihrem Banus Iwan. Bunt wie die Zusammensetzung war auch die Bewaffnung des Aufgebotes. Da gab es schwer gepanzerte Ritter auf starkem Streitroß mit Knappen und reisigen Knechten, leichte Reiter mit Lanze und Schild, aber ohne Harnisch, Bogenschützen zu Pferd und zu Fuß, gut gerüstetes Fußvolk in fester Ordnung und daneben andere Leute, die als einzige Waffe Spieß, Axt oder Keule trugen.
Auf der Seite der Osmanen standen die Janitscharen und 2000 Bogenschützen im Zentrum; bei ihnen befanden sich der Sultan, der Großwesir Ali Pascha und der alte Timurtasch, Bejlerbej von Rumelien. Den rechten Flügel bildeten die Aufgebote der kleinasiatischen Emirate unter dem Befehl des Prinzen Bayazid Yilderim und des bewährten Evrenos-Bej von Serrai. Auf dem linken Flügel befehligten Prinz Jakub Tschelebi und Indsche Balaban-Bej von Filibe (Plovdiv) die europäischen Truppen, sowohl Türken als auch die Krieger christlicher Staaten, die unterworfen und zur Heerfolge verpflichtet waren. Auch in diesem Heer war jede Art von Ausrüstung und Bewaffnung vertreten, von den gepanzerten Reitern (die jedoch leichtere, schnellere Pferde besaßen als die christlichen Ritter) und den vorzüglich disziplinierten Janitscharen bis zu ungeordneten, schlecht bewaffneten Scharen von Bauern. Die Zahl wird mit 60 000 angegeben; sie dürfte geringer gewesen sein als die der Christen. Die religiöse Begeisterung und der Kampfesmut waren auf beiden Seiten groß, die Führung bei den Türken wesentlich besser, denn die Befehlenden verfügten über mehr Autorität und größere Erfahrung. Erst vor drei Jahren hatte Sultan Murad mit ähnlicher Schlachtordnung bei Konya über den Emir von Karamanien, den mächtigsten Herrscher Kleinasiens, einen Sieg errungen.
Der Tag der Schlacht auf dem Amselfeld ist, wie es im Mittelalter üblich war, mit dem Namen des Heiligen angegeben, an

dessen Fest gekämpft wurde, des Heiligen Veit, nicht mit genauem Datum. Daraus ergeben sich Widersprüche, ebenso aus dem Unterschied zwischen lateinischem und orthodoxem Kalender; ältere Berechnungen nennen den 15. Juni, neuere den 20. Juni, türkische Quellen einen noch späteren Tag des Jahres 1389.

Die beiden Heere stießen frontal aufeinander, Christen wie Mohammedaner kämpften gleich tapfer, aber immer nur in der vordersten Reihe; erst wenn ein Streiter verwundet oder gefallen war, konnte der Hintermann nachrücken. So dauerte der Kampf stundenlang, ohne daß sich eine Entscheidung abzeichnete, bis ein Vorstoß der serbischen Panzerreiter den linken Flügel der Türken zurückwarf. Auf der anderen Seite aber kämpfte Prinz Bayazid so, wie es seinem Beinamen »Yilderim« (»der Blitz«) entsprach, hart und kraftvoll. Er brachte die christlichen Ritter zum Stehen, gewann in blutigen Einzelkämpfen die Oberhand und errang schließlich gegen Abend den Sieg.

Die taktischen Einzelheiten, die verschiedenen Phasen der großen Schlacht sind nicht bekannt. Die Slawen beherrschten ja nicht die hohe wissenschaftliche Kriegskunst der Byzantiner; wahrscheinlich wurden ihnen ihre Panzer in der Sommerhitze des langen Tages zu schwer, sie ermüdeten vorzeitig, während den Türken nicht nur die leichteren Rüstungen und die wendigeren, schnelleren, ausdauernden Pferde von Vorteil waren, sondern hauptsächlich die einheitliche Führung. Das läßt sich nur vermuten, kein Bericht von der Schlacht (es gibt deren etliche) geht auf diese Fragen ein, alle konzentrieren sich auf den Tod des Sultans, eines seiner Söhne und dann auch des Serbenfürsten Lazar.

Der Derwisch Achmed-i-Aschiki schildert in seinem Geschichtswerk, wie während der Schlacht ein »Giaur«, ein Christ namens Miloš Kopila auf den Sultan zuging, den Hut in der Hand – die andere Hand, die er hinter dem Rücken verbarg, hielt einen Dolch. Die Leibgarde des Sultans versperrte ihm den Weg, aber er behauptete, er sei gekommen, dem Sultan die Hand zu küssen, das heißt, seine Unterwerfung anzubieten, denn Fürst Lazar und dessen Sohn seien gefangen worden. Also ließ die Garde ihn weitergehen, doch als er an den Sultan herangekommen war, tötete er ihn mit dem Dolch.

Die Chronik des Urudsch aus Adrianopel erzählt es anders: der Sultan sei nach dem Sieg über das Schlachtfeld geritten, da habe sich unter den Leichen ein Serbe erhoben und mit seinem Handschar den Sultan erschlagen.

Das Geschichtsbuch eines unbekannten Autors, der griechisch schrieb und offenbar Christ war, bringt gleich zwei Versionen dieses Ereignisses. Nach türkischer Darstellung kämpfte Sultan Murad persönlich in der Schlacht mit und wurde vom Pfeil eines serbischen Schützen in den Unterleib getroffen. Die byzantinische Überlieferung dagegen nennt wieder einen Serben – diesmal heißt der Michalis –, der sich als Abtrünniger ausgab und dem Sultan huldigen wollte, ihn aber mit einem Dolch erstach. Dies entspricht also dem Bericht des Derwischs Achmed, ergänzt aber noch, Fürst Lazar habe den Mörder ausgesandt und ihm dafür einen Teil seines Reiches versprochen; Michalis sei ein stattlicher, schön gekleideter Mann gewesen und habe dem Sultan so gefallen, daß dieser selbst seinen Leibwächtern befahl, den Serben nähertreten zu lassen.

Noch ausführlicher, fast schon poetisch ausgestaltet, ist der Tod des Sultans in der italienischen Übersetzung zu lesen, die eine Chronik des byzantinischen Prinzen Ioannes Dukas zur Grundlage hat. Ihr zufolge hatte Sultan Murad mehrmals versucht, den vornehmen Serben Miloš Kobilić durch große Versprechungen auf seine Seite zu ziehen; daher empfingen die Türken den edlen Miloš sehr freundlich, als er am Morgen vor der Schlacht in ihr Lager kam. Sultan Murad hielt ihm den Fuß entgegen, damit Miloš ihn küssen könne, wie es der Sitte entsprach, doch der Serbe ergriff den Fuß, riß dadurch den Sultan vom Sitz und stach ihm einen Dolch ins Herz.

»Nachdem nun der heldenhafte Christ sein Gelübde erfüllt und einen so mächtigen Feind glorreich überwunden hatte, versuchte er, sich durch die verblüffte und verwirrte Menge der Satrapen und Gefolgsleute Murads einen Weg zu bahnen, bald auf den einen, bald auf den anderen losschlagend, bis er zu seinem Roß gelangt war. Und während er den Fuß in den linken Steigbügel setzte, brach dieser ruhmreiche Ritter Christi, von den Janitscharen umzingelt, bevor er noch in den Sattel steigen konnte, unter den unzähligen Wunden, die ihm diese hündische Übermacht zugefügt hatte, tot zusammen.«

Das gemahnt schon sehr an die serbischen Heldenlieder, aber gewiß haben nicht die Dichter und Sänger ihren Stoff der byzantinischen Chronik oder deren italienischer Übersetzung entnommen, sondern umgekehrt: das Heldenlied hat sich wohl schon sehr bald nach dem Jahre 1389 mit der denkwürdigen Schlacht befaßt, die Kunde davon verbreitet und schließlich die Darstellung des Chronisten wie die Ausgestaltung des Übersetzers beeinflußt; ja sogar bei dem Derwisch Achmed finden sich der Name des Helden und seine List, die ihn bis zum Sultan herankommen läßt.

Kehren wir nun zum Schlachtfeld zurück. Das christliche Heer ist geschlagen, Fürst Lazar samt seinem Sohn gefangen, der Sultan aber tot. Sein Sohn Bayazid Yilderim erscheint sowohl nach dem Gesetz der Erbfolge wie durch seine Fähigkeiten als der richtige Mann, die Herrschaft zu übernehmen. Zur Sicherheit aber, um einem Thronstreit vorzubeugen, wird Jakub Tschelebi, der andere Sohn Murads I., sogleich umgebracht. Ob Bayazid selbst den Befehl dazu gab oder die Bejs es taten, bevor sie noch Bayazid als neuen Padischah ausriefen, darin widersprechen die Berichte einander. Sicher ist, daß der Prinz mit einer Bogensehne erdrosselt wurde, denn das galt als die ehrenvollste Art der Hinrichtung. Weniger rühmlich war der Tod durch das Schwert des Henkers, wie er noch am selben Tag dem Fürsten Lazar, seinem Sohn und vielen anderen vornehmen Slawen widerfuhr. Die Weltgeschichte beweist leider, daß Ritterlichkeit dem besiegten Feind gegenüber eine seltene Tugend ist, das Gegenteil sich viel häufiger findet. Der Brudermord aber ist eine Besonderheit des Osmanischen Reiches – dort wurde er zu einer grausamen Regel.

In den Berichten über die Schlacht wird mehrfach das Flüßchen Sitnitza erwähnt. Am Nordrand des Amselfeldes mündet in die Sitnitza der Lab. Das Heldenlied nennt eine Kirche Samodreša (»Monarchenkirche«) am Lab, bei der Lazar vor der Schlacht das Heer segnete; in ihrer Nähe soll er auch in die Gefangenschaft der Türken geraten sein. Zur Erinnerung daran wurde im Jahre 1404 eine marmorne Säule errichtet, die nicht mehr erhalten ist. In dieser Kirche hat man – der Überlieferung zufolge – Miloš Kobilić bestattet. Fürst Lazar wurde in Priština als der nächsten Stadt beigesetzt, aber wenige Jahre später in das Kloster Ravanitza am Unterlauf der Morava überführt. Dieses Kloster hatte Fürst Lazar 1381 gegründet; es liegt nur 15 km östlich der großen Durchzugsstraße Belgrad-Niš. Die Kirche hat einen kleeblattförmigen Grundriß und fünf Kuppeln; die leider beschädigten Fresken im Innern zeigen u. a. die Porträts von Lazar und seiner Familie. Kaum ein Kloster wird in den serbischen Volksliedern so viel besungen wie dieses.

Der Leichnam des Fürsten – der als Märtyrer und Heiliger gilt – ruht jedoch nicht mehr dort, sondern seit 1697 im Kloster Vrdnik in Syrmien (Srem), das deshalb ebenfalls den Namen Ravanitza erhalten hat. Es gehört zu den berühmten Fruška Gora-Klöstern südlich von Neusatz (Novisad); Flüchtlinge aus Serbien, die sich dort im Schutze der kaiserlichen (habsburgischen) Grenze niederließen, hatten die Gebeine ihres Fürsten und Heiligen mitgenommen. Von diesen Klöstern wird später noch die Rede sein, wir dürfen hier nicht so weit vorgreifen, noch beschäftigt uns das Amselfeld.

Wie die Christen ihren Lazar, so priesen die Mohammedaner ihren Murad als Märtyrer des Glaubens. Bayazid ließ den Leichnam seines Vaters und den des ermordeten Bruders Jakub nach Bursa schaffen und dort in einer Moschee bestatten, die Murad erbaut hatte. Auf dem Amselfeld aber wurden die Eingeweide des Sultans in einem Mausoleum beigesetzt.

Für heutige Begriffe mag es pietätlos erscheinen, einen Leichnam zu zerlegen, vom praktischen Standpunkt war es indes durchaus vernünftig, zumindest die Teile, die am schnellsten verwesen würden, aus dem Körper zu entfernen. Das wußten schon die alten Ägypter; die christlichen Ritter taten es auf den Kreuzzügen, wenn die sterblichen Reste eines Fürsten in die Heimat geschafft werden mußten, und auch in der Sommerhitze des Jahres 1389 erwies es sich als notwendig. Das Mausoleum also, das in einem Sarkophag die Eingeweide des Sultans birgt, heißt heute »Muratovo Tulbe«. Es steht am Nordrand des Amselfeldes in der Nähe des Dorfes Milešovo, etwa 400 Meter westlich der Straße, die von Kosovska Mitrovitza nach Priština führt. Neben dem Mausoleum sind zwei Paschagräber zu sehen, drei km weiter ein Erinnerungsturm aus dem Jahre 1953 und dann, östlich abseits der Straße, auf einem Hügel inmitten eines mohammedanischen Friedhofs die »Gazimestan Tulbe«, das Grabmal eines türkischen Helden (Gazi), der als Träger des Bajrak, der großen Standarte, im Kampf gefallen war.

Die Serben waren so vernichtend geschlagen, daß sie nicht mehr an Widerstand denken konnten. Ihr neuer Fürst, Lazars Sohn Stephan Lazarević, mußte Frieden schließen, aus seinen Silberminen jährlich einen gewaltigen Tribut nach Edirne schicken, als Vasall am Hof des Sultans seine Aufwartung machen und für alle Feldzüge Hilfstruppen stellen. Diese Bedingung war den Türken immer wichtig, denn sie stärkte nicht nur das eigene Heer, sondern nahm dem Unterworfenen auch die Möglichkeit eines Aufstandes. Außerdem mußte Fürst Stephan seine Schwester Olivera in den Harem des Sultans schicken.

Im serbischen Volkslied heißt sie Mileva und ist selbstverständlich jung und schön. Gewiß war sie traurig, als sie sich dem Mann hingeben mußte, der ihren Vater hatte hinrichten lassen; dabei wurde sie nicht eine hochgeachtete Gemahlin, die gleich einer europäischen Königin eine Krone trug und neben ihrem Gemahl thronte! Es hing nur zu einem Teil von ihr selbst ab, zum anderen, wahrscheinlich größeren Teil von Zufällen und Fügungen, ob sie eine unbeachtete Nebenfrau blieb, kaum höher gestellt als eine Sklavin, oder zum vielbeneideten, dauernd durch Intrigen gefährdeten Rang einer Favoritin aufstieg.

Durch ihre jugendliche Schönheit, ihre Klugheit und Energie – gewiß auch durch die unberechenbare Gunst des Glückes –

hatte Olivera Erfolg; sie errang die Liebe des Sultans und übte starken Einfluß auf ihn aus. Den konservativen Kreisen am Hof zu Edirne gefiel es freilich nicht, daß die junge Serbin ihre eigenen Bräuche beibehielt. Ihre christliche Religion hätte man ihr vielleicht noch verziehen, aber sie trank nicht nur selbst Wein, wie sie es von daheim gewohnt war, sondern verführte auch den Sultan dazu! Weingenuß, ja richtige Trinkgelage, das war für einen frommen Moslem eine arge Sünde. Zudem soll sie dem verliebten Sultan politische Zugeständnisse im Interesse ihres Volkes abgeschmeichelt haben. Das ältere Serail von Edirne, in dem Olivera lebte, ist längst verschwunden; auch das neuere Serail, das viele Sultane immer wieder veränderten und erweiterten, hat nur wenige Ruinen hinterlassen. Es war kein Palast im europäischen Sinne, sondern eine kleine Stadt für sich, draußen auf einer Wiese am Fluß Tundscha, teils auch auf einer Flußinsel. Eine hohe Mauer umgab größere und kleinere Häuser mit Empfangssälen und Wohnräumen, außerdem Moscheen, Bäder, Wirtschaftsgebäude und freundliche Gartenhäuschen (Kioske), ziemlich regellos in verschiedenen Höfen verteilt, von mächtigen Platanen und Ulmen überschattet, im ganzen viel freundlicher als das große Serail zu Konstantinopel. Aber das ist nur aus Schilderungen und Abbildungen bekannt, denn als im Januar 1878 russische Truppen gegen Edirne vorrückten, sprengten die Türken die ganze Anlage.

Thessalien war von den Stürmen jener Zeit noch einigermaßen verschont geblieben. Hier mischten sich serbische und albanische Einflüsse mit der ehrwürdigen byzantinischen Tradition, die Herrschaft führten Nachkommen der serbischen Dynastie Nemanja. Symeon Uroš hatte sich in Trikkala im Jahre 1359 zum »König der Serben und Griechen« krönen lassen, aber bald sein kleines Reich noch weiter geteilt: sein Schwiegersohn Thomas erhielt Joannina in Epirus, Thessalien vererbte Symeon im Jahre 1371 seinem Sohn Johannes Uroš.

Der Regierungssitz blieb die Festung auf dem Hügel, der im Altertum die Akropolis der Stadt Trikka, später ein byzantinisches Kastell getragen hatte. Die Stadt liegt in der Ebene, nördlich von ihr aber zeigen sich Felsen, die hoch wirken, weil sie steil und unvermittelt, oft ganz bizarr und vereinzelt aufragen. Sie erschienen als geeigneter Ort für fromme Männer, die sich aus der Welt zurückziehen wollten; mit Zustimmung seines Bischofs stiftete dort der Mönch Nilos oberhalb eines schon bestehenden Marienklosters vier Kirchen. Das war der Beginn einer neuen Mönchsrepublik, in welcher der heilige Athanasios die Regel der Athosklöster einführte. Von ihrer hohen Lage erhielten die neuen KLöster den Namen »Meteora«, wörtlich übersetzt »in der Luft schwebend«.

Der heilige Athanasios starb 1372. Ein Jahr vorher hatte der Königssohn Johannes Uroš die Regierung angetreten. Er war in einem Athoskloster erzogen worden, ein edler, milder Mann, der den Frieden liebte. Aber gerade das wurde gefährlich, als die Türken gegen Thessalien zogen. König Johannes fand keine Verbündeten und konnte auch keine eigene Armee ins Feld stellen. So blieben seinem Land zwar die Greuel des Krieges beinahe erspart, nicht aber die einer langen Fremdherrschaft. Thessalien sollte den Türken als strategische Basis gegen das übrige Griechenland dienen, der alte grimmige Evrenos-Bej von Serrai erhielt es als erbliches Lehen zugesprochen.

Wie es ihrer Gewohnheit entsprach, drängten sich die Türken vorwiegend in den Städten zusammen, vor allem in der Hauptstadt Thessaliens, dem uralten Larisa, das nun den Namen Jeng-Ischehir erhielt. Noch ärger erging es den Christen von Pharsala, einer kleinen Stadt, die durch den Sieg Caesars über Pompeius im Jahre 48 v. Chr. berühmt ist. Auf dem Burgberg sind noch die Ruinen eines Herrensitzes der mykenischen Zeit zu sehen, d. h. aus dem 15. Jahrhundert *vor* Christus: so lange währte die griechische Tradition des Ortes, den nun die Türken für sich beanspruchten. Aber die Fruchtbarkeit des thessalischen Bodens lockte die Eroberer auch ins flache Land hinaus. Sie breiteten sich so weit aus, wie sie ihre Felder und Gärten ohne große Mühe bestellen konnten; den Christen blieben fast nur die rauheren, kargeren, zum Teil wasserlosen Berg- und Hügelgegenden. Daß sie trotzdem den Eindringlingen an Zahl stets weit überlegen blieben, ist ihrem bäuerlichen Fleiß zu danken, ihrer Bedürfnislosigkeit und Zähigkeit sowie dem seit jeher eingewurzelten Wunsch der Griechen, eine möglichst große Nachkommenschaft zu haben.

Die wenigen Moscheen, die sich aus jener Zeit in Thessalien erhalten haben, sind in Museen umgewandelt, so etwa die des Städtchens Elasson, 60 km nordwestlich von Larisa. Dort spannt sich über den Xerias-Fluß eine Steinbrücke kühn in einem einzigen Bogen – aber die ist nicht türkisch, sondern älter, sie stammt aus byzantinischer Zeit, ebenso wie das Bergkloster Panajia Olympiotissa, das man über eine Bogenbrücke erreicht.

Das Sehenswerteste in Thessalien sind für den Touristen der Gegenwart die Meteora-Klöster. Heute trifft man nur in fünf Klöstern Mönche an, einst waren 24 bewohnt. Sie besaßen keine Stiegen, sondern waren nur über Leitern zugänglich oder in Netzen, die für einen Ankömmling hinabgelassen wurden. Aber wer mit Sünden beladen war, blieb auf halber Höhe in der Luft hängen, sein Netz ließ sich einfach nicht weiterziehen – so ging die Sage –, bis ihn das Gebet der Mönche nach Tagen erlöste. Der schwierige Zugang bot auch guten Schutz gegen die Türken. Indes lebten nicht alle, die der unruhigen Welt entfliehen wollten, in Klöstern beisammen; besonders fromme Mönche hausten in Felshöhlen wie in Kartausen, jeweils zwei oder drei, und manche ganz einsam als Eremiten. In eines der Klöster trat König Johannes als Mönch ein und regierte dann für längere Zeit als Abt die Klöster. Er starb im Jahre 1410 als Bischof von Phanarion, südlich von Trikkala.

## III.
## VORSTÖSSE BIS IN DIE STEIERMARK

Es läßt sich schwer oder zumindest nicht verläßlich rekonstruieren, wie Sultan Bayazid seine strategischen Pläne faßte. Die Landkarten, über die er verfügte, waren wahrscheinlich nicht genau, aber an Kundschaftern mangelte es ihm gewiß nicht. Er dürfte recht gut im Bilde gewesen sein, wo Widerstand, wo leichter Erfolg zu erwarten sei, wo es besser sei abzuwarten oder rasch zuzupacken, welche Unternehmungen er einem Feldherrn überlassen könne, welche er lieber selbst leitete.

Aber wie es jenseits der Nachbarländer aussah, auf wen er stoßen würde, sobald er das unmittelbar nächste christliche Volk unterworfen hätte, davon hatte der Sultan wohl nur vage Vorstellungen. Es erging ihm ähnlich wie rund anderthalb Jahrtausende vorher den Römern: jeder Sieg hatte nur neue Kriege zur Folge.

Das widerfuhr den Türken im Jahre 1391. Nach dem Sieg über das serbische Heer auf dem Amselfeld konnten sie weiter nach Norden vordringen, aber an der Save wie an der Donau stießen sie auf die Vorposten der Ungarn. Unter den Schutz der Ungarn begab sich auch Stephan Dabiša, der schwache Nachfolger des tapferen Tvrtko von Bosnien, der im März 1391 gestorben war. Ebenso begegneten die Türken den ungarischen Grenzwächtern, sobald sie Myrcea, den Fürsten der Walachei, in eben diesem Jahr 1391 niedergeworfen hatten. Vorläufig zögerten die Türken mit dem Angriff – gewiß nicht, weil sie in den Ungarn eigentlich Stammverwandte erkannten, sondern eher, weil sie die Kraft des neuen Gegners noch nicht abschätzen konnten. Und neu war der Gegner: gleich den Türken verfügten die Ungarn über eine vorzügliche Reiterei auf wendigen, schnellen Pferden; sie stießen unvermutet vor, wichen dem Zusammenprall geschickt aus und schossen noch auf der Flucht ihre Pfeile ab, im Sattel zurückgewendet, wie es die Türken selbst taten. Wahrscheinlich suchten auch die Bulgaren Rückhalt bei den

Ungarn, und Bayazid griff gerade deshalb an, um einem gefährlichen Bündnis zuvorzukommen. Während er selbst wieder einmal in Kleinasien gegen die Seldschuken zu kämpfen hatte, schickte er einen seiner Söhne mit einem starken Heer gegen die Bulgaren. Im Frühjahr 1393 überschritt dieses Heer das Balkangebirge und zog vor die Hauptstadt Trnovo. Drei Monate lang hielt sich die Stadt; der Patriarch Euthymios leitete die Verteidigung, doch am 17. Juni 1393 erstürmten die Janitscharen den Schloßberg und drangen von dort her in die Stadt ein.

Diesmal begnügten sich die Türken nicht mit dem Sieg und der Plünderung, verlangten nicht nur Tribut und Anerkennung ihrer Oberhoheit, sondern richteten sich als neue Herren zur dauernden Besetzung ein. Um keinen Widerstand mehr aufkommen zu lassen, trieben sie die vornehmsten Männer der Stadt zusammen und metzelten sie nieder, die reicheren Familien mußten die Stadt verlassen und nach Kleinasien übersiedeln. Der alte Schloßberg, der »Carevec«, hieß fortan »Hissar«, Türken zogen in die verlassenen Häuser ein, die Patriarchatskirche und die Kirche der 40 Heiligen Märtyrer wurden in Moscheen umgewandelt, ebenso andere Kirchen, soweit man sie nicht als Ställe oder Magazine benützte oder in Bäder umbaute.

Nach der Befreiung Bulgariens im 19. Jahrhundert, zum Teil sogar schon früher, wurden die Kirchen wieder dem christlichen Kult zurückgegeben; von der alten Patriarchatskirche sind freilich nur mehr die Grundmauern erhalten. In Trnovo sind keine Reste der Türkenherrschaft aus jener Zeit zu sehen, wohl aber aus dem 19. Jahrhundert, nämlich das Konat-Gebäude, wo der türkische Statthalter residiert hatte, das noch von den Türken errichtete Archäologische Museum und als eindrucksvollster Bau der Hadschi Nikoli-Han, eine große Karawanserei. Viel weiter südlich aber, etwa auf der halben Luftlinie zwischen Trnovo und der Meeresküste, sieht man in Haskovo die Moschee, die 1395, also zwei Jahre nach der Eroberung von Trnovo, erbaut wurde. Moscheen der folgenden Jahrhunderte sind nicht schwer zu finden, zum Beispiel in Plovdiv, dem alten Philippopolis, das als »Filibe« ein Verwal-

tungszentrum war, sowie 60 km nördlich davon in Karlovo, einem hübschen Städtchen am Rand des Gebirges.
Außer der berühmten neunkuppeligen Moschee besitzt Plovdiv noch eine zweite mit nur zwei Kuppeln, die zu einem Imaret gehörte, einer wohltätigen Anstalt, in der Studenten und andere, die es nötig hatten, kostenlos essen und auch nächtigen konnten, ferner ein türkisches Bad und einen alten Uhrturm. Moschee, Bad und Uhrturm sind auch in Karnobat anzutreffen, ein Bad in Burgaski Bani, eine alte Brücke bei Harmanli, eine Moschee und eine Brücke (aus dem Jahre 1469) in Kjustendil – um nur einige bekannte Beispiele zu nennen. Nur sollen diese Bauten aus vergangenen Jahrhunderten nicht zu der Annahme verleiten, die Türken seien nach Bulgarien als Kulturträger gekommen! Im Gegenteil: sie suchten sich die Orte aus, wo sie am besten leben und bereits Vorhandenes ohne Mühe für sich verwenden konnten.
Daß das in Philippopolis-Plovdiv der Fall war, ist leicht einzusehen, die Stadt hatte ja schon unter thrakischer, makedonischer, römischer, byzantinischer und bulgarischer Herrschaft ihre Rolle gespielt und bewahrt Erinnerungen an jede dieser Epochen. Die Thermalquellen von Kjustendil waren schon seit vorchristlicher Zeit bekannt und beliebt, ebenso die von Burgaski Bani; ihretwegen hatte die Stadt den griechischen Namen »Thermopolis« geführt, Karnobat liegt in fruchtbarer Gegend mit Weinbau und berühmter Schafzucht.
Wie in Thessalien, so mußten auch in Bulgarien viele Einheimische ihren Landbesitz den Eroberern überlassen. Zumeist blieb ihnen nichts übrig, als den neuen Herren als Landarbeiter zu dienen, und selbst wenn sie den Bauernhof behalten durften, hatten sie hohe Abgaben zu entrichten. Der größte Teil des fruchtbaren Landes wurde als Lehen (»Timar«) an Türken vergeben. Die Inhaber der Lehen hatten als »Sipahi« auf eigene Kosten Heerfolge zu leisten. Gewöhnlich blieb von je zehn Sipahi einer zu Hause, um für die anderen die Erträgnisse ihrer Lehen einzutreiben, das heißt, die einheimische Bevölkerung zur Zahlung zu zwingen.
Unter die Klagen der Zeitgenossen über ihre Leiden unter der Türkenherrschaft zählte auch die, daß viele Leute gezwungen

wurden, zum Islam überzutreten. So berechtigt die anderen Klagen waren, diese ist mit einigem Zweifel aufzunehmen. Diejenigen, die solche Beschwerden niederschrieben, waren hauptsächlich Geistliche – die Bauern und auch die meisten Bojaren waren ja Analphabeten. Die frommen Männer bedauerten begreiflicherweise den Verlust jeder rechtgläubigen Seele, aber wer zum Islam übertrat, tat es fast immer ziemlich freiwillig, nämlich in der Hoffnung, sich dadurch das Leben zu erleichtern. Er wurde aus dem rechtlosen »Rajah« zu einem geachteten Moslem, der sich bei entsprechender Begabung und einigem Glück bis zu hohen Stellen empordienen konnte. Den Türken dagegen lag wenig daran, durch Massenbekehrung die Zahl der Rajah, der arbeitenden und zahlenden Bevölkerung, zu vermindern; deren Arbeitsleistung sicherte ihnen ja ein angenehmes Leben! Sie betrachteten es eher als Gunst und Gnade, wenn sie einem verachteten Giaur die Segnungen ihres Glaubens zugänglich machten. Diese Gnade übten sie dann, wenn der Konvertit ihnen wichtig war, wenn sie erwarteten, er werde seine Landsleute im Interesse der Türken beeinflussen. Auch Alexander, Sohn des bulgarischen Zaren Schischman III., trat zum Islam über und diente dem Sultan.

Den nördlichen Nachbarn der Bulgaren, nämlich Walachen und Ungarn, bereitete diese Entwicklung seit geraumer Zeit Sorgen, denn sie konnten sich leicht errechnen, daß ihnen bald ein ähnliches Schicksal bevorstehe, wenn sie sich nicht rechtzeitig zur Abwehr rüsteten. Die Walachen hatten bereits tapfer gekämpft und schwere Verluste erlitten; nun kam die Reihe an die Ungarn. Diese waren, wie erwähnt, einstmals als Hirten aus der Steppe gekommen, hatten sich Weideland erobert und etliche Völker unterworfen, doch inzwischen waren sie längst seßhaft geworden und zum Christentum bekehrt. Um nicht zu erleiden, was ein halbes Jahrtausend vorher andere durch sie erlitten hatten, mußten sie dem Feind entgegentreten. Daß sie dazu imstande sein würden, bezweifelten sie nicht; sie hatten sich noch ihre rauhe, tapfere Wesensart und Lebensweise bewahrt.

Ihr König Sigismund, 28 Jahre alt, war jedoch kein Halbwilder, sondern ein gebildeter, ritterlicher Herr, der sechs Sprachen beherrschte und die Welt kannte, ein Mitteleuropäer mit vielen verwandtschaftlichen Beziehungen. Sein Vater war Kaiser Karl IV. gewesen, er selbst hatte schon im Alter von acht Jahren die Würde eines Markgrafen von Brandenburg, mit 19 Jahren die ungarische Königskrone erhalten. Sein Stiefbruder Wenzel war römisch-deutscher König und König von Böhmen, sein Vetter Jobst herrschte als Markgraf über Mähren, seine Schwester Anna war mit König Richard II. von England verheiratet, und durch andere Damen seiner Familie, dem Hause Luxemburg, war er mit Habsburgern und Bourbonen, mit Anjou, Valois und Burgund verschwägert.

Also fanden die Briefe und Gesandten Sigismunds, die in Europa um Hilfe warben, überall günstige Aufnahme: Papst Bonifatius IX. ließ zum Kreuzzug predigen – zum ersten Mal schlossen sich die Christen zu einem großen gemeinsamen Vorgehen gegen die Türken zusammen. Das französische Aufgebot, das der Sohn des Herzogs von Burgund bei Dijon sammelte, soll 1000 Ritter, 1000 bewaffnete Knechte, 4000 Söldner und ebensoviele Troßleute umfaßt haben. In Regensburg vereinigten sie sich mit den deutschen Kriegern; das dürften vorwiegend Süddeutsche gewesen sein, ihre Zahl ist nicht bekannt. Man fuhr auf Schiffen die Donau abwärts und erreichte Mitte Juni 1396 König Sigismunds Hauptstadt Ofen (Buda). Auch 1000 Engländer sollen sich dort eingefunden haben, dazu Ritter aus Böhmen, Mähren, Schlesien und Polen. Da gab es zunächst Feste und Trinkgelage, dann zog das stattliche Heer zusammen mit den ungarischen schweren und leichten Reitern unter Sigismunds Führung durch Siebenbürgen weiter, in der Walachei schloß sich Fürst Myrcea mit seinen Truppen an.

Das Heer überschritt die Donau oberhalb von Vidin und zog am rechten Ufer weiter stromabwärts. Fürst Strasimir, der noch in Vidin herrschte, übergab die Stadt bereitwillig und lieferte die türkische Besatzung aus. Die nächste Festung am Strom, Orjahovo, war sowohl gegen das Steilufer hin wie auf der Landseite gut geschützt – die Ruinen eines Festungstur-

mes sind noch zu sehen –, so daß eine Belagerung nötig wurde. Schließlich nahmen die französischen Ritter die Stadt in kühnem Sturmangriff. Am 12. September 1396 begann das christliche Heer mit der Belagerung von Nikopolis. In diesem alten, heute unbedeutenden Städtchen ist das Türkenviertel noch erkennbar, ähnlich wie in Vidin, von den Festungswerken nur mehr Reste des Donauschlosses (»Duna Kale«).
Sultan Bayazid hatte inzwischen sein Heer in Eilmärschen über das Balkangebirge herangeführt und stellte sich südlich von Nikopolis zur Schlacht. Es war der 28. September 1396, knapp nach der Mittagsstunde. Zunächst zeigten sich nur 8000 leichte Reiter. König Sigismund gedachte, ihnen ebenfalls nur leichte Reiter entgegenzuschicken, nämlich seine Ungarn und die Walachen; der Kern des Heeres, die gepanzerten Ritter, sollten für den entscheidenden Zusammenstoß mit Sipahi und Janitscharen aufgespart werden. Diesem vernünftigen Plan stimmten die erfahrenen Heerführer zu, nicht aber ihre ehrgeizige, tatendurstige Ritterschaft. Die edlen Herren aus Frankreich, wahrscheinlich auch Engländer und Italiener, verachteten jegliche taktische Vorsicht (falls sie diesen Begriff überhaupt kannten), stürmten geradewegs los, die Lanzen eingelegt, und zersprengten ohne Mühe die irreguläre leichte Reiterei des Sultans. Dahinter stießen sie auf eine Reihe spitzer, schräg in den Boden gerammter Pfähle, in deren Schutz 20 000 oder gar 30 000 Janitscharen mit schußbereiten Bogen warteten. Angesichts der Pfähle mußten die meisten Ritter absteigen, überwanden das Hindernis im mörderischen Pfeilregen der Janitscharen und schlugen diese im Nahkampf mit Schwert und Streitaxt. Die Flucht der Janitscharen brachte die Reihen der Sipahi in Unordnung, die der Sultan als zweites Treffen aufgestellt hatte. Die Franzosen, Burgunder und Engländer stürmten weiter und warfen auch die Sipahi zurück. Nun waren sie des Sieges sicher, Sultan Bayazid soll schon an Rückzug gedacht haben. Aber die ungezügelte Tapferkeit, die Freude über die ersten Erfolge und der Mangel an Disziplin riß die Reiter weiter vorwärts. Statt anzuhalten, die Pferde nachkommen zu lassen, aufzusitzen und vereint mit den anderen Teilen des Christenheeres den

Sieg zu vollenden, hörten sie auf keinen Befehl, auf keine Warnung, sondern eilten ungeordnet den sachten Hügel hinan, hinter dessen Rücken die fliehenden Feinde verschwunden waren.
Auf der Höhe aber wandelte sich die Siegesfreude in Entsetzen: am Fuß des Hügels, vom Schlachtfeld aus nicht zu sehen, hatte der Sultan weitere Reiterscharen – angeblich 40 000 Mann – im Hinterhalt und als Reserve aufgestellt. Ihr Angriff traf die christlichen Ritter vernichtend. Ohne geschlossene Schlachtreihe, ohne Pferd, aber in schwerer Rüstung und bereits ermüdet, wehrten sie sich mit dem Mute der Verzweiflung. Ihr Widerstand dauerte nur kurz. »Durch Allahs Huld und Gunst« berichtete der Derwisch Achmed, »schlugen sie (die Türken) das Giaurenheer so schwer, daß sie schließlich des Tötens überdrüssig wurden und nur mehr Gefangene machten.«
Dieser Kampf war weithin sichtbar. Die Knechte der Ritter, die mit den Pferden vor den Pfählen zurückgeblieben waren, ergriffen die Flucht und erschreckten dadurch die Ungarn und Walachen derart, daß ein großer Teil von ihnen sich an die Donau zurückzog. Mit den übrigen Ungarn, den deutschen, den böhmischen und anderen Rittern versuchte König Sigismund, noch einmal das Glück der Schlacht zu wenden, und hatte auch gegen Janitscharen und Sipahi Erfolg, bis die Serben in den Kampf eingriffen. Fürst Stephan, ein Sohn des edlen Lazar, der auf dem Amselfeld enthauptet worden war, kämpfte als treuer Vasall und Schwager des Sultans gegen das Christenheer!
Als die letzten Überlebenden zur Donau flüchteten, war es schon Nacht geworden. Auf dem Schlachtfeld lagen 12 000 Christen, 20 000 Türken tot oder verwundet. König Sigismund entkam auf einem Schiff, mit ihm der Erzbischof von Gran, der Großmeister des Johanniterordens und einige deutsche Fürsten.

Vielleicht waren es die hohen eigenen Verluste, vielleicht das Gichtleiden des Sultans, ungünstige Nachrichten aus Asien, die vorgeschrittene Jahreszeit oder die Einsicht, daß man auch im Sieg Maß halten müsse – Sultan Bayazid verfolgte die geschlagenen Feinde nicht, stieß nicht mit ganzer Heeresmacht weiter gegen Ungarn vor, sondern begnügte sich mit Raubzügen. In Slawonien und im östlichen Bosnien plünderten und verwüsteten die Türken ungestraft, in der Walachei allerdings vermochte Fürst Myrcea den alten Evrenos-Bej abzuwehren.

Im nächsten Jahr ging es gegen Griechenland. Die Stadt Argos wurde von Venezianern verteidigt, sie ergab sich am 3. Juni 1397 gegen erträgliche Friedensbedingungen, aber sobald die Türken einmal die Stadt in ihrer Gewalt hatten, plünderten sie schonungslos, legten Brände und verschleppten 14 000 Menschen in die Sklaverei. Theodoros, Despot von Mistra und Bruder des byzantinischen Kaisers Manuel II., trat ihnen mit Griechen und albanischen Söldnern im südlichen Arkadien entgegen, wurde geschlagen und mußte sich als tributpflichtig erklären. Raubend und mordend durchzogen die Türken die ganze Peloponnes bis Kalamata.

Konstantinopel hielt sich noch. »Was hat da mitten zwischen unseren Ländern diese Giaurenstadt zu suchen?« fragte der alte Bejlerbej Timurtasch den Sultan und offenbarte damit die naive Überheblichkeit des Eroberers, der es als sein gutes Recht ansieht, fremdes Land zu besetzen. Tatsächlich versuchten die Türken mehrmals, Konstantinopel zu erobern, aber so arm die einst glänzende Stadt geworden war, so tapfer verteidigte sie sich.

Im Herbst 1396 hatte Sultan Bayazid die Belagerung abgebrochen, weil er sich gegen König Sigismund wenden mußte, drei Jahre später kam eine kleine Streitmacht von Rittern, Knappen und Armbrustschützen aus Frankreich zu Hilfe, vereint mit Schiffen aus Venedig, Genua und Rhodos. Ihnen gelang es, die Türken aus der Umgebung von Konstantinopel und Pera (der Stadt am Nordufer des Goldenen Horns, gegenüber von Konstantinopel) zu vertreiben. Das war freilich keine Rettung vor dem Untergang, sondern nur ein Aufschub: um entscheidend helfen zu können, hätte Europa einig sein müssen.

Als aus dem Osten neue Reiterhorden in ungeheurer Zahl

auftauchten, als ihr Großkhan Timur (Tamerlan) im Juli 1402 über Bayazid siegte, der Sultan in der Gefangenschaft starb und seine Söhne untereinander um das Erbe kämpften, da schien es für kurze Zeit, als sei die Türkengefahr von Europa abgewendet. Einer gemeinsamen Aktion der christlichen Völker wäre es gelungen, den Islam nach Asien zurückzudrängen. Dazu hätte man freilich die eigenen größeren und kleineren Gegensätze vergessen müssen – und das war in Europa im Laufe der ganzen Weltgeschichte bisher leider sehr selten der Fall.

Statt eines großen militärischen Unternehmens gab es nur Verhandlungen, die den Türken etliche Zugeständnisse abnötigten: sie mußten Thessalonike (Saloniki), einige Küstenstädte am Schwarzen Meer und Inseln in der Ägäis wieder räumen. Sultan Sulejman I. schickte seine zwei jüngsten Brüder und eine Schwester als Geiseln nach Konstantinopel und nahm eine Nichte Kaiser Manuels als Gemahlin in seinen Harem. Dafür hatte er Frieden mit Byzanz, konnte ungestört einen Aufstand in Bulgarien niederwerfen und dann den Erbstreit mit seinen Brüdern weiterführen.

Ein Teil dieser Kämpfe wurde auf europäischem Boden ausgetragen, Serben und Walachen – später auch Griechen – kämpften für den einen oder anderen der Söhne Bayazids. Es war jedoch sehr gefährlich, in diesen Auseinandersetzungen Partei zu ergreifen. Als Sultan Sulejman vor den Reitern seines siegreichen Bruders Musa flüchtete, erschlugen ihn am 5. Juni 1410 die Bauern, durch deren Dorf er zufällig ritt. Musa aber ließ das Dorf niederbrennen und alle Einwohner in den Flammen sterben. Drei Jahre später wurde Musa nach einer verlorenen Schlacht mit einer Bogensehne erdrosselt, neuer Herrscher wurde Mohammed (Mehmed) I., der letzte Überlebende von den streitenden Söhnen Bayazids, ein stattlicher Mann im vierzigsten Lebensjahr. Als er die Regierung übernahm, beeilten sich alle Herrscher der Balkanhalbinsel, halbwegs selbständige Herren und völlige Vasallen, ihm Glück zu wünschen. Die Macht des Hauses Osman war neuerlich gefestigt.

Wer damals den Südosten Europas durchreiste, vom Olymp

bis an die Donau, von Epirus bis ans Schwarze Meer, mußte tatsächlich an die Übermacht der Türken glauben. Vor allem die Städte hatten allmählich orientalisches Gepräge erhalten, die christliche Bevölkerung war vertrieben oder hielt sich vorsichtig im Hintergrund, ihre Kirchen waren zu Moscheen geworden. Die bedeutendsten Werke islamischer Baukunst waren noch nicht errichtet, aber Verwaltung, Gerichtsbarkeit, Marktordnung waren türkisch.

Obwohl Sultan Mohammed I. den Ruf eines verhältnismäßig milden, gerechten Oberherrn genoß, herrschte nicht überall Frieden. Die Türken wären ja verblendet gewesen, wenn sie sich nicht in die Streitigkeiten christlicher Fürsten eingemengt hätten – sie wurden sogar darum gebeten, Hervoja Hrvatinić zum Beispiel, Wojwode im westlichen und südwestlichen Bosnien, knüpfte überall Beziehungen an, wie es ihm gerade günstig schien, um seiner Stammesherrschaft die Unabhängigkeit zu erhalten. So gewann er das feste Spalato (Split), aber als er in einer Auseinandersetzung mit seinen südungarischen und slawonischen Nachbarn Waffenhilfe brauchte, rief er die Türken ins Land. Sie kamen bereitwillig, verhalfen Hervoja im Juni 1415 an der Usora (einem Nebenfluß der Bosna) zu einem blutigen Sieg, und seitdem blieb ihre starke, schlagfertige Streitmacht ein Machtfaktor. Die bosnischen Könige mußten sich dem »Schutz« des Sultans unterordnen und dafür einen jährlichen Tribut von 15 000 bis 30 000 Dukaten zahlen.

In den unterworfenen Gebieten legten die Türken, wie erwähnt, keinen großen Wert darauf, die zinspflichtigen christlichen Untertanen zum Islam zu bekehren. Anders verhielten sie sich in den Ländern, die sie erst zu gewinnen trachteten: dort war jeder, der zum Islam übertrat, naturgemäß Parteigänger des Sultans. Er brauchte nur die Oberherrlichkeit des Sultans anzuerkennen, behielt aber all seinen Besitz – und diese Aussicht lockte viele Grundbesitzer, besonders die Anhänger der Sekte der Bogumilen, die von vornherein dem orthodoxen wie dem katholischen Christentum feindlich gegenüberstanden. Die umherziehenden Derwische, die neu errichteten Moscheen und Schulen, am meisten aber die Imarets, die wohltätigen Stiftungen, halfen dazu, dem Islam neue Anhänger zu gewinnen. Das geschah in Bosnien, in der Hercegovina (die allerdings erst einige Jahrzehnte später diesen Namen erhielt) und sogar in Albanien. Die Türken erkannten sehr rasch, wie gut sich die tapferen, kräftigen Bergbewohner als Krieger verwenden ließen, und bemühten sich daher sehr, sie zum Islam zu bekehren. Daß es in Bosnien, in der Hercegovina und in Albanien heute noch viele Mohammedaner gibt, geht auf die Missionierung des 15. Jahrhunderts zurück.

Ein Teil Bosniens war nicht nur vom Sultan abhängig, sondern richtig als Sandschak (»Banner«) eingerichtet und einem Sandschak-Bej (»Bannerherr«) unterstellt. Der erste, der dieses Amt bekleidete, war Ikach-Bej, ein unangenehmer Nachbar für Ungarn. Dieses Königreich hatte nun an mehreren Fronten die schwierige Aufgabe eines Bollwerks der Christenheit übernommen. Sein östlicher Nachbar, die Walachei, bedurfte immer wieder ungarischer Hilfe gegen die Türken. Der alte Fürst Myrcea, widerwilliger und aufsässiger Vasall des Sultans, weigerte sich drei Jahre lang, Tribut zu zahlen, bis der übermächtige Feind seinen Widerstand brach: 1416 unterlag Myrcea trotz ungarischer Unterstützung und mußte es hinnehmen, daß auf seinem Donauufer (dem linken) ein türkischer Brückenkopf angelegt wurde. Als Ikach-Bej tiefer nach Ungarn eindrang, wurde er selbst erschlagen, seine Krieger aus dem Lande geworfen.

Türkische Streifscharen stießen aber immer weiter vor. Schon im Jahre 1408 überschritten sie die Grenze des heutigen Slowenien, das heißt, sie drangen in die Mark Krain ein, ein altes Grenzland des Heiligen Römischen Reiches. Damals und im Jahre 1411 schlugen sie ihr Standlager bei Möttling auf, dem heutigen Metlika nahe der Grenze zwischen Slowenien und Kroatien. 1418 kamen sie bis in die Nähe von Laibach (Ljubljana), 1425 zogen sie wieder nach Krain und sogar bis in die südliche Steiermark. Es waren keine Sipahi oder Janitscharen, keine Kerntruppen des Osmanischen Heeres, sondern »Akindschi«, leichte Kavallerie. Ihre Vorstöße dienten hauptsächlich der Aufklärung, sie sollten sich nicht in ernste Gefechte einlassen, sondern die Gegenden und die Stärke der Abwehr erkunden und damit die Unterlagen für die Planung späterer Feldzüge liefern. Dafür erhielten sie keinen Sold; ihr Lohn bestand vor allem in der Beute, die sie einbrachten, besondere Leistungen wurden mit Steuerfreiheit, sogar mit Lehen abgegolten.

Die zeitgenössischen Nachrichten über die Verwüstungen, die der Türke anrichtete, über die Zahl der Erschlagenen und Verschleppten wie auch über den Erfolg der Gegenschläge sind nur zum Teil verläßlich, die späteren Aufzeichnungen in Heimatchroniken sind es noch weniger. Die alte steirische Stadt Pettau (das römische Poetovio, heute Ptuj) soll schon 1397 niedergebrannt, 16 000 Menschen sollen in die Sklaverei fortgeführt worden sein – aber zumindest die Jahreszahl ist kaum glaubhaft. Wahrscheinlich ist auch der Sieg über einen gewissen Achmed Bej, der längs der Drau bis Radkersburg vordrang, in seiner Bedeutung übertrieben worden. Die Tatsache der türkischen Angriffe ist jedoch nicht zu bestreiten, so wenig wie die Berichte von den Leiden der Bevölkerung. Es war schon bitter, wenn Ortschaften eingeäschert, die Saaten vernichtet, das Vieh geraubt wurde, ärger die Verluste an Menschenleben, am traurigsten das Schicksal der Leute, die gefesselt fortgetrieben und, wenn sie nicht unterwegs starben, als Sklaven verkauft wurden.

Am häufigsten suchte der Feind die Orte heim, die in den nach Osten sich öffnenden Tälern lagen, wie eben Pettau und Radkersburg oder das Städtchen Rann (heute Brežice) nordwestlich von Agram (Zagreb). Bald fanden die schnellen Reiter auch den Weg in Seitentäler und wagten sich sogar ins Gebirge. Einen befestigten Platz zu belagern, fehlte es ihnen an Gerät, an Erfahrung und vor allem an Geduld und Eifer; sie suchten lieber nach leichter Beute, als sich vor einem gut verwahrten Ort blutige Köpfe zu holen. Meistens genügte schon eine starke Friedhofsmauer, die Bewohner eines Dorfes zu schützen, oder eine befestigte Kirche als Zufluchtsort. Wenn die »Kreidfeuer« brannten und nachts durch ihren Schein, tagsüber durch den Rauch die Christen warnten, daß der Feind wieder einmal die Verhaue der Paßstraßen, die

Schanzen im ebenen Land durchbrochen habe, rüsteten sich Ritter und Reisige, Bürger und Bauern zur Abwehr. Das Vieh wurde in die Wälder getrieben, Frauen und Kinder zogen sich in die Fluchtburgen zurück.
Manche dieser Befestigungen haben sich noch als Zeugen für die Notzeit des 15. und 16. Jahrhundert erhalten. Die interessanteste Kirchenburg der Steiermark ist in der Stadt Eisenerz am Fuß des Erzberges zu sehen; die festen Ringmauern sind durch Wehrtürme verstärkt, ein wuchtiger Doppelturm sichert den Zugang. Reste einer Fluchtburg finden sich um die Pfarrkirche des Marktes Fehring im Bezirk Feldbach. Auch die Stadt Feldbach an der Raab besaß ihren »Täber« (vom slawischen Wort »Tabor« = Lager), eine hohe Mauer mit Wehrgang rund um die Kirche und Wohnhäuser, die an die Mauer angebaut waren. Dieser Tabor von Feldbach ist nur mehr zu einem Teil erhalten, aber er reicht aus, daß man sich die Anlage vorstellen kann.

Bekannter und zumeist eindrucksvoller als die Wehrkirchen der Steiermark sind die Siebenbürgens. Die Kirche des Dorfes Buzd (südöstlich von Mediasch) gleicht einer Burg; auf Arkaden und Lisenen ruht ein vorspringender Wehrgang mit Schießscharten und Pechnasen. Ähnlich sieht es in Großschenk (Cincu südlich von Schäßburg) aus. Jakobsdorf bei Agnetheln (Agnita, südwestlich von Schäßburg) und Deutschweißkirch (Viscri) haben mächtige Tortürme in ihren Kirchenburgen, die Kirche von Reußmarkt (Mercurea) ist von einer hohen, starken Mauer umgeben, die Lebensmittelmagazine für den Fall einer Belagerung enthielt. Oft hatte jede Familie eine kleine Wohnung innerhalb der Wehrmauer, so daß in Notzeiten – die leider nicht selten waren – jeder seinen sicheren Platz finden konnte.
Da wären noch viele Wehrkirchen zu nennen, eine schöner als die andere, Kleinschenk (Cincsor) zum Beispiel, Heltau (Cisnadie) und das benachbarte Michelsberg (Cisnadioara), die Kirche von Dirjiu mit schönen Fresken, Schönberg (Deleal Frumos) und Durles (Dirlos) im Bezirk Hermannstadt, Neithausen (Netus) mit dem mächtigen viereckigen Kirchturm

und schließlich Hermannstadt (Sibiu) selbst mit seinen Mauern und festen Toren, Türmen und Basteien. Für Siebenbürgen ist jedoch »schließlich« ein voreiliges Wort, denn immer zeigt sich noch eine alte Befestigung, eine Bauernburg wie die von Rohrbach (Rodbav im Bezirk Kronstadt/Brasov) oder Holzmengen (Hosman im Bezirk Hermannstadt), eine Wehrkirche wie die von Warmbrunn (Hoghiz) mit den umgebenden starken Mauern und Türmen. In Eibesdorf (Ighisul Nou) liegt der Chor der Kirche höher als das Kirchenschiff, um im Notfall verteidigt werden zu können, ein Wehrgang verstärkt den gewaltigen Turm. Die frühgotische Kirche von Tartlau (Prejmer im Bezirk Kronstadt) wurde das Zentrum einer Kirchenburg des Deutschen Ritterordens, deren innere Mauer 5 m dick, 10 bis 12 m hoch ist. An der Innenseite der Mauer konnten 300 Räume die ganze Gemeinde aufnehmen, die Kellerräume waren für das Vieh oder als Speicher für die Vorräte bestimmt. Dürfte man die Ruine Landskron übersehen, die Stolzenburg, die Törzburg, die Türme und Basteien von Kronstadt und Mediasch? Oder die Marienburg (Feldioara) des Deutschen Ritterordens, eine der sieben Burgen, denen das Land Siebenbürgen seinen Namen verdankt?

Da man doch nicht alles aufzählen kann, was es in diesem einst so sehr heimgesuchten, dennoch gesegneten Land an Wehrhaftem gab – geben mußte, sei nur noch Schäßburg (Sighisoara) genannt. Von den früheren 14 Verteidigungstürmen stehen noch neun; sie tragen die Namen der Handwerker, denen die Verteidigung anvertraut war: Schneiderturm, Kürschnerturm, Fleischerturm, Seilerturm, Zinngießerturm, Gerberturm usw.

In Mühlbach (Sebes) trägt der Turm der alten Bergfestung, der am besten erhalten ist, den Namen »Studententurm«, denn als im Jahre 1438 die Türken die Stadt eroberten, lebte von den Verteidigern des Turmes nur mehr ein einziger, ein junger Student. Bei jenem Einfall in Siebenbürgen sollen die Türken übrigens 70 000 Gefangene fortgeschleppt haben.

Inzwischen war Sigismund, römisch-deutscher Kaiser und König von Ungarn, im Alter von fast 70 Jahren in Znaim ge-

storben. Seinem Wunsch entsprechend wurde er in Siebenbürgen begraben, und zwar in der Domkirche von Großwardein (Oradea). Ihm folgte in Ungarn, Böhmen und Mähren sein Schwiegersohn Albrecht von Habsburg, bald darauf auch als römisch-deutscher König. Dieser begabte, energische Mann erweckte viele Hoffnungen, aber sein Feldzug gegen die Türken brachte keinen Erfolg. In seinem Heerlager fehlte es an Lebensmitteln und gesundem Trinkwasser, eine Seuche brach aus; zu ihren Opfern zählte auch der König selbst. Er starb am 27. Oktober 1439 und wurde, wie schon viele Könige von Ungarn vor ihm, in der Königsgruft des Domes von Stuhlweißenburg (Szekesfehérvár) beigesetzt.
Den Kampf gegen die Türken führte der Banus von Szörény weiter, ein bewährter Kriegsmann aus dem niederen Adel Siebenbürgens namens Johann von Hunyad. Die Rumänen, die ihn als einen der Ihren beanspruchen, nennen ihn Iancu von Hunedoara oder Sibinjanin Janko, die Ungarn Hunyadi János. Seine Erfolge brachten ihm immer höhere Ehren ein, er wurde Baron von Szolnok, Graf von Temesvár, Wojwode von Siebenbürgen; dieser Aufstieg sowohl wie seine Fähigkeiten ließen das Gerücht entstehen, er sei ein natürlicher Sohn Kaiser Sigismunds. Seine Burg auf einem steilen Felsen in der Stadt Hunedoara wurde mehrmals restauriert. Heute jedoch wird sie von Staub und Ruß der Eisenindustrie entstellt; nachts strahlt sie das Licht der Hochöfen an. Die Eisenverarbeitung gab der Stadt Hunedoara einst den deutschen Namen »Eisenmarkt«; die Waffen, die dort geschmiedet wurden, halfen schon Johann Hunyadis Vater, dem walachischen Bojaren Voicu Corvin, die Türken aus diesem Teil Siebenbürgens zurückzudrängen. Der Sohn wußte sie dann noch besser einzusetzen.
In Serbien war König Georg Branković ein Vasall des Sultans, wie seine Vorgänger es gezwungenermaßen waren, und hatte erst eine Tochter, im Jahre 1434 noch eine zweite in den Harem des Sultans schicken müssen. Trotzdem mußte er jährlich den hohen Tribut von 50 000 Dukaten zahlen und noch die Übergriffe des Sinan Bej hinnehmen, der als Bejlerbej über Rumelien gebot. Dabei verlor er Kruševac, die alte

Residenz des Fürsten Lazar, von der Kirche und Festungsturm in der Stadt zu sehen sind. Die zweite große Einbuße war Golubac an der Donau, eine wichtige Sperrfestung: Steilhänge, die bis zu 800 m aufragen, engten den Strom bis auf 150 m ein, und hinter der Enge machten Unterwasserklippen und Riffe die Schiffahrt gefährlich. Heute hat ein Stausee die Landschaft wesentlich verändert, die Durchfahrt ist leichter geworden, aber die Festungsmauern von Golubac – das die Türken Gögerdschinlik nannten – sind noch weithin sichtbar.

Der dritte schwere Verlust des Serbenkönigs war Semendria (Smederevo). Unter großen Opfern hatte Georg Branković die Erlaubnis zum Bau der Festung erreicht, einer der größten von Europa mit 24 gewaltigen Türmen. Aber der fanatische Christenfeind Ischak-Bej, der an der Grenze Serbiens den Befehl führte, schürte beim Sultan das Mißtrauen gegen Walachen und Serben, bis Murad II. ihm gestattete, Semendria zu belagern. Drei Monate lang hielt sich die Festung, dann mußte sie im Sommer 1438 übergeben werden. Ein ungarisches Heer, das zum Entsatz aufgebrochen war, kam zu spät und wurde von Ischak-Bej geschlagen.

Nach Golubac und Semendria war die nächste wichtige Stadt an der Donau, auf steilem Felsen oberhalb der Einmündung der Save, das feste Belgrad, das damals als »Vormauer Ungarns« galt. Im Jahre 1440 zogen Sultan Murad II. und Ischak-Bej mit einem großen Heer dorthin und belagerten die Festung sieben Monate lang. Die Tapferkeit der ungarischen Besatzung und ihre Kanonen – wahrscheinlich die ersten, die in den Türkenkriegen verwendet wurden – retteten jedoch die Stadt. Als der Winter nahte, mußte der Feind abziehen; er hatte 17 000 Mann verloren und ließ auch sein Belagerungsgerät zurück.

Sultan Murad II. schrieb seine Niederlage nicht dem Heldenmut der Verteidiger zu, sondern suchte nach einem Schuldigen auf der eigenen Seite. Der Verdacht richtete sich gegen seinen Schwiegervater Georg Branković, den König von Serbien. Georg entkam nach Ungarn, seinen beiden Söhnen

aber, die als Geiseln in der Gewalt der Türken waren, ließ der Sultan die Zunge abschneiden.
In den folgenden vier Jahren keimte neue Hoffnung auf, die Türken könnten doch aus Europa vertrieben werden. Johann von Hunyad besiegte den grausamen Ischak-Bej, drängte Mesid-Bej aus Siebenbürgen hinaus und schlug im Frühjahr 1442 in der Walachei die Übermacht des Bejlerbejs von Rumelien Kule Schahin Pascha. Im folgenden Jahr kamen polnische Ritter zu Hilfe, dazu Kreuzfahrer aus Frankreich, Deutschland und Böhmen. Endlich war die Zeit der bloßen Defensive vorbei.
Das Christenheer drang über Niš bis Sofia und Philippopel vor. Die Bulgaren begrüßten die Kreuzesfahnen mit Jubel, viele schlossen sich ihnen an, weiterer Zuzug kam aus Serbien, Bosnien und Albanien. Zwar mußte man sich wieder zurückziehen, aber als die Türken die christliche Nachhut einholten, die Georg Branković führte, entspann sich ein Gefecht, das zur mörderischen Schlacht wurde. Es war der Heilige Abend des Jahres 1443. Die fromme Begeisterung und Tapferkeit – und die bessere Bewaffnung – der polnischen Ritter errang den Sieg. Der türkische Feldherr, Sultan Murads Schwager Mehemed Tschelebi, geriet in Gefangenschaft.
Zu dieser Zeit, Weihnachten 1443, hatten sich auch die Albaner und Montenegriner gegen ihre türkischen Herren erhoben. Die Seele des Aufstandes war der kaum dreißigjährige Georg Kastriota, den sein Vater als Geisel nach Adrianopel geschickt hatte. Er war zum Islam übergetreten, als Offizier ausgebildet worden und hatte die Würde eines Bej erlangt; der Sultan schätzte den schönen jungen Mann sehr. Unter dem Namen Iskender-Bej (Skanderbeg) nahm er am Feldzug gegen das ungarisch-polnische Heer teil, aber als er erfuhr, daß sein Vater gestorben, seine Mutter im Besitz ihrer Grafschaft bedroht sei, verließ er samt seinem Neffen und 300 Reitern das Osmanenheer. In seiner Heimat wurde er wieder Christ und verkündete den heiligen Krieg gegen die Türken. Im Frühjahr 1444 stand er an der Spitze eines Heeres von 12 000 Mann und hatte den Türken bereits große Teile von

Albanien und Epirus entrissen und Verbindung mit Ungarn und Venedig angeknüpft.
Unter diesen Umständen sah sich Sultan Murad II. gezwungen, Friedensverhandlungen zu beginnen. In Szeged einigte man sich auf verhältnismäßig günstige Bedingungen für einen Frieden auf zehn Jahre. Diese Frist hätte sich nützen lassen, einen großen gemeinsamen Feldzug vorzubereiten, denn bisher hatte es zumeist an richtiger Planung und Organisation gefehlt. Aber als Sultan Murad II. im Vertrauen auf den Vertrag einen großen Teil des Heeres nach Kleinasien führte, um dort einen Feldzug zu unternehmen, und die Regierung seinem jungen Sohn Mohammed übergab, schien die Gelegenheit zu einem neuen Waffengang gar zu günstig. Der päpstliche Kardinallegat Giuliano Cesarini erklärte auf einem Reichstag zu Ofen mit hinreißender Beredsamkeit, den Ungläubigen gegenüber müsse kein Vertrag gehalten werden, ja man habe gar kein Recht, vom Kampf gegen sie zurückzustehen. Der junge Ungarnkönig Wladislaw (Ladislaus) ließ sich überzeugen, Hunyadi zögerte noch, bis ihm der Besitz von Bulgarien zugesagt wurde. Also wurde das Heer wieder in Marsch gesetzt: am 20. September 1444 überschritt es bei Orsowa die Donau.
Aber das Heer war wesentlich schwächer als im Vorjahr, denn die Zeit hatte nicht gereicht, Kreuzfahrer aus Deutschland herbeizurufen, und im Vertrauen auf den jüngst geschlossenen Frieden waren viele Polen und Walachen in ihre Heimat zurückgekehrt. Der Kern des Heeres bestand aus nur 16 000 gepanzerten Rittern, die Zahl der leichten Reiter und des Fußvolkes ist nicht bekannt. Der Troß war groß, nur leider bestand er bloß zum geringen Teil in Kanonen, vorwiegend aus 2 000 Wagen, die manches nötige und sehr viel unnötiges Gerät mitführten und den Marsch erheblich verzögerten. Diesmal strömten keine Freiwilligen aus Bulgarien herbei, denn das christliche Heer schonte auf dem Durchmarsch ihre Dörfer nicht, die Serben hatten sich diesmal nicht angeschlossen und auch die Albaner fehlten, denn die Serben hatten ihnen aus altem Mißtrauen den Durchzug verwehrt.

Der Bruch des Friedens, den König Wladislaw doch auf die Bibel beschworen hatte, ergrimmte Murad II. derart, daß er noch einmal ins Feld zog. Seine Ankunft in Adrianopel machte den Türken Mut, und binnen kurzer Zeit konnte er mit einem Heer von 80 000 bis 100 000 Mann dem Feind entgegentreten. Am Morgen des 10. November 1444 standen die beiden so ungleich starken Heere vor den Mauern der Stadt Varna am Schwarzen Meer einander gegenüber.
Ein Reitergefecht eröffnete die Schlacht. Sie gestaltete sich wechselvoll, denn die christlichen Streiter waren geringer an Zahl und hielten schlechter Ordnung als die Gegner, aber sie waren besser gerüstet und fochten sehr tapfer. Schon neigte sich der Sieg ihnen zu, schon begannen die Türken zu fliehen, da ließ sich König Wladislaw hinreißen, selbst in den Kampf einzugreifen. Er hätte mit 500 polnischen Rittern die letzte Reserve bilden sollen, aber die edlen Herren fürchteten, keinen Anteil am Sieg zu bekommen, und unternahmen gegen Hunyadis Befehl einen tollkühnen Angriff auf die Janitscharen – und dabei fiel der König.
Die Legende besagt, er habe Sultan Murad II. zum Zweikampf herausgefordert. Falls das überhaupt wahr ist, dachte er wohl an die ritterlichen Regeln des christlichen Europa, doch Murad kämpfte nicht mit langer Lanze, sondern tötete mit einem Wurfspieß das Pferd des Königs, so daß dieser stürzte. Jedenfalls – darin stimmen alle Berichte überein – hieb ein Janitschar dem König den Kopf ab, Sultan Murad ließ den Kopf auf eine Stange stecken und überall zeigen. Das verlieh den Türken neue Zuversicht, den Christen raubte es den Mut, so daß sie zu weichen begannen. Die Nacht beendete den Kampf.
Die Türken hatten so schwere Verluste erlitten, daß sie ihres Sieges noch nicht sicher waren und sich einige Tage lang in ihrem befestigten Lager ruhig hielten. Das christliche Heer aber hatte sich bereits zerstreut. Kardinal Cesarini hatte tapfer mitgekämpft, kam aber auf der Flucht ums Leben. Hunyadi führte einen Teil seiner Leute in guter Ordnung über die Donau zurück. Der Kopf des Königs wurde nach Bursa gebracht. 5 km von Varna, dem jetzt so berühmten Badeort am

Schwarzen Meer, erinnert ein Denkmal an den Tod des tapferen, unbesonnenen jungen Königs Wladislaw.
Vier Jahre später, im Oktober 1448, trat Johann Hunyadi noch einmal den Türken entgegen, und zwar auf dem Amselfeld, wo schon einmal die Christen unterlegen waren. Es wurde eine mörderische Schlacht, die drei Tage lang dauerte und jedes der Heere etwa ein Drittel seiner Mannschaft kostete. Beide Seiten verwendeten bereits Artillerie. Die vielfache Überlegenheit der Türken brachte ihnen den Sieg und bestätigte, was schon nach der Schlacht von Varna klar geworden war: der Islam war nicht mehr aus Europa zu vertreiben.

7 *Mohammed II. Fathi (der Eroberer) 1430 – 1481. Rückseite einer großen Medaille.*

**8** *Počitelj im Neretvatal bei Mostar/Jugoslawien.*

**9** *Purbach am Neusiedlersee feiert die Erinnerung an den betrunkenen Türken von 1532.*

**10** *Alte türkische Brücke (17. Jh.) über den Arachthos bei Arta in Griechenland.*

**11** *Nikolaus Graf Zriny (1508 – 1566). Kupferstich, 16. Jh.*

## IV.
## AUCH GRIECHENLAND WIRD UNTERJOCHT

Am Beginn des Donaudeltas zieht sich die Stadt Tulcea einen Hügelhang hinauf. Zwei Moscheen und ein orientalisch bunter Bazar in der Mitte der Stadt zeigen dem Ankömmling, daß hier noch Türken leben. Seit wann, läßt sich schwer sagen, denn die Stadt, die gegenwärtig über 35 000 Einwohner zählt, war vor 150 Jahren nur ein Fischerdorf, arm und reizlos wie das übrige Land zwischen Donau und Schwarzem Meer. Aber um 600 v. Chr. siedelten sich hier Griechen aus Milet an, und als die nördlichen Nachbarn, wilde Steppenvölker, ihnen das Leben zu schwer machten, blieb immerhin noch ein römisches Kastell bestehen, das auch den Byzantinern bis ins 10. Jahrhundert – vielleicht noch länger – als Festung diente. Seine Mauern dürften auch den Türken als Stützpunkt nützlich erschienen sein.

Ähnliches läßt sich von dem Städtchen Macin sagen, das östlich von Braila am rechten Donauufer liegt. Die einstige Römerstadt wirkt immer noch sehr orientalisch. Auch Mahmudia, 30 km östlich von Tulcea, war erst eine Römerstadt, dann eine byzantinische Festung, dann türkisch, wie es ja der Name des Dorfes verrät. Nur scheinen diese Orte keine große Rolle gespielt zu haben, nicht einmal die Hafenstadt Constanza (türkisch Küstendsche), das antike Tomi, das als Verbannungsort des Dichters Ovid bekannt ist. Der Seehandel an dieser Küste lag in den Händen der Genuesen, die Türken kümmerten sich vorläufig nicht darum.

Eine Stadt aber war ihnen wichtig, sowohl als Handelszentrum der Dobrudscha wie als Wallfahrtsort, nämlich Babadagh südlich von Tulcea. 30 m hoch, nicht aus Ziegeln, sondern aus Steinen erbaut, erhebt sich das Minarett der Hauptmoschee, die schon unter Sultan Mohammed I., also vor 1421 errichtet worden war. Das Städtchen liegt malerisch zwischen flachen Hügeln und Weinbergen; seine – zumindest für die Dobrudscha – große Vergangenheit sieht man ihm kaum an, sogar über die Herkunft des Namens gibt es Zweifel.

»Dagh« ist das bekannte türkische Wort für einen Berg, »Baba« heißt »Vater«, kann aber auch einen Heiligen bezeichnen, und das Grabmal eines türkischen Heiligen, des Baba Sari Saltyk, ist im Ort zu sehen. Das Geschichtswerk des Demetrie Kantemir, das zu Beginn des 18. Jahrhunderts in lateinischer Sprache erschien und allgemein recht verläßlich ist, erklärt den Namen als »Vater der Berge«, weil der Stadt gegenüber ein Berg liege, der höher sei als die anderen; von jenem Heiligen erwähnt er nichts, nennt aber die Stadt als Sitz des Paschas von Silistria, der über alle Länder zwischen Balkangebirge und Schwarzem Meer gebot und dort die Nordgrenze des Osmanischen Reiches zu schützen hatte.
Damals – und bis 1878 – gehörte die Dobrudscha zu Bulgarien, wo sich die türkische Macht bereits gefestigt hatte. Schon Sultan Bayazid hatte anatolische Wanderhirten gezwungen, sich in der Umgebung von Philippopel anzusiedeln, und ebenso machte es Sultan Mohammed I. mit Tataren, die er in Anatolien angetroffen hatte. Davon erzählt die Chronik des Derwischs Achmed: »Er verschickte alle diese in die Gegend von Filibe (Philippopel/Plovdiv) und teilte ihnen dort in der Umgebung der Burg Konusch neue Wohnsitze zu. Der Sohn des Minnet, Mehmed-Bej, errichtete in Konusch ein Imaret und ein Kervansaray dazu. Dort ließen sie sich also nieder und nahmen sich jene Gegend zum Wohnsitz.« Ein späterer Zusatz dieser Chronik erläutert noch: »Diese Tataren des Minnet-Bej, die in ihren bisherigen Wohnsitzen ein kärgliches Dasein gefristet hatten, daß es ihnen an Sauermilch zum Trinken, an Weidegründen für ihre Herden und sogar an Zündschwamm für ihre Steinfeuerzeuge gemangelt hatte, wurden nunmehr nach ihrer Umsiedlung nach Rumelien zu wohlhabenden Akindschi und Gazi, denen auf ihren Streifzügen mit anderer reicher Beute auch so manches hübsche Giaurenmädchen in die Hände fiel.«
Da von Bulgarien nicht so bald wieder die Rede sein wird, sei hier auch gleich etwas von der Entwicklung des 16. und 17. Jahrhunderts vorweggenommen. So drückend den Einheimischen die Türkenherrschaft erschien, fühlten die Türken ihrerseits sich völlig im Recht – sie hatten ja das Land in ehrli-

chem Krieg erobert. In Sofia, Vidin und anderen Städten wurden Kadi-Ämter (Gerichte) bestellt, vor denen Gläubige und Ungläubige ihre Fälle verhandeln konnten. Die Protokolle von Sofia geben manchen Einblick in Wirtschaft und Verwaltung:

Während den Mohammedanern der Weingenuß verboten war, durften die Christen ihre Weinberge weiter bewirtschaften, denn das brachte Steuergelder ein. Sogar der Besitz von Schafen wurde besteuert, und zwar so hoch, daß viele Bauern ihre Dörfer verließen, weil sie die Steuerlast nicht mehr tragen konnten. Überhaupt sind Klagen über ungebührlich hohe Steuern sehr häufig, und wenn sie sich als berechtigt erwiesen, wurde der schuldige Beamte abgesetzt. Auch Juden und Zigeuner hatten Steuer zu zahlen, und daran bereicherte sich der Einheber gern. Als ein gewisser Ali starb, stellte sich heraus, daß er von der Zigeunersteuer 370 000 Aktsche nicht abgeliefert hatte, eine gewaltige Summe, denn der Jahresertrag eines Lehens belief sich auf 3 000 – 6 000 Aktsche, ein Goldstück hatte den Wert von 118 Aktsche, ein Schaffell kostete 8 Aktsche.

Die Personen, die da in den Protokollen genannt werden, sind nicht so interessant wie die Gestalten aus Tausendundeiner Nacht, aber für unseren Zusammenhang wichtig. Da verliert ein Sipahi sein Lehen, weil er an einem Kriegszug nicht teilgenommen hat, Gauner legen Janitscharenkleidung an, um ungestraft Übeltaten auszuführen, ja ganze Räuberbanden erscheinen im Janitscharengewand (und vielleicht sind es wirklich Janitscharen, die da Christendörfer ausplündern!). Falschmünzer treiben ihr Unwesen, ein Brandstifter wird noch 13 Jahre nach der Tat angeklagt. Die Huren Gülsen und Merjem prassen (so sagt es das Protokoll) mit zwei Sipahi zur Nachtzeit im Erker über dem Haustor eines Janitscharen. Juden beklagen sich, daß Händler aus Ragusa (Dubrovnik) Wolle aufkaufen, die sie selbst für die Kleidung der Janitscharen kaufen wollten, und ebenso beschweren sich die Sofioter Kürschner über fremde Aufkäufer, die ihnen das Geschäft stören.

Wenn der Sultan den Winter in Edirne verbringen will, muß

der Kadi von Sofia für alle Bedürfnisse des Hofes sorgen, von Butter, Honig und Mehl bis zu den Hufeisen, 10 000 Doppelpaare! Aber die Lieferanten müssen auch bezahlt werden, und der betreffende Ferman des Sultans schließt mit der Warnung: »Wenn wir hören, daß Du, Richter, auch nur eine Aktsche von den Untertanen genommen hast, so wisse, daß Du nicht nur entlassen, sondern auch beispielhaft bestraft werden wirst. Darum schaffe und sende, ohne daß Du die Untertanen unterdrückst, möglichst schnell die verlangten Nahrungsmittel.«

Die Janitscharen, die in Edirne kaserniert leben, können sich in Bulgarien viel freier bewegen, mancher bekommt sogar das einträgliche Amt eines »Jasakdschi« verliehen, eines bewaffneten Wächters der Marktordnung. Auf dem Markt beim Balyk-Bazar von Sofia heben zwei Jasakdschi Steuer ein für Branntwein und Fische, die von den christlichen Bauern der Umgebung angeliefert werden, aber plötzlich sind es nicht mehr nur ihrer zwei, sondern viele, und sie verlangen Steuer auch für Weizen, Hafer, Butter, für Äpfel und Birnen, Zwiebeln und Knoblauch, für Schafe und Rindvieh, Salz, Felle und Kohlen. Die Vorsteher der Zünfte beschweren sich darüber, erhalten vor Gericht ihr Recht, doch die Jasakdschi kümmern sich nicht darum und erpressen weiterhin Steuern für alle Waren, fast sechs Jahre lang!

Aber unversehens kommen einmal im April Briefe an die Kadi von Filibe (Plovdiv), Sofia und vielen anderen Städten mit der Nachricht, der Sultan werde demnächst von Edirne nach Gallipoli übersiedeln. Die Kadi müssen den Janitscharen bekanntgeben, daß sie sich in kürzester Frist mit ihren Waffen und aller Ausrüstung in Edirne zu versammeln haben: »Diejenigen, die sich dieser Anordnung nicht fügen, sollen wissen, daß nicht nur ihre Bezahlung unterbrochen wird, sondern daß sie außerdem streng bestraft werden«. – Das süße Leben in Bulgarien ist vorbei, der strenge Dienst beginnt wieder . . .

Die Protokolle der Kadiämter sagen freilich nicht, wie die Untertanen, ob Moslim oder Christen, Juden oder Armenier, über die Amtsführung urteilten, sie enthalten nicht den

Stadttratsch über Bestechlichkeit und Amtsmißbrauch. Aber wenn die Ordnung auch unvollkommen war, es war eine Art Ordnung, sowohl in Bulgarien wie in den unterworfenen Teilen von Serbien und Bosnien. Ein großer Teil der Balkanhalbinsel fügte sich also diesem System. Nur zwei Gebiete bemühten sich, ihre Unabhängigkeit zu wahren, Albanien und die Reste des Byzantinischen Reiches.

Es waren wirklich nur mehr Reste der einstigen Größe und Macht, nämlich die Stadt Konstantinopel mit ihrer nächsten Umgebung, zwar von fast uneinnehmbaren Festungwerken umgeben, Residenz des Kaisers und Sitz des Patriarchen, aber ohne Hinterland. Räumlich getrennt davon bestand das »Despotat Morea«, das heißt die Peloponnes, abgesehen von einigen festen Plätzen, die der Republik Venedig gehörten, und schließlich etliche Inseln der Ägäis sowie Küstenstädte am Schwarzen Meer. Alle diese Positionen aber waren von der Macht der Türken überschattet.

Als Johannes VIII., Kaiser von Byzanz, im Jahre 1448 kinderlos starb, erschien sein Bruder Konstantin als der würdigste Nachfolger. Da aber ein anderer Bruder namens Demetrios nach dem Diadem verlangte, wurde die Entscheidung über die Thronfolge in Konstantinopel nicht dem Patriarchen, nicht einem Kronrat oder etwa dem Volk übertragen, sondern dem Sultan!

Sultan Murad II. entschied für Konstantin. Demetrios und Thomas, der dritte Bruder, teilten sich die Herrschaft über die Peloponnes. Als es zwischen ihnen zum Streit kam, rief Demetrios türkische Hilfe an. Turachan, der alte Statthalter von Thessalien, kam mit seinen Truppen, stellte den Frieden wieder her und nützte die Gelegenheit, die Befestigungen zu zerstören, die an der Landenge von Korinth der Halbinsel einige Sicherheit geboten hatten. Das geschah im Jahre 1451, bereits nach dem Tode Sultan Murads.

Murad II. war Anfang Februar 1451 in der Nähe von Edirne gestorben, kaum 49 Jahre alt, bis zuletzt Liebhaber von schönen Frauen, dem Weingenuß und der Jagd sehr zugeneigt. Sein Sohn und Nachfolger Mohammed (Mehmed) II. war klug und gebildet, energisch und hart. Schon seine ersten

Maßnahmen bewiesen das: um keinen Rivalen aufkommen zu lassen, gab er sogleich Befehl, seinen kleinen Stiefbruder Achmed zu ertränken. In Kleinasien erzwang er den Frieden durch einen kurzen Feldzug, in Europa schlossen Venezianer und Ungarn bereitwillig Verträge und Waffenstillstand ab. Somit hatte der junge Sultan freie Hand gegen Konstantinopel.

Wie in der Diplomatie ging Mohammed II. auch auf militärischem Gebiet überlegsam und planmäßig vor. Schon vor Ablauf seines ersten Regierungsjahres ließ er nach altbewährter Methode und entgegen allen Verträgen auf dem europäischen Ufer des Bosporus ein gewaltiges Sperrfort errichten, nur 7 km von Konstantinopel entfernt, an der schmalsten Stelle der Meeresstraße. Gegenüber auf der asiatischen Seite hatte schon 1395 Sultan Bayazid I. ein ähnliches Festungswerk erbaut, das den Namen Güzel Hissari (»Schönes Schloß«) oder Anadolu Hissari trug. Das neue Fort ist heute als »Rumeli Hissari« bekannt und gilt als lohnendes Ausflugsziel; innerhalb seiner imposanten Mauern werden Theateraufführungen veranstaltet. Damals erhielt es den bezeichnenden Namen Bogaz Kessen, das heißt »Abschneider des Sundes«.

Tatsächlich konnten die beiden Festungen mit ihrer starken Artillerie die Durchfahrt kontrollieren. Jedes Schiff mußte die Segel reffen, die Flagge zum Gruß senken und vor allem hohen Zoll zahlen. Als sich im Spätherbst 1452 drei venezianische Schiffe dieser willkürlichen Bestimmung widersetzten, wurden sie heftig beschossen. Zwei kamen durch, das dritte wurde versenkt, die Besatzung gefangen. Die meisten Matrosen wurden geköpft, der Kapitän Antonio Rizzo lebend auf einen Pfahl gespießt.

Die Republik Venedig war zu der Zeit in einen Krieg mit Mailand verwickelt und daher nicht in der Lage, den türkischen Übergriff zu vergelten. Nur fünf große venezianische Schiffe, die zufällig im Goldenen Horn ankerten, blieben dort, um bei der Verteidigung der Stadt zu helfen. Die genuesische Niederlassung auf der Insel Chios sandte als Beistand Kriegsschiffe und 700 Soldaten. Insgesamt verfügte Kaiser Konstan-

tin über 10 eigene und 16 verbündete Schiffe; die 9 größten von ihnen waren längs der starken Kette postiert, die das Goldene Horn sperrte.
Die Landtruppen des Kaisers betrugen nur 8 000 – 9 000 Mann, davon ein Drittel »Lateiner«, das heißt Venezianer, Genuesen, Römer und Katalanen (Spanier). Diese geringe Zahl erscheint für heutige Begriff kaum glaublich, wird aber von allen zeitgenössischen Quellen und ebenso den späteren Geschichtswerken bestätigt. Sultan Mohammed II. führte dagegen nach der bescheidensten Angabe 165 000 Mann, von denen etwa die Hälfte reguläre Krieger waren, unter ihnen 15 000 Janitscharen.
Noch gefährlicher als diese Überlegenheit der Streiter war die starke Artillerie der Türken, darunter Stücke von gewaltigem, später nie mehr verwendetem Kaliber. Die Verteidiger besaßen nur schwache Geschütze. Daneben verwendete man noch die alten Wurfmaschinen, Ballisten und Katapulte. Die Türken gruben Minen, die Byzantiner setzten dagegen das bewährte »Griechische Feuer« ein, eine brennende, angeblich mit Wasser nicht zu löschende Masse aus Schwefel, Salpeter, Kohle, Harz, Erdöl und anderen Stoffen. Die Schützen gebrauchten Bogen und Armbrust; Handfeuerwaffen spielten noch keine Rolle.
Beide Seiten hatten den Winter 1452/53 für ihre Vorbereitungen ausgenützt: der Kaiser ließ die Festungswerke verstärken, der Sultan entsandte eine Heeresabteilung, die Peloponnes zu verwüsten, damit von dort kein Entsatz für Konstantinopel komme. Inzwischen sammelte er von Edirne aus seine Truppe; am 6. April 1453 führte er sie bis eine Meile vor die Stadt, am 11. waren die Geschütze und die Kriegsmaschinen alter Art aufgestellt.
Gegen das Tor des Heiligen Romanos, ungefähr in der Mitte der langen Landmauer (das heutige Top kapi), war die neue Riesenkanone des Sultans postiert. Sie zu laden war ein schwieriges Werk, nur siebenmal täglich konnte sie abgefeuert werden. Jeder Schuß erregte Schrecken in der Stadt, bis – sei es durch zu starke Abnützung, sei es dank einer falsch bemessenen Ladung – das Ungeheuer barst.

Wohl besaßen die Türken noch andere schwere Geschütze, aber diese richteten gegen die starken Mauern nicht viel aus, so daß die Verteidiger hofften, sie könnten ihre Stadt gegen Sultan Mohammed II. halten, wie es gegen Bayazid und Murad gelungen war. Einen Sturmangriff am 18. April wehrten sie glücklich ab, zwei Tage später errangen vier ihrer Kriegsschiffe, ein kaiserliches und drei genuesische, in einem Seegefecht außerhalb der Sperrkette einen Sieg über die feindliche Flotte. Zudem kam die Nachricht, in Venedig werde eine Flotte ausgerüstet, die zusammen mit Schiffen des Papstes und des Königs von Neapel zum Entsatz kommen solle.
Sultan Mohammed begnügte sich jedoch nicht mit den Angriffen gegen die starken Mauern der Landseite. Binnen weniger Tage ließ er von der Bucht bei Beschiktasch (am Beginn des Bosporus) durch Taleinschnitte nördlich von Galata bis ins Innere des Goldenen Horns auf einer Strecke von 7 km eine Schleifbahn anlegen. Unzählige Bauern, Sklaven und Gefangene mußten das Gelände abholzen und ebnen, belegten es mit Brettern und schmierten diese mit Öl und Talg ein. So wurden schon ab dem 21. April auf Rollen und Walzen 72 Schiffe ins Goldene Horn gebracht und die Stadt fortan auch von der Nordseite her bedroht. Brachten die Angriffe auch keinen unmittelbaren Erfolg, so zersplitterten sie doch die Kräfte der Verteidiger.
Vom heutigen Stadtteil Hasköy (jenseits des Goldenen Horns) aus errichteten die Türken eine Brücke, die auf schwimmenden Fässern ruhte, und versuchten damit, den nördlichsten Abschnitt zu erstürmen, wo die Landmauer den Hafen erreichte. Dort leitete der katholische Kardinal Isidor, Metropolit von Kiew, die Abwehr, Römer und Chioten kämpften heldenhaft unter seinem Befehl; es ist die Gegend des jetzigen Ayvansaray. Im Nordteil der Stadt lag auch der Kaiserpalast. Um ihn und die benachbarten Teile der Stadtmauer zu sprengen, gruben die Türken Minen, die großen Schaden anrichteten. Daß sie ihr Ziel nicht erreichten, war das Verdienst eines Deutschen namens Johannes Grant. Als erfahrener Artillerist verstand er sich auf alle Arten von Sprengmitteln und wußte das griechische Feuer zweckmäßig

anzuwenden. Vierzehn türkische Minen wurden durch Gegenminen zerstört.
Nicht einmal die hölzernen Belagerungstürme, die gegen die Mauern herangerollt wurden, hatten Erfolg. Das war ein Kampfmittel, das schon in vorchristlicher Zeit angewendet worden war: Tierhäute schützten die Türme gegen Feuer, oben waren Schützen postiert, welche die Verteidiger von der Stadtmauer vertreiben sollten, und schließlich wollte man über Brücken von diesen Türmen auf die Mauer gelangen. Aber dem greisen Schützenhauptmann Theodoros von Karystos gelang es, den ersten Turm in Brand zu stecken, und auch die meisten anderen gingen in Flammen auf.
Was den Verteidigern die größte Sorge machte, war einerseits doch das feindliche Artilleriefeuer, andererseits ihre geringe Zahl. Tag und Nacht mit nur kurzen Ruhepausen mußten sie kämpfen oder Wache halten; sooft die Türken eine Bresche in die Stadtmauer geschossen hatten, mußte diese ausgefüllt werden. Die Männer, aber auch Frauen und Greise, füllten sogenannte »Schanzkörbe« aus Weidengeflecht oder Fässer mit Steinen und Erde, rollten und schleppten sie zu den gefährdeten Stellen, zogen neue Gräben, errichteten Verhaue, und das geschah Tag für Tag. An Ablösung war kaum zu denken. Obwohl viele Mönche und Bürger mitkämpften, reichte die Zahl der Verteidiger nicht aus.
Ende Mai bestand kein Zweifel mehr, daß die ungeheure Übermacht der Feinde den Sieg erzwingen werde. Gegen Abend des 28. Mai, eines Montags, nahm der Kaiser in der Sophienkirche das Heilige Abendmahl, »die Sterbesakramente des alten Reiches«, dann rüstete er sich, um im Kampf zu sterben.
In einer anonymen griechischen Chronik vom Beginn des 17. Jahrhunderts findet sich die Schilderung, wie der Kaiser seine Gemahlin enthaupten ließ, damit sie nicht lebend in die Hände der Feinde falle, aber das ist falsch: Konstantin war bereits Witwer. Die Lage war tragisch genug, sie bedurfte keines rührseligen Aufputzes mehr.
Am 29. Mai, kurz nach Mitternacht, begann der große Sturm. Die erste Welle der Angreifer wurde zurückgeschlagen, auch

die zweite, obwohl die Türken 2 000 Sturmleitern vorbereitet hatten. Aber der Sultan hatte zunächst nur leichtbewaffnetes Kriegsvolk eingesetzt, serbische Hilfstruppen und andere, deren blutige Verluste ihn nicht kümmerten. Für den letzten großen Kampf hatte er seine Janitscharen aufgespart – und die schonten ihre Kräfte nicht, denn der Sultan hatte ihnen drei Tage freier Plünderung versprochen.
Kaiser Konstantin XI. und viele Vornehme fielen im Kampf, einzelne konnten entfliehen. Sobald die Mauern erstiegen waren, erlahmte der Widerstand. »Wie ein Bienenschwarm« ergossen sich die Türken in die unglückliche Stadt. »Da gab es gute Beute«, schildert der Derwisch Achmed. »Gold und Silber und Juwelen und kostbare Stoffe wurden auf den Markt im Heerlager gebracht und in Haufen aufgestapelt; all dieses wurde nun feilgeboten. Die Giauren von Istanbul wurden zu Sklaven gemacht, und die schönen Mädchen wurden von den Gazi in die Arme genommen.«
Die Zahl der Christen, die in die Sklaverei fortgeführt wurden, soll 60 000 betragen haben. Das mag übertrieben sein, aber völlig glaubhaft klingt der Bericht eines Byzantiners: »Dann ließ er (der Sultan) die Kreuze oben von den Klöstern und von allen Kirchen herunterholen und mit Füßen treten. Und die Türken schändeten die Jungfrauen und begingen grobe Unzucht und schwere Greuel . . .« Und leider dürfte es auch stimmen, daß der byzantinische Reichsadmiral und ranghöchste Staatsminister des Kaisers geheime Akten preisgab und durch Verräterei aller Art versuchte, sein Leben zu retten. Das gelang ihm allerdings nicht; er mußte mitansehen, wie einer seiner Söhne enthauptet, ein anderer »zur Bedienung« des Sultans (das heißt als Lustknabe) ausgewählt wurde, und dann erlitt er selbst den Tod. Zugleich starben der Gesandte von Aragonien mit zwei Söhnen, der venezianische Gesandte und alle venezianischen Edelleute, die den Türken in die Hand gefallen waren.
In jenen Tagen floß viel Blut in der Kaiserstadt, wie es weiter in dem Bericht heißt: ». . . die Alten und Kranken metzelten sie hin. Dann stürmten sie zur hochberühmten Hagia Sophia und plünderten sie, rissen die heiligen Ikonen herunter und

hieben sie in Stücke und zertraten sie unter ihren Füßen. Und den gemalten Heiligen stachen sie die Augen aus. Ebenso suchten sie auch die übrigen Kirchen und Klöster heim, verheerten sie und plünderten die Geräte, die goldenen und silbernen Hostienkelche und die Meßgewänder der Priester. So plünderten und raubten sie die ganze Stadt aus, und die Christen jammerten und sandten ihre Weherufe zum Himmel hinauf. Die Türken hieben die Schatztruhen der Archonten mit Äxten entzwei . . .«

Die Klagen der Unglücklichen sind verstummt; für die Nachwelt wichtiger ist die Frage, was der Sieger aus der eroberten Stadt gemacht hat.

Sultan Mohammed II. soll sich aus den Gefangenen ein siebzehnjähriges Mädchen von bezaubernder Schönheit ausgewählt und solchen Gefallen an ihr gefunden haben, daß er darüber seine Pflichten vernachlässigte. Als seine Vertrauten ihm Vorwürfe machten, rief er sie alle in einen Saal, führte Irene vor sie und fragte, ob sie je eine vollkommenere Schönheit gesehen hätten. Die Würdenträger verneinten – da zog der Sultan einen Dolch, packte Irene bei den Haaren und schnitt ihr die Kehle durch. »Nichts in der Welt kann mich abhalten« soll er dabei gesagt haben, »die Größe des Hauses Osman zu bewahren.«

Der Sultan war unbestreitbar grausam, aber er wütete nicht blindlings, sondern vergoß Blut dann, wenn er es für nötig hielt. Er erkannte selbstverständlich, daß die Kaiserstadt, deren Einwohner zum größten Teil getötet oder verschleppt worden waren, wieder bevölkert werden müsse. Zunächst erließ er Aufrufe: »Wer Lust hat, soll kommen und zu Istanbul Häuser, Weinberge und Gärten in Besitz nehmen!« Da die Zahl derer, die freiwillig kamen, nicht ausreichte, schickte der Sultan in jedem seiner Gebiete Befehl an die Kadi, Familien zur Übersiedlung zu zwingen.

Kirchen wurden in Moscheen umgewandelt, neue Moscheen, Derwischklöster und auch neue Wohnhäuser errichtet. Im Laufe der nächsten Zeit erstanden acht Medresen (Theologenschulen), jede mit einem Haus für die Schüler, ein Imaret und ein Krankenhaus, Bäder und Herbergen, Werkstätten und Werften.

So wurde die Kaiserstadt zur Stadt des Sultans. Mohammed II. stützte sich aber nicht allein auf seine Türken; um Verwaltung, Handwerk und Handel aufrechtzuerhalten, bedurfte er auch der Christen und der Juden. Wie viele von ihnen in der Stadt geblieben waren, wie viele Flüchtlinge zurückkehrten, wieweit sie es freiwillig taten, all das läßt sich kaum annähernd feststellen. Noch im Jahre 1453 mußten 5000 christliche (und auch türkische) Familien aus den Städten am Schwarzen Meer und aus Edirne nach Istanbul übersiedeln. In den folgenden Jahren, als der Sultan seine Eroberungen ausdehnte, kamen Griechen aus der Peloponnes hinzu, aus Lesbos und Kleinasien, von den Inseln Euböa, Thasos und Samothrake. Meistens waren es wohlhabende Leute, denn davon hatte der Kadi, der sie auswählte, seinen finanziellen Vorteil: sie mußten ja ihre Häuser, Werkstätten und Felder, Obst- und Weingärten verlassen, und der Zwangsverkauf erbrachte ihnen nicht den vollen Wert.

Nicht nur Griechen, auch andere Christen zogen freiwillig oder gezwungen in die Stadt. Schon 1454 kamen etwa 4000 gefangene Serben, dann Albaner, Bulgaren, Bosniaken, Armenier und Juden. Sie ergaben zusammen mit den Türken das Völkergemisch, das für diese Stadt bis heute typisch geblieben ist. Die »Giauren« hatten freilich kein leichtes Leben, immer waren sie von Ausschreitungen der Janitscharen bedroht, vom Neid des Pöbels und der Habgier der Beamten, aber sie hielten aus.

Ihr geistliches Oberhaupt, das auch in weltlichen Angelegenheiten großen Einfluß hatte, durften sie selbst wählen. Den Rabbi Mosche Kapsali, der unter Kaiser Konstantin XI. Vorsteher der jüdischen Gemeinde gewesen war, bestätigte der Sultan in seinem Amte. Die Würde des Patriarchen war nicht besetzt, doch Mohammed II. duldete die Wahl eines neuen. Sie fiel auf den gelehrten Mönch Gennadios (mit bürgerlichem Namen Georgios Kurtesios Scholarios), der sich auch in der höchsten Not, als der Kaiser zu einer Union mit der katholischen Kirche bereit war, als fanatischer Feind Roms hervorgetan hatte.

Die Hagia Sophia war sogleich von der mohammedanischen Geistlichkeit beansprucht worden; Gennadios mußte sich mit einem viel bescheideneren Amtssitz begnügen. Zunächst erhielt er die uralte, wenig ansehnliche, noch von Konstantin dem Großen gegründete Apostelkirche in einer verödeten Gegend. 1455 verlegte Gennadios mit Zustimmung des Sultans seinen Sitz nach der Klosterkirche der Allerseligsten Jungfrau (»Pammakaristos«). Sie liegt auf einer Terrasse am Rande eines Hügels mit schönem Blick über den Stadtteil Phanar und das Goldene Horn – aber gerade ihre prachtvolle Lage wurde ihr gefährlich. Gennadios hatte sie mit geretteten Ikonen, Kaiserbildern und Reliquien reich versehen, 17 Patriarchen residierten hier, bis Sultan Murad III. fand, der schöne Bau in schöner Gegend sei zu schade für den christlichen Kult, und die Kirche im Jahre 1586 in eine Moschee umwandelte, die Fethiye Dschami.

Nunmehr übersiedelte der Patriarch neuerlich. Im Hof eines alten Frauenklosters wurde eine Kirche erbaut und dem Heiligen Georg geweiht. Sie ist seither der Amtssitz des Patriarchen; sie liegt nicht weit vom Goldenen Horn im Stadtteil Phanar. Dorthin hatten sich nach der Eroberung Konstantinopels die überlebenden Griechenfamilien zurückgezogen, hauptsächlich der alte Adel, nunmehr verarmt, aber immer noch stolz auf seine Traditionen, treue Diener der Kirche, Bewahrer der Sprache; dort sammelten sich auch die zuwandernden Christen. Es waren gleichfalls fromme Leute, fleißig, mit starkem Familiensinn und sicherem Blick für das Geschäftsleben.

Trotz solcher Enklaven wurde damals Konstantinopel zu einer türkischen Stadt und ist es seither geblieben. Wer Türkenspuren in Europa finden, aber nicht viel Zeit aufwenden will, braucht nur – sei es vom Galata-Turm, sei es vom Meer aus – einen Blick über Istanbul zu werfen, und wenn er von den 500 Moscheen nur einige der schönsten, von den Palästen nur das alte Serail gesehen hat, bleibt ihm eine kostbare Erinnerung für den Rest seines Lebens. Mit ihrem Glanz und ihrem Schmutz, ihren Geräuschen und Gerüchen scheint die Stadt der Levante zugehörig; daß sie doch in Europa liegt,

verrät sie nur dem aufmerksamen Besucher, der sich auch mit Literatur befaßt hat, der die Ruinen der Paläste, dazu Denkmäler und Zisternen aus römischer und byzantinischer Zeit aufspürt und weiß, welche Moscheen ursprünglich christliche Kirchen waren: nicht nur die bekannte Hagia Sophia, sondern auch die Kariye-Dschami mit ihren berühmten Mosaiken, die Fethiye-Dschami (Eroberungsmoschee), die Gül-Dschami (Rosenmoschee), die Eski-Imaret-Dschami, die Molla-Zeyerek-Dschami, die Kilise-Dschami, wieder mit schönen Mosaiken, die Imrahor-Dschami mit korinthischen Säulen im Vorhof und Bodenmosaik, oder – unter anderen – die »kleine Hagia Sophia« (Kütschük-Aya Sofia-Dschami) mit ihrer interessanten Zentralkuppel, die noch aus dem 6. Jahrhundert stammt.
In die spätrömische Epoche gehört auch der Galata-Turm, den die Genuesen 1261 erneuerten. Die Siedlung Galata jenseits des Goldenen Horns hatte sich unter ihrem genuesischen Bürgermeister Angelo Giovanni Lomellino aus den Kämpfen möglichst herausgehalten. Die Sympathien waren selbstverständlich auf der Seite der Christen, viele junge Leute hatten als Freiwillige mitgekämpft, aber die Vernunft gebot, sich mit dem Sieger zu arrangieren. Schon am 29. Mai 1453 wurden dem Sultan die Schlüssel der Stadt übersandt, seine Herrschaft anerkannt. Dafür garantierte er den Genuesen die Sicherheit von Leben und Eigentum, ja Türken sollten Galata überhaupt nicht betreten. Andererseits mußten die Bewohner schwere Einschränkungen hinnehmen: es war ihnen verboten, neue Kirchen zu bauen und in den vorhandenen die Glocken zu läuten, sie mußten die im ganzen Osmanischen Reich übliche Kopfsteuer zahlen, alle Geschütze, andere Waffen und Munition abliefern und die Festungswerke schleifen, die Gräben ausfüllen lassen.

Athen besaß einen glanzvollen Namen noch viele Jahrhunderte, nachdem es seine politische und wirtschaftliche Rolle ausgespielt hatte. Aber es war der Glanz der heidnischen Philosophie und Rhetorik, der heidnischen Schulen, der heidnischen Bauten und Denkmäler; unter christlicher Herrschaft wurde es still in Athen. Auch als der größte Teil Griechenlands im 13. Jahrhundert dem Byzantinischen Reich entrissen und Athen Sitz eines »lateinischen« Herzogs war, erlangte die Stadt kaum mehr Bedeutung. Die Siedlung beschränkte sich auf die Akropolis und deren nächste Umgebung. Die großen Gebäude waren, soweit man sie nicht in Kirchen umgewandelt hatte, zu Ruinen geworden. Schuttmassen, Gärten und Viehweiden bedeckten – wie in Rom – die Fläche der einstigen Stadt, die wenigen Straßen waren eng, winkelig und ungepflastert.

Diesem Zustand entsprach die politische Macht der Herzöge. Manche Familien regierten länger, manche wechselten einander rasch ab, suchten da oder dort Unterstützung; auf die Oberhoheit der Venezianer folgte die der Türken. Zur Zeit, als Sultan Mohammend II. Konstantinopel eroberte, herrschte in Athen der Florentiner Franco Acciaiuoli als Vasall des Sultans, bis dieser beschloß, das abhängige Herzogtum zur türkischen Provinz zu machen.

Omar Pascha, Sohn des bewährten Feldherrn Turachan, rückte in Attika mit seinen Kriegern ein, verheerte das Land und führte viele Einwohner als Sklaven fort. Die orthodoxe Partei in Athen, die den katholischen Herzog haßte, begrüßte die Türken als Befreier, aber das war ein bitterer Irrtum. Es half der Unterstadt von Athen nichts, daß sie sich kampflos ergab; sie erlitt alles, was den Christen als Greuel, den Janitscharen als selbstverständlich galt. Auf der Akropolis hielt sich der Herzog zwei Jahre lang tapfer und zäh gegen alle Angriffe. Da er keine Hilfe erhielt, weder von der nahen Insel Negroponte (Euböa), wo die Venezianer herrschten, noch von der päpstlichen Flotte unter Kardinal Scarampo, kapitulierte er im Juni 1458 unter ehrenvollen Bedingungen.

Mit seiner Gemahlin, einer jungen, schönen Griechin aus kaiserlichem Geschlecht, seinen drei kleinen Söhnen, geringer Dienerschaft und seiner beweglichen Habe durfte er ungehindert abziehen und sich in Theben als Lehensmann des Sultans niederlassen. Dort herrschte er eine kleine Weile, leistete noch mit seiner Reiterei dem Sultan Heerfolge, aber Verleumdung machte ihn verdächtig. Daß er sterben mußte, entsprach dem grausamen Herrschaftsstil seiner Zeit (nicht nur der Türken), aber wie es geschah, das wirkt nahezu gentlemanlike. Zaganos Pascha hatte den Befehl erhalten, den Herzog zu töten. Er lud ihn zu sich ins Zelt zum Abendessen und unterhielt sich freundlich bis zur Nacht. Als der Herzog dann das Zelt verließ, sah er sich von der Leibgarde des Paschas umringt. Er bat nicht um sein Leben, sondern nur um die Vergünstigung, im eigenen Zelt sterben zu dürfen – und das wurde ihm gewährt.

Die drei Söhne des Herzogs wurden unter die Janitscharen eingereiht, seine Witwe einem Griechen aus Trapezunt, der zum Islam übergetreten war, zur Frau gegeben. Im Palast, den sich der Herzog auf der Akropolis zu Athen unter den Propyläen errichtet hatte, wohnte Omar Pascha. Der »Frankenturm«, der auf dem Südflügel der Propyläen errichtet worden war, ein gewaltiges Bauwerk von 24 m Höhe und 8 m Breite, blieb bis 1874 bestehen.

Die Mädchenstatuen (die berühmte Korenhalle) des Erechtheion legten dem Pascha den Gedanken nahe, das anmutige Gebäude als Harem zu benützen. Aber Athen war nicht wichtig genug, auf die Dauer Residenz eines Paschas zu bleiben. Die Besatzung auf der Akropolis stand in der Folgezeit nur unter dem Befehl eines Disdar (Oberst), die Stadt wurde von einem Wojwoden verwaltet, zur Rechtsprechung war ein Kadi eingesetzt. Für ihre eigenen Angelegenheiten aber durften die griechischen Bürger – die gegenüber den Türken in der Mehrzahl blieben – einen Rat der Alten wählen, und natürlich hatten sie ihren orthodoxen Bischof. Die Katholiken wurden nach dem Abzug des Herzogs und seiner Leute so wenige, daß sie bald keine eigene Gemeinde mehr bildeten; der katholische Erzbischof Niccolo Protimo durfte jedoch bis zu seinem Tode (1483) in der Stadt bleiben.

Die orthodoxen Christen freuten sich, die Gebetskapelle des Herzogs wieder für ihre Religion zu erhalten; es war ein antiker Tempel, wahrscheinlich das sogenannte »Theseion«. Ihre Hoffnung, auch den Mariendom zu bekommen, der im Parthenon erbaut worden war, erfüllte sich jedoch nicht: die Akropolis gehörte den Türken, der Dom wurde zu ihrer

Hauptmoschee, seine Fresken übertüncht, Altar und Ikonostasis verschwanden, dafür fanden Kanzel (Mirbar) und Gebetnische (Mihrab) mit der Richtung nach Mekka ihren Platz. In der südwestlichen Ecke des Parthenon erstand ein schlankes Minarett, höher als der Frankenturm; aus den Steinen antiker Bauten errichtet, war es als Wahrzeichen der Türkenherrschaft weithin sichtbar.

Einst hatten Christen in frischem Haß viele kostbare Denkmäler des heidnischen Altertums zerstört. Die Türken dagegen verhielten sich gleichgültig und beurteilten die Gebäude nach ihrem Gebrauchswert. Im »Turm der Winde« tanzten Derwische, der Marmorboden des Olympieion diente als Dreschplatz für Getreide. Von den vordem so bedeutenden Hafenanlagen wurde nur mehr ein geringer Teil benützt; eine malerische Bucht hat den Namen »Tourkolimano« (Türkenhafen) bis in die Gegenwart behalten.

Als Athen die Domäne des Kislar-Agasi wurde, des Oberhauptes der Eunuchen, die den Harem des Sultans beaufsichtigten, erschien das den wenigen, die noch von der Würde der Stadt des Perikles wußten, als Zeichen der Schande. Die meisten Bürger aber kränkten sich gar nicht, Untertanen eines Mohren geworden zu sein, sondern freuten sich, daß der mächtige Mann nun ihre Beschwerden anhörte, ihre Lasten erleichterte, ihnen gegen die Übergriffe der Besatzung Schutz bot.

Die Versuche der Christen, Athen zurückzugewinnen, brachten ihnen dagegen nur Schwierigkeiten. Im Juli des Jahres 1464 erschienen venezianische Landetruppen – aber es waren nicht die ritterlichen Befreier, wie sie die Heldensage und das Märchen kennt, sondern derbe Söldner. Sie versuchten gar nicht, die türkische Besatzung auf der Akropolis anzugreifen, sondern plünderten nur die Unterstadt, mißhandelten ihre Bewohner und machten sich rasch wieder aus dem Staube. Welches Unheil die Landung der Venezianer dann im September 1687 brachte, ist allgemein bekannt.

Dem Offizier, dessen Geschütz den halben Parthenon in Trümmer legte, ist darob kein Vorwurf zu machen. Sein Auftrag lautete ja nicht, eines der heiligsten Gebäude der Welt zu bewahren, sondern das feindliche Pulvermagazin in diesem Gebäude zu treffen, und diese Aufgabe löste er trefflich – zum Kummer der Nachwelt. Das Pulvermagazin gerade im Parthenon anzulegen, das war der Einfall eines Türken gewesen; die Beschädigungen des ehrwürdigen Tempels zählen zu den traurigsten Türkenspuren in Europa.

Die Peloponnes war schon mehrmals das Opfer türkischer Raubzüge gewesen, zuletzt während der Belagerung von Konstantinopel (siehe oben S. 71). Nun, nach dem Fall der Kaiserstadt, gedachte Sultan Mohammed II., die gesamte Halbinsel zu unterwerfen und seinem Reich anzugliedern. Das schien nicht allzu schwer, denn die beiden Despoten Thomas und Demetrios, die Brüder des letzten Kaisers Konstantin XI., waren nur selten einig. Sie besaßen zwar feste Städte, aber wenig Geld und daher zu wenige Söldner. Von ihrem Lehensaufgebot konnten sie nicht viel erwarten: die adeligen Familien lebten – zumeist seit Jahrhunderten – in ihren schwer zugänglichen Burgen oder in festen Türmen innerhalb der Städte und waren wohl bereit, diese zu verteidigen, nur zur Heerfolge bequemten sie sich nicht leicht. Das wußte der Sultan durch seine Späher wie von den früheren Feldzügen des Evrenos und Turachan her, die in seinem Auftrag geplündert und zugleich ausgekundschaftet hatten. Sie hatten ihm auch über die Stärke der venezianischen Städte und Festungen auf der Peloponnes berichtet, vielleicht sogar von der Stimmung unter der Landbevölkerung, griechischen und albanischen Bauern und Hirten. Die Albaner lebten zumeist noch nicht lange in Griechenland, hatten sich kaum assimiliert, kannten noch ihre eigene Sprache und Sippen- oder Stammesverbände, waren arm und völlig primitiv, aber als harte Krieger bildeten sie ein eigenes Element, mit dem die Türken ebenso rechnen mußten wie mit Griechen und Venezianern.
Zu diesen Griechen, Venezianern und Albanern kamen noch die Reste von Franken, ferner gräzisierte Slawen, schließlich Juden und Zigeuner. Schwer überschaubar wie diese verschiedenartige Bevölkerung war die Landschaft selbst, durch

Höhenzüge in viele Gebiete gegliedert – und so unübersichtlich und wechselhaft gestaltete sich auch der Eroberungskrieg. Die Türken mußten etliche Rückschläge hinnehmen. Mochten sie noch so hart sein, morden, rauben, brennen, foltern, verschleppen, es dauerte doch lange, bis das Land einigermaßen befriedet war.
Von den Albanern wanderten viele nach Sizilien aus, andere nach Apulien und Kalabrien. In dem Städtchen Piana degli Albanesi südlich von Palermo sind ihre Nachkommen anzutreffen; sie sind Katholiken, aber nach orientalischem Ritus und haben ihren eigenen Bischof. An Festtagen legt noch mancher zum Kirchgang seine reiche albanische Tracht an.
Von den beiden Despoten aus dem Paläologengeschlecht behauptete Thomas sich in Kalavrita, einem Bergstädtchen im Norden der Peloponnes. Die Landschaft Achaia, in der Kalavrita liegt, war ein eigenes Fürstentum, nominell Lehen des Königreichs Sizilien, Erbteil von Thomas' Gemahlin Katharina Zaccaria. Steile Hänge, Felswände, tiefe Schluchten machen den Zugang schwierig; Thomas konnte bis 1460 dort leben, nur lose vom Sultan abhängig. Als er dann im Jahre 1460 doch ernstlich bedroht war, entschloß er sich zur Flucht nach Italien. Seine Freundschaft mit Lateinern, seine Bereitschaft zur Union mit der katholischen Kirche hatte ihm in der Heimat viele Vorwürfe eingetragen, nun sollte sie ihm helfen. Außer seiner Gemahlin und den drei Kindern nahm er eine kostbare Reliquie mit, das Haupt des Apostels Andreas, der in Patras (in der Landschaft Achaia) den Märtyrertod erlitten hatte.
Von Papst Pius II. wurde Thomas in Rom freundlich empfangen, und als er gestorben war, sorgten die beiden folgenden Päpste, Paul II. und Sixtus IV., für die Kinder. Für Thomas' Tochter Sophia fand der Papst einen standesgemäßen Gemahl, den Großfürsten von Moskau. Iwan Wassiljewitsch konnte gleichfalls zufrieden sein: er gewann nicht nur eine schöne und kluge junge Frau, sondern ihre Abstammung erhöhte auch sein Ansehen. Er führte als erster den Titel »Zar von Großrußland« und übernahm den byzantinischen Doppeladler ins russische Wappen.

Andreas, der älteste Sohn des verstorbenen Despoten Thomas, schenkte seine (theoretischen) Rechte auf die Herrschaft Achaia dem russischen Schwager, aber er verkaufte sie später noch dem König von Frankreich und vermachte schließlich im Testament Titel und Herrschaft den Königen von Kastilien und Aragon.
In jenem Jahre 1460, da Thomas die Heimat verließ, mußte auch sein Bruder Demetrios kapitulieren. Am 30. Mai 1460 übergab er Stadt und Festung Mistra den Türken. Der Sultan hatte schon vorher Demetrios' Tochter Helena zur Frau genommen und entschädigte nun den Schwiegervater großzügig mit den Inseln Lemnos und Imbros, Teilen von Samothrake und Thasos. Im Jahre 1470 starb Demetrios als Mönch David. Die Ruinen seines Palastes sind in Mistra zu sehen, ein romantischer Anblick, besonders abends, wenn die Sonne hinter dem Taygetos untergeht. Die Schönheit dieser Ruinenstätte zu preisen, ist nicht nötig, das haben schon große Dichter und Schriftsteller getan, man liest es in Reiseführern und Prospekten.
Die noch im Verfall eindrucksvollen Bauten fränkischer und byzantinischer Zeit lassen jedoch leicht vergessen, daß Mistra zuerst über zwei Jahrhunderte lang und dann, nach einem venezianischen Zwischenspiel, noch einmal mehr als 100 Jahre unter türkischer Herrschaft stand. Zu Beginn des 19. Jahrhunderts war es Sitz eines orthodoxen Metropoliten und zählte 15 000 bis 20 000 Einwohner, davon etwa ein Drittel Türken, außerdem viele Juden.
Heute ist Mistra tagsüber der Tummelplatz zahlloser Touristen, nach Schluß der Besuchszeit die Heimstätte von Vögeln und Fledermäusen. Ein Kloster ist noch bewohnt. In den Fünfzigerjahren wurde dort jeder Fremde als Gast willkommen geheißen und mit frischem Wasser und Ouzo (Anisschnaps) bewirtet. Das wäre jetzt nicht mehr möglich, dem Massentourismus steht die traditionelle Gastfreundschaft ohnmächtig gegenüber.
In »Exochorion«, der Außenstadt, lebten vorwiegend die verachteten Juden; dort hatten sie auch eine Synagoge. Zwei weitere Synagogen standen in der Mittelstadt »Mesocho-

rion«, in der die Türken vorherrschten. Sie hatten eine große Moschee und ein Imaret errichtet, außerdem ein Bad. Ihre Hauptmoschee stand nahe dem Großen Bazar vor dem ehemaligen Despotenpalast, in dem der türkische Gouverneur residierte. Die Christen hatten in die Oberstadt ausweichen müssen und dort ihre neue Kirche Hagios Nikolaos erbaut; die Hagia Sophia in der Mittelstadt war zur Moschee gemacht worden.

Der Glaubenseifer und der begreifliche Haß der Befreiungskriege hat von den Moscheen (übrigens auch den Synagogen) nichts übriggelassen. Geblieben sind aus der Türkenzeit einige Anbauten im Arkadenhof der Kirche Hagios Demetrios, Badegebäude und, oben auf der alten Burg, Befestigungswerke und Kasernen.

Wie in Mistra, so haben in vielen anderen Orten der Peloponnes die Türken zwar unverkennbare Zeichen ihrer Anwesenheit hinterlassen, die Anlagen selbst aber, Städte, Zitadellen, Kastelle, einzelne Türme, sind älter, venezianisch oder fränkisch, byzantinisch, römisch, mitunter sogar mykenisch, das heißt, die ältesten Befestigungen an jener Stelle stammen aus dem zweiten vorchristlichen Jahrtausend.

Das gilt auch für Akrokorinth. Die erste Burg oben auf dem Gipfel, 570 m über dem nahen Meer, soll Sisyphos angelegt haben, der schlaueste aller Sterblichen, der selbst die Götter zu betrügen versuchte. Wenn es wahr ist, daß seine Strafe kein Ende hat, dann wälzte er den Steinblock, der immer wieder den Abhang hinunterkollert, auch noch im Jahre 1458, als seine Burg von den Türken besetzt wurde. In den Burgmauern sind einzelne antike Bauteile erkennbar, freilich nicht aus der Zeit des Sisyphos, sondern griechische und römische Unterbauten, die dann allen späteren Herren der Burg als Sockel für ihre Mauern dienten.

Ähnliches gilt für die Larisa, die vorgeschichtliche Burg von Argos. Hier herrschten in der griechischen Heldenzeit König Adrastos, einer der »Sieben gegen Theben«, nach ihm sein Schwiegersohn Tydeus, einer der Argonauten, dann Diomedes, der am Kampf um Troja rühmlichen Anteil hatte. Auch diese Festung hat alle Kriegsvölker späterer Zeit gesehen, rö-

mische Legionäre, fränkische Ritter und die albanischen Söldner des Despoten Theodoros. Die Stadt Argos zu Füßen der Burg wurde schon 1397 von den Türken erobert und in Brand gesteckt; eine dauernde Besatzung kam erst 1463, wurde bereits im nächsten Jahr von den Venezianern vertrieben, kehrte zurück; 1686 – 1716 waren die Venezianer wieder da. So sind auf dem »Kastro« Festungswerke aller Epochen erkennbar, von kyklopischen Teilen bis zu Bastionen, die sogar einem Artilleriebeschuß trotzen konnten.
Den Eingang in den Golf von Korinth, die sogenannten »Kleinen Dardanellen«, schützten beiderseits Kastelle, »Kastro Moreas« und »Kastro Rumelias« (heute Rhion und Antirrhion). Die meisten Städte hatten ihre hochgelegenen Zitadellen wie Patras oder Kalamata, und wenn sie sich schon nicht auf antike Tradition berufen konnten, so erlebten sie doch seit dem Mittelalter wechselvolles Geschick. Die Türken, die ab 1460 die Herrschaft übernahmen, brauchten keine neuen Festungen anzulegen, sie fanden genug vor, was ihnen Schutz bieten konnte.
Die Festungen Modon (Methoni) und Koron (Koroni) wurden »die beiden Augen Venedigs« genannt. Nicht weit von ihnen lag Neokastron oder Navarino (heute Pylos) am Eingang eines geschützten Golfes, des größten und besten Hafens, den man sich wünschen kann. Der Anblick dieser drei Orte erfreut das Auge; welche harten Kämpfe um ihre Mauern tobten, wieviel Blut dort floß, ist längst vergessen.
Man muß, mit einer Flasche Retsina versehen, von einem schattigen Sitz aus den Schafen zuschauen, wie sie unter dem Reisigdach hervorkommen, das sie während der Mittagshitze geschützt hat: bisher war der Ruf der Zikaden das einzige Geräusch gewesen, nun rascheln Hufe im dürren Gras, ein Muttertier blökt. Oder abends, wenn eine leichte Brise aufkommt und die Sonne dunkelrot in den Dunstschleier über dem Meer taucht, sollte man am Ufer sitzen und lauschen, wie die Wellen unermüdlich gegen die Felsen schlagen, auf denen die Mauern gebaut sind. Da hat die Phantasie freien Raum, da bevölkert sie die verfallenden Kasematten mit lombardischen Söldnern, die sich im Dienste der Repu-

blik Venedig an diesem Außenposten langweilen. Mädchen kommen, Wasserkübel an langen Stangen tragend, zum Brunnen, Taglöhner führen Maultierkarren voll mit Käselaiben, Fellen oder auch Ballen roher Seide zum Verladeplatz. Das Bild wechselt: von dem schlanken Minarett, das noch stehen geblieben ist, ruft der Muezzin die Gläubigen zum Gebet; für die Christensklaven bedeutet das eine kurze Ruhepause, dann müssen sie wieder den Janitscharen bedienen, der hier, in der entlegenen Garnison, den Herren spielt . . .
Die Festungen Navarino, Modon und Koron liegen an der westlichsten der drei spitzen Halbinseln, welche die Peloponnes wie Finger nach Süden ausstreckt. Der mittlere Finger ist die Halbinsel Maina oder Mani, die von unzähligen kleinen Festungen, Fluchtburgen und Wachttürmen gesäumt ist. Hier konnten sich die Türken nur schwer und selten für längere Zeit behaupten – es dürfte ihnen auch nicht der Mühe wert geschienen haben, denn das Land ist karg, die Bewohner arm. Wichtig waren nur die Landestellen wie zum Beispiel Liméni, wo ein Schiff Zuflucht finden konnte, wenn der Sturm es überraschte.

An der Ostseite der östlichen Halbinsel war Monemwasia eine wichtige Station der Küstenschiffahrt, als Festung schien sie uneinnehmbar. Nur durch eine lange Steinbrücke mit dem Festland verbunden, erhebt sich ein Berg 300 m hoch aus dem Meer, steil und kahl, oben mit einem Kastell, Mauern und Zinnen gekrönt. Seitwärts das Städtchen macht den Eindruck, es sei an den Felsen geklebt, jede Straße liegt höher oder tiefer als die parallel verlaufende. Auf dem kleinen Platz (der »Plateia«, die in keiner griechischen Stadt fehlen kann) ist ein bronzenes Kanonenrohr in eine steinerne Laffette gebettet, Erinnerung an die starke Bestückung des festen Platzes. Mauern und Bastionen umgeben das Städtchen im Osten, Süden und Westen; gegen Norden schützte der Gipfel mit dem »Kastron«.

Von den fünf Kirchen – eine sechste steht oben im Kastron – wurde die älteste, die des heiligen Petros, schon im Jahre 956 gegründet. Die Einheimischen nennen sie »Tsami« (= Moschee); daß sie in der Türkenzeit dem islamischen Kult diente, muß man aus diesem Beinamen erschließen, genauere Auskunft ist nicht zu bekommen, denn die Griechen erinnern sich nicht gern an jene Epoche. In Monemwasia sollen jedoch Mohammedaner und Christen längere Zeit ganz friedlich beisammen gelebt haben. Man mußte ja nicht dauernd kämpfen! Wie wechselvoll die Geschichte des Ortes war, soll eine knappe Chronologie zeigen:

| | |
|---|---|
| 785/87 | Bischof Petros von Monemwasia nimmt am Ökumenischen Konzil von Nikäa teil |
| 1246–49 | Die »Franken« herrschen in Monemwasia |
| 1395 | Die Türken halten drei Monate lang die Stadt besetzt |
| 1419–31 | Venezianische Besatzung in Monemwasia |
| 1453–60 | Monemwasia ist eine selbständige Kaufmannsrepublik |
| 1461–64 | Monemwasia stellte sich unter die Schutzherrschaft Papst Pius' II. |
| 1464–1540 | Monemwasia steht als »Napoli di Malvasia« wieder unter dem Schutz der Republik Venedig |
| 1541–1690 | Türkenherrschaft |
| 1691–1715 | Venezianische Besatzung |
| 1716–1821 | Türkenherrschaft |

Nun bleibt noch die Frage zu beantworten, wie es den Christen der Peloponnes unter türkischer Herrschaft erging und wie das Land überhaupt verwaltet wurde.

Grundbesitzer und freie Bauern hatten in der byzantinischen Periode unter der Last der Steuern geseufzt; sie hatten keinen Grund, den Paläologen nachzutrauern, sofern ihnen nur Besitz und Rechte gewahrt blieben. Den Hörigen und Leibeigenen konnte es gleichgültig sein, wem sie dienstbar waren. Allesamt meinten sie, unter türkischer Regierung werde es nicht schlechter sein als vorher, ja mancher hoffte insgeheim sogar auf geringere Lasten. In den meisten Fällen gab es herbe Enttäuschung.

Zunächst kamen die Türken ja nicht als freundliche Befreier, sondern mordeten und raubten, wie es ihrem Kriegsrecht entsprach. Wer diesen Greueln glücklich entkam und schon vorher arm gewesen war, der blieb arm, wer es noch nicht gewesen war, der wurde es. Wie in Bulgarien und Thessalien, so verteilte die türkische Regierung auch auf der Peloponnes alles fruchtbare Land als Lehen an ihre Sipahi. Die Christen mußten die Kopfsteuer zahlen, aber leider war es auch üblich, daß der Steuerpächter mehr einhob, als recht und billig war. Immerhin waren die Christen vom Kriegsdienst befreit; man wollte vermeiden, daß sie sich im Waffenhandwerk übten, und gestattete ihnen nicht einmal, zum eigenen Schutz Waffen zu besitzen.

Der Sultan verzichtete jedoch nicht auf die Wehrkraft der Unterworfenen. Für die christlichen Griechen und Albaner der Peloponnes galt wie für die slawischen Völker das grausame System der Knabenlese: alle fünf Jahre, im Falle größeren Bedarfes auch öfter, wurden die Knaben ab dem siebten Lebensjahr gemustert, und wer geeignet erschien, sah seine Eltern, seine Heimat nicht wieder; man holte ihn zu den Janitscharen.

Innerhalb der Gemeinden lag die Autorität bei dem Priester und dem Rat der angesehensten Männer. An den türkischen Kadi wendete sich ein Christ nur in Ausnahmefällen, und zwar nicht nur aus der (vermutlich berechtigten) Sorge, der Kadi werde in jedem Streitfall von beiden Parteien Geld erpressen, sondern einfach, weil man die eigenen Angelegenheiten keinem Fremden unterbreiten wollte. Deshalb waren auch Mischehen äußerst selten, selten trat jemand zum Islam über: die Vorteile, die sich ihm dadurch boten, wogen nicht den Verlust der Familie auf; er wäre heimatlos und ausgestoßen. Die Bindung an die Familie war ja nicht nur eine sentimentale Angelegenheit, sie bot nicht nur moralischen Halt, sondern auch materielle Sicherheit im heutigen Sinne der Sozial- und Altersversorgung. Sogar der Krüppel wie der geistig Zurückgebliebene hatte seinen Platz in der Gemeinschaft. »Ohne Bruder, ohne Rechtsschutz, ohne Herd«, dieses drohende Wort aus homerischer Zeit schreckte noch den Griechen der Neuzeit.

Trotzdem wagte es mitunter ein junger Mann, sich von aller Bindung loszusagen, zum Islam überzutreten und im Dienste

des Sultans sein Glück zu versuchen. Von solchen Renegaten wird in einem späteren Kapitel ausführlich die Rede sein, hier sei nur ein Beispiel genannt; Wolfgang Freiherr von Löhneysen erzählt es in seinem prachtvollen Buch *Mistra*:
»Im Jahre 1500, als Koron und Modon den Venezianern genommen wurden, kamen aus Monemwasia die letzten Stratioten und drangen bis Mistra vor, legten die Stadt in Brand. Aber der Sandschak-Bej der Morea überredete sie, für ihn zu kämpfen. Sie behielten ihr Landgut und wurden Sipahis und Mohammedaner.«
»Morea« war vom Mittelalter bis ins 19. Jahrhundert der Name der Halbinsel; er durfte vom slawischen Wort more = Meer abzuleiten sein. Erst das griechische Königreich griff wieder auf die antike Bezeichnung »Peloponnes« zurück. Innerhalb des türkischen Reiches war Morea ein »Sandschak« (Banner), das von einem Sandschak-Bej regiert wurde. Er residierte gewöhnlich in Modon (Methoni) und unterstand dem Bejlerbej von Rumelien, der in Sofia Hof hielt. Üblicherweise stand einem Sandschak-Bej als Rangabzeichen kein Roßschweif zu, sondern nur eine Standarte, die eben »Sandschak« hieß. Er war natürlich nicht an Modon gebunden, sondern begab sich zuweilen nach Tripolizza (Tripolis), das seiner zentralen Lage wegen als Regierungssitz günstig war, oder nach Anapli (Nauplia).
Von Nauplia läßt sich ähnliches erzählen wie von etlichen anderen Städten der Peloponnes: mythische Helden, uralte Mauern als Fundament späterer Befestigungen, auf dem Berg ein venezianisches Kastell, das dann die Türken besetzten und erweiterten, und Kirchen, die sie in Moscheen umwandelten. Man kann sich – wie in Methoni – ein Bild erträumen, wie bunt, wie geruhsam das Leben in Nauplia war, als es noch keine knatternden Mopeds, keine stinkenden Lastautos, keine Touristenschwärme in Blue-jeans-Uniform gab. Aber es könnte ein Alptraum werden, wenn man sich Rechenschaft gibt über die tatsächlichen Verhältnisse unter türkischer Herrschaft.
Die Mauern der Hafenfestung und des Kastells auf der idyllischen Insel Burdzi, auf denen die Abendsonne so freundlich

glänzt, umschlossen auch Kerker mit feuchten, dumpfen Zellen, in denen Gefangene angekettet im eigenen Kot erstickten, verfaulten, von Ratten angefressen wurden. Der Pascha herrschte gleich einem antiken Tyrannen mit unumschränkter Macht über Leben und Tod. Niemand forderte von ihm Rechenschaft darüber, wie viele Menschen er köpfen, ertränken, pfählen ließ, ob er es im Zorn anordnete, aus Habgier oder Rachsucht. Auf den Straßen verwesten tote Tiere, von Fliegenschwärmen bedeckt, Typhus und Ruhr waren selbstverständliche Krankheiten, Cholera, Pocken und Pest wurden immer wieder eingeschleppt, denn keine Sanitätspolizei kümmerte sich um die Schiffe, die im Hafen anlegten. Und der Lastträger dort im Hafen, der Säcke, Ballen und Bündel aus den Schiffen holt, der Sklave des Karawanenführers, der sie den Tragtieren aufpackt, der griechische, armenische oder jüdische Kaufmann schließlich, der die Schiffsladung erworben hat und zu Lande weiterbefördern läßt, sie alle vermehren durch ihre Abgaben und ihre Arbeit den Reichtum des Paschas. Ebenso tun es die Grundbesitzer mit ihren Landarbeitern, die Kleinhändler, die Handwerker: durch Zehent, durch andere Steuern, zumindest den Karatsch, das Kopfgeld, das auch der ärmste Bürger zahlen muß, sichern sie den Wohlstand des Paschas, den Unterhalt seines Serails mit dem Harem, mit Eunuchen und Dienern, mit Falknern und Gärtnern, Stallknechten und einer stattlichen Leibgarde. Dazu kommen die Pferde und die Jagdhunde, der tägliche Aufwand an Kleidung und Nahrung: dafür reichen die legalen Einkünfte nicht immer aus! Zum Glück gibt es immer wieder einen Verbrecher, der sich aus dem Gefängnis loskauft, einen Reichen, der sich durch Geschenke vor Belästigungen schützt, und strittige Erbschaften, von denen ein guter Teil dem Pascha zufällt. Wenn sich nichts anderes mehr findet, muß jemand unter irgendeinem Vorwand angeklagt werden, so daß der Pascha seinen Besitz einziehen kann . . .

Von dem einstigen Anapli ist im heutigen Nafplion nicht mehr allzuviel zu finden. Die Festungen, die von den Türken besetzt waren, tragen doch deutlich venezianischen Charakter; es bedarf schon eines geschulten Blickes, um die türkischen Zubauten zu erkennen. Leichter sind die Mauern des Serails zu finden und die Kirche des heiligen Georg, die vordem eine Moschee war. Zur gefürchteten Henkersinsel Burdzi fährt man jetzt im Motorboot, um in einem gepflegten Restaurant zu speisen.

Der helle Himmel Griechenlands bei Tag, nachts Lampen und Laternen und Scheinwerfer – da sind noch Gebäude als Reste der Türkenzeit zu erkennen, aber nur der Verstand registriert sie, nicht das Gemüt. Um richtig die Stimmung zu empfinden, bedarf es anderer Beleuchtung, anderer Kulissen, etwa einer Gewitternacht in den Schluchten des Balkan.

## V.
## AUF DIE KRIM, NACH ITALIEN UND BIS KÄRNTEN

Zur gleichen Zeit, als Krieger des Sultans die Peloponnes verwüsteten, zogen andere Heere nach Norden und Nordwesten, um den Vasallenstaat Serbien völlig zu unterwerfen. Die Leiden der Unschuldigen zu ermessen, ist Phantasie gar nicht nötig – es gibt den Bericht eines Augenzeugen:

». . . und so wurden sie denn besiegt; die einen wurden niedergemetzelt, die anderen wandten sich zur Flucht. Nur der Herr Nikola Skobaljić und sein Onkel wurden auf ein Rad geschlagen. Von dort zog der Sultan weiter und belagerte die Stadt Novo Brdo, das ist Silber- und Goldgebirge, und nahm sie mit Hilfe einer Übereinkunft. Er gelobte ihnen, falls sie sich unterwürfen, alle Männer auf ihren Besitzen zu belassen und ihnen weder die jungen Weiber noch die Knaben zu rauben. Als sich die Stadt ergeben hatte, befahl der Sultan, alle Tore zu schließen und nur eine Pforte offen zu lassen. Dann drangen die Türken in die Stadt ein und hießen die Hausbesitzer mit ihrem Gesinde und allen männlichen und weiblichen Mitbewohnern durch diese Pforte aus der Stadt hinaus zum Laufgraben zu gehen und ihr Hab und Gut in den Häusern zurückzulassen. So gingen sie hinaus, einer nach dem anderen. Der Sultan aber hatte sich vor der Pforte aufgestellt und ließ die Knaben sich auf der einen Seite, die Weiber auf der anderen Seite sammeln, die Männer auch auf die andere Seite zum Laufgraben treten. Die vornehmsten unter den Männern befahl er zu köpfen. Den übrigen aber erlaubte er, in die Stadt zurückzukehren; und es wurde niemandem verwehrt, auf seinem Besitz zu bleiben. 320 Knaben und 704 Weiber hielt der Sultan zurück; letztere verteilte er unter die Heiden (= Türken), die Knaben aber zog er zu seinen Janitscharen ein und sandte sie übers Meer nach Anatolien, wo sie aufgezogen wurden. Auch ich wurde damals aus jener Stadt mit meinen zwei Brüdern in die Gefangenschaft geschleppt, ich, der dies alles aufgeschrieben hat.«

Der Mann, der das schrieb, hieß Konstantin, Sohn des Mihail Konstantinović aus Ostrovica; seine Aufzeichnungen sind unter dem Titel *Memoiren eines Janitscharen* in der verdienstvollen Reihe »Slavische Geschichtsschreiber« erschienen. Die Stadt Novo Brdo, östlich von Priština, deren Einnahme hier geschildert ist, war auch unter dem deutschen Namen »Neuenburg« bekannt gewesen, denn es waren hauptsächlich deutsche Bergleute aus der Zips oder Siebenbürgen, die im Dienste der Serbenkönige Gold und Silber aus der Erde holten. Die Ausbeute soll jährlich bis zu 120 000 Dukaten betragen haben, für jene Zeit eine ungeheure Summe.
Die Serbenkönige hatten den Bergleuten Privilegien verliehen, ihre reiche Stadt war auch ein wichtiges Handelszentrum. Die Türken verstanden es nicht, die Bergleute zu halten, so daß binnen weniger Jahrzehnte die Erträge sanken. Die Kaufleute aus den Handelszentren des Osmanischen Reiches, aus Istanbul und Edirne, Sofia und Saloniki kamen nun seltener, den Venezianern und Ragusanern lohnte sich der weite, mühsame Weg nicht mehr, die Stadt verarmte und verödete.

Sultan Mohammed II. hatte die reiche Beute in Novo Brdo mit Freude betrachtet, aber weiterhin war die Stadt ihm nicht wichtig. Sein Ziel hieß Belgrad, die starke Festung an der Mündung der Save in die Donau: wenn sie fiel, war der Weg nach Ungarn frei. Im Juni des Jahres 1456 kam er mit einem Heer, dessen Stärke 100 000 oder gar 150 000 Mann betragen haben soll, und 200 Geschützen, schloß die Stadt von der Landseite her ein und sperrte mit seiner Flotte die Zufuhr auf den beiden Flüssen.
Die Zahl der Verteidiger dürfte kaum 12 000 erreicht haben, und das Heer, das zum Entsatz kam, verdiente diese Bezeichnung nur zum geringen Teil, soweit es nämlich Söldner waren. Die Freiwilligen aus Ungarn und Polen, aus Deutschland, Böhmen und Schlesien kamen als späte Kreuzfahrer mit frommem Glauben oder auch aus Abenteuerlust, aber mit wenig Waffen und Munition. Daß ihre Schiffe auf der Donau durchbrechen konnten, daß sie Belgrad erreichten und die

Stadt erfolgreich verteidigen halfen, die Türken schließlich abzogen, das wurde mit gutem Recht als ein Wunder angesehen. Der Sultan selbst wurde im Kampf verwundet, der Kommandant der Artillerie und der Oberste der Janitscharen getötet. Wenn heute noch täglich zu Mittag die Kirchenglokken läuten, geschieht es zum Dank für jenen Sieg; das hatte Papst Kalixtus III. angeordnet.
Sultan Mohammed II. war damals erst 26 Jahre alt, die beiden Männer aber, die ihn bezwungen hatten, standen schon im Greisenalter. Der Sieg war nämlich beiden zu danken, dem bewährten Feldherrn Johann von Hunyad und neben ihm dem Franziskanermönch Johannes Capistranus, einem Neapolitaner von flammender Beredsamkeit. Vorher hatte er gegen die Hussiten gepredigt, in Breslau 40 Juden foltern und verbrennen lassen – sein düsterer Eifer scheute vor Blut nicht zurück. So war er der richtige Mann gewesen, viele Tausende Streiter gegen die Türken zu sammeln und im Kampf um Belgrad die Wankenden immer wieder anzutreiben.
Johann von Hunyad starb kurz nach dem Sieg an der Pest, Johannes Capistranus folgte ihm zwei Monate später in den Tod nach. Der Sultan indes ließ sich durch die eine Niederlage nicht entmutigen. Belgrad, das Bollwerk Ungarns, hatte er nicht nehmen können, aber Serbien kam zum größten Teil in seine Gewalt. Von seinen Erfolgen in Griechenland war schon die Rede. Den Venezianern nahm er 1470 die Inseln Negroponte (Euböa) und Lemnos weg, auf der Krim zwang er die Tataren, seine Oberhoheit anzuerkennen.

Am 4. Juni 1465 gewann der Sultan durch Tücke und Gewalt die feste Stadt Kaffa (Kjefe), das alte Theodosia, einen wichtigen Handelsplatz der Genuesen. Die Stadt soll damals 100 000 Einwohner gezählt haben; diese Schätzung ist so unverläßlich wie die meisten anderen überlieferten Zahlen, doch jedenfalls war es die größte, schönste und reichste Stadt der Krim, Sitz eines katholischen und eines armenischen Bischofs. 200 Jahre lang hatte Kaffa den Genuesen als Stapelplatz gedient: hier lagerten sie Getreide, um es ins Mutterland zu transportieren, wie es in vorchristlicher Zeit die Griechen getan hatten, die Tataren lieferten Teppiche, feine graue Schaffelle und Pelze. Die Plünderung durch die Türken, der Abzug der Genuesen und die allgemeine Unsicherheit schädigten den Handel der Stadt sehr. Daß Kaffa unter der neuen Herrschaft nicht völlig verarmte, nicht so verlassen wurde wie die Bergwerkstadt Novo Brdo, verdankte sie den armenischen, griechischen und jüdischen Kaufleuten, die gern die Rolle der Genuesen übernahmen. Ihre Schiffe segelten freilich unter türkischer Flagge. Sie lieferten die gleichen Waren wie früher die Genuesen, auch Talg und Wachs, Fische und Austern. Außerdem gewann Kaffa den traurigen Ruhm eines großen Sklavenmarktes: nicht die Tataren, wohl aber die kräftigen Kaukasier und die jungen Kaukasierinnen wurden sehr geschätzt.

Angesichts seiner großen Erfolge in Europa und Asien empfand es Sultan Mohammed als ärgerlich, daß einzelne kleine Herrscher es wagten, ihm hartnäckig Widerstand zu leisten. Einer von ihnen war Stefan, Fürst der Moldau. Er hatte versucht, die Walachei zu gewinnen und so die beiden stammverwandten Fürstentümer zu einigen, hatte schon Bukarest erobert, aber der vertriebene Fürst Radu »der Schöne« suchte bei den Türken Hilfe. So zog im Jahre 1475 ein großes Heer unter Sulejman Pascha gegen Stefan in den Krieg. In einer harten Schlacht am Pruth (der heute die rumänische Moldau von der sowjetischen trennt) siegte Stefan, der Pascha fiel im Kampf, die Türken flüchteten ins Sumpfland.
Der Ort dieser Schlacht ist nicht mehr aufzufinden, Fürst Stefan aber erhielt von seinen Landsleuten den Beinamen »cel Mare« (der Große). Vor dem Kulturhaus von Jasi ist er in einem schönen Park als gepanzerter Krieger zu Roß in Bronze zu sehen; die Volksrepublik Rumänien pflegt sein Andenken. Weniger erfreulich ist die Erinnerung an seinen walachischen Gegenspieler Radu und dessen Bruder Wlad Dracul. Dieser ging als »Dracula« in die Horrorliteratur ein – und tatsächlich dürfte es, zumindest in Europa, nur wenige Fürsten von so ausgesuchter Grausamkeit gegeben haben. Selbst Sultan Mohammed II., der doch an Blutvergießen gewöhnt war, soll

**12** *In der Altstadt von Rhodos/Griechenland.*

JURISICH
MIKLÓS

**14** *Die alte Steinbrücke über die Neretva in Mostar/Jugoslawien.*

◁ **13** *Denkmal des Niklas Jurisich vor dem Tor der Festung Güns (Köszeg), die er 1532 verteidigte.*

**15** *Die Marien-Pfarrkirche in Pécs (Fünfkirchen), 1543 bis 1686 Moschee.*

**16** *Budva in Montenegro/Jugoslawien.*

blaß geworden sein, als er viele Tausende von Leichen auf Pfähle gespießt erblickte.
Ein anderer Stammesfürst, der sich tapfer gegen die Türken zur Wehr setzte, der schon erwähnte Skanderbeg, war inzwischen (1467) in seiner Festung Alessio (Lezhe) nahe der Mündung des Drin gestorben. Solange er lebte, blieb sein Land frei. Diesen Ruhm teilte er mit Fürst Stefan, und wie jener, so ist auch er in einem prächtigen Reiterstandbild verewigt, nur ist es nicht so leicht zu besichtigen, solange Albanien sich dem Fremdenverkehr verschließt. Aber man feiert Skanderbeg in seiner Heimat und schreibt ihm sogar das Verdienst zu, sein Widerstand habe die Türken lange Zeit gehindert, nach Italien überzusetzen.
Die Türken in Italien! Man weiß heute kaum mehr, daß diese Gefahr einmal bestand, aber in der zweiten Hälfte des 15. Jahrhunderts lag die Ostküste Italiens viel näher vor den Augen des Sultans als etwa Udine oder Wien, wo nicht viel später türkische Truppen die Umgebung verheerten. Auch für Italien schienen die Türken in Reichweite. In seinem Widerstand gegen den Papst drohte Sigismondo Pandolfo Malatesta, Tyrann von Rimini, er werde den Sultan um Hilfe bitten.
Albanien aber, der Ausgangspunkt einer Expedition über das Meer, lag als vielfacher Bergriegel dem Sultan im Wege. Auch nach Skanderbegs Tod dauerte der Widerstand noch an, jahrelang kämpften die Albaner hart und zäh. Endlich im Frühjahr 1478 führte Sultan Mohammed II. selbst eine Armee ins Land. Von Hunger und Mangel an Waffen und Munition bezwungen, ergab sich ihm die Zitadelle von Kruia im Juni 1478, Skutari (Shkoder) hielt sich bis zum Januar 1479. In einem Friedensvertrag erhielt der Sultan Skutari und Alessio, der Republik Venedig verblieben Durazzo (Durres), Dulcigno (Ulcinj) und Tivar. So teilten sich die beiden Großmächte das verwüstete Land. Nur die höheren Berggegenden blieben frei: sie waren so arm, daß sie keinen Eroberer lockten. Aber der Sultan hatte sein Ziel erreicht, die Ausgangsposition für den Sprung nach Italien.
Die kürzeste Verbindung von der Balkanhalbinsel nach Italien führt über die Meerenge von Otranto, wo das Adriatische

Meer endet, das Jonische beginnt. In einer Bucht, die einen vorzüglichen natürlichen Hafen bietet, liegt das Fischerstädtchen, das einst den lateinischen Namen Hydruntum trug und oft als Ausgangspunkt oder Landeplatz für eine Überfahrt diente. In christlicher Zeit wurde Otranto Sitz eines Erzbischofs. Vom Kastell aus kann man bei klarem Wetter die Berge Albaniens erkennen.
Im Frühjahr 1480 sahen die Bürger von Otranto eine Flotte herankommen. Ob es 70 oder 200 Schiffe waren, ob die Streitmacht 18 000 oder 100 000 Mann betrug, darüber gibt es verschiedene Nachrichten; sicher ist, daß Gedik Achmed Pascha, der Großwesir des Sultans, nach einer Belagerung von 15 Tagen die Stadt einnahm. Weder der König von Neapel noch dessen Sohn Don Alfonso, Herzog von Calabrien, dem Otranto unterstand, waren zugegen, den Feind abzuwehren, denn es gab gerade Krieg gegen Florenz und Siena. Die Uneinigkeit der Fürsten Italiens und die vereinbarte Neutralität von Venedig hatten dem Sultan die Hoffnung erweckt, er könne leicht von seinem ersten Landeplatz Otranto aus Rom erobern. Mohammed II. soll sogar daran gedacht haben, durch die Toscana und über Mailand nach Frankreich vorzustoßen, um sich dort mit den Mauren Spaniens zu vereinigen, die gleichzeitig über die Pyrenäen vordringen sollten.
Otranto erlebte alle Greuel, die einer eroberten Stadt nur widerfahren können. Der tapfere Verteidiger, Graf Francesco Largo, und der Erzbischof wurden lebend zersägt, alle männlichen Einwohner über 15 Jahren – angeblich 12 000 Menschen – enthauptet, 8 000 Frauen und Kinder in die Sklaverei verschleppt, die Kathedrale diente als Pferdestall. Die Türken zogen weiter gegen Tarent, Lecce und Brindisi, plünderten überall, gossen aus den Kirchenglocken neue Kanonen, aber an Lebensmitteln fand sich in dem armen Land nicht genug, das Türkenheer längere Zeit zu ernähren. Im Oktober 1480 kehrte die Hauptmacht über das Meer zurück nach Albanien, nur 8 000 Mann zu Fuß und 500 Reiter blieben als Besatzung in Otranto.
Im selben Sommer 1480 hatten die Türken unter Mesich Pascha die Insel Rhodos angegriffen, den Stützpunkt des Rit-

*Belagerung von Rhodos durch die Osmanen 1480. Unbez. Holzschn. Ulm, 1496.*

terordens der Johanniter, aber der Heldenmut der Verteidiger und der persönliche Einsatz ihres Großmeisters Pierre d'Aubusson hatte sie abgewehrt. Nun, im Herbst dieses Jahres, empörten sich in der südlichen Peloponnes die Maniaten (Mainoten) im unzugänglichen Taygetos gegen die Türkenherrschaft.

Darum kümmerte sich der Sultan nicht allzusehr, aber der Mißerfolg von Rhodos ergrimmte ihn. Würde er den Angriff im nächsten Jahr wiederholen oder selbst mit großer Heeresmacht nach Italien übersetzen? Drohende Gerüchte verbreiteten sich, und bald hieß es, Papst Sixtus IV. rüste sich schon, aus Rom zu fliehen. König Ferdinand von Neapel belagerte mit seinem ganzen Heer Otranto, aus Florenz und sogar aus Ungarn waren Hilfstruppen gekommen, dazu Schiffe des Papstes, aus Spanien, Portugal und Genua, aber es schien sehr zweifelhaft, ob das ausreichen würde, dem Sultan standzuhalten.

Der Winter 1480/81 verging unter schweren Sorgen. Man hörte von großen Rüstungen des Sultans, nur kannte man noch nicht ihr Ziel. Plötzlich aber kam die Nachricht, Mohammed II. »der Eroberer« sei gestorben, erst 52 Jahre alt. Er wurde in Konstantinopel beigesetzt. Der Streit um seine Nachfolge gönnte dem Abendland wieder eine Atempause.

Die türkische Besatzung von Otranto wartete vergebens auf das große Heer, das nach Rom marschieren sollte, oder wenigstens auf Verstärkung. Als keine Aussicht mehr bestand, daß neue Truppen kommen würden, schloß der Befehlshaber von Otranto ein Abkommen mit den Belagerern, das ihm freien Abzug sicherte. Aber nicht nur die Türken verletzten solche Zusicherungen. Warum Don Alfonso sein Wort brach, ist nicht mehr festzustellen, die Tatsache läßt sich jedoch nicht leugnen: seine Krieger überfielen die abziehenden Türken und machten viele von ihnen zu Gefangenen.

Nun erst war es möglich, die Gebeine der ermordeten Einwohner von Otranto zu bestatten, die auf einem Feld nahe der Stadt liegengeblieben waren. Man setzte sie in einer Seitenkapelle des Domes bei, die seither den Namen »Capella dei Martiri« trägt. Die Bürger von Otranto feiern noch alljährlich das Andenken jener Toten als Märtyrer. Und noch ein anderes Ereignis aus der Zeit des Türkeneinfalles in Italien, damals nur eine unbedeutende Begleiterscheinung, hat bis in die Gegenwart nachgewirkt.

Wenn ein Tourist unserer Tage von der westlichsten Spitze der Peloponnes aus nach Zakynthos übersetzt, der südlichsten der Jonischen Inseln, verblüfft ihn im freundlichen Hafenstädtchen Zakynthos manches, das an Italien gemahnt. Das erklärt sich aus der Geschichte der Insel: als die türkische Flotte 1480 nach Otranto segelte, eroberte sie nebenbei die Inseln Zakynthos und Kephalonia, aber im folgenden Jahr wurden die Mohammedaner schon wieder vertrieben. Noch kürzer als sie herrschte dort Antonio Tocco, Nachkomme eines Despoten von Epirus, der mit katalonischen Söldnern und Unterstützung des Papstes sowie des Königs von Neapel die Inseln besetzt hatte. Im Frühjahr 1481 übernahmen die Venezianer die Inseln. Sie taten es sogar im Einverständnis mit den Türken.

Freilich trauten sie dieser Übereinkunft nicht allzusehr, sondern legten oberhalb der Hafenstadt ein Kastell an, das für damalige Begriffe als uneinnehmbar gelten konnte. Die Türken eroberten es auch niemals, Zakynthos blieb venezianisch bis zum Ende der Republik im Jahre 1797, neben dem orthodoxen Erzbischof residierte dort ein katholischer Bischof. Die Hauptstadt der Insel, deren Krieger einst unter Odysseus' Befehl vor Troja gekämpft hatten, gewann in jenen drei Jahrhunderten ihre italienischen Akzente. Leider wurden viele davon durch das Erdbeben des Jahres 1953 ausgelöscht.

Sultan Mohammed II. hatte seinen Beinamen »der Eroberer« nicht nur für die Einnahme der Kaiserstadt Konstantinopel erhalten; seine Krieger gewannen ihm auch Serbien und einen guten Teil von Bosnien. Den anderen Teil Bosniens nahmen die Ungarn, wie es in der Weltpolitik ja häufig vorkommt, daß zwei verfeindete Mächte sich das Land eines Dritten teilen.

Die Donau bewahrte ihre uralte Bedeutung als Grenzstrom. Wahrscheinlich schon 1451 hatten die Türken begonnen, an der Stelle eines alten römischen Kastells die Festung Fet-Islam anzulegen. Ihre Mauern mit den runden Ecktürmen umschließen jetzt den Stadtpark von Kladovo knapp unterhalb des großen Donau-Stauwerkes Djerdap. Flußaufwärts sind die Mauern und neun Türme des starken Golubac zu sehen. Diese Festung hatte mehrmals zwischen Türken und Ungarn den Besitzer gewechselt, war 1444 dem serbischen Despoten Georg (Djurdje) I. Branković übergeben worden, aber nach dem Tod dieses treuen Vasallen hielten die Türken es für sicherer, doch selbst wieder eine Besatzung hineinzulegen. Damals dürfte der polygonale Turm am Flußufer errichtet worden sein, dessen Kanonen den Flußhafen sicherten.

Aus ähnlichen Gründen, wie die Türken Golubac besetzt hatten, zogen sie im folgenden Jahr (1459) vor Semendria (Smederevo), das sie schon zweimal, 1453 und 1456, vergeblich belagert hatten. Diesmal wurde Smederevo nicht verteidigt, und das stimmte den Sultan so milde, daß er der Witwe des Despoten mitsamt ihren Töchtern freien Abzug gewährte.

Smederevo gehört zu den größten und am besten erhaltenen Festungen der ganzen Balkanhalbinsel. Sie bildet ein großes Dreieck; die Türken bauten noch polygonale Türme hinzu, die stark bestückt wurden. In das innerste Kernwerk, die »Kleine Burg«, wo der serbische Despot residiert hatte, zog nun der türkische Kommandant ein, die Mannschaften erhielten Kasernen am großen Burghof. Der Bergfried, der die Kleine Burg überragte, ist verfallen, die ganze Anlage in einen weiten, schönen Park verwandelt worden. Man spricht dort lieber von der großen serbischen Vergangenheit und dem Schicksal der Mauern im Zweiten Weltkrieg als davon, daß Smederevo mit kurzen Unterbrechungen bis 1867 eine türkische Festung war.

Als der alte Despot Georg I. Branković und kurz nach ihm (1458) sein Sohn und Nachfolger Lazar gestorben waren, hatten viele der Serben zum Anschluß an Ungarn geneigt, andere aber die Türken als das kleinere Übel angesehen. Das erwies sich als Irrtum. Der frühere Vasallenstaat wurde nun völlig unterworfen, 200 000 Menschen teils unter die Janitscharen eingereiht, teils als Sklaven verkauft oder nach anderen Teilen des Osmanischen Reiches umgesiedelt, ihr Grundbesitz als Lehen an Sipahi vergeben. Wer noch Widerstand leisten wollte, vorwiegend die Adeligen, zog sich nach Montenegro zurück, wo das Bergland einigen Rückhalt bot. Die Türken kamen jedoch auch dorthin: Das alte Kloster Mileševa in der Nähe von Prijepolje ging in Flammen auf. Die Klosterkirche, die ihrer Fresken wegen berühmt ist, und die übrigen Gebäude wurden restauriert und neuerlich beschädigt, zum letzten Mal 1912, als die Türken endgültig abzogen.

Oberhalb der Stelle, wo die Pliva mit einem hohen Wasserfall in den Vrbas mündet, erheben sich die Reste der starken Befestigung der Stadt Jaice. Dort wurde 1461 Stefan Tomasević gekrönt, der letzte König von Bosnien. Er versuchte, sein Land aus der Abhängigkeit der Türken zu reißen, und hoffte dabei auf den Beistand des Papstes, aber die Gefahr war näher als die Hilfe. Sultan Mohammed II. führte sein Heer in Eilmärschen vor Jaice und eroberte die Stadt samt der Königsburg noch im Juni desselben Jahres 1463. König Stefan suchte nicht den Heldentod im Kampf wie zehn Jahre vorher der letzte Kaiser von Byzanz, aber auch er überlebte sein Reich nicht: auf dem Hum-Hügel jenseits des Vrbas ließ ihn der Sultan hinrichten.

Matthias Corvinus, Sohn des großen Feldherrn Johann von Hunyad und seit 1458 erwählter (vorläufig noch nicht gekrönter) König von Ungarn, hatte sich keine Mühe gegeben, den König von Bosnien zu retten, doch sobald das türkische Heer abgezogen war, setzte er seine Truppen in Marsch. Im Dezember 1463 zwang er die Garnison von Jaice zur Übergabe. Die Ungarn verteidigten Jaice besser, als es vorher die Bosniaken getan hatten, wiesen die Türken im folgenden Jahr ab und dann noch dreimal, bis das ganze Königreich Ungarn den Türken erlag.

Die Chronik des Janitscharen Konstantin enthält ein hartes, aber zum guten Teil richtiges Urteil über den Ungarnkönig Matthias: »Was hat er schon mit seinem harten Kampf und seinen großen Ausgaben zuwege gebracht? Hätte er die Hälfte an Geldern, die er im Kampf gegen die Christen vertan hat, für den Kampf gegen die Heiden aufgewandt, hätte er alle Heiden bis über das Meer zurücktreiben können und sich einen großen Namen erwerben . . . Wisset, daß diese Heiden nicht von sich aus so wagemutig und tapfer sind, sondern nur weil bei uns Zwietracht herrscht. Wir verhelfen ihnen durch unseren Haß zu ihren Siegen.«

Tatsächlich kämpfte König Matthias Corvinus nicht nur gegen die Türken, sondern auch gegen Böhmen und Österreich. Kaiser Friedrich III. wiederum versuchte (meistens vergeblich), sich der Ungarn zu erwehren, während er alle Kräfte nötig gehabt hätte, um die Türken fernzuhalten. Nach den Siegen über Serben und Bosniaken fanden die Türken nicht mehr viel Widerstand. Wenn sie immer wieder nach Krain vordrangen, ging es ihnen nicht um Eroberung und dauernden Besitz – so kühne Pläne hegte der Sultan noch nicht –, sondern nur um Beute und Erkundung. Von Krain aus erreichten die schnellen Reiter einerseits das nördliche Istrien und Friaul, kamen bis vor Udine und erschreckten damit die Republik Venedig, andererseits plünderten sie in der südlichen Steiermark und in Kärnten.

In Klagenfurt erinnert am östlichen Ende des Alten Marktes eine Tafel daran, daß dort das Völkermarkter Tor die Stadt begrenzte, die Vorstadt vor diesem Tor aber 1476 von den Türken niedergebrannt wurde. Zwei Jahre später zerstörten die Feinde das wohlhabende Spittal an der Drau, Hermagor und viele andere Ortschaften wie zum Beispiel den Markt Weitensfeld im Gurktal. Die Kirche von Weitensfeld wie die vom benachbarten Altenmarkt zeigen deutlich ihr einstige Rolle als Wehrkirche, die letzte Zuflucht für die Ortsbevölkerung.

Rauchende Trümmer, verwüstete Gärten und Felder bezeichneten den Weg der Türken, Frauen klagten um ihre erschlagenen Männer, um ihre verschleppten oder geschändeten Söhne und Töchter. Trotzdem kann man sich eines Lächelns nicht erwehren, wenn man aus alten Berichten das Schicksal von Neumarkt erfährt: der Ort liegt an der Wasserscheide zwischen Mur und Drau an einer Paßstraße, die seit der Römerzeit viel benützt wurde, besaß zwar kein Stadtrecht, aber

Burg und Mauer. Hans Haugwitz, Feldhauptmann in ungarischen Diensten, führte im Jahre 1480 1500 Mann vor Neumarkt und begann die Belagerung: sein König kämpfte ja damals nicht gegen die Türken, sondern gegen den Kaiser! Aber die Türken kamen, am befestigten Friesach vorbei, von Kärnten herauf, so daß die Ungarn nun auf zwei Seiten Feinde gegen sich hatten. In ihrer Bedrängnis baten sie die Neumarkter, sie in ihre Mauern aufzunehmen und so vor den »Heiden« zu retten. Die guten Bürger taten es, der gemeinsame Feind zog die Straße entlang (die heutige E 7) weiter in die Steiermark. Aber als die Gefahr abgewendet war, dankten die Ungarn ihren Rettern wenig, sondern blieben als Besatzung in Neumarkt, noch sechs Jahre lang, bis ein kaiserlicher Hauptmann den Ort zurückeroberte.

Der Türkeneinfall des Jahres 1480 erreichte noch Leoben; die stark befestigte Stadt konnte sich halten, die Vorstädte aber gingen in Flammen auf. Da der Feind meistens nur mit leichter Reiterei ohne Belagerungsgerät kam, boten feste Mauern ja Schutz, aber alles außerhalb der Mauern wurde zerstört. So litt zum Beispiel auch Obdach, das ebenfalls an einer Paßstraße von Kärnten in die Steiermark liegt. Teile der Stadtmauer und das Südtor mit seinen hübschen Sgrafitti am Turm erinnnern an jene gefahrenvolle Zeit.

Auch Rottenmann sah im Jahre 1480 die Türken vor seinen Mauern – man muß sich wundern, wie sie so weit in die Bergtäler vordringen konnten. Das Burgtor und ein Teil der Stadtmauer sind noch zu sehen. Die Türken konnten Rottenmann nicht einnehmen, aber die Georgskirche zerstörten sie. Am 15. August dieses Jahres 1480 kamen die Türken auch vor Graz, doch diese Stadt war vorbereitet, sowohl ihnen wie den Ungarn zu widerstehen; man hatte die Murvorstadt in die Befestigungen einbezogen, die meisten anderen Vorstädte niedergerissen. Was noch stand, wurde von den Feinden zerstört, die ganze fruchtbare Umgebung verwüstet.

Ein verblaßtes Fresko an der Südseite des Grazer Doms zeigt die drei Bedrängnisse der Steiermark im Jahre 1480: Mißernte, Pest und die Türken; man nennt es »das Gottesplagenbild«. Auf dem Großvenediger heißt ein Gletscher »die Türkische Zeltstadt«. Türkenköpfe aus Holz oder Stein auf Kärntner Dorfbrunnen erinnern noch an die feindlichen Reiter; als »Brunnentürken« oder »Tatarmandl« sind sie ein wohlbekannter Begriff. Die übrigen Türkenspuren, die von Mord und Zerstörung zeugen könnten, sind zum größten Teil verwischt, die noch erhaltenen Festungsanlagen wirken nur mehr romantisch und geben einem Ortsbild Charakter. Oft weiß der flüchtige Besucher gar nicht, daß hier die Türken abgewehrt wurden. In Tarvis zum Beispiel erinnert noch ein runder Turm daran, ferner die Schießscharten im Karner, der wie eine kleine Bastion vor der alten Kirche steht.

»Die Kirche von Tarvis« heißt es in einem Bericht aus dem Jahre 1487, »ist ganz gewölbt, hat Graben, Festungsmauer, Türme und Bastionen zur Abwehr von Feinden, ferner hat sie ungefähr in der Mitte einen Glockenturm, der aus dickem Mauerwerk errichtet ist und den Ort noch fester macht. Dort hat sich viel Volk aus den umliegenden Dörfern und die Bewohnerschaft von Tarvis selbst gegen ein Heer von 15 000 Türken verschanzt, das einst, von der Feste Gradisca in Friaul ins Gailtal marschierend, hier durchgezogen ist . . .«

Dort im Gailtal reiten alljährlich zu Pfingsten Bauernburschen durch die enge Dorfgasse und schlagen mit einem eisernen Knüppel auf eine Kufe, bis sie zerborsten ist. Das ist ein uralter Frühjahrsbrauch, der früher weit verbreitet war und an sich nichts mit den Türken zu tun hat, so wenig wie das »Tonnenschlagen« in Pommern und auf der Insel Sylt. Die lokale Überlieferung, es handle sich um eine Erinnerung an einen Kampf gegen die Türken, klingt wenig wahrscheinlich. Wer jedoch dem sogenannten »Feistritzer Kufenstechen« beiwohnt, die Menge der photographierenden Touristen übersieht und nur das Wesentliche des Brauches betrachtet, gewinnt ein gutes Bild von der Art, wie die einheimische Bevölkerung den Türken entgegentrat. Das Gailtal war nämlich für seine Pferdezucht berühmt; die Bauern schwangen sich auf ihre schweren Tiere, die – wie heute beim Kufenstechen – keinen Sattel trugen, nur eine bunte Wolldecke, als Waffe diente nicht die ritterliche Lanze, sondern der Streitkolben. Dieser Streitkolben ist noch eindeutig zu erkennen, er ist so glaubhaft wie der Blumenkranz, mit dem der Sieger geehrt wird, und der abendliche Tanz um die Linde.

Der Brauch an sich ist, wie gesagt, viel älter als die Türkenabwehr in Kärnten. Dasselbe gilt für einen Tanz, der alljährlich zu Beginn der Erntezeit in St. Jakob am Thurn (südlich von Salzburg) aufgeführt wird. Die Tänzer – es sind nur Männer – gehören einer Schützengilde an und tragen Uniformen aus dem Jahre 1738, die Figuren ihres Schreittanzes entsprechen zum Teil militärischer Übung. Ihre »Prangstutzen« sind schwere Vorderlader; zweimal werden sie abgefeuert, zuerst während des Erntesegens, dann im Tanz. Der Tanz stammt aus älterer, die Uniform und die Bewaffnung aus jüngerer Zeit als die Türkengefahr, aber die örtliche Tradition führt die kriegerische Note des Tanzes doch auf die Epoche zurück, als die wehrhaften Männer der Gegend sich bereit machten, ihre Heimat gegen die Türken zu verteidigen.

Tatsächlich waren die Bauern und die Bürger der Marktgemeinden meistens auf sich selbst angewiesen, denn der Feind kam schneller, als sich Ritter und bewaffnete Knechte aus den Burgen zusammenfanden. Das alte Lehensgebot war von der militärischen Entwicklung bereits überholt, die Kriege wurden zum größten Teil von Söldnerscharen geführt, und Söldner kosteten viel Geld, mehr als ein ohnehin schon verarmtes, von Krieg und Pest heimgesuchtes Land aufbringen konnte.

So unvollständig die Abwehr war, sie hinderte die Türken doch, dauernd Fuß zu fassen. Höchstens einige Tage lang konnten sie an einem Ort, der ihnen Wasser und Futter für die Pferde bot, ein Standlager halten, dann mußten sie sich wieder davon machen. Die Schnelligkeit und Ausdauer ihrer Pferde entzog sie bald den Verfolgern. Mancher Ort war binnen zweier Jahrzehnte zweimal, sogar dreimal in Flammen aufgegangen, wie zum Beispiel Rogatec südlich von Marburg, aber er wurde wieder aufgebaut, die Verteidigungsanlagen verstärkt.

In Bosnien, der Hercegovina und Serbien dagegen waren die Burgen von Türken besetzt oder zerstört, viele Kirchen wurden in Moscheen umgewandelt, neue Moscheen erbaut wie zum Beispiel in Kamengrad (westlich von Banja Luka), dessen Burg sich bis 1499 gegen die Türken gehalten hatte. Die schlanken Minarette ragten wie Siegeszeichen empor. Auch dem Touristen des 20. Jahrhunderts, der von den Plitwitzer Seen ostwärts Richtung Bihać fährt, zeigen sie an, wo der Islam zu regieren beginnt.

## VI.
## ZUM ERSTENMAL VOR WIEN!

Die neuen Machtverhältnisse wirkten sich naturgemäß am stärksten in Konstantinopel selbst aus. Noch Sultan Mohammed II. der Eroberer hatte acht Kirchen zu Moscheen gemacht und vier neue Moscheen erbaut. Die größte von ihnen trägt seinen Namen (Sultan Mehmet Dschami); sie steht an der Stelle der alten, von Konstantin dem Großen gegründeten Apostelkirche. In der Grabkapelle (Türbe) hinter der Moschee wurde der Sultan bestattet. Noch heiliger als sie gilt die Moschee in Eyüp aus dem Jahre 1459 neben dem Grabmal des heiligen Ebi Eyüp Ensari. Es ist ein stimmungsvoller Ort im Innern des Goldenen Horns; nicht weit von ihm stand einst das Kloster Blachernae. Dieses Gebäude, das der Jungfrau Maria geweiht und wegen vieler Wunder berühmt war, überließ der Sultan Zigeunern als Wohnstätte.

Die Imarets, Schulen und Herbergen, die der Sultan stiftete, trugen sehr dazu bei, der Stadt ein orientalisches Gepräge zu geben, sowohl rein äußerlich wie durch ihre soziale Wirkung. Als weiteres wichtiges Werk Mohammeds II. in Istanbul ist das Kastell Yedikule zu nennen, das »Schloß der sieben Türme«: an der Südwestspitze der Befestigung, nahe dem Marmarameer, fügte der Sultan zu vier byzantinischen Türmen noch drei hinzu. Das Gebäude diente zunächst militärischem Zweck, dann als Schatzkammer und gefürchtetes Staatsgefängnis.

Der Sultan brauchte einen würdigen Palast. Die entsprechenden Gebäude aus byzantinischer Zeit waren zu verfallen, denn in der letzten Epoche des untergehenden Reiches hatte es an Geld gefehlt, sie auszubessern. Nach einer kurzen Übergangszeit entschloß sich Mohammed II., an der Stelle der Akropolis des alten Byzantion einen neuen Palast (»Yeni Saray«) zu errichten. Im Laufe der Zeit wurde daraus eine ganze Stadt.

An der Maritza, 35 km westlich von Plovdiv, wurde Pazardschik gegründet. Die ersten befohlenen Ansiedler waren

Tataren (weshalb der Ort Tatar-Pazardschik hieß) und türkische Sipahi. Die neue Stadt lag sehr günstig am Gabelpunkt zweier wichtiger Heerstraßen; in Friedenszeiten zogen hier die Karawanen einerseits nach Bosnien, Ragusa (Dubrovnik) und Albanien, andererseits über die Balkanpässe nach Siebenbürgen. Die Händler, Wirte und Handwerker hatten ihren Nutzen davon, die Stadt blühte auf und wurde zu einem der größten Handelsplätze von Rumelien. Sie ist übrigens ein wichtiger Umschlagplatz geblieben, besitzt noch zwei Moscheen und eine Synagoge.

Die Synagoge von Tatar-Pazardschik dient gegenwärtig als Museum, die von Vidin und anderen Städten verfallen. Sie sind aber wertvolle Zeugen für die Rolle, die das Judentum im Großhandel übernommen hatte, sowohl an der Donau wie an den Knotenpunkten der Karawanenstraßen. Zu den »Romaniolen«, die zum guten Teil schon im Altertum hier eingewandert waren und als Einheimische galten, kamen nun, seit den letzten Jahren Sultan Mohammeds II. und unter Bayazid II. noch die »Spaniolen«, die aus Spanien und Portugal vertriebenen Juden. An die 40 000 von ihnen ließen sich in Istanbul nieder, in Saloniki vorerst nur 20 000, doch dort stieg ihre Zahl in der Folgezeit bis auf 75 000 an. Große Gemeinden bestanden in Sofia, in Edirne, Plovdiv und Skopje, kleinere in vielen Städten; sogar in Kavalla lebten am Ende der Türkenzeit ihrer 1800, nahe dem Imaret stand die entsprechende jüdische Wohlfahrtseinrichtung.

Die Spaniolen oder Sephardim wurden damals oft einfach »Hebräer« genannt. Sie unterschieden sich im Kultus wie in den Lebensgewohnheiten und ihrer Umgangssprache von den Romaniolen oder »Sadduzäern«. Man ging einander aus dem Wege, hatte nach Möglichkeit verschiedene Gebetshäuser, Schulen und Begräbnisstätten. Gemeinsam aber ertrugen sie das jüdische Schicksal, von den Behörden erpreßt, von Mohammedanern und Christen verachtet zu werden, obwohl ihre Dienste nötig waren, vor allem als Dolmetscher und Vermittler, Wechsler und Geldverleiher. Sie waren als Wirte, Fuhrleute und Handwerker zu finden, als Kleinhändler wie als große Handelsherren mit Pelzen, Wolle, Rohseide und später auch Tabak. Ihre Handelsverbindungen reichten nach Odessa und Rom, Wien und Alexandria.

Auf Bayazid II. folgte im Jahre 1512 sein Sohn Selim I., der seinen Beinamen »Der Grimmige« mit Recht trug. Er wütete gegen seine nächsten Verwandten, gegen Feinde und gänzlich Unschuldige; in Istanbul ließ er alle christlichen Kirchen, die noch bestanden, bis auf eine einzige in Moscheen umwandeln.

Selims Sohn Sulejman II. zählt zu den größten Herrschern der Osmanen, seine Moschee zu den schönsten. Bevor sie aber erbaut wurde, erwarb der junge Sultan sich noch großen Kriegsruhm. Er regierte noch kein halbes Jahr, da ließ er schon sein Heer nach Nordwesten marschieren, um die letzten ungarischen Besatzungen aus Serbien und Bosnien zu vertreiben.

Die Ruinen einer Festung am Rande der serbischen Stadt Šabac erinnern daran, daß der Ort am rechten Ufer der Save von Serben und Bulgaren, Ungarn und Türken umstritten wurde. Man sieht die vier Mauerfronten und einen Turm, gewölbte Kasematten mit Schießscharten sowie das Eingangstor an der Südostmauer. Der unterirdische Gang, der unter dieser Mauer verläuft, ist nicht leicht zu finden, dafür kann man bei einiger Aufmerksamkeit die kufischen Inschriften entdecken, die die Gewölbenischen der Mauer an der Save verzieren.

Šabac fiel am 8. Juli 1521. Die Besatzung hatte sich tapfer gewehrt; kein einziger Mann soll am Leben geblieben sein. Die Schreckensnachricht mahnte die Verteidiger von Semlin, gar nicht erst an Widerstand zu denken. Belgrad aber wehrte sich heldenhaft, allerdings nicht lange, denn die türkischen Minen rissen in der Festungsmauer große Breschen. Am 29. August 1521 kapitulierte die Besatzung gegen freien Abzug. Wahrscheinlich war Sultan Sulejman bereit, das Abkommen einzuhalten, doch die Janitscharen waren es nicht: sie ließen zwar die Soldaten passieren, fielen aber über die Frauen und Knaben der Zivilbevölkerung her, und als die Männer den Unglücklichen beistehen wollten, kam es zu einem grausigen Blutbad.

Nicht das vergossene Blut war es, was in Ungarn und Österreich Schrecken hervorrief, denn das floß in jenen Jahrhunderten reichlich, sondern Sulejmans nächste Maßnahmen. Er ließ die zerstörten Mauern von Belgrad sogleich ausbessern, dazu neue Bollwerke errichten und bestückte sie mit 200 Kanonen. Das war ein großer Unterschied zu den bisherigen Grenzkriegen. Diesmal zogen die Türken nicht mit ihrer Beute ab, sondern befestigten die eroberten Plätze als Ausgangspunkt für weitere Angriffe.

»Solange der ungarische König das Belgrad der Raitzen (= Serben) hält, steht es gut um Ungarn. Denn die Donau, die Theiß, die Save und die Drau, diese vier Flüsse sind wie Riegel. Da aber Belgrad der Schlüssel zum ungarischen Königreich ist, sollte man ihm viel Aufmerksamkeit schenken.« Diese Worte hatte der ehemalige Janitschar Konstantin (S. 94) noch zur Zeit Sultan Mohammeds II. am Ende seiner Chronik als Mahnung geschrieben; aber selbst wenn Ludwig II., der junge König von Ungarn, sie gelesen hätte, wäre es ihm nicht möglich gewesen, sie zu befolgen, denn es fehlte an allen Voraussetzungen. Ludwig war erst 15 Jahre alt und besaß daher weder diplomatische noch militärische Erfahrung und leider auch kein Geld. Mit der Ordnung und Einigkeit in seinem Königreich stand es noch schlechter als im übrigen Europa.

Noch gab es eine Gnadenfrist für Ungarn. Sei es, daß die ohnehin sichere Beute nicht genug lockte, sei es aus wirtschaftlichen Erwägungen oder in der Absicht, eine alte Scharte des türkischen Schwertes auszuwetzen: im folgenden Jahre landeten über 100 000 ausgewählte Krieger auf der Insel Rhodos, die Mohammed II. dem Eroberer getrotzt hatte, und während der nächsten Monate wurden es 200 000! Die Türken sprengten 52 Minen unter den Festungsmauern der Stadt Rhodos, die Zahl der verschossenen Kanonenkugeln schätzte man auf 85 000. Schon dieser Aufwand ließ das erschreckte Europa erkennen, was es von dem jungen Sultan zu erwarten habe, noch mehr aber die Art, wie er rücksichtslos und hartnäckig seine Krieger immer wieder ins Feuer schickte. Allein der große Sturmangriff am 24. September 1522 soll 15 000 Menschenleben gekostet haben.

600 Ritter des Johanniterordens und 5000 andere Krieger verteidigten den Hafen und die Bastionen der Stadt Rhodos. Noch am 17. Dezember schlugen sie einen gewaltigen Sturmangriff ab (es dürfte der 20. gewesen sein), aber dann waren die Vorräte an Munition erschöpft. Philippe Villiers de l'Isle-Adam, der heldenhafte Großmeister des Ordens, mußte dem Sultan mitteilen, daß er nunmehr bereit sei, die ehrenvollen Bedingungen der Übergabe anzunehmen, die er bisher abgelehnt hatte. Am 2. Januar 1523 verließen die überlebenden Verteidiger die Insel, 4000 rhodische Katholiken folgten ihnen. Nach einigen Zwischenaufenthalten gewannen sie im Jahre 1530 die Insel Malta: so wurde aus dem Johanniter- der Malteserorden.

Daß Rhodos noch weniger Hilfe aus dem Abendland erhielt als 70 Jahre vorher Konstantinopel, ist eine beschämende Tatsache, nur muß man, um gerecht urteilen zu können, die gesamte politische Lage überblicken. Die Aufmerksamkeit Spaniens richtete sich auf die neuen Besitzungen in Amerika, Schweden löste sich von der Dänenherrschaft, Deutschland wurde von der Reformation erschüttert, und die beiden mächtigsten Herrscher der Christenheit, Kaiser Karl V. und König Franz I. von Frankreich, führten gegeneinander Krieg. Vergeblich bemühte sich Papst Hadrian VI., sie zu einer Einigung zu bringen.

Drei Jahre später stand es in Europa nicht besser, ja die Bauernkriege in Deutschland steigerten noch die eigene Not. Sultan Sulejman II. war von all dem gut informiert und konnte, nachdem er Verwicklungen in Ägypten bereinigt hatte, unbesorgt gegen Ungarn in den Krieg ziehen. Bei Belgrad ließ er eine Brücke über die Save schlagen, führte sein Heer ins Syrmische Banat, nahm im Vorbeiziehen Esseg ein.

König Ludwig II. von Ungarn hatte die Zeit, die ihm durch den Widerstand von Rhodos und die Kämpfe in Ägypten gewährt worden war, nicht im geringsten genützt, sondern nur mit angesehen, wie die Adeligen seines Reiches untereinander stritten. Die hohen Steuern, die er angesichts der Gefahr ausgeschrieben hatte, erbrachten fast nichts, als einzige finanzielle Hilfe kamen 50 000 Dukaten: der Papst hatte sie gesandt, damit Söldner angeworben würden. Österreich konnte weder Geld noch Hilfstruppen zur Verfügung stellen, denn es war durch Bauernaufstände bedrängt. Nur neun große Kanonen wurden donauabwärts geschafft.

Mit diesen neun Kanonen aus Wien belief sich der gesamte Geschützpark des Ungarnkönigs auf 80 Stücke, sein Heer auf nur 28 000 Mann, denn der mächtigste Herr des Reiches, der Wojwode von Siebenbürgen Johann Zápolya (oder Szápolyai) war mit seinen Truppen ausgeblieben. Ludwig versuchte nicht mehr, den Aufmarsch des Gegners zu stören, sondern erwartete ihn in der Ebene südlich des Ortes Mohács; im Westen lehnte sich seine Schlachtlinie an flache Höhenzüge, im Osten reichte sie bis zu den Ufersümpfen der Donau.

Wahrscheinlich machten sich die ungarischen Panzerreiter zunächst gar nicht klar, wie gering ihre Streitmacht war. In froher Zuversicht erklärten sie, sie würden allein mit ihren Siegelringen das ganze türkische Heer totschlagen. Auch als sie die zehnfache Übermacht des Feindes gewahrten, verloren sie nicht den Mut, sondern griffen ritterlich an. Obwohl die türkische Artillerie fürchterliche Lücken in ihre Reihen riß, soll der Kampf bis gegen Sonnenuntergang gedauert haben. Es heißt, 20 000 Ungarn seien an jenem verhängnisvollen 29. August 1526 tot oder verwundet auf dem Schlachtfeld geblieben, 1500 Gefangene am nächsten Tag enthauptet worden. Rund um sein Prunkzelt ließ der Sultan die Köpfe von 100 Edelleuten auf Pfähle stecken, dazu die von 28 Herren des höheren Adels und sieben Bischöfen. König Ludwig II. war auf der Flucht in den Sümpfen des Csepel-Baches umgekommen.

Kaum zwei Wochen nach der Schlacht, am 10. September 1526, erreichte das Türkenheer Ofen (Buda), die Hauptstadt Ungarns. Die Witwe des Königs, eine Habsburgerin, und der Hofstaat waren mit allen deutschen Bürgern geflohen, die ungarische Bürgerschaft schloß sich bald an. Die wenigen Wachen, die zurückgeblieben waren (nach anderer Version waren es nur arme Juden, die Zuflucht gesucht hatten), übergaben die Königsburg ohne Widerstand, sodaß der Sultan sogleich darin Quartier beziehen konnte. Die kostbare Ein-

richtung freilich wurde zum größeren Teil geplündert und verschleppt, und leider ging dabei die Bibliothek des Matthias Corvinus mit Handschriften von unschätzbarem Wert zugrunde. Aber die Anwesenheit des Sultans rettete immerhin die Burg als Gebäude, während die Stadt Ofen (Buda) und am anderen Donauufer die Stadt Pest in Flammen aufgingen.
Zwei Wochen verweilte Sultan Sulejman in der ungarischen Königsburg, dann trat er den Heimweg an. 2000 Mann blieben als Besatzung zurück, die anderen folgten dem Sultan, mit Beute beladen. Reiterabteilungen waren inzwischen weit im Land umhergezogen, bis nach Raab (Györ) und Ödenburg (Sopron), hatten überall geraubt und gemordet, und auf dem Rückmarsch ging es ähnlich zu. Die ganze Gegend zwischen Donau und Theiß wurde verheert. Ungarn soll damals an Toten und Verschleppten an die 200 000 Menschen verloren haben.

Die Geschütze und die schweren Beutestücke, zum Beispiel drei große Bronzestatuen aus der Burg von Ofen, wurden so weit wie möglich auf Donauschiffen befördert, mindestens bis Belgrad, und dann auf Ochsenkarren und Wagen verladen. Ochsen und Wasserbüffel zogen auch die Fahrzeuge mit dem übrigen Troß, Zelte und Feldküchen, Waffen und Munition. Ob auch die Verwundeten so befördert wurden, ist nicht näher bekannt; da es keine Sanitätstruppe gab, waren sie wohl darauf angewiesen, daß die Kameraden sich ihrer annahmen. Das Heer kam also nur langsam voran, die täglichen Marschstrecken waren so gering wie die der christlichen Heere, natürlich auch abhängig vom Wetter, dem Gelände und dem Zustand der Wege. Wenn Eile geboten war (aber das kam selten vor), blieben alle Wagen zurück, Munition und die nötigsten Zelte wurden von Kamelen und Maultieren getragen, die Kanonenrohre konnten notfalls auch an Ort und Stelle gegossen werden. Auf alle Fälle aber mußte das Fußvolk marschieren, sogar bei den Janitscharen waren nur die Obersten beritten.
Die Janitscharen hatten im Laufe ihres Bestandes schon manche Wandlung erfahren, denn sie bildeten nicht nur die Kern-

truppe des Heeres, sondern auch einen gefährlichen Machtfaktor innerhalb des Reiches; dergleichen ist ja in der Weltgeschichte nicht selten. Daß sie anfangs unter Christen angeworben wurden, später sich durch die grausame »Knabenlese« ergänzten, ist schon erwähnt worden. Wie es dabei zuging, schildert der Janitschar Konstantin:

»Immer wenn sie (= die Türken) in ein Land einfallen und sich die Bevölkerung untertan machen, reitet sogleich der Schreiber des Sultans hinter ihnen her, der alle Knaben, so viele es auch sein mögen, zu den Janitscharen einzieht. Für jeden zahlt er fünf Goldstücke, dann schickt er sie übers Meer nach Anatolien, wo sie erzogen werden. Von diesen Knaben gibt es gewöhnlich an die 2 000. Wenn man von einem feindlichen Volk nicht so viele hat herausbekommen können, nimmt man sie von den Christen im eigenen Land . . . Es wird festgesetzt, wie viele Knaben jedes Dorf mindestens zu geben hat, damit die Zahl stets voll sei . . .«

Die Knaben wurden also mohammedanisch erzogen, und sobald sie unter die Janitscharen eingereiht wurden, hatten sie ihre christliche Herkunft zumeist vergessen. Sie durften nicht heiraten, sondern blieben in enger Männergemeinschaft beisammen. Daraus ergaben sich einerseits homosexuelle Bindungen, andererseits arge Exzesse, wenn sie einmal mit Frauen zusammenkamen. In Istanbul durfte keine Frau an ihren Quartieren vorbeigehen; wenn sie es dennoch tat und ihr etwas Unangenehmes widerfuhr, wurde das nicht bestraft.

Von den Janitscharen blieben allerdings nur 4000 in unmittelbarer Nähe und zur Verfügung des Serail. Die übrigen, die in der Hauptstadt stationiert waren, hatten auch die Pflichten der Straßenpolizei und der Feuerwehr zu erfüllen, andere waren als Besatzung in Festungen abkommandiert oder hatten geruhsame und einträgliche Posten als Marktaufseher.

Die meisten Truppengattungen des Osmanischen Heeres wurden ja schon genannt, müssen aber der Vollständigkeit und Übersicht wegen hier noch einmal angeführt werden, und auch deshalb, weil sich bei ihnen wie in jeder Armee von Jahrzehnt zu Jahrzehnt gewisse Änderungen ergaben. Die Janitscharen zum Beispiel waren neuerdings nicht mehr ausschließlich mit dem Bogen als Fernwaffe ausgerüstet, sondern zum Teil mit der Armbrust oder schon einer langen Flinte. Auch die Artillerie, genauer gesagt, die Bedienungsmannschaft der Geschütze, bestand aus Janitscharen, die Fuhrleute gehörten zur großen Menge der Troßknechte.

Wie von den Janitscharen, so hatte der Sultan auch von der Reiterei eine Truppe ständig bei sich, eine Art Garde, deren Mannschaften verschiedene Pflichten bei Hofe und demnach verschiedenen Rang hatten. Zum größten Teil waren es Waisen, die auf Kosten des Sultans aufgezogen wurden und ihm daher in besonderer Dankbarkeit ergeben waren. Daneben bestand die Hofmannschaft der 600 »Kapizibaschilar« (Torhüter), die der 300 »Silachdar«, von denen jeweils einer das Pferd des Sultans zu führen hatte, schließlich die 300 hochgeachteten »Sipahi oglani« (Herrensöhne), die den Sultan unmittelbar begleiteten und nachts bei ihm Wache hielten.

Die übrige Reiterei wurde nur zum Kriegszug zusammengerufen; es handelte sich da um die wohlbekannten Sipahi, die Besitzer von Lehen. Während die kleinasiatischen Sipahi, insgesamt etwa 60 000, dem Anadolu Bejlerbej unterstanden und nach Landesart mit Wurfspeer, Bogen und Krummschwert bewaffnet waren, entsprachen die europäischen auch in der Bewaffnung ungefähr der christlichen Ritterschaft. Sie führten die lange, dünnschäftige Reiterlanze und ein Schwert mit gerader Klinge, aber der Körper stak nicht in einem Plattenharnisch, der jede Bewegung hemmte, sondern gewöhnlich waren nur Brust und Unterarm von starrem Eisen geschützt, während den übrigen Körper ein schmiegsames Kettenhemd bedeckte.

Wenn der Rumeli Bejlerbej bis zu 70 000 schwere Reiter unter sein Banner scharte, waren es jedoch nicht durchwegs Sipahi, sondern zum Teil Söldner. Wer von diesen einen Panzer besaß, trug ihn, die anderen begnügten sich mit dem runden Schild als Schutz; als Waffen dienten ihnen Lanze und Säbel. Ihr Sold betrug ein Goldstück für vier Tage. Der Wert dieses Goldstückes wäre schwer zu bestimmen, kann aber nicht gering gewesen sein, denn obwohl jeder Mann sein eigenes Pferd mitbrachte und damit ein Risiko einging, mangelte es nie an Söldnern, sobald in den Städten ausgerufen wurde: »Wer einen Sold will, der soll ihn haben!« Bis zu 20 000 Reiter sollen da zusammengekommen sein.

Die »Asap«, ebenfalls bis zu 20 000, waren leichtgerüstetes Fußvolk, vorwiegend Bogenschützen, und dienten auch als Erdarbeiter für die Schanzen und als Ruderknechte. Sie kamen nicht freiwillig zusammen, sondern wurden von ihren Gemeinden geschickt und dürftig bezahlt.

Sooft die Streitmacht des Sultans in den Krieg zog, konnten die Bewohner eines Dorfes an der Heerstraße viele Tage, meistens über eine Woche lang die Krieger vorbeiziehen sehen, und wenn der Frühjahrsregen den Boden aufgeweicht hatte, dauerte es noch länger. Deshalb schwärmten vorweg Reiter aus, um den Gegner möglichst bald zu beunruhigen, seinen Aufmarsch zu stören und zu beobachten. Das waren die berüchtigten »Akindschi«, die Räuber und Mordbrenner, die keinen Sold erhielten, sondern sich ihre Belohnung selbst aus dem feindlichen Land holten, alle beritten, meistens noch mit einem zweiten Pferd versehen, um auf weiterem Ritt wechseln zu können. Sie kämpften nur im Notfall, meistens zogen sie ab, nachdem sie Verwüstungen angerichtet hatten; ihre lockeren Verbände operierten auf eigene Faust, um ihre Verluste kümmerte sich niemand. Nach dem Feldzug kehrten sie zu ihren Herden zurück und lebten als Schaf- und Pferdehirten, bis wieder ein Wojwode sie zu einem Beutezug einlud.

Kaum zwei Jahre nach dem Sieg bei Mohács zog Sultan Sulejman neuerlich sein Heer zusammen, um es nach Ungarn zu führen. Dort hatte nämlich zunächst Johann Zápolya die Burg von Ofen besetzt und sich dann in Stuhlweißenburg (Székesfehérvár) zum König von Ungarn krönen lassen, aber ihn vertrieb Erzherzog Ferdinand von Österreich, der Schwager des unglücklichen Ludwig II. Ferdinand wurde gleichfalls zum König von Ungarn gewählt und, gleichfalls in Stuhlweißenburg, am 3. November 1527 gekrönt. Er war zweifellos der mächtigere Mann, denn er herrschte nicht nur über Österreich, die Steiermark, Kärnten, Krain und Tirol, sondern nunmehr auch über Böhmen, Mähren, Schlesien und die

Lausitz. Johann Zápolya, Graf der Zips (in der Slowakei) fand gegen ihn im eigenen Land nicht genug Rückhalt, darum wendete er sich an den alten Gegner der Habsburger, den König von Frankreich, und erhielt auch wirklich finanzielle Unterstützung. Daraus ist ihm kein Vorwurf zu machen. Daß er seinem König bei Mohács absichtlich nicht beigestanden war, ist nicht eindeutig zu erweisen, und daß er selbst nach der Krone strebte, mag begreiflich erscheinen. Aber was Johann Zápolya nun tat, kennzeichnet ihn als kurzsichtigen Egoisten, als Verräter an seinem Land und seinem Glauben: er rief die Türken zu Hilfe!

In den zwei Jahrhunderten, während derer die Osmanen nunmehr in die europäische Geschichte eingriffen, war dergleichen schon mehrmals geschehen, aber noch nicht mit so folgenschwerer Wirkung. Dem Sultan war Zápolyas Hilferuf viel willkommener als das Friedensangebot Ferdinands, und so zog er im Frühjahr 1528 mit den Truppen, die er in Istanbul um sich hatte, in die Gegend von Filibe (Plovdiv) und lagerte in der weiten Ebene, um zu warten, bis sich das Rumelische Heer versammelt habe. Aber Regengüsse ließen die Flüsse anschwellen und über die Ufer treten, verwandelten selbst harmlose Bäche in Ströme, vernichteten die gestapelten Vorräte an Munition und Lebensmitteln, schwemmten die Zelte weg und mit ihnen die Kasten und Truhen, in denen das Geld für den Sold der Truppen mitgeführt wurde. In der allgemeinen Verwirrung soll der Sultan selbst in Lebensgefahr geraten sein. Zu dem ungeheuren materiellen Schaden kam noch ein gefährlicher Wandel der Stimmung, die Siegeszuversicht war dahin, das Unglück galt als Strafe des Himmels: weil der Sultan den Mufti ohne verständlichen Grund abgesetzt hatte, habe Allah ihm seine Gnade entzogen.

Für dieses Jahr 1528 mußte der Sultan auf den Feldzug verzichten. Im nächsten Jahr aber machte er sich neuerlich und mit noch größerer Heeresmacht auf. Von Istanbul bis Belgrad dauerte der Marsch über zwei Monate, dann noch über einen Monat bis vor Ofen. Dort aber ging es rasch: binnen einiger Stunden war die Stadt erobert und ging in Flammen auf, von den Einwohnern fanden die meisten den Tod. Am längsten

hielt sich noch die stark befestigte Judenstadt; 3500 Juden wehrten sich verzweifelt gegen die Übermacht.
In der Burg führte der ungarische Magnat Thomas Nádasdy den Befehl über 700 deutsche Landsknechte. Die erfahrenen Krieger vermochten vier Tage lang den Feind abzuwehren, dann erkannten sie, wie aussichtslos ihre Lage sei, sperrten ihren Kommandanten ein, verhandelten im eigenen Namen mit den Türken und erhielten freien Abzug, sogar mit ihren Waffen, feierlich zugesagt. Aber diesmal zeigte sich das Schicksal unerwartet gerecht: die treulosen Landsknechte wurden vor der Burg von den Janitscharen erschlagen, der edle Nádasdy dagegen konnte entfliehen; Zápolya nahm ihn in seinem Lager zu Pest auf und gewann damit einen treuen Anhänger.
Während das große Türkenheer einige Tage in der Umgebung von Ofen und Pest lagerte, kam ein Gesandter von Bogdan, dem Fürsten der Moldau, um die Unterwerfung des Landes anzubieten, das Bogdans Vater Stefan der Große erfolgreich verteidigt hatte. Dem Sultan war das so willkommen, daß er die gewünschte Religionsfreiheit und andere Bedingungen gern zugestand. Dann brach das Heer wieder auf, aber nicht zum Rückzug wie vor drei Jahren, sondern weiter nach Westen, gegen Wien.
Wahrscheinlich war dies nicht von vornherein geplant gewesen, sondern nur der leichte Erfolg von Ofen verleitete zu diesem weiteren Vorstoß. Der Sultan soll sich gerühmt haben, drei Tage nach seiner Ankunft vor Wien werde er in der Stadt das Frühstück einnehmen.
Weit vor dem Heer streiften die Akindschi durch das Land und wagten sich auch in den Wienerwald, zerstörten Dörfer und Klöster, holten sich Beute und Gefangene. In der Nähe von Traismauer trafen sie auf Wiener Bürger, die mit ihren Familien nach Westen flüchten wollten, an die 5000 Menschen, und töteten die meisten von ihnen. Überall nahmen sie mit, was ihnen wertvoll und brauchbar erschien, alles andere vernichteten sie, ob Menschen oder Vieh oder Erntevorräte. Daß sie die Kranken im Spital von St. Marx umbrachten, entsprach ihrer grausamen Art, daß sie gefüllte Scheunen

und Heuschober anzündeten, erwies sich bald als verhängnisvoller Fehler.
In den letzten Septembertagen des Jahres 1529 hatte das türkische Heer in einem weiten Halbkreis um Wien Lager bezogen, von Nußdorf an der Donau nördlich von Wien bis Kaiserebersdorf im Südosten der Stadt. Insgesamt waren es 16 Lager mit rund 25 000 Zelten. Die Zahl der Menschen wurde – vielleicht übertrieben – auf 300 000 geschätzt, wovon etwa 120 000 als vollwertige Krieger gelten konnten. So viele Leute wochenlang in Ordnung zu halten, mit Trinkwasser, Lebensmitteln, Viehfutter zu versehen, aber auch die Verwundeten und Kranken zu versorgen, die Exkremente von Menschen und Tieren zu beseitigen, das wurde zu einem sehr schwierigen Problem.
Der Sultan in seinem hellgrünen, mit breiten Goldstreifen verzierten Riesenzelt merkte davon zunächst nichts, auch der Großwesir nicht, der mit der Staatskanzlei auf dem Laaerberg wohnte, aber in den Zeltgassen der Truppenlager verbreitete sich allmählich ein Gestank, der selbst für Türken unerträglich wurde. Der knappen Verpflegung wegen hatten nämlich die Soldaten die nahen Weinberge und Obstgärten aufgesucht; das brachte als erste Folge nur Durchfall, aber bei den schlechten sanitären Verhältnissen ergab sich bald Ruhr, wenn nicht gar Typhus. Als dann der Oktoberregen einsetzte und steter Wind die Kälte noch verschlimmerte, sank die Stimmung der Truppe.

Wenn wenigstens die Belagerung Fortschritte gemacht hätte! Aber so alt die Festungsmauern von Wien waren, so wenig sie den Ansprüchen neuerer Fortifikationstechnik entsprachen, sie hielten doch stand, und die 100 Geschütze der Verteidiger (nach anderen Angaben waren es nur 74!) erwiderten jeden Schuß der türkischen Artillerie, die an Zahl weit überlegen war, nicht aber an Kaliber. Viele der Minen, welche die Asappen unter die Stadtmauern gruben, wurden von den Christen in der Stadt unschädlich gemacht. Wenn es doch gelang, eine zu zünden, und die Janitscharen gegen die Bresche stürmten, traten ihnen dort deutsche Landsknechte mit Spie-

ßen entgegen, ließen die Fahnen flattern, rührten die Pauken und riefen kampflustig: »Kommt nur her! Her, her!«
Die Türken hatten gelernt, die Spieße und langen Schwerter der Deutschen, die Musketenkugeln der spanischen Schützen zu fürchten, und mußten von ihren Anführern mit Stock, Peitsche oder Säbel zum Angriff getrieben werden. Sie merkten nicht, wie erschöpft die Verteidiger schon waren: die mußten ja täglich mehrmals zum Kampf antreten, während die Türken einander ablösten, ein Pascha nach dem anderen seine Krieger aussandte, mit Reisigbündeln den Stadtgraben auszufüllen und Leitern an die Mauern zu legen. Aber jeder Sturm wurde in erbittertem Nahkampf abgeschlagen, auch der große allgemeine Angriff am 14. Oktober 1529, den der Sultan als letzten Versuch angesetzt hatte. Nach zwei Stunden gab er selbst den Befehl, vom Kampf abzulassen.
Am selben Abend ermordeten die Türken von ihren Gefangenen diejenigen, die nicht wert schienen mitgenommen zu werden; zu kleine Kinder, Greise und Kranke, zusammen etwa 2000 Menschen. Ihre Todesschreie und das Jammern der anderen war in der Stadt zu hören. Am nächsten Tag brachen die Türken die Zelte ab, steckten Baracken und Schanzwerke in Brand und begannen mit dem Abzug sowohl zu Lande wie auf Donauschiffen. Am 16. Oktober war bis zum Wienerberg hin kein Feind mehr zu sehen.
Von den fast 20 000 Mann, welche die Stadt verteidigt hatten, waren 1700 gefallen, von der Zivilbevölkerung hatten durch Geschosse, Feuer und Krankheiten an die 700 den Tod gefunden. Die Verluste im Land um Wien und bis an die Enns – denn so weit waren einzelne Horden der Akindschi (vorwiegend Tataren) vorgedrungen – waren noch höher. Unter dem Rückzug der Türken hatte besonders die Oststeiermark zu leiden. An der gotischen Pfarrkirche von St. Jakob in Krieglach erinnert eine Inschrifttafel daran, daß die Feinde dort die Gefangenen aus der ganzen Umgegend sammelten und gemeinsam fortführten, allein aus dem oberen Mürztal 800 Menschen. Zu diesen Verlusten kam noch der große wirtschaftliche Schaden an Gebäuden und Kulturen; ganze Städte wie zum Beispiel Baden und Mödling waren eingeäschert

worden, die Wiener Vorstädte hatten die Verteidiger selbst angezündet. In manchen Lokalsagen klingt der Schrecken jener vier Wochen noch nach.
Auch eine türkische Sage knüpft sich an diese erste Belagerung Wiens: Als der Sultan auf dem Rückzug in Ofen Heerschau hielt und feststellte, daß er 40 000 Mann eingebüßt hatte, habe er unter feierlichem Fluch verboten, daß einer seiner Nachfolger nochmals Wien belagere. Begreiflicherweise bildeten sich auch Legenden, die den Mißerfolg beschönigen sollten, und als das Türkenheer am 16. Dezember 1529 in Istanbul einzog, schien alles Widrige vergessen. Man jubelte wie nach einem großen Sieg, und Sultan Sulejman gab bald darauf zur Feier der Beschneidung seiner drei Söhne Mustafa, Mohammed und Selim ein großes Fest. Dabei genossen an der Tafel der ausländischen Gesandten der persische und der deutsche den Vorrang; das klingt vielleicht schwer glaubhaft, aber die diplomatischen Gepflogenheiten des 16. Jahrhunderts allgemein und besonders die am Sultanshof besaßen eben gewisse Eigentümlichkeiten.
Zur Belustigung der Gäste soll bei diesem Fest auch der Kampf eines Löwen gegen ein Schwein vorgeführt worden sein. Das Schwein wurde aus dem Haus des deutschen Gesandten geholt und sollte als »unreines« Tier die Christen, insbesondere die Deutschen darstellen. Peinlicherweise dürfte man einen kräftigen Eber genommen haben: er wehrte sich mit seinen Hauern so tapfer, daß der Löwe die Lust am Kampf verlor und durch einen zweiten ersetzt werden mußte. Diesem erging es jedoch nicht besser, und auch ein dritter Löwe ergriff schließlich die Flucht; wäre das Schwein nicht mit einem Fuß angebunden gewesen, hätte es ihn sogar noch verfolgt und vielleicht übel zugerichtet.
Wieweit diese Geschichte geglaubt werden darf, ist allerdings zweifelhaft, denn ihr Gewährsmann, ein gewisser Philipp Lonicer, zählt nicht zu den verläßlichsten Autoren jener Zeit. Immerhin waren damals symbolische Tierkämpfe nichts Ungewöhnliches. Eine spanische Romanze schilderte Kaiser Karl V. als Löwen, der den Bären Soliman und den Eber Chaireddin Barbarossa von Tunis (siehe unten S. 160) über-

windet. Ein Drama des Dichters Francisco de Rojas Zorilla hieß *Der Zweikampf Karls V.*, – nur kam es nicht dazu, denn Sultan Soliman floh in diesem Drama vor dem Kaiser, der in Wirklichkeit das Schlachtfeld gar nicht betreten hatte. Die Belagerung Wiens war ein schönes Thema, das sich auch Felix Lope de Vega nicht entgehen ließ: eine edle Dame gerät in die Gewalt der Türken, der Sultan bedrängt sie, aber sie weist ihn ab, bekehrt einen Würdenträger zum Christentum – kein Wunder, es ist ja ihr Gemahl, der auch gefangen und, um sein Leben zu retten, Mohammedaner geworden war. Aber da ein Wunder doch nötig ist, läßt der hl. Adrian eine abgeschlagene Hand wieder anwachsen. Und auch hier will Kaiser Karl V. im Zweikampf gegen den Sultan antreten, doch dieser flieht.

Dieses schaurig-schöne Drama, eines von 1500 (!) Lope de Vegas, erhebt keinen Anspruch auf historische Treue. Näher den Tatsachen stehen die Epen der Dichter, die den Kampf um Wien miterlebten oder wenigstens bald nachher hinkamen wie der große Garcilaso de la Vega. Allerdings sind auch diese Epen kaum mehr bekannt, und ähnlich erging es der *Historia der türkischen Belägerung der Stadt Wien*, die Hans Sachs zu Nürnberg verfaßte. Den mutigen und umsichtigen Befehlshaber der Verteidigung Wiens, Niklas Graf Salm, kann man mit anderen Helden der österreichischen Geschichte als Standbild vor dem Wiener Rathaus sehen, sein marmornes Grabmal steht in der Votivkirche.

Während Wien belagert wurde, hatte sich weiter donauaufwärts ein Entsatzheer gesammelt, aber so zögernd, daß es erst nach dem Abzug der Feinde vor Wien eintraf. König Ferdinand hätte es gern gleich weiter geführt, die Türken zu verfolgen, aber die Befehlshaber der Reichstruppen erklärten – von ihrem Standpunkt aus verständlich –, sie seien nur zur Rettung Wiens ins Feld gezogen, nicht zur Eroberung Ungarns. Es mußte genügen, daß der kroatische Edelmann Niklas Jurisich im steirisch-krainischen Grenzgebiet die Akindschi überraschte, in mehreren Gefechten schlug und ihnen viele ihrer Gefangenen abnahm, während Graf Salm, der Kommandant von Wien, mit 4000 Mann die Donau entlang-

zog und Deutsch-Altenburg, Raab (Györ) und Komorn zurückgewann. Ein Unternehmen gegen Ofen scheiterte.
Der Sultan dachte nicht daran, auf das Friedensangebot König Ferdinands einzugehen, er forderte den Besitz ganz Ungarns für seinen Schützling Zápolya. Um das zu erreichen, zog er 1532 neuerlich ins Feld. Die Angaben über die Stärke des Heeres schwanken zwischen 130 000 und 220 000; sicher ist, daß der Sultan sich nicht mit dem rumelischen Heer begnügte, sondern auch Truppen aus Anatolien herbeigeholt hatte. Um so viele Menschen und Tiere verpflegen zu können, mußte eine Marschroute gewählt werden, die durch ein bisher verschontes Gebiet führte, nicht wieder über Ofen, sondern südlich des Plattensees vorbei. So kam das Heer vor die feste Stadt Güns (Köszeg), die Niklas Jurisich pflichtgetreu, wenn auch ohne große Hoffnung, hartnäckig verteidigte. Am 9. August 1532 ließ der Sultan sein Zelt auf einem Hügel 2 km vor der Stadt aufschlagen, der Großwesir hatte sie schon drei Tage vorher eingeschlossen. Die Akindschi ritten weiter nach Niederösterreich und in die Steiermark, um nach ihrer Art zu plündern und zu brennen, das ganze übrige Heer aber lagerte um die Stadt, beschoß sie, grub Minen und stürmte immer wieder, an einem Tag sogar elfmal.

Wäre der Kampf um Güns nicht historisch so einwandfrei bestätigt, wäre man versucht, die ganze Geschichte für unglaubhaft zu halten, bestenfalls für eine übertriebende Lokalsage. Jurisich verfügte nur über 10 Panzerreiter, 28 Husaren, einige Wachsoldaten und bewaffnete Diener, dazu Bürger der Stadt und Bauern, die sich aus der Umgebung zu ihm geflüchtet hatten, insgesamt 700 bis 800 Mann. An Artillerie besaß er nur etliche Wallbüchsen, der Vorrat an Munition war knapp. Die Türme und Mauern waren fest, aber veraltet. Wie konnte er sich über drei Wochen lang gegen eine so gewaltige Übermacht halten?
Noch schwieriger ist die Frage zu beantworten, weshalb sich der Sultan so lange dort aufhalten ließ. Einige tausend Mann hätten genügt, die Stadt einzuschließen, das andere Heer hätte neuerlich gegen Wien ziehen können! Oder glaubte er

nicht mehr an einen Erfolg gegen Wien, wenn er schon das kleine Güns nicht bezwingen konnte?
Bei aller Grausamkeit empfand Sulejman doch ritterlich: in einer persönlichen Unterredung mit Jurisich erklärte er sich aus Bewunderung für dessen Tapferkeit mit einer symbolischen Übergabe zufrieden. Zehn Janitscharen sollten auf dem höchsten Turm eine türkische Fahne aufziehen, dafür werde kein anderer Türke die Stadt betreten. Jurisich ging gern darauf ein, denn die Hälfte der Verteidiger war bereits gefallen oder verwundet, alle Munition verschossen, er hätte die Stadt keinen Tag mehr halten können.
Dieses glückliche Ende des Kampfes um Güns wäre das Thema für ein romantisches Drama gewesen. Die heroische Handlung hatte sogar noch ein tragikomisches Nachspiel. Ibrahim Pascha, der Großwesir, kannte nämlich Jurisich von einer früheren Begegnung her, dürfte sich diesmal beim Sultan für ihn verwendet haben und forderte nun eine Belohnung. So blieb dem Helden von Güns nichts übrig, als sein gesamtes Silbergeschirr an Ibrahim und die anderen Würdenträger im osmanischen Heer zu verschenken.
Die Stadt Köszeg, wie Güns jetzt heißt, pflegt das Andenken ihres Retters, aber wenn man die Reste der alten Burg betrachtet, kann man sich wirklich nicht vorstellen, wie solche Mauern und Türme der größten Heeresmacht jener Zeit trotzen konnten. Täglich um elf Uhr läuten die Kirchenglocken, denn um diese Stunde des 30. August 1532 befahl Sultan Sulejman den Abzug.
Er marschierte aber nicht mehr gegen Wien, denn innerhalb der drei Wochen, die Niklas Jurisich ihn aufgehalten hatte, war dort ein stattliches Heer zusammengekommen. An Zahl war es zwar kaum halb so stark wie das türkische, dafür gut mit Artillerie versehen, während die Schiffe, die Sulejmans Geschütze auf der Donau transportierten, bei Gran (Esztergom) hängengeblieben waren. Ohne diese schweren Geschütze war aber keine befestigte Stadt einzunehmen, das hatte sich vor Güns gezeigt und wiederholte sich auf dem Rückzug: Wiener Neustadt war so gut geschützt, daß die Türken gar keinen Versuch zu einem Angriff machten, auch an

Hartberg und Graz zogen sie vorbei, Marburg versuchten sie zu erstürmen, hatten aber keinen Erfolg. Trotzdem ließ der Sultan nach seiner Ankunft in Istanbul am 18. November ein großes Siegesfest feiern.
Im Vergleich zu der Belagerung Wiens drei Jahre vorher scheint dieser Türkenzug fast vergessen, doch bei näherem Zusehen finden sich etliche Erinnerungen. Die Dörfer, die am Wege des Sultans lagen, wurden verbrannt, bestenfalls hielten sich das Schloß, wie in Obermayerhofen im Bezirk Hartberg, oder die Wehrkirche wie zum Beispiel in Gleisdorf, obwohl Sulejman dort sogar die Janitscharen stürmen ließ. Aber Friedberg wurde völlig zerstört, in Grafendorf die Kirche angezündet, so daß alle grausig umkamen, die sich dorthin geflüchtet hatten, und vor Graz steckten die Türken zwei Kirchen in Brand, St. Leonhard und St. Peter, sowie die Adelssitze und Wirtschaftshöfe, die außerhalb der Stadtmauern lagen. Ärger noch als der Schaden an den Gebäuden und Fluren war der Verlust an Menschen: allein die Zahl der Verschleppten wurde auf 30 000 geschätzt.

Eine einzige Erinnerung an das Türkenjahr 1532 klingt freundlich: die Geschichte vom Purbacher Türken. Dieser viel besuchte Marktflecken am Westufer des Neusiedlersees trug damals den ungarischen Namen Feketeváros und wurde gleich den anderen Weinhauerdörfern von den Türken heimgesucht. Sie plünderten und betranken sich, einer von ihnen aber verschlief im Rausch den Abzug seiner Kameraden. Aus Furcht versteckte er sich in einer »Rauchkuchl«, und als Feuer angezündet wurde, mußte er, um nicht zu ersticken, den Kamin innen hinaufklettern, bis er oben aus dem Schornstein schaute und entdeckt wurde. Die Purbacher hängten ihn aber nicht, sondern boten ihm an, sich taufen zu lassen und als Knecht im Ort zu bleiben. Dazu war er gern bereit, und der Wein sowie die Mädchen von Purbach ließen ihn diesen Entschluß nie bereuen. Als er dann gar eines heiratete, ließ der Schwiegervater aus Stein eine Büste meißeln, die ihn zeigt, wie er, noch mit dem Turban auf dem Kopf, aus dem Rauchfang lugt.

Das mag eine Dorfsage sein, der steinerne Türke ist vielleicht gar kein Porträt, sondern nur eine »Trutzfigur«, die ähnliches Unglück wie das des Jahres 1532 abwenden sollte. Aber als Purbach 100 Jahre später feste Mauern, Tore und ein Wappen erhielt, zeigte dieses den Türken; jeder Besucher des Ortes kann die Büste sehen und sich die Geschichte mit allerlei Ausschmückungen erzählen lassen.
Im allgemeinen erging es den Türken, die in Gefangenschaft gerieten, nicht so gut, ja meistens wurden sie gar nicht richtig zu Gefangenen, sondern die erbitterten Bauern erschlugen sie oder stürzten sie von einer steilen Felswand in die Tiefe. In Niederösterreich erinnern daran der »Türkensturz« von Seebenstein im Pittental und das »Türkenloch« bei Pernitz im Piestingtal. Die Akindschi waren ja in fast jedes Tal südlich der Donau vorgedrungen, und überall hatten Ritter und Reisige, Bauern und Bürger, Jäger und Holzknechte sich ihnen entgegengestellt, hatten Verhaue angelegt, den Feind in einen Hinterhalt gelockt oder waren selbst überfallen worden.
Im Markt Ybbsitz verbrannten die Akindschi die Kirche, den Pfarrhof und 80 Häuser, aber als sie von dort aus die Stadt Waidhofen an der Ybbs angriffen, erlitten sie eine blutige Niederlage. Die wehrhaften Bürger duckten sich nämlich nicht vor dem Hagel von Brandpfeilen, der auf ihre Stadt niederging, sondern wagten einen Ausfall, voran die Sensenschmiede mit ihren Gesellen, während der bischöfliche Pfleger Willibald von Pirching Holzknechte und Köhler aus dem Wald heraus gegen die Feinde führte. Die Akindschi sollen damals 200 Krieger und 300 Pferde verloren, die Sieger aber gegen 400 gefangene Christen befreit haben.
Zur Erinnerung an diese Tat erbauten die Waidhofener den mächtigen Stadtturm, an dem eine Inschrifttafel von jenem Ereignis erzählt. Die Schmiedeknechte erhielten das Privileg zum »Gassatngehn«: am Jahrestag ihrer Innung durften sie mit Kriegsmusik durch die Straßen ziehen und wurden dafür reichlich beschenkt und bewirtet. Dieser Brauch hat sich über viereinhalb Jahrhunderte erhalten, nur ist der Umzug jetzt sehr bescheiden geworden, denn es gibt nicht mehr viele

**17** *Rumeli-Hissar, die Sperrfestung Sultan Mohammeds II. am Bosporus.*

**18** *Die berühmte Brücke über die Drina bei Višegrad.*

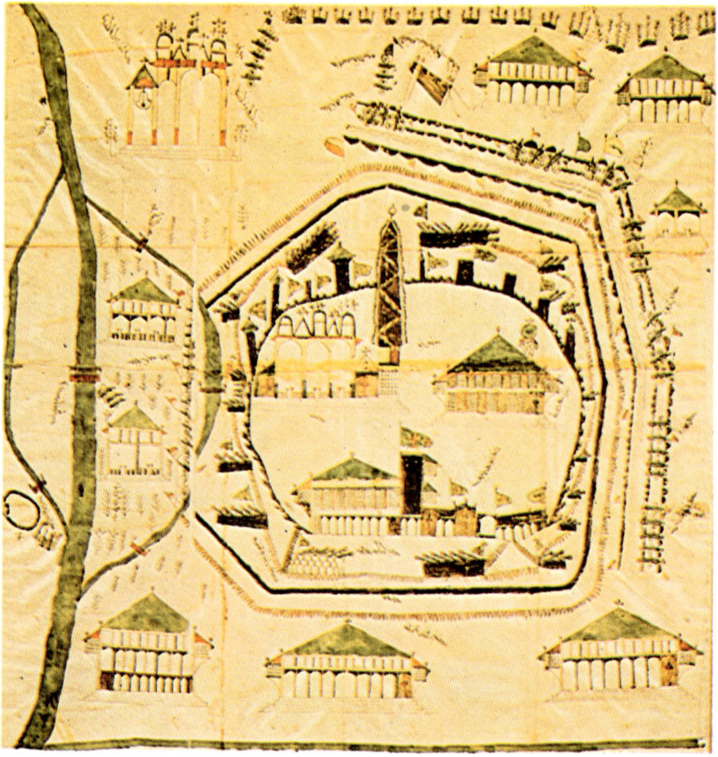

**19** *Ein türkischer Plan von Wien, gezeichnet 1683. In der Mitte der Stephansdom.*

**20** *Der Entsatz von Wien 1683. Tapisserie aus Nancy.*

**21** *Belagerung der Akropolis von Athen durch die Griechen 1821. Zeitgen. Aquarell.*

**22** *Türkischer Grabstein in Mostar/Jugoslawien.*

Schmiede. Statt der Schwegelpfeifer waren es 1976 nur mehr zwei Flötenspieler, von den Trommlern nur einer, die zusammen eine überlieferte Marschweise spielten und mit ihrem Zechmeister und zwei Boten den alten Kampfruf erhoben: »Auf in Gotts Nam, die Türken san do!«

# VII.
# SIEDLER UND BAUMEISTER

Die Gebiete, die zweimal binnen kurzer Zeit, 1529 und 1532, von den Türken heimgesucht worden waren, brauchten lange, um sich von den Schäden zu erholen. Die Verwüstung der Felder, der Wein- und Obstgärten, die Verminderung des Viehbestandes hatten oft arge Not zur Folge. In den grenznahen Gebieten aber verstanden es die Grundherren, wenigstens den Verlust an Arbeitskräften auszugleichen: sie luden Flüchtlinge ein, sich bei ihnen niederzulassen. Niklas Jurisich zum Beispiel, der Verteidiger von Güns, bot kroatischen Familien die Möglichkeit, sich im halbzerstörten Dorf Frankenau anzusiedeln.

Die Lebensbedingungen eines Leibeigenen im Europa des 16. Jahrhunderts mögen vom heutigen Standpunkt aus nicht beneidenswert erscheinen, damals waren sie immerhin besser als im Osmanischen Reich. Bis ins südliche Bosnien verbreitete sich die Nachricht, daß im christlichen Kaiserreich fruchtbarer Boden zur Bewirtschaftung vergeben werde, ohne daß der Bauer fürchten müsse, seine Söhne würden zu den Janitscharen, seine Töchter in einen Harem verschleppt. So wurden im Umkreis der Herrschaft Forchtenstein die entvölkerten Dörfer Sigleß, Draßburg, Stinkenbrunn, Zillingtal und Schattendorf wieder besiedelt. Ein anderer Grundherr holte Kroaten nach Unterfrauenhaid und ließ sie die neuen Siedlungen Kaisershof und Weingraben gründen. Ortsnamen wie Kroatisch-Minihof und Kroatisch-Geresdorf – um nur einige zu nennen – erinnern an jene Einwanderung, in Stegersbach bestand bis 1861 neben der deutschen eine eigene kroatische Gemeinde.

Die Vorfahren der 40 000 Kroaten, die gegenwärtig im Burgenland leben, kamen aber nicht alle nur als Leibeigene. Es gab noch die andere, viel erstrebenswertere Möglichkeit, als freier Bauer, allein dem Kaiser untertänig, in der neuen Heimat zu leben – nur mußte man bereit sein, die Grenze zu verteidigen. Schon 1531 hatten sich »siben hundert streitpare

Man« mit ihren Familien und ihrem Vieh beim Hauptmann der Innerösterreichischen Grenze gemeldet, drei Jahre später kamen weitere 3000. Das Österreichische Staatsarchiv verwahrt die Urkunde vom 5. Juni 1535, in der König Ferdinand I. den aus Bosnien kommenden Uskoken Güter bei Sichelburg (westlich von Agram) als erbliches Lehen gab gegen die Verpflichtung, »zu Roß und zu Fuß« Kriegsdienst zu leisten. 1538 erhielten die Serben, die Niklas Jurisich in Oberslawonien ansiedelte, auf 20 Jahre Steuerfreiheit, und so lassen sich die Urkunden weiter verfolgen: es war der Beginn der berühmten Militärgrenze.

Die Kroaten im heutigen Burgenland haben ihr Volkstum erhalten können und sind somit eine lebende Erinnerung an die Umsiedlungen der Türkenzeit. Wenn sich Südslawen weit von ihrer Heimat in einem Gebiet niederließen, das heute zu Jugoslawien gehört, wie etwa die Uskoken im kroatischen Bergland oder Serben in Slawonien, sind ihre Spuren dagegen nur mehr schwer zu verfolgen. Die Frage der Bevölkerungsverschiebungen wäre ein Thema für sich: Bulgaren in der Walachei, Bosniaken und Makedonen in Südungarn, oder gar die schon erwähnten Tataren in Bulgarien. Dazu die Anführer dieser Wanderzüge, ehrgeizige Adelige und Dorfoberhäupter, Priester oder Räuberhauptmänner – es würde zu weit führen, von all dem zu erzählen, so sehr es sich vielleicht lohnte, die Schicksale einzelner Menschen und ganzer Sippen, Dorf- und Stammesgemeinschaften der Vergessenheit zu entreißen.

In allen wechselvollen Auseinandersetzungen während und nach den beiden großen Vorstößen der Türken blieb Johann Zápolya König von Ungarn unter dem Schutz des Sultans. Nach seinem Tod mußte Sultan Sulejman jedoch wieder nach Ungarn ziehen, denn dort hatten die Kaiserlichen 1541 die Stadt Pest erobert und belagerten schon Ofen. Ein weiteres kaiserliches Heer hatte sich inzwischen in Süddeutschland gesammelt und den Marsch nach Wien angetreten. Zu ihm gehörte der berühmte Götz von Berlichingen »mit der eisernen Hand«, der eine Abteilung von 100 schweren Reitern anführte. »Ehe wir aber nach Österreich gelangten«, sagt Götz darüber in seiner Lebensbeschreibung, »war das Hauptheer schon bei Pest von den Türken geschlagen, und einige, welche in der Schlacht mitgefochten hatten, flohen das Land hinauf gegen uns zu und stießen in Bayern auf uns. Nichtsdestoweniger aber zogen wir weiter und lagerten uns in den Flekken um Wien herum . . . Dann kam der Winter und wir wurden entlassen.«

Die Niederlage bei Pest, die Götz erwähnt, war arg gewesen, denn das kaiserliche Heer hätte ja nur Ofen erobern sollen – für einen Kampf gegen die große Streitmacht des Sultans war es viel zu schwach. Heftiger Sturm verhinderte den Übergang über die Donau, ein Ausfall der Belagerten störte den Abmarsch, und die Türken drängten nach. So zerstreute sich das Heer in ungeregelter Flucht. Die Türken töteten jeden, der ihnen in die Hände fiel, und warfen die Köpfe der Erschlagenen in die Donau, damit sie von den Wellen weitergetragen würden und überall den Sieg verkündeten.

Nach diesem Sieg betraten Janitscharen die Burg von Ofen, vorerst ganz friedlich als Waffenbrüder, doch es wurden ihrer immer mehr – und plötzlich erhielt der Stadtrichter von Ofen den Befehl, alle Ungarn müßten bis zum Abend die Burg verlassen. So hatte Sultan Sulejman ohne einen Schwertstreich die starke Festung in die Hand bekommen. Johann Zápolyas Witwe mußte sich mit ihrem Söhnchen nach Siebenbürgen begeben, das türkische Ungarn aber wurde ein Paschalik, das 25 Sandschakate umfaßte.

Der Pascha von Ofen war ein mächtiger Mann, dessen Rang immer mehr anstieg, bis ihm nur der Pascha von Bagdad und der von Ägypten gleichstanden. Das ehemalige Ordenshaus der Franziskaner diente ihm als Palast, die Klosterkirche wurde zur Moschee, der »Pascha-Dschami«.

In der großen gotischen Liebfrauenkirche, die allgemein als Matthiaskirche bekannt ist, entfernten die Türken sogleich die Einrichtung und die Grabmäler, überstrichen die Fresken mit Kalk und bauten in der Richtung nach Mekka eine Mihrab-Nische ein. Damit war die ehrwürdige alte Kirche, die allerdings schon 1526 sehr gelitten hatte, zu einer Moschee geworden, in der nun Sultan Sulejman einen Festgottesdienst abhalten konnte.

Die weitere Bautätigkeit der Türken auf der Ofener Burg beschränkte sich auf Festungswerke. Die Burgkapelle wurde zu einer Moschee, der Königspalast verfiel, und das Dominikanerkloster, in dem König Matthias Corvinus eine Hochschule untergebracht hatte, diente nunmehr als Stall. Die beiden Synagogen scheinen aber erhalten geblieben zu sein, oder zumindest wurden sie heimlich weiterbenützt. Auf dem Gellertberg, südlich der Burg von Ofen, errichteten die Türken eine zweite kleinere Festung. Im Jahre 1541 war zusammen mit den Janitscharen auch ein kriegerischer Derwisch namens Gül Baba (»Vater der Rosen«) in Ofen eingezogen, aber während des Dankgottesdienstes gestorben. Ihm errichtete Mahomet Pascha, der von 1543 an fünf Jahre in Ofen residierte, eine Grabkapelle (Türbe), neben der bald ein Derwischkloster entstand.

Die Stadt Pécs, früher unter dem Namen »Fünfkirchen« bekannt, kam 1543 in türkische Gewalt. Die neuen Herren schlossen die Hochschule, deren Studenten als Freiwillige bei Mohács mitgekämpft hatten, und errichteten eine eigene Koran-Schule im ehemaligen Franziskanerkloster. Sie bauten dort auch ein Bad, einen richtigen kuppelgekrönten Amam, machten den westlichen Teil des Domes zur Moschee und benützten die fünfschiffige Krypta als Heeresmagazin.

Pécs war schon vor der Türkenzeit eine wichtige Handelsstadt gewesen und behielt ihre Rolle auch weiterhin. Das erklärt, weshalb hier die Türken so viele bedeutende Bauten errichteten: bisher hatten sie nur geraubt, verbrannt, Menschen weggeschleppt – nun endlich mußten sie daran denken, ihre Positionen zu festigen. Im gleichen Jahr wie Pécs eroberten sie weiter südlich die starke Burg Siklós, gewannen Szolnók, Kecskemét, Temesvár und erweiterten überhaupt ihr Herrschaftsgebiet. Ihre Spuren aber sind weniger erfreulich als in Pécs: die Stadt Szekszárd wurde fast völlig entvölkert, Szeged zerstört; in der altehrwürdigen Stadt Stuhlweißenburg (Székesfehérvár) verwendeten sie den Steinsarkophag Stephans des Heiligen als Pferdetränke.

Ofen (Buda) dagegen erfreute sich der Pflege, die der Stadt als Residenz des Paschas zustand, zumindest soweit es der

Bequemlichkeit diente. Daß Wohnhäuser verfielen, daß in den unteren Stockwerken Vieh gehalten wurde und Misthaufen auf den Straßen lagen, störte niemanden – das kam übrigens auch im christlichen Europa vor. Aber die Thermalbäder, an denen sich zu ihrer Zeit schon die Römer erfreut hatten, waren nun auch den Türken willkommen; diese renovierten die Gebäude und gaben ihnen die ihnen gewohnte Form mit dem charakteristischen Kuppeldach. Arslan Pascha leitete im Jahre 1556 diese Maßnahme ein, zehn Jahre später setzte sie Sokoli Mustafa Pascha fort.
Diese Bäder standen jedoch mit größter Wahrscheinlichkeit nur den Türken offen; daß Christen sie betreten durften, ist kaum anzunehmen. In vielen Städten und Märkten Ungarns bildeten die Ungarn nur mehr eine Minderheit, aus manchen (zum Beispiel Pécs) wurden sie überhaupt vertrieben, aus anderen flüchteten sie, um sich im habsburgischen Gebiet niederzulassen. Viele, die zunächst König Ferdinand abgelehnt hatten, sahen ihn nun als das kleinere Übel an: es war doch besser, von einem Christen beherrscht zu werden!
Solange ein Gutsherr seinen Landbesitz behalten konnte, mochte die Entscheidung zwischen Ferdinand und Sulejman noch von politischer Einstellung und persönlicher Sympathie abhängen. Aber sobald Haus und Ställe, Äcker und Weideflächen beschlagnahmt wurden, um einem Sipahi als Lehen zugesprochen zu werden, mußte sich der Enteignete dorthin wenden, wo er hoffen konnte, eine Lebensmöglichkeit zu finden, sei es im habsburgischen Ungarn, sei es im türkischen Vasallenstaat Siebenbürgen.
Diese Wahl blieb dem Adeligen und im gewissen Maße auch dem vertriebenen Bürger. Der Bauer mußte als Leibeigener seinem neuen Herrn dienen, denn seine Arbeit sicherte dem Sipahi ein bequemes Leben. Wenn ein Bauer floh, mußten die anderen umso mehr leisten. Ob sie es konnten oder sich dabei zugrunde richteten, war dem Sipahi gleichgültig, denn sein Lehen war nicht erblich, er brauchte nicht für seinen Sohn vorzusorgen, sondern holte aus seinem Besitz heraus, soviel nur möglich war. Dazu kam noch, daß ihm die Religion seiner Leibeigenen verhaßt war, ihre Sprache fremd, ihre

Sorgen und Anliegen gleichgültig. Mochte ein Bauer seinen Grundherren früher noch so oft verflucht haben, nun trauerte er um die »gute alte Zeit«, da er einem Angehörigen seines eigenen Volkes gedient, mit ihm in der eigenen Sprache geredet, in derselben Kirche gebetet hatte. Also folgten viele Bauern ihrem früheren Herrn nach. Ganze Dörfer verödeten, weil ihre Bewohner heimlich über die Grenze gegangen waren.

Diese Grenze zwischen dem habsburgischen und dem türkischen Ungarn verlief, grob gesagt, vom Donauknie nach Südwesten. Nach Stuhlweißenburg war 1552 auch Veszprém in die Hände der Türken gefallen, wobei der Dom abbrannte, der Bischof flüchten mußte. In Keszthely am Westrand des Plattensees belagerten die Türken mehrmals das Franziskanerkloster, das zu einer starken Festung ausgebaut worden war, konnten es aber nicht einnehmen. Auch die Burg Sümeg trotzte allen Angriffen; noch als Ruine beeindruckt sie den Touristen, der von Ödenburg her nach Keszthely fährt. An malerischen Ruinen ist in dieser Gegend kein Mangel, binnen einer Stunde kann man Tátika, Rezi und auch noch Nagyvázsony erreichen.

Verfolgt man diese ungefähre Grenzlinie, die sich freilich oft verschob, noch weiter nach Südwesten, kommt man zu der alten Stadt Nagykanizsa. Sumpfland ringsum schützte die starke Festung, die als vorgeschobenes Bollwerk für die Steiermark große strategische Bedeutung besaß; 1532 hatte Sultan Sulejman sie vergeblich angegriffen, erst 1600 konnten die Türken die Festung erobern. Von ihren Mauern ist nichts geblieben, man verwendete ihre Steine nach der Befreiung von der Türkenherrschaft zum Bau einer Kirche. Aber das Städtische Museum bewahrt noch Erinnerungsstücke aus jener Zeit. Auch eine lokale Heldengeschichte gibt es: Der Stadtkommandant Kütschük Hassan Pascha hatte sich in der Nähe der Stadt einen Palast erbauen lassen und darin einen Harem eingerichtet, für den er Mädchen und junge Frauen aus der Umgebung rauben ließ. Die erbitterten Männer von Nagykanizsa warteten lange auf eine Gelegenheit zur Rache. Als endlich ein günstiger Zeitpunkt kam, überfielen sie den

Palast, befreiten die Gefangenen und steckten das Gebäude in Brand.

Diese Geschichte gehört jedoch schon in eine spätere Epoche. Zur Zeit Sultan Sulejmans war Nagykanizsa noch eine Grenzbastion des Habsburgerreiches, als Garnison sehr unbeliebt, als Festung von den Strategen geschätzt. Sogar viel weiter südöstlich, schon gegen Pécs zu, lag eine Festung König Ferdinands, das starke Szigetvár. Ihr Kommandant, der edle Niklas Zriny, Banus von Kroatien und Slawonien, hatte schon 1529 in Wien gegen die Türken gekämpft. Im Jahre 1566 stand er wieder Sulejman gegenüber: er hatte 2500 Mann, der Sultan 90 000!

Es war der 13. Feldzug, den Sulejman nach Ungarn unternahm, und wurde sein letzter. Der größte der osmanischen Herrscher, den seine Landsleute »Kanuni« (Gesetzgeber) nannten, die Christen »Soliman der Prächtige«, war inzwischen alt und kränklich geworden. Drei Tage lang, bis zum 9. August 1566, ließ er die Janitscharen gegen die Erdwälle stürmen, welche die Neustadt von Szigetvár schützten, dann weitere 10 Tage gegen die Altstadt. Sulejman schonte seine Krieger so wenig wie in früheren Jahren, sondern trieb sie immer wieder zum Angriff. Wegen des hohen Grundwasserspiegels konnten die Türken keine Minen graben, aber sie leiteten den Bach Almás ab, der den breiten Stadtgraben mit Wasser gespeist hatte, und konnten so über Bündel von Holz und Reisig gegen die Mauern vordringen, in die ihre Artillerie schon Breschen geschossen hatte.

Es war eine ähnliche Lage wie 34 Jahre vorher vor Güns: eine einzige Stadt hinderte das Sultansheer, weiter – vielleicht bis Wien – vorzudringen. Wie damals dem Niklas Jurisich, so versprach Sulejman diesmal dem tapferen Verteidiger Niklas Zriny die Statthalterschaft von Kroatien, wenn er zu ihm übergehe, sogar den erblichen Besitz von ganz Bosnien. Zudem behauptete der Sultan, Zrinys Sohn Georg befinde sich in seiner Gefangenschaft, und ließ zum Beweis dafür Georgs Fahne wehen, Georgs Trompete blasen, denn Fahnenträger und Trompeter waren ihm wirklich in die Hände gefallen. Zriny mußte glauben, sein Sohn sei gefangen und werde –

vermutlich unter grausamen Martern – das Leben verlieren. Aber sein Pflichtgefühl und seine Waffenehre verboten ihm, auf die Vorschläge des Sultans einzugehen.
Nachdem Zriny die Altstadt und die Neustadt aufgegeben hatte, hielt er sich mit noch 800 Mann in der Festung, bis sie durch Brandpfeile in Flammen aufging. Dann legte er festliches Gewand, aber keinen Panzer mehr an, und ließ das Festungstor für den letzten Kampf öffnen. Als Zriny gefallen war, schnitten ihm die Janitscharen den Kopf ab und drangen in die brennende Burg ein, um nach Schätzen zu suchen: da explodierte die Pulverkammer und tötete zugleich mit den Besiegten auch viele (angeblich 3000) der Sieger.
Ob die Türken nachher Zrinys Kopf aus Bewunderung für seinen Heldenmut oder gegen gutes Lösegeld wieder hergaben, läßt sich nicht sicher feststellen. Jedenfalls wurde er den Kaiserlichen übersandt und im Kloster der hl. Helena zu Czáktornya beigesetzt. Der Ort liegt nördlich von Varaždin, gehört seit 1919 zu Jugoslawien, heißt Čakovec und bietet als einzige Sehenswürdigkeit ein Heimatmuseum in einem alten Schloß der Grafen Zriny. Der Säbel des Niklas Zriny ist in der Waffensammlung der Wiener Hofburg zu sehen, kein Prunkstück, sondern eine ziemlich schwere Waffe, wie man sie dem Verteidiger von Szigetvár zutrauen kann.
Zrinys Heldentod wurde noch im selben Jahr von einem unbekannten Reimchronisten und später von vielen Dichtern behandelt, unter ihnen von Theodor Körner 1812; Maler und Kupferstecher schilderten Kampfszenen und die Lage der Stadt.
Die Burg von Szigetvár ist zu einem Ausflugs-, beinahe Wallfahrtsort geworden, Touristenautobusse und Schulklassen kommen hin, Kasematten sind als Herberge ausgestaltet. Eine Reiterstatue läßt vermuten, der moderne Künstler habe geschwankt, ob er Zriny oder Don Quijote darstellen solle. Das hat der Held von Szigetvár nicht verdient. Seine Burg birgt allerdings noch andere Erinnerungen, denn sie wurde nach 1566 zur türkischen Festung. Die Burgmoschee ist jetzt wieder hergestellt, vom Minarett noch ein Stumpf erhalten. Die anschließenden Gebäude und die Festungsmauern mit

den Eckbasteien stammen aus dieser, zum Teil auch aus noch späterer Zeit.
Der Pfarrkirche der Stadt Szigetvár sieht man es nicht mehr an, daß sie 1566-1688 als Moschee diente, auch nicht der Kirche von Turbék, wenige Kilometer nördlich. Dort hatte der Sultan sein Lager gehabt, die Moschee wurde zur Erinnerung an seinen Tod von einem Sohn und Nachfolger Selim II. errichtet. Sulejman war nämlich noch während der Belagerung gestorben, aber der Großwesir Mehmed Sokoli verheimlichte es und ließ Zrinys Kopf auf einer Stange vor dem Zelt des toten Sultans zur Schau stellen. Eilboten brachten insgeheim die Nachricht vom Tod Sulejmans nach Kleinasien zu Selim; erst als dieser die Herrschaft sicher in Händen hatte, durfte das Heer, schon auf dem Rückzug, bei Belgrad vom Tod des großen Sultans erfahren.

Sulejmans Grabmal steht neben dem seiner Gemahlin Roxelane im Friedhofsgarten neben der Sulejmaniye-Dschami, der prunkvollsten Moschee der Stadt, die mit ihrer 53 m hohen Hauptkuppel und vier ungleich hohen Minaretten die Silhouette von Istanbul beherrscht. Die 24 Säulen des Vorhofes wurden aus dem Hippodrom der byzantinischen Kaiser genommen. Der stolze Bau ist ein Werk des Sinan Kodscha, des größten Architekten des Osmanischen Reiches.
Sinan wurde als Janitschar erzogen, war zunächst Militäringenieur und begleitete in dieser Funktion den Sultan 1529 auf dem Feldzug nach Wien. Sulejman erkannte bald die Fähigkeiten Sinans und übertrug ihm viele Bauten; insgesamt waren es angeblich 334, davon 81 Moscheen. Zum Andenken an Sulejmans Vater erbaute er auf einem Hügel in der Nähe des Goldenen Horns die Selimiye-Dschami, dann für eine Frau des Sultans die Chaseki Dschami. Die Schechzade Dschami (Kronprinzenmoschee) samt einer Türbe baute Sinan zur Sühne für Sulejmans Sohn Schechzade Mohammed, den der Sultan auf Grund falscher Anklagen hatte hinrichten lassen. Es folgten die Rüstem-Pascha-Dschami, die Achmed Pascha-Dschami beim Top Kapi (Kanonentor), beim Edirne Kapi (Tor nach Adrianopel) die Mihrimah-Dschami für eine Tochter des

Sultans, schließlich die Sinan-Pascha-Dschami zum Andenken an einen Flottenkommandanten, der zu seiner Zeit viel berühmter war als der Baumeister dieses Namens. Als sein Meisterwerk aber bezeichnete Sinan selbst die Selimiye-Dschami zu Edirne; er war schon 80 Jahre alt, als er diese Arbeit im Auftrag von Sulejmans Sohn Sultan Selim II. begann. Die 16 Säulen im Vorhof stammen aus dem Dionysostheater zu Athen.

Bauten des Altertums zu plündern, war zu jener Zeit durchaus üblich, die Renaissancebaumeister Roms taten es bedenkenlos – man soll Sinan also keinen besonderen Vorwurf daraus machen. Wie jene Italiener, so waren die osmanischen Baumeister nicht nur Architekten, sondern Raumplaner, Städtebauer. Die großen, von den Sultanen befohlenen Moscheen standen ja nicht für sich, nicht ohne Zusammenhang mit der übrigen Stadt, sondern bildeten Mittelpunkte. Um sie gruppierten sich Schulen, Krankenhäuser, Apotheken, Bäder, Herbergen für Pilger und andere Reisende, Versammlungsplätze und Verkaufsläden; sie dienten nicht nur sakralen, sondern ebenso sozialen Zwecken.

Auch die berühmte Brücke, die bei Višegrad über die Drina führt, ist ein Werk Sinans. Die Inschrift rühmt jedoch nicht ihn, sondern den Auftraggeber: »Im Jahre 1577, zur Regierungszeit des Herrschers der Welt Murad Khan, Sohn des Selim, errichtete der Wohltäter Herr Mehmed Pascha (Sokoli), der drei Herrschern als Großwesir ergeben diente, die größte Stiftung. Möge Gott sie annehmen! In aufrichtiger Absicht erbaute er in seinem Unternehmungsgeist die große Brücke über den Fluß Drina. Das Bauwerk geriet so schön, daß jedem, der es sieht, so scheint, als ob auf dem Wasser eine Perle stünde und das Firmament ihre Muschel wäre. Gebe Gott, daß der Bau seines Glückes und Lebens fest sei! Erfülle ihm Gott alle Wünsche in dieser und jener Welt! Nihadi sagte ihm diese Inschrift; möge sie segnen, wer sie sieht: Mehmed Pascha erbaute diese Brücke über das Wasser.«

Seit ein Kraftwerk die Drina staut, rauschen ihre Wasser nicht mehr so wild um die Brückenpfeiler wie damals, als Sinan sie errichten ließ. Wie die Arbeit im reißenden Wasser überhaupt gelingen konnte, schildert Ivo Andrić in seinem großen Roman *Die Brücke über die Drina.* Dieses und andere seiner Werke geben vorzügliche Bilder vom Leben der einheimischen Bevölkerung unter der Türkenherrschaft.

Die Brücke über die Drina hat Naturkatastrophen und Kriege überstanden, sie trägt auch den modernen Verkehr; es mutet fast wie ein liebenswürdiger Anachronismus an, wenn heute neben Autobussen und Fernlastern zwei kleine Bosniakenpferde einen Bauernwagen im Trab über die Brücke ziehen. Die Brücke dagegen, die im südlichen Epirus bei Arta über den Arachthos führt, war einst für den Verkehr ebenfalls wichtig, heute ist sie nur mehr für Fußgänger geöffnet. Sie ist auch schmäler als die Drinabrücke, der Fluß führt die meiste Zeit des Jahres weniger Wasser, so daß sich kein großartiges Spiegelbild ergibt, aber als Bauwerk ist diese Brücke immer noch malerisch, als Thema interessant. Über ihren Bau wurde zwar kein moderner Roman geschrieben, wohl aber handelt davon eine griechische Ballade.

Wie einst die altgriechischen Gesänge vom Zorn des Achilleus und von der Heimkehr des Odysseus, wie später die serbischen Heldenlieder von der Schlacht auf dem Amselfeld und vom Königssohn Marko, so wurde auch die Ballade von der Arta-Brücke mündlich weitergegeben, so daß viele Varianten entstanden. Bisher hat die Forschung 333 festgehalten, von Korfu bis Trapezunt, von Siebenbürgen bis Zypern. Der Inhalt lautet etwa: Eine Gruppe von Baumeistern erhält den Auftrag, eine Brücke zu errichten, aber was sie bei Tage bauen, stürzt nachts wieder ein. Eine geheimnisvolle Stimme (gewöhnlich ein Vogel, auf Zypern sogar ein Erzengel) verkündet, daß die Brücke nur bestehen bleibt, wenn die Frau des Obermeisters eingemauert wird. Ein Knabe holt die Frau herbei. Sie ahnt das Verhängnis, legt noch ihr Kind schlafen, nimmt Abschied vom Haus und den Nachbarinnen, beklagt ihr Schicksal und verflucht die Brücke:

»So wie mein armes Herz erbebt, so soll die Brücke zittern«.

Jedes der einzelnen Motive läßt sich ausschmücken oder abwandeln: als Opfer wird nicht die Frau des Obermeisters, sondern die eines der drei Meister verlangt, und sie vereinbaren, daß es die sein soll, die am Morgen als erste kommt, das Essen zu bringen. Der Mann schickt eine Warnung, aber diese wird nicht verstanden. Der Mann ist bereit, sein Leben für das seiner Frau zu geben, doch das wird nicht angenommen. Damit die Frau gutwillig zum Fundament hinabsteige, sagt der Meister, sein Verlobungsring sei hinuntergefallen, und sie ist sogleich bereit, ihn unten zu suchen. Während sie eingemauert wird, bittet sie, man möge ihre Brust freilassen, damit sie noch ihr Kind stillen könne.

Das Bauopfer ist eine uralte Sitte, sein Zweck zwiefach: der Geist der Eingemauerten sollte zum Schutzgeist für das Gebäude werden, daneben aber sollte auch das Opfer einen feindseligen Dämon versöhnen. Dergleichen ist schon aus antiken Sagen bekannt, aus Theodor Storms Novelle *Der Schimmelreiter* wie aus vielen Volksüberlieferungen auch außerhalb von Europa. In die Brücke über die Drina ließ Mehmed Sokoli Pascha als Bauopfer nur eine Urne mit Fleisch und Früchten einmauern. Aber als die Stammburg seines Geschlechtes, der edlen Sokolović, westlich von Višegrad im Jahre 1894 eingerissen wurde, fand man die Knochen eines Hahns mit einem Goldring; er war in einem Käfig, also lebend, eingemauert worden.

In manchen Varianten der Ballade handelt es sich um eine Brücke über die Donau, sogar über den Euphrat oder über einen nicht näher genannten Fluß. Oder es geht überhaupt nicht um eine Brücke, sondern um ein anderes Gebäude, zum Beispiel die Burg von Skutari oder das Kloster Curtea de Argeș in der Walachei; eine ähnliche Geschichte gibt es auch über den Bau der Burg Liebenstein in Thüringen. Balladen mit diesem Thema sind außer in griechischer Sprache auch aromunisch, rumänisch, serbisch, ungarisch, bulgarisch und albanisch bekannt.

Nicht der Bau der Brücke bei Arta als historisches Ereignis hat den Anlaß zur Entstehung der Ballade gebildet, denn diese ist zweifellos viel älter. Aber ebenso sicher ist es, daß auf dem griechischen Festland und sogar der Peloponnes, die für die Verkehrsverhältnisse der Türkenzeit doch weit entfernt war, die weit überwiegende Zahl all dieser Balladen ausdrücklich die Brücke nennt, die bei Arta über den Arachthos führt. So darf man annehmen, daß beim Bau dieser Brücke tatsächlich ein solches Opfer nach alter Tradition vollzogen wurde. Die Erinnerung daran hat sich bis in die unmittelbare Gegenwart erhalten. Das Lied wird an besonderen Tagen gesungen und manchmal feierlich getanzt, aber niemals mit Instrumentalbegleitung, wohl entsprechend dem Balladenvers, der das im Bannfluch ausdrücklich verbietet: »Wenn drüber man die Trommel schlägt und Geigen laut ertönen / zittert die Brücke stark und bebt so wie die Blätter zittern«. Prof. Georgios A. Megas schrieb darüber im Jahre 1976: »Als ›Brauch des Brükkenbogens‹ singt man diese Ballade und tanzt dabei am zweiten Ostertag in Aliveri auf der Insel Euböa. Am Nachmittag dieses Tages, nach der Vesper, kommen fast alle Einwohner am Platz vor der Kirche zusammen. Einige Jungen bilden eine Reihe, deren Anführer allein die Ballade singt. Dieser ist jedes Jahr der gleiche. Er allein besitzt und schickte mir den Text. Vor ihm sang das Lied sein Vater. Der Tanz ist ein sehr langsamer ›Syrtos‹ . . .«

Die Reste heidnischen Volksglaubens, die in dem Bauopfer deutlich zu erkennen sind, waren den türkischen Behörden gleichgültig. Hätte ein Pascha den Befehl gegeben, die Frau des Baumeisters einzumauern, wäre dies jedenfalls in der Ballade nicht verschwiegen worden – aber man weiß gar nicht, welcher Pascha die Brücke bei Arta erbauen ließ, es gibt keine so schöne Bauinschrift wie die des Mehmed Sokoli-Pascha von Višegrad. Es war ja Sache eines Würdenträgers selbst, für sein Andenken zu sorgen, soweit es Leistungen in der Verwaltung oder zur Förderung des Handels und Verkehrs betraf, denn die türkischen Geschichtsschreiber bei Hofe vermerkten eher die Kriegstaten. Auch die christlichen Historiker schrieben viel häufiger von Eroberungen und Beutezügen der Türken als von schönen Bauwerken.

Karadschoz-Bej aber hat seinen Namen verewigt. Als Sandschak-Bej der Hercegovina ließ er um 1570 in Mostar, der Hauptstadt seines Sandschaks, eine schöne Moschee mit einer Säulenhalle beim Reinigungsbrunnen errichten, daneben gründete er eine Koranschule. Noch eine zweite Mo-

schee, die des Nasuch Aga Vučjaković, entstand unter seiner Regierungszeit, ferner eine Brücke über die Radoblja, einen Nebenfluß der Neretva. Das berühmteste Bauwerk von Mostar, die »Stari Most« (Alte Brücke) – neben der Brücke von Višegrad wohl die schönste aus der Türkenzeit, jedenfalls die am meisten photographierte Brücke – ist auch dem Karadschoz-Bej zu verdanken. Als Baumeister hatte er zwar nicht den großen Sinan selbst gewinnen können, doch immerhin einen seiner Schüler namens Hajrudin. Rund 20 m über dem Wasserspiegel der Neretva spannt sich die Brücke in einem einzigen kühnen Bogen 27 m weit über den Fluß.
Zahlreiche andere Moscheen, Bäder, feste Türme, ein Arsenal, Wohnhäuser aus jenem 16. und dem folgenden Jahrhundert, ein Bazar, ein Uhrturm geben der Altstadt von Mostar türkischen Charakter. Aber wie kam es dazu?
Was die herrschenden Türken von ihren Untertanen trennte, war in erster Linie die Religion. Vor allem in Griechenland, aber auch in Serbien und Ungarn trat nur ein geringer Teil der einheimischen Bevölkerung zum Islam über. Mochten die Türken auch ganze Städte für sich in Anspruch nehmen und die Christen daraus vertreiben – als sie abziehen mußten, wurden die Städte doch wieder christlich, die Moscheen abgerissen oder in Kirchen verwandelt, bestenfalls (vom architektonischen Standpunkt gesagt) blieben sie als Museen erhalten.
In der Hercegovina dagegen wie im benachbarten Bosnien erschien der Islam nicht als feindliche Religion, sondern als hilfreicher Ausweg. Ein guter Teil der Landbevölkerung, zeitweise sogar das bosnische Königshaus, hing nämlich der Sekte der Bogumilen an, einer Glaubensrichtung, die sowohl zur katholischen wie zur orthodoxen Kirche im scharfen Gegensatz stand. Da dieser Gegensatz meistens sehr blutig ausgetragen wurde, herrschte bittere Feindschaft zwischen den Religionen; die Bogumilen begrüßten den Sieg des Islam über das Christentum in Bosnien und der Hercegovina. Der Landadel dieser Gebiete trat schnell und willig zum Islam über, gewann damit alle Vorteile, die vollwertigen Untertanen des Sultans zuteil wurden, und behielt seine politische wie die

wirtschaftliche Position: der Grundbesitz und die lokale Gerichtsbarkeit blieben ihm erhalten. Jener Nasuch Aga Vučjaković, nach dem eine Moschee in Mostar benannt ist, gehörte zweifellos dazu.

Die angesehene Familie der Sokolović kann als Beispiel dafür gelten, wie sehr auch die Sultane den bosnischen Adel schätzten: aus dieser Familie gingen zehn Bejs hervor, fünf Wesire und zwei Großwesire, darunter Mehmed Sokoli Pascha, der Bauherr der Brücke über die Drina. Um zu Rang und Würden zu gelangen, mußte man jedoch keiner der bekannten Familien angehören; viel öfter als im christlichen Europa jener Jahrhunderte ereignete es sich im Osmanischen Reich, daß ein einfacher Mann nur durch seine Fähigkeiten emporstieg. Jeder Tüchtige konnte es zu einem Lehen bringen, sei es in seiner Heimat, sei es in Kleinasien oder einem anderen Teil des großen Reiches, und für entsprechende Leistungen gab es Lehen mit einem Jahresertrag von über 20 000 Aktsche.

Einem Pascha, der aus Istanbul kam, das Gebiet zu verwalten, waren die einheimischen Adeligen eine große Stütze, denn sie hatten gegenüber türkischen Verwaltungsbeamten den großen Vorzug, daß sie die Landessprache beherrschten und mit der Mentalität der Untertanen vertraut waren. Sie kannten die Sitten und wußten, wo sich Reibungen ergeben könnten und wie sie zu überwinden wären. Damit konnten sie dem Pascha helfen – aber sie konnten ihm auch das Leben sauer machen, wenn er es nicht verstand, sich gut mit ihnen zu stellen. Hauptsächlich ihrem Einfluß ist es zuzuschreiben, daß in Bosnien die Türkenherrschaft nicht als Fremdherrschaft empfunden wurde.

Bis zum Jahre 1538 war Bosnien nur ein »Bejluk«, das heißt, der Statthalter hatte den Rang eines Bej. Den größten Ruhm errang Chusrew Bej, der schon 1506 die Verwaltung übernahm, also zu einer Zeit, als noch nicht das ganze Land unterworfen war. Seine Frau Delschuka war eine Tochter des Sultans Bayazid II. Er blieb 12 Jahre, was an sich schon ziemlich viel war, aber nach kurzer Abberufung in den Orient kam er 1520 wieder und bekleidete seine Stellung bis zu seinem

Tod im Jahre 1541, also zusammen 33 Jahre. Diese lange Zeitspanne, die kein anderer nach ihm mehr erreichte, nützte er zu planvoller Tätigkeit: er baute Moscheen, stiftete Imarets zur Bewirtung Armer, errichtete einen Markt, ein Spital und eine Bibliothek mit 1500 Handschriften in Verbindung mit einer Koranschule. Innerhalb des Türkischen Reiches war das mohammedanische Schulwesen dem christlichen begreiflicherweise weit überlegen. Immerhin gestattete Chusrew Bej auch den Bau einer bescheidenen christlichen Kirche.
Das alles kam jedoch nicht der alten bosnischen Königsstadt Jaice zugute: dort hielt sich bis 1528 (also noch nach der Schlacht von Mohács!) eine ungarische Besatzung, und danach erlangte die Stadt ihre frühere Bedeutung nicht mehr. Die neue Hauptstadt hieß Bosna Saray nach einem Saray (Serail = Palast), der als Statthalterpalast diente. Allmählich bürgerte sich dafür der Name Sarajevo (»Palast in den Feldern«) ein. Der Palast wurde 1853, also noch unter türkischer Herrschaft, abgetragen. Die 40 Jahre Österreichisch-ungarischer Verwaltung haben das Bild der Stadt verändert, die hygienischen Verhältnisse verbessert; die industrielle Entwicklung der letzten Jahrzehnte ließ neue, in ihrer Ausdehnung beklemmende Stadtteile entstehen, wie sie auch in Amerika oder Australien denkbar wären. Dennoch ist vom alten Sarajevo viel Malerisches erhalten geblieben, vor allem die Begova-Dschamija des Chusrew Bej, die Märkte und, jenseits des Flüßchens Miljačka, die Careva-Dschamija; das heißt eigentlich »Kaisermoschee«, denn die Sultane nahmen für sich die byzantinische Kaiserwürde in Anspruch.
Die Bibliothek daneben wurde unter Chusrew Bej errichtet, wahrscheinlich auch das alte Bad (Amam). Die Kaisermoschee selbst stammt aus der Regierungszeit Sulejmans, ebenso der Brussa Bezistan, ein überdachter Markt nahe der Begova Dschamija, auf dem Seidenstoffe aus Bursa (Brussa) angeboten wurden. Er kann freilich nur mehr einen schwachen Eindruck von dem Leben geben, das in früheren Jahrhunderten hier herrschte. Ein Modellbild der Stadt, das den einstigen türkischen Charakter sehr deutlich vor Augen führt, ist im Städtischen Museum zu sehen, während das Landesmu-

seum in seiner ethnographischen Abteilung stilgerecht eingerichtete Zimmer zeigt.
Die Zitadelle (»Kaštel«) auf einem Vorgebirge oberhalb der Miljačka, die dort aus einer Schlucht herausfließt, beherrschte einst als Oberstadt die weiter westlich liegende Unterstadt. Ihre Türme, Basteien und Mauerringe erinnern an die Zeit, da Sarajevo verteidigt werden mußte. Bis zur Eroberung von Szigetvár (1566) drangen immer wieder ungarische und kroatische Scharen in Bosnien ein. Vuk Smaj, ein Nachkomme des Despoten Branković, verwüstete das ganze Bosnatal und plünderte Sarajevo. Damals schützte die Höhenlage vor dem Feind, heute hemmt sie den Autoverkehr und macht die Zitadelle zu einem erfreulichen, dem Trubel der Stadt entzogenen Ruheplatz. Wenn sich am Freitag (dem mohammedanischen Feiertag) und am Sonntag die Gassen im Festungsviertel füllen, ergibt das ein buntes, fröhliches Bild.
Bei einem Glas bosnischen Weines oder einer Tasse türkischen Kaffees in einem der kleinen Gasthäuser der Oberstadt zu sitzen, auf die Ziegeldächer hinabzublicken, zwischen denen immer noch viel Grün hervorgrüßt, ist zweifellos erfreulich. Nicht nur der Tourist, auch der Einheimische sieht die türkische Vergangenheit Bosniens in verklärtem Licht. Aber die tatsächlichen Zustände, die gesamten Lebensverhältnisse während des 16. Jahrhunderts und auch noch später hingen hauptsächlich davon ab, ob ein besonnener, bei aller Härte gerechter Mann wie Chusrew Bej die Regierung führte. Dabei gilt er als Beispiel – es gab auch andere, die sich ebenfalls ihrer Verantwortung bewußt und stark genug waren, die Ordnung aufrecht zu erhalten. Da wurde mehr Boden bebaut als zur Zeit der bosnischen Könige, auf den Weideflächen graste mehr Vieh. Christliche Reisende berichteten, man könne in Bosnien »gemächlich und ohne viel Furcht leben«. Sarajevo mit über 5000 Häusern galt als die bedeutendste Stadt zwischen der Kaiserstadt Wien und der Sultansstadt Edirne, der Anteil der Mohammedaner an der Bevölkerung war größer als in Istanbul.
Ein schwacher Statthalter dagegen konnte sich weder gegen den bosnischen Adel noch gegen die Janitscharen durchset-

zen. Straßenräuber lauerten den Reisenden auf, Soldaten plünderten, der Pöbel störte den christlichen Gottesdienst. Und was nützte es, wenn ein starker Herr über Bosnien zwar energisch genug war, die Sicherheit zu garantieren, aber neue Steuern einhob, von denen der Schatzmeister des Sultans gar nichts wußte!

Die Kriege kosteten ohnehin schon genug Geld – wenn der Statthalter dazu noch seine eigene Habgier stillte, wenn er auf Kosten des Landes einen allzu großen Hofstaat unterhielt und diese Leute im Vertrauen auf ihren Herrn sich dann noch Übergriffe zuschulden kommen ließen, dann war das eben zu viel.

Die rechtlosen Christen und Juden duldeten stumm. Die Franziskanermönche aber wirkten in Bosnien nicht nur als Seelsorger und Ärzte (die sogar von den Türken geschätzt wurden), sondern verbreiteten auch politische Propaganda, erweckten Hoffnungen, hetzten zum Aufruhr: sobald die christlichen Bosnier sich erhoben und die Zwingburgen des Islam erobert hätten, würden kaiserliche Soldaten, ja ein ganzes Kreuzzugsheer aller europäischen Völker zu Hilfe kommen! Das Heer kam nicht, der Aufstand brach 1596 zusammen, das Los der Unterdrückten wurde schlimmer als zuvor. Viele flüchteten ins christliche Kroatien und Slawonien, andere schlossen sich den Uskoken an, die an der dalmatinischen Küste als Seeräuber Kleinkrieg gegen die Türken führten.

Die Unzufriedenheit in Bosnien beschränkte sich jedoch nicht auf Christen und Juden, sondern ergriff auch die stolzen Großgrundbesitzer, die jeder den Titel »Bej« führten. Sie brauchten nur die Hilfe der Janitscharen zu gewinnen, dann war der Tag des offenen Aufstandes nicht mehr fern. Im Jahre 1628 empörten sie sich gegen die harte Hand des Abasa Mehemed Pascha, 1635 gegen ungerechte Steuern des Sali Mostarli.

Übrigens residierte der Pascha nicht dauernd in Sarajevo, sondern geraume Zeit auch in Banja Luka. Damals entstanden dort große Festungsbauten und 36 Moscheen; mit den Koranschulen und Imarets, Bädern, Brunnen und Türben ergaben sie das orientalische Stadtbild, von dem sich ein guter Teil bis heute erhalten hat.

Wie die Festung von Sarajevo, so liegt die von Banja Luka am Ausgang einer Schlucht, und das hatte viele Vorteile sowohl für die Strategie der Statthalter wie für Verkehr und Handel. Überhaupt war es nicht nur günstig für eine Stadt, an einem Fluß zu liegen, sondern geradezu nötig: wo der Fluß seinen Lauf durch die Berg- und Hügellandschaft gefunden hatte, konnten ihm Saumpfade folgen, oft sogar Straßen, und auf dem Wasser beförderten Schiffer und Flößer die Waren schnell und billig. In großen Herbergen wie dem Musafir-Han zu Sarajevo oder dem Kuršumli-Han zu Üsküb (Skopje) fanden die Reisenden Quartier. Jede Familie oder Gruppe hatte ihren eigenen Raum mit eigener Feuerstelle, um selbst kochen zu können. Möbel waren nicht vorhanden und wurden auch nicht erwartet; jeder führte seinen Teppich und Decken mit sich. Im Hof des Hans standen die Kamele und Maultiere, Esel und Pferde, Futter für sie konnte in den Magazinen gekauft und Wasser aus den Brunnen geschöpft werden. Der Brunnen in jedem Hof, die Brunnen in der Stadt und an den Landstraßen gehörten zum selbstverständlichen Bild des Alltags. Brunnen zu stiften galt als frommes Werk (übrigens schon im heidnischen Altertum), und viele von ihnen sind erhalten, von Serbien bis in die Walachei und auf die Peloponnes, oft in Verbindung mit einer Kapelle.
Um aber auf die Flüsse zurückzukommen: obwohl sie mit ihrem Hochwasser fast alljährlich großen Schaden anrichteten, waren sie sehr nützlich, nicht nur für den Warenverkehr, sondern auch für die Getreide- und die Walkmühlen. Teils standen diese am Ufer, teils – eben des Hochwassers wegen – auf Flößen. Die Industrialisierung hat sie überflüssig gemacht; die malerischen Schiffsmühlen auf dem Ibar in Serbien, deren es 1959 noch viele gab, dürften nicht mehr alle existieren. Am Pliva-See westlich von Jaice sind jedoch viele der kleinen, alten Holzmühlen zu sehen, einige auch an der Una bei Bihać.
Bihać war ein alter kroatischer Königssitz und widerstand mit seinen guten Festungsanlagen lange Zeit den Angriffen der Türken; endlich im Jahre 1592 konnte es Hassan Pascha, Statthalter von Bosnien, nach hartem Kampf erobern. Die

Stadt hieß nunmehr türkisch »Bischtsche«, die Bevölkerung ist seither mohammedanisch. Die Fetija Dschamija (Siegesmoschee) zeigt deutlich, daß sie vor 1592 eine christliche Kirche war, der weite Marktplatz unterhalb der Festungsmauern beweist die Rolle der Stadt als Zentrum eines fruchtbaren Gebietes. Wahrscheinlich wurde Bihać unter türkischer Herrschaft reicher, denn von hier führte eine wichtige Handelsstraße quer durch Bosnien über Jaice und Travnik zu einer Gabelung: nordwärts ging es (und geht es auch heute auf passabler Autostraße) nach Banja Luka, ostwärts nach Sarajevo und weiter nach Višegrad. Dieser Ort hatte erst durch die Brücke des Mehmed Sokoli Pascha für den türkischen Binnenhandel Bedeutung erlangt.

Als Handelsweg dienten, wie gesagt, auch die Flüsse, und besonders dort, wo die Schluchten sehr eng waren wie etwa die der Drina. Bei Višegrad führt die berühmte Brücke über den Fluß, weiter aufwärts (südlich) aber liegt, landschaftlich sehr reizvoll, die Stadt Foča. Dort lebten jahrhundertelang berühmte Messer- und Säbelschmiede, deren Fabrikate zu den besten des Osmanischen Reiches gezählt wurden. Ihr Rohmaterial bezogen sie aus den Bergwerken der Hercegovina; so ist leicht zu begreifen, daß der Verwalter dieser Bergwerke Hasan Nazir 1551 in Foča eine Moschee stiftete, die prachtvolle Aladscha-Dschamija. Wenn die Einwohnerzahl von Sarajevo etwa zwanzigmal so groß geworden ist, als sie zu jener Zeit war, die von Foča aber gleich blieb, ist daraus zu erkennen, daß das Städtchen seine Blütezeit eben unter türkischer Herrschaft erlebte. Damals wurden dort 16 Moscheen erbaut, vier Koranschulen, sechs Bäder, zwei Armenasyle und selbstverständlich Karawansereien. In einer von ihnen ist ein sehr sehenswertes Heimatmuseum eingerichtet.

Der Grund dafür, daß in Foča Karawansereien erbaut wurden, waren indes nicht nur die Werkstätten der Waffenschmiede. Die Stadt war auch ein Rastplatz an einer stark frequentierten Karawanenstraße von der Küstenstadt Ragusa (Dubrovnik) ins türkische Binnenland. Ein zweiter wichtiger Verkehrsweg von der Küste ins Binnenland folgte dem Tal der Narenta (Neretva). Die Sperrfestung, die diese Straße

kontrollierte, war schon 1482 von den Türken erobert und danach noch ausgebaut worden. In dankenswertem Verständnis für die Landesgeschichte und wohl auch im Dienste des Fremdenverkehrs hat die Volksrepublik Jugoslawien viele halb verfallene Bauten restauriert, sodaß der Ort Počitelj wieder zu einer Sehenswürdigkeit geworden ist. Er zieht sich stufenförmig den Berg hinan, die alte zweckmäßige Anlage ist leicht zu erkennen, auch der Charakter der Bauwerke: Markt, Bad und Karawanserei von der Straße her leicht zu erreichen, dahinter Koranschulen und Imaret, dann die Moschee und Wohnhäuser, am höchsten die Zitadelle.
Der Ort (»Städtchen« wäre zu viel gesagt) liegt auf halbem Wege zwischen Mostar und der Küste. Politisch und militärisch bezeichnete er eine Grenze, kulturell reichte der Einfluß des Küstenlandes weiter ins Binnenland, noch in Mostar ist er festzustellen. Andererseits aber sind sowohl in Dalmatien wie an den anderen Küsten des Mittelmeeres Spuren der Auseinandersetzung mit dem Osmanisch.n Reich zu finden. Davon soll das folgende Kapitel erzählen.

# VIII.
# KÄMPFE IM MITTELMEER

Die Türken waren ursprünglich, wie schon berichtet, ein Reitervolk und blieben ihrer Tradition sehr lange treu. Sie liebten den Kampf zu Pferde; um auch eine gute Fußtruppe zu bekommen, holten sie sich die Knaben der unterworfenen christlichen Völker und bildeten aus ihnen die gefürchtete Kerntruppe der Janitscharen. Nicht ganz so planmäßig und geordnet, aber mit ähnlich gutem Erfolg bedienten sie sich für den Seekrieg der Angehörigen anderer Völker, vor allem als Rudersklaven, aber auch als Matrosen und Krieger auf den Schiffen, sogar als Flottenführer. Den Völkern, die rund um das Mittelmeer lebten, war ja Seekrieg und Seeraub von alters her vertraut, ob es darum ging, fremde Schiffe zu kapern oder Küstenstädte zu überfallen.

Wie es dabei zuging, gewissermaßen ein Modellfall, ist im IX. Gesang der Odyssee nachzulesen: eine kleine Flotte läuft in einen Hafen ein und überfällt die Stadt ohne Kriegserklärung oder Ultimatum. Wer Widerstand leistet, wird getötet, die Stadt geplündert, die Frauen geraubt. Der Anführer der Flotte verteilt die Beute und drängt zur Abfahrt, aber die Mannschaft veranstaltet ein Festmahl und besäuft sich. Davon erzählt Odysseus, der edle Dulder, am Hof des Phaiakenkönigs Alkinoos ganz naiv, ohne sich des Überfalls zu schämen, und es denkt auch niemand daran, ihm einen Vorwurf zu machen. Seeraub und Plünderung galten offenbar durchaus nicht als ehrenrühriges Verbrechen – derlei betrieben alle Völker, Griechen wie Phöniker, Etrusker wie Illyrer, später auch Goten und Heruler, Araber und Sarazenen.

Daran änderte sich vorerst wenig, als die Türken als neue Macht an den Küsten des Mittelmeeres erschienen. Die Seeräuber betrieben ihr grausames Handwerk weiter, teils auf eigene Faust, teils im Dienste der Türken, oft auch gegen sie, wie die augenblickliche Lage es gerade günstig erscheinen ließ. Es dauerte noch eine Weile, bis die Türken über eigene Flottenverbände verfügten, und auch diese operierten nicht

immer verläßlich nach dem Willen des Kapudan Pascha, des obersten Admirals zu Istanbul. Wichtiger als die hohe Seestrategie war immer noch die Beute.
Zur Abwehr der türkischen Schiffe bedienten sich die Küstenstädte und -landschaften derselben Mittel, die sie bisher gegen Sarazenen und andere Seeräuber angewendet hatten. Die mittelalterlichen Kastelle wurden weiter benützt und, soweit das Geld dafür vorhanden war, mit neuen Bastionen verstärkt. Schöne Beispiele finden sich von Unteritalien (Tarent, Brindisi, Bari, Barletta) bis in die nördliche Adria. Dort sind die Wehranlagen der Stadt Krk auf der gleichnamigen Insel gut erhalten. Teils stammen sie von den Venezianern, die diese Insel Veglia nannten, meistens aber von dem alten kroatischen Grafengeschlecht der Frankopan, deren Festungsbauten weithin zu finden sind, die Küstenstraße entlang in Kraljevica, Crikvenica, Novi Vinodolski und Senj.
Wie nötig solche Befestigungen waren, kann man in Šibenik, dem venezianischen Sebenico, erfahren: diese Stadt wurde im Laufe der Zeit siebenmal von den Türken belagert! Die drei Kastelle dort wirken nicht mehr drohend, sondern nur malerisch gleich den vielen anderen längs der Küstenstraße. Allerdings erinnern sie nicht unmittelbar an die Türken, sondern mehr an die einstige Seemacht Venedig, die oft gegen die Türken kämpfte, wenn auch nicht immer. In den friedlichen Perioden verdiente die Adelsrepublik recht gut am Handel mit dem Binnenland, das heißt, dem Sultansreich. Eine wenig auffallende, aber interessante Spur davon bildet der »Turski Han«, die Ruine einer Karawanserei in der Nähe von Vrana (bei Biograd 8 km landeinwärts).
Oft begann die Machtsphäre des Sultans schon hinter dem ersten Höhenkamm, der damit nicht nur eine politische, sondern auch eine religiöse und kulturelle Grenze bildete. Das ist deutlich in Montenegro zu sehen, zum Beispiel in Virpazar. Über dem Hafendorf am Skutarisee ragen die Ruinen einer türkischen Festung auf. Als die Türken – bereits im Jahre 1474 – ins Land kamen, zerstörten sie die Residenz des Ivan Bej, deren Reste bei dem Dorf Žabljak zu sehen sind. Im Bergland fanden sie immer von neuem Widerstand, die Ebene nördlich

des Skutarisees dagegen war leichter zu erobern und lohnte auch eher die Mühe.
Das moderne Titograd, das bis 1946 Podgorica hieß, bietet kaum mehr Erinnerungen an jene Zeit, nur die Reste einer Festung und einen türkischen Uhrturm. Aber wer nahe der Stadt die Morača überschreiten will, benützt dazu die »Brükke des Wesirs«, deren einziger Bogen eine Spannweite von 30 Metern hat.
Zu dieser Zeit, das heißt in der zweiten Hälfte des 15. Jahrhunderts, gab es bereits eine türkische Flotte. Sultan Mohammed II. ließ die Schiffe auf den früher byzantinischen Werften erbauen und schickte sie im Jahre 1462 gegen die Insel Lesbos. Es war bereits Oktober, also für ein größeres Unternehmen schon spät, aber man erwartete keinen langwierigen Widerstand. Den Befehl führte der Bej von Kallipolis, seine Übermacht sicherte ihm den Sieg.
Lesbos war im Altertum berühmt als die Heimat der Dichterin Sappho, der Dichter Alkaios und Pittakos. Ihre Hauptstadt war Mytilene (Mitilini), nach der seit dem Mittelalter die ganze Insel benannt wurde. Die Bewohner waren Griechen, die herrschende Schicht Genuesen. Der letzte Herzog Niccolò Gattilusio zahlte dem Sultan einen jährlichen Tribut von 2000 Goldstücken, aber das half ihm nichts. Die Türken eroberten und verheerten die Insel, und als die Flotte wieder abfuhr, blieben Janitscharen als Besatzung zurück. Vom Schicksal des Herzogs erzählt eine anonyme Chronik in griechischer Sprache, daß ihn der Sultan ins Gefängnis werfen ließ: »Als er aber Mohammedaner wurde, ließ der Sultan ihn wieder frei. Er hatte jedoch viele Greuel gegen die Türken verübt, und nun erkannten ihn die Türken des Sarays wieder, packten ihn und schlugen ihm den Kopf ab, und so fuhr er denn zur Hölle.«
Das traurige Schicksal von Lesbos wurde sehr bald auf der Insel Chios bekannt, die nicht weit südlich, fast als Nachbarin im Ägäischen Meer liegt. Um Ärgeres zu verhüten, schickte man sogleich Tribut nach Istanbul und erkaufte sich damit noch für eine Weile den Frieden. Wie auf Lesbos lebten hier Lateiner, das heißt Katholiken aus Italien, und Griechen ne-

beneinander, meistens in gutem Einverständnis, mitunter auch in politischem Gegensatz. Die Herrschaft lag in den Händen von Genuesen, denn Handelsleute der Republik Genua beherrschten die Wirtschaft der Insel. Neben dem Wein, neben Öl, Obst und Seide besaß Chios eine sehr geschätzte Spezialität, ein wohlschmeckendes Baumharz, das von Frauen gern gekauft wurde. Bereits im Jahre 1481 lieferte Chios dieses Harz, Mastix genannt, an den Harem des Sultans.
Nur wenigen Inseln des ganzen Mittelmeers dürfte es so gut ergangen sein wie Chios. Auch als es aus der Abhängigkeit völlig unter die Herrschaft des Sultans geriet, hatte es nur eine Besatzung in der Burg der Hauptstadt sowie einige Verwaltungsbeamte zu dulden, im übrigen aber blieb Chios sich selbst überlassen. Wenn gelegentlich ein Fremder hinkam, wußte er nur von der Fruchtbarkeit der Insel und den schönen Frauen zu berichten. Die katholische Gemeinde hat sich übrigens bis in die Gegenwart erhalten, nur sprechen die Mitglieder griechisch wie die übrigen Inselbewohner.
Viel trauriger war das Schicksal von Euböa. Die Venezianer nannten die Insel »Negroponte« und herrschten dort bis zum Jahre 1470; da aber beschloß Sultan Mohammed II., die Insel zu erobern. Es war ein kombiniertes Unternehmen: die Flotte kommandierte Omer Pascha, das Landheer der Sultan selbst. Da der Kanal, der die Insel vom attischen Festland trennt, an seiner schmalsten Stelle nur 35 m mißt, war es – trotz der starken Strömung – nicht schwer, Truppen überzusetzen.
Egripos (heute Chalkís), die Hauptstadt der Insel, war stark befestigt. Venezianer und Griechen verteidigten sich tapfer und warfen die Türken, die durch Breschen eingedrungen waren, zweimal wieder hinaus, aber die dauernden Angriffe bei Tag und bei Nacht erschöpften ihre Kräfte. Am letzten heldenhaften Kampf nahmen auch Frauen teil, sogar Mädchen; man fand ihre Leichen neben denen ihrer Gatten und Väter. Zuletzt hielt sich nur noch die Burg. Ihren Verteidigern versprach der Sultan freien Abzug, hielt sein Wort aber nicht. Wer gleich geköpft wurde, mußte dafür noch dankbar sein, denn manche Gefangene wurden auf Bratspieße gesteckt und bei lebendigem Leibe über dem Feuer geröstet. Diese ausge-

suchte Grausamkeit richtete sich hauptsächlich gegen die »Franken«, während die Griechen auf dem Sklavenmarkt verkauft wurden. Die schönste Jungfrau von Euböa, die Tochter des Fürsten Paolo Erizzo, sollte dem Sultan gehören, aber sie weigerte sich, ihm zu Willen zu sein. Im Jähzorn tötete sie Mohammed II. mit eigener Hand.

Die Republik Venedig hatte sich zwar entschlossen, Euböa beizustehen, aber da war es schon zu spät. Sei es, daß die venezianische Flotte zu schwach war, sei es, daß es ihrem Anführer Niccolò da Canale an Unternehmungsgeist und Mut fehlte – die Flotte segelte wieder aus den Ägäischen Gewässern ab, ohne die Eroberung der Insel auch nur verzögert, geschweige denn verhindert zu haben.

So blieb auch im Jahre 1522 Rhodos sich selbst überlassen. Vom Heldenkampf und schließlich dem Abzug des Ritterordens war schon die Rede. Zusammen mit den Rittern verließen an die 4000 Katholiken die Insel, die Zahl der Zurückgebliebenen ist nicht bekannt. Ihnen wie der griechischen Bevölkerung gewährte der Sultan das Recht, ihre Religion weiter auszuüben. Die Kirchen freilich wurden zum guten Teil in Moscheen umgewandelt. Als im Jahre 1542 die große Sulejman-Moschee erstand, galt sie als Dank des Sultans an den Propheten für die Eroberung der Insel, zu Ehren seines Flottenkommandanten ließ er die Murad Reis-Moschee erbauen.

Zu den Zugeständnissen des Sultans an die Griechen von Rhodos gehörten auch Garantien für Sicherheit der Person und des Eigentums und Befreiung von der Knabenlese: kein Sohn eines Einheimischen sollte zu den Janitscharen geholt werden. Wieweit das eingehalten wurde, hing von dem jeweiligen Gouverneur ab. Wenn er wollte, fand er schon einen Vorwand, junge Männer als Sklaven zu verkaufen oder Mädchen für seinen eigenen Harem auszuwählen wie auch für den eines Würdenträgers zu Istanbul, mit dem er sich gut stellen wollte.

In Rhodos, der Hauptstadt der Insel, lebten die Türken als Herren. Tagsüber durften wohl Griechen und Franken hereinkommen, wie es die Geschäfte erforderten, aber abends wurden die Tore des Kastells geschlossen. In den anderen

Siedlungen der Insel blieben die Griechen zumeist sich selbst überlassen, hatten ihre eigene Verwaltung und schlichteten ihre Rechtsfälle selbst, wie es auf dem griechischen Festland geschah. Darum sind auch außerhalb der Stadt Rhodos nicht mehr viele Erinnerungen an jene Zeit zu finden.

Auch hier bestätigte sich, daß die Türken nicht als Träger oder Bringer einer neuen Kultur wirkten. Sie hausten ärmlich und schmutzig in den einst vornehmen Ritterhäusern, die Untergeschoße dienten als Kramläden und Magazine, die Wohnhäuser wurden nur behelfsmäßig umgebaut, die Häfen versandeten. Wenn ein Dachstuhl einstürzte, störte es niemanden; bestenfalls legte man zwischen Hausruinen einen Gemüsegarten an, wie zum Beispiel im Audienzsaal des Großmeisters des Johanniterordens. Die Wälder, ob Eichen, Kiefern oder Tannen, wurden abgeholzt und als Baumaterial an die Werften von Istanbul geliefert, ohne daß jemand daran dachte nachzupflanzen. Aber nicht einmal dieses Zerstörungswerk besorgten die Türken selbst, sondern bestimmten dafür griechische Taglöhner und Zwangsarbeiter.

In der Stadt Rhodos hat sich seit 1947, als die Insel endlich an Griechenland zurückgegeben wurde, die Zahl der Türken sehr vermindert, das türkische Element wirkt vorwiegend als Touristenattraktion. Es reizt die Neugier der Urlauber, obwohl die Türken selbst keinen Wert darauf legen, mit ihren religiösen Gebräuchen als Schaustücke zu gelten. In ihrer europäisch-schäbigen Kleidung wirken sie auch nicht so malerisch wie auf alten Kupferstichen. Viele der Moscheen sind wieder zu Kirchen geworden, besonders natürlich jene, die es vor 1522 gewesen waren, aber das Gewirr der engen Gassen im alten Türkenviertel hat noch seinen Reiz, und so prachtvoll die Burgen und Paläste, die Mauern und Tore der Kreuzritter anzusehen sind, die großen Moscheen wie die stillen Friedhöfe ergänzen sie doch zu einem unvergeßlichen Gesamtbild zugleich heterogen und harmonisch.

Der Vollständigkeit wegen muß betont werden, daß neben dem fränkisch-mittelalterlichen und dem türkischen Element natürlich dem einheimisch griechischen seine Bedeutung zukommt, nicht nur für die unmittelbare Gegenwart und die

byzantinische Tradition, sondern durch die kostbaren Reste aus dem Altertum. Das gilt für Rhodos und ebenso für die anderen Inseln der Ägäis und zum Teil auch die Küste Kleinasiens. Einige dieser Inseln hatten zum Machtbereich der Johanniter gehört und kamen nun zugleich mit Rhodos unter türkische Herrschaft, außerdem auf dem Festland das alte Halikarnassos, Vaterstadt des großen Historikers Herodot. Dort in Halikarnassos – türkisch Bodrum – wie auf der nahen Insel Kos ergeben die Gebäude und die Ruinen, die sichtbaren und die verborgen wirkenden Traditionen eine lange, fest verknüpfte, stellenweise verwirrte und verwirrende Kette von Eindrücken.
Ähnliche Eindrücke kann man an fast allen Küsten des Mittelmeeres sammeln, nur sollte man bei aller Bewunderung für alte Festungsmauern nicht vergessen, daß sie nicht aus ästhetischen Gründen, sondern aus bitterer Notwendigkeit errichtet worden waren: nur einen Sommer lang durften die Christen hoffen, die Macht des Osmanischen Reiches werde vom Meer aus erschüttert. Es war jener Sommer 1532, in dem Sultan Sulejman mit seinem Heer die kleine Stadt Güns belagerte. Kaiser Karl V. führte seinen Gegenangriff mit der Flotte. Als ihren Kommandanten hatte er den größten Seemann seiner Zeit gewonnen, den Genuesen Andrea Doria.
Doria genoß gleich großen Ruhm als Staatsmann und als Feldherr, hatte schon für seine Heimatstadt und für den Papst gekämpft, für und gegen Frankreich, für und gegen den Kaiser. Nun war er über 60 Jahre alt, an Erfahrung kam ihm keiner gleich. Er führte die kaiserliche Flotte vor die Küsten von Morea, eroberte die Festung Koroni, welche die Venezianer zu Beginn des Jahrhunderts verloren hatten, dann Patras und die beiden Kastelle Rhion und Antirrhion an der Einfahrt in den Golf von Korinth.
Sultan Sulejman sah ein, daß keiner seiner türkischen Flottenführer dem Genuesen ebenbürtig war. Aber am westlichen Rand der islamischen Welt, in Algier, lebte ein verwegener Seemann, der schon früher gegen Andrea Doria gekämpft hatte. Er war auf Lesbos geboren, wahrscheinlich als Sohn eines ehemaligen Janitscharen aus Albanien und einer

Griechin, hatte jahrzehntelang im westlichen Mittelmeer an der Seite seines älteren Bruders und dann, nach dessen Tod, selbständig Seeraub und Seekrieg betrieben, heimtückisch, grausam und zäh. Um besseren Rückhalt gegen die Spanier zu gewinnen, hatte er sich 1519 dem Osmanischen Reich unterstellt und dafür die Würde eines Paschas von Algerien erhalten. Seinen ursprünglichen Namen Chisr hatte er inzwischen in Chaireddin (Dscher-ed-din) umgewandelt und von seinem Bruder den Beinamen »Barbarossa« geerbt – wahrscheinlich trug er selbst ebenfalls einen roten Bart.
Dieser Chaireddin also kam auf Einladung des Sultans nach Istanbul, erhielt große Vollmachten und alle nötigen Mittel und begann damit im Herbst 1533 in den Werften am Goldenen Horn eine Flotte zu erbauen, wie sie das Osmanische Reich noch nie besessen hatte. Als er dann noch den Befehl über diese Flotte erhielt, brauchte er Erfolge, die den großen Aufwand rechtfertigen würden.
Die sichersten Erfolge durfte Chaireddin in Süditalien erhoffen. Also steuerte er die Straße von Messina an. Als erfahrener Korsar vermied er unnötiges Risiko: die feste, durch Mauern, Zitadelle und Forts geschützte Stadt Messina griff er nicht an, sondern steckte nur im Hafen einige kaiserliche Schiffe in Brand. Dafür plünderte er Reggio di Calabria und dann der Reihe nach die anderen Küstenstädte, soweit sie nicht gut befestigt waren. Die Insel Procida verwüstete er, an der Festung Gaëta dagegen segelte er vorbei und landete erst im Fischerdorf Sperlonga. Von dort marschierten seine Krieger drei Stunden weit landeinwärts zur Stadt Fondi.
Ein strategisch wichtiges Ziel war Fondi nicht, mehr Beute als in einer Küstenstadt war nicht zu erwarten. Wenn sich Chaireddin auf solch ein Unternehmen einließ, mußte das einen besonderen Grund haben. In diesem Fall bestätigt sich die bekannte Regel »Cherchez la femme!«. Chaireddin suchte tatsächlich nach einer Frau, der schönsten Italiens oder, wie ihre Bewunderer sagten, der schönsten Frau der Welt. Aber obwohl Chaireddin dem weiblichen Geschlecht sehr zugetan war, dürfte er jene Dame nicht für sich gesucht haben, sondern um sie dem Sultan zum Geschenk zu machen. Daß er

wußte, wo sie zu finden sei, spricht für die Verläßlichkeit seines Nachrichtendienstes. Nachträglich wurde die abenteuerliche Geschichte in ganz Italien bekannt und von jedem, der sie weitererzählte, ein wenig ausgeschmückt, sodaß es schwer ist, die Ereignisse genau zu rekonstruieren.
Das Städtchen Fondi, zum Teil noch von antiken Stadtmauern umgeben, liegt an der alten Via Appia; das Schloß und weite Ländereien gehörten Giulia Gonzaga – eben dieser wunderschönen Frau, die von Tizian gemalt, von Ariost und Bernardo Tasso (dem Vater des Torquato Tasso) besungen wurde. Sie war im Alter von 14 Jahren mit dem kaiserlichen Feldherrn Vespasiano Colonna verheiratet, aber sehr bald Witwe geworden. Obwohl sie den häßlichen, lahmen, viel älteren Mann kaum geliebt haben dürfte, trug sie der Sitte gemäß fortan Trauergewand. Ihr Schloß zu Fondi galt jedoch als richtiger Musenhof; Maler und Bildhauer, Dichter und Musiker huldigten ihr, feierten mit ihr, führten gelehrte Gespräche in italienischer und lateinischer Sprache, schätzten den Wein ihrer Güter in Campanien und ritten mit ihr auf die Jagd. Trotz dieses fröhlichen Lebens erfreute sich die Dame eines untadeligen Rufes. Sie zählte damals 21 Jahre, und der Ruhm ihrer Schönheit muß bis ins Saray des Sultans gedrungen sein, zumindest bis zu Chaireddin Barbarossa.
Deswegen also zog Chaireddin mit seinen Korsaren im Juli 1534 gegen die Stadt Fondi. Sie überfielen das Städtchen bei Nacht, plünderten und mordeten, wie sie es zu tun pflegten, zündeten Häuser an und stürmten gegen das Schloß. Schon hatten sie das Tor aufgebrochen, als ein alter Diener noch seine Herrin wecken und warnen konnte. Giulia flüchtete durch ein Fenster auf das Dach, fand den Weg auf die Stadtmauer und von dort ins Freie.
Chaireddin ließ auf allen Straßen nach ihr suchen, besonders in einem Nonnenkloster an der Straße nach Neapel. Daß er sie nicht fand, steigerte seinen Zorn noch mehr, sodaß er die Nonnen seinen Kriegsleuten preisgab.
Mit der Stadt Fondi wurde auch der Dom geplündert, sogar die Grabmäler der Familie Colonna zerstört. Aber die Korsaren feierten am nächsten Tag kein Siegesfest, wie es die un-

vorsichtigen Gefährten des Odysseus nach dem Überfall auf die thrakische Stadt Ismaros getan hatten (offenbar hielt Chaireddin strengere Zucht!), sondern verließen Fondi. Alle jungen Frauen und die arbeitsfähigen Männer mußten ihnen in die Sklaverei folgen. Auf dem Weg zur Küste teilten sie sich: die einen überfielen das Städtchen Itri, die anderen den Bischofssitz Terracina.

Da Terracina schon im Gebiet des Kirchenstaates lag, wurden in aller Eile päpstliche Truppen aufgeboten. Ihr Kommandant war der 23jährige Kardinal Ippolito de' Medici. Als Neffe Papst Klemens' VII. hatte er 1532 das päpstliche Kontingent im Kaiserlichen Heer vor Wien geführt, aber trotz besten Willens keine Heldentat vollbringen können. Nun brannte er darauf, den Räubern die Beute abzunehmen und sie für die Verwüstung von Fondi, wo er viele glückliche Tage verbracht hatte, hart zu bestrafen. Leider kam er zu spät. Für die Korsaren waren Mord, Raub und Brandstiftung nur Routinearbeit, bei der sie sich nicht lange aufhalten mußten; bevor die Verfolger eintrafen, hatten sie schon ihre Beute verladen und die Anker gelichtet.

Zu seinem Trost fand der ritterliche junge Kardinal auf einer Waldlichtung Giulia Gonzaga. Sie war verängstigt, erschöpft und wahrscheinlich sehr hungrig, das Nachtgewand, in dem sie geflohen war, von Dornen zerfetzt, ihre zarte Haut zerkratzt. Glücklich und dankbar ließ sie sich von ihrem Retter in einen Mantel hüllen, in den Sattel seines Rosses heben und nach Fondi zurückgeleiten.

Die Schönheit der Schloßherrin und der Wert, den sie als Geschenk an den Sultan gehabt hätte, macht verständlich, weshalb Chaireddin das Städtchen Fondi überfiel. Was ihn dagegen veranlaßte, im nächsten Jahr (1535) Capri anzugreifen, läßt sich kaum erraten, denn auf der Insel lebten nur arme Fischer, und die Mönche des Kartäuserklosters scheinen auch keine besonders lohnende Beute gebildet zu haben. Trotzdem war Capri schon in früheren Jahrhunderten mehrmals von den Sarazenen heimgesucht worden und hatte sich deshalb im heiligen Costanzo einen eigenen Schutzheiligen gegen solche Schicksalsschläge erwählt. Aber Chaireddin Bar-

barossa wütete bei seinem Überfall so gräßlich (vielleicht im Zorn über den geringen Ertrag seines Unternehmens), daß sich die Erinnerung daran lange erhielt und das älteste Kastell der Insel, ein byzantinischer Bau auf dem Paß von Anacapri, den Namen »Castello Barbarossa« bekam.
Schon die bisherigen Untaten Chaireddins hätten eine neue Strafexpedition gegen ihn erfordert; die erste des Jahres 1519 war im Seesturm gescheitert. Nun aber hatte er noch Tunis erobert und Muley Hassan vertrieben, dessen Vorfahren dort seit Jahrhunderten geherrscht hatten. Muley Hassan war mit Spanien verbündet, Chaireddin aber unterstand dem Osmanischen Reich – dieser Wechsel der Machtverhältnisse in Nordafrika machte Gegenmaßnahmen nötig.
Kaiser Karl V. entschloß sich, selbst an dem Feldzug teilzunehmen. Seinem Beispiel folgten viele spanische Granden, so Francisco de Toledo, der spätere Vizekönig von Peru, und Fernando Alvarez de Toledo, der schon in Ungarn gegen die Türken gekämpft hatte und als Herzog von Alba in die Weltgeschichte wie die Weltliteratur eingegangen ist. Die spanische Flotte wurde durch 20 Karavellen aus Portugal verstärkt, einen schon einigermaßen veralteten Schiffstyp, ferner durch 22 moderne Galeonen aus Genua. Ihr Führer Andrea Doria erhielt den Oberbefehl über die gesamte Seestreitmacht. Zusammen mit vier Schiffen des Papstes und einem – dem größten von allen – aus Malta vom Johanniterorden waren es im Juni 1535 94 Kriegsschiffe und 200 Transportfahrzeuge.
Den Zugang zum Hafen von Tunis sperrte die starke Festung Goleta. Gegen sie mußte sich also der erste Angriff richten. Ihre Verteidigung hatte Chaireddin zwei bewährten Korsaren, einem Juden und einem Süditaliener, anvertraut, unter ihrem Kommando kämpften aber auch 5000 Türken, die gute Artillerie mitgebracht hatten. Sommerhitze und Sandsturm, Mangel an Trinkwasser und Pferdefutter bereiteten dem christlichen Heer große Schwierigkeiten, zudem führte Chaireddin von Tunis aus mit seinen schnellen Reitern immer wieder Angriffe gegen den Rücken des Belagerungsheeres. Endlich, nach etwa vier Wochen der Mühsal, erstürmten die Spanier, Italiener und deutschen Landsknechte die Festung Gole-

ta, erbeuteten viel Kriegsmaterial und im Hafen 82 Schiffe.
Das nächste Ziel des Kaisers war die Stadt Tunis selbst. Bis dorthin mußten die christlichen Krieger durch die Wüste ziehen, an sich schon eine arge Anstrengung, und gar erst in der Julihitze, ohne Zugtiere für die Geschütze, fast ohne Wasser! Muley Hassan kannte einen Brunnen, kaum 20 km vor Tunis, und führte seine Verbündeten hin – doch auch Chaireddin wußte von dieser Wasserstelle und wartete bereits mit seinen Kriegern. Es schien eine verzweifelte Lage: teils hatten die Christen den Brunnen schon erreicht und ihre Ordnung aufgegeben, um zu trinken und auszuruhen, die anderen kamen erst in lang auseinandergezogener Marschkolonne heran und sollten, müde und durstig, sogleich ein Gefecht liefern!
Kaiser Karl V., der mächtige Herrscher, in dessen Reich, wie man rühmte, »die Sonne nicht unterging«, mußte hier im Wüstensand selbst mitkämpfen. Sein Schlachtroß wurde unter ihm getötet, einer seiner Pagen fiel an seiner Seite. Daß er doch siegte, verdankte er der unerschütterlichen Ordnung der deutschen Landsknechte und dem Salvenfeuer der spanischen Arkebusiere. Chaireddin floh nach Tunis, um dort mit dem Rest seiner Leute erneut Widerstand zu leisten. Aber diese letzte Kraftprobe blieb dem kaiserlichen Heer erspart.
Unter den christlichen Sklaven in Tunis – es sollen 20 000 gewesen sein – befanden sich Edelleute, Offiziere, Soldaten und Matrosen, tatkräftige Männer, die einen Aufstand vorbereitet hatten für den Fall, daß Chaireddin sein Heer einmal wegführen würde. Das war nun eingetreten. In der Nacht vom 20. auf den 21. Juli 1535 ergriffen sie die Waffen, die sie sich heimlich beschafft hatten, befreiten andere Gefangene und besetzten Tore, Bastionen und weitere wichtige Plätze der Stadt. Chaireddin konnte nicht mehr daran denken, Tunis zu halten, und floh weiter nach Westen, wo er in Bône vorsorglich einen Teil seiner Schiffe untergebracht hatte.
Die mohammedanische Bevölkerung von Tunis hegte wenig Sympathie für die Korsaren und hatte deshalb den Aufstand der Christensklaven kaum behindert. Nun öffnete sie die Tore und begrüßte Karl V. als Befreier. Aber der Kaiser hatte seine rauhen Krieger nicht besser in der Hand als der Sultan sei-

ne Janitscharen: in der Hoffnung, die reiche Stadt plündern zu dürfen, hatten die christlichen Soldaten die Strapazen des Wüstenmarsches ertragen, hatten sich ausgemalt und von ihren Vorgesetzten versprechen lassen, wie sie sich mit Beute, Wein und schönen Frauen für alle Gefahr und übermenschliche Anstrengung entschädigen würden – darauf sollten sie nun verzichten?

Das Schicksal von Tunis war ebenso traurig wie das anderer eroberter Städte. Als das kaiserliche Heer wieder absegelte – nur in der Festung Goleta blieb eine spanische Besatzung zurück –, hinterließ es berechtigten Haß. Für die Christenheit freilich waren die Eroberung von Tunis, die Befreiung so vieler Sklaven und die Zerstörung eines großen Teils der Korsarenflotte ein großer Erfolg. Zumindest in der Kunstgeschichte ist er nicht vergessen, denn der Kaiser hatte auf den Feldzug den flämischen Maler Jan Cornelisz Vermeyen mitgenommen.

Nach Zeichnungen, die er sogleich angefertigt hatte, malte Vermeyen in den folgenden Jahren 12 Kartons als Vorlage für große Wandteppiche aus Wolle und Seide. Diese prachtvolle Serie von 12 Tapisserien befindet sich im Patrimonio Nacional zu Madrid, 10 der 12 Kartons (2 gingen frühzeitig verloren) kamen nach Wien und bildeten die Vorlage für Tapisserien, die Kaiser Karl V. in Auftrag gab. Also kann ein Kunstfreund, sei es in Madrid, sei es in Wien, den Feldzug in allen Phasen verfolgen, von der Musterung des Heeres in Barcelona über die Kämpfe um Goleta und die Eroberung bis zum Marsch nach Tunis und der Plünderung. Es sind Werke von hohem Rang, sowohl vom künstlerischen wie vom kunstgewerblich-technischen Standpunkt; wer sie bewundert, vergißt darüber beinahe den Wert der historischen Aussage.

Viel bekannter als diese Tapisserien sind andere Denkmäler von Kaiser Karls V. Kampf gegen die türkische Flotte, nämlich die Wachttürme, die er an fast allen Küsten des Mittelmeeres, soweit sie zu seinem Machtbereich gehörten, erbauen ließ. Gemeinhin heißen sie »Sarazenentürme«, nicht ganz zu Unrecht, denn schon in früheren Jahrhunderten, als noch sarazenische Seeräuber zu fürchten waren, gab es Türme dieser Art. Die meisten jedoch stammen aus dem 16. Jahrhundert. Man sieht sie, gut erhalten oder als Ruinen, an den Küsten Spaniens und Südfrankreichs, auf den ligurischen, tyrrhenischen und amalfitanischen Uferklippen. Auf Capri schützt der Wachtturm der Madonna della Guardia die Landungsstelle bei der Cala del Faro, auf dem Monte Solaro steht ein halb zerstörtes Kastell, auf dem Kap von Damecuta ein Wachtturm; die Torre di Materita gehörte zu den Ländereien des Dichters Axel Munthe.

Die erste Aufgabe der Wächter in diesen Türmen bestand darin, bei der Annäherung verdächtiger Schiffe Warnsignale zu geben. Fanden sich dann Soldaten oder die Landbevölkerung zur Abwehr, dienten die Türme als Sammelplatz und erster Rückhalt. Ohne starke Artillerie bestand freilich kaum Aussicht, die Landung verhindern zu können. Also verzichtete man meistens auf Widerstand und flüchtete hinter die Mauern eines Kastells oder einer Stadt, hinauf in die Berge oder weit ins Landesinnere, wenn kein anderer Ort Sicherheit bot.

Solch ein Platz war auf Capri die Grotta del Castiglione. Sie diente diesem Zweck schon in der Jungsteinzeit, wurde in römischer Zeit mit großem Aufwand zu einem Nymphenheiligtum ausgebaut; zur Zeit der Piratenüberfälle aber war die Grotte ein willkommener Zufluchtsort für die Inselbevölkerung.

Was oben von der dalmatinischen Küste für das 15. Jahrhundert gesagt wurde, gilt nicht minder für die Küsten Italiens und seiner Inseln: ältere Wehrbauten, die gegen andere Feinde errichtet worden waren, dienten nun zum Kampf gegen die Flotte Chaireddins, so etwa auf der Sorrentiner Halbinsel das Piccolomini-Kastell San Nicola di Toro plano oberhalb von Maiori oder die Torre dello ziro bei Amalfi. Im Gegensatz zu solch einem reinen Rundturm verrät die Doppelkegelform späterer Wachttürme, daß sie auf Befehl Kaiser Karls V. erbaut wurden.

Die Vorsorge war dringend nötig, denn Chaireddin gab sich nach der Niederlage von Tunis nicht geschlagen. Für die Kaiserlichen war es zu spät im Jahr, auch noch Algier anzugreifen, aber kaum war ihre Flotte abgesegelt, stieß der Korsar neuerlich vor. Seine Streitmacht reichte immer noch aus, die Küsten der Balearen zu plündern und auf Menorca in den Hafen von Mahon einzudringen. Wie gewöhnlich machten sich die Seeräuber mit ihrer Beute und vielen Gefangenen davon, bevor die nächste Station kaiserlicher Kriegsschiffe überhaupt alarmiert werden konnte.

Allzulange konnte sich Chaireddin aber nicht mehr seines ungebundenen Freibeuterlebens in Algier erfreuen. Der Sultan berief ihn zurück ins östliche Mittelmeer, die eigenen Küsten zu verteidigen. Am 8. Februar 1538 war in Rom eine »Heilige Liga« gegen die Türken geschlossen worden, im folgenden Sommer sammelte sich bei Korfu eine große Flotte aus Spanien, Venedig und Malta. Den Oberbefehl führte Andrea Doria: die beiden größten Seehelden ihrer Zeit standen einander gegenüber!

Chaireddin verfügte hauptsächlich über kleine, wendige Schiffe, die mit Rudern ausgestattet wurden und daher auch bei Windstille operieren konnten. Ihr Nachteil bestand darin, daß wegen der Ruder an den Breitseiten keine Artillerie postiert werden konnte; die Geschütze standen fast ausschließlich am Bug, waren also in der Zahl beschränkt. Die Entscheidung konnte nicht im Artillerieduell erreicht werden, sondern nur nach alter Korsarenart dadurch, daß man an das gegnerische Schiff unmittelbar heranfuhr und es enterte. Auf offener See war das nicht leicht, doch Chaireddin hielt sich mit seiner Flotte im großen Ambrakischen Golf auf.

Dieser Golf wird auch der von Preveza oder Arta genannt, nach den nächstliegenden Städten, im Altertum war er als der von Actium bekannt: hier hatten die kleineren, schnelleren Liburnen des Octavianus (ein Schiffstyp der liburnischen Seeräuber) über die großen, schwer beweglichen Triremen des Marcus Antonius und der Kleopatra gesiegt.

Es ist zwar nicht wahrscheinlich, daß Chaireddin dieses Lehrbeispiel der Seekriegsgeschichte kannte, doch seine eigene Erfahrung mußte ihm sagen: wenn es ihm gelang, Doria in den Golf hineinzulocken, war ihm der Sieg sicher. Andrea Doria hatte gewiß von der Schlacht bei Actium im Jahre 31 vor Christus gelernt, aber auch ohne diese Kenntnis hätte er sich gehütet, das offene Meer zu verlassen. Nur dort draußen, bei ungehinderter Möglichkeit zu manövrieren, konnte sich die überlegene Feuerkraft seiner Schiffe auswirken.

Also belauerten die beiden alten Füchse einander, der eine im Golf, der andere draußen. Aber Chaireddins Position war besser: er hatte das ganze Hinterland zu seiner Unterstützung, ihn drängte nichts, während Doria nicht unbegrenzt lang warten konnte. Der Sommer war bereits vergangen, die Herbststürme konnten gefährlich werden. Um kein unnötiges Risiko einzugehen, entschloß sich Andrea Doria zur Rückkehr nach Korfu.

Eine Armada von Schiffen ganz verschiedener Bauart und Größe, also auch verschiedener Beweglichkeit und Schnelligkeit, wenden zu lassen und zur Abfahrt neu zu ordnen, war ein schwieriges, zeitraubendes Manöver, bei dem sich der Verband notgedrungen weit auseinanderzog. In diese lockere Kette von Ruder- und Segelschiffen, deren jedes mit seinen eigenen Schwierigkeiten kämpfte, stieß unversehens Chaireddins Flotte hinein, dicht geschlossen und dadurch im Augenblick überlegen. Zu einer richtigen Seeschlacht großen Stils kam es nicht, denn die türkischen Schiffe hüteten sich, die Galeonen anzugreifen, die ganze Breitseiten gegen sie abfeuern konnten. Sie begnügten sich mit dem augenblicklichen Erfolg, daß die große christliche Flotte nach Korfu abzog.

Der Bericht der osmanischen Historiker, den über eineinhalb Jahrhunderte später Demetrie Kantemir in seinem Geschichtswerk wiedergab, lautet: »Die Feinde verhielten sich anfangs sehr tapfer und verursachten, daß der Sieg lange zweifelhaft war; endlich aber machten sich die Christen, als sie merkten, daß sie übermächtigt waren, in der Nacht fort; waren aber gezwungen, dem türkischen Admiral einige von ihren Schiffen, als eine Belohnung für seine Mühe, zu überlassen. Allein, da derselbe nach diesem Siege allzu sicher war und nach Constantinopel zurückkehrte, so belagerte Andrevirius (Andrea Doria), der nunmehr außer Gefahr war, die Stadt Nova (Castelnuovo bzw. Hercegnovi), bekam dieselbe ein und ließ alle mohammedanischen Einwohner daselbst niederhauen, um diejenigen, die wegen seines letzteren Verlustes mißvergnügt waren, zu befriedigen. Wiewohl, die Eroberung des Andrevirius war von keiner langen Dauer. Denn Chaireddin griff im folgenden Jahr (1539) mit einer frischen Flotte an, und nachdem er diese verlorene Stadt wieder erobert hatte, so ließ er, zur Rache für seine Landesleute, alle Christen daselbst, ohne Unterschied des Alters oder Geschlechts, umbringen.«

Solche nüchterne, geradezu teilnahmslose Worte zeigen vielleicht besser, jedenfalls glaubhafter als pathetische Schilderungen die Leiden der Küstenbewohner. Die Altstadt von Hercegnovi hat ihre Stadtmauer bewahrt, auch die Festung ist noch zu sehen, die von den Türken 1539 errichtet wurde, und türkische Inschriften bei einem Tor an der Landseite.

Die Heilige Liga zerbrach wie schon viele andere Bündnisse gegen die Türken. Venedig schloß Frieden, behielt noch Kreta und Zypern sowie einige kleinere Inseln, darunter Mykonos, Tinos und Kythera (damals Cerigo) südlich der Peloponnes, verlor aber die Erlaubnis, mit seinen Handelsschiffen das Schwarze Meer zu befahren. Kaiser Karl V. mußte den Türken die Seehoheit im östlichen Mittelmeer überlassen und sich darauf beschränken, die westlichen Küsten zu verteidigen. Nicht einmal das gelang ihm völlig: im September 1540 überfiel eine Korsarenflotte, die Chaireddin ausgesandt hatte, die Stadt Gibraltar und plünderte sie.

Der Gegenschlag des Kaisers scheiterte, aber nicht etwa durch militärische Überlegenheit des Gegners, sondern durch die eigene schlechte Organisation. Es dauerte zu lange, bis die große Flotte von über 500 Schiffen beisammen war. Erst in der zweiten Oktoberhälfte 1541 begann der Angriff auf Algier mit 24 000 Mann, darunter 6000 deutschen Landsknechten. Die ersten Erfolge stellten sich ein, doch dann brachen die Herbststürme los, rissen die Schiffe von den Ankerketten, trieben sie gegeneinander oder ans Ufer. Ohne Nachschub an Verpflegung und Munition schien das Unternehmen aussichtslos. Der erfahrene Andrea Doria hatte von vornherein davor gewarnt, so spät im Jahr loszusegeln;

nun riet er zur Rückkehr. Weniger vorsichtig war Fernando Cortez: er hatte mit viel geringerer Truppenmacht Mexiko erobert – er getraute sich auch zu, Algier zu bezwingen, wenn ihn der Kaiser mit einem Teil des Heeres dort zurückließe. Aber Karl V. gehorchte dem Rat Dorias und befahl, das Heer wieder einzuschiffen. Die Pferde mußten zurückbleiben, der Laderaum reichte nicht aus. Als die Flotte nach vielfacher Seenot wieder in Spanien landete, war fast die Hälfte der Schiffe verloren.

Die Verteidigung von Algier hatte Hassan Aga geleitet, ein verläßlicher Unterführer Chaireddins. Der Sultan konnte mit seinen Feldherren zufrieden sein! Einen weiteren wertvollen Verbündeten in seinem Kampf ums Mittelmeer bescherte ihm die Rivalität der europäischen Staaten: König Franz I. von Frankreich scheute sich nicht, den Erbfeind der Christenheit zum Angriff auf Italien zu ermuntern. Schon 1537 waren türkische Truppen in Apulien gelandet, um sich mit den Franzosen zu vereinen, die von Norden her in Italien einfallen wollten. Dieses Unternehmen war gescheitert, aber nun, im Sommer 1543, durfte der gefürchtete Korsar Chaireddin als geehrter Verbündeter mit der osmanischen Flotte in die Häfen von Marseille und Toulon einlaufen.

Wahrscheinlich plante Chaireddin, von hier aus gegen Genua vorzustoßen, die Stadt seines alten Gegners Andrea Doria. Das gelang zwar nicht, doch immerhin erreichte er, etwa auf halbem Wege zwischen Toulon und Genua, die wohlhabende Hafenstadt Nizza. Von der Landseite her rückten die Franzosen an, vom Meer die Türken. Nur die Zitadelle konnte sich halten, die übrige Stadt wurde erobert und grausam geplündert.

Die Korsaren hatten also ihre Beute und waren soweit zufrieden. Einen größeren militärischen Erfolg der Franzosen konnte Andrea Doria verhüten. Es würde locken, die Schicksale der beiden Haupthelden des großen Ringens weiter zu verfolgen, doch das würde vom eigentlichen Thema wegführen. So sei nur kurz erwähnt, daß Chaireddins letzte Frau eine Spanierin war, die Tochter des Gouverneurs von Reggio di Calabria. Auf der Fahrt nach Toulon hatte der Korsar diese

Stadt und auch ihre Zitadelle erobert; eine rührende, vielleicht wahre Geschichte erzählt, wie der Anblick des Mädchens den alten Krieger so ergriffen habe, daß er die anderen Gefangenen verschonte, sogar auf die Plünderung verzichtete und nur Dona Maria mitnahm. Sie blieb bei ihm, bis er am 4. Juli 1546 zu Istanbul starb. Sein Mausoleum steht in Beschiktasch, einem nördlichen Vorort von Istanbul, nahe dem Ufer des Bosporus.

Andrea Doria wurde in seiner Heimatstadt durch ein Standbild geehrt, hatte aber vorher noch einige Abenteuer zu bestehen. Ein ehrgeiziger junger Adeliger, Giovanni Luigi de Fieschi, Graf von Lavagna, hatte schon 1544 versucht, zusammen mit den Franzosen seine Heimatstadt zu überfallen, doch das Korps, das dazu bestimmt war, wurde rechtzeitig von den Österreichern geschlagen – sonst wäre vielleicht wirklich noch Chaireddin im Hafen von Genua eingelaufen! Drei Jahre später versuchte der Graf wieder eine Verschwörung, bemächtigte sich der Kriegsschiffe im Hafen und besetzte die wichtigsten Plätze. Wie es dann kam, daß doch Andrea Doria die Macht in Genua behielt, ist in Schillers Drama *Die Verschwörung des Fiesko zu Genua* nachzulesen.

Im Personenverzeichnis dieses Dramas steht Andrea Doria an erster Stelle mit der Ergänzung »Ein ehrwürdiger Greis von 80 Jahren. Spuren von Feuer.« Einige Jahre nach der innenpolitischen Auseinandersetzung bewies Doria, nunmehr noch höher im Greisenalter, daß ihm das Feuer (oder besser der Kampfesgeist) wirklich nicht fehlte: er vertrieb die Franzosen aus Korsika. Im Bunde mit den Türken hatten sie im Jahre 1553 die Insel angegriffen; die Zitadelle von Calvi im Nordwesten von Korsika widerstand ihnen damals und auch zwei Jahre später, als die Korsaren wiederkamen. Man verehrt noch heute das wundertätige Kruzifix in der Kirche Saint Jean Baptiste, dem die Rettung der Stadt zugeschrieben wurde. Die feste Stadt Bonifacio an der Südspitze der Insel fiel nach tapferem Kampf durch Verrat in die Hände der Feinde. Deren Herrschaft dauerte aber, wie gesagt, nur solange, bis Andrea Doria mit der genuesischen Flotte erschien.

Die Türken dürften ihre französischen Waffenbrüder nicht

sehr geschätzt haben, noch weniger deren Flotte. Sie störte es kaum, daß nun die Genuesen wieder Herren von Korsika waren, ja wahrscheinlich war ihnen das sogar lieber, denn so konnten sie ihre räuberischen Überfälle wiederholen. Darauf ist es zurückzuführen, daß ein großer Teil der Westküste verlassen wurde und bis ins 19. Jahrhundert so gut wie unbewohnt blieb. Die Erinnerung an die grausamen Feinde hat sich so tief ins Bewußtsein der Inselbewohner gegraben, daß sie die Ansammlung vorgeschichtlicher Menhire bei Palaggiu, 20 km von Sartène, als »Campu dei Turchi« (Türkenfriedhof) bezeichneten.
Die türkische Flotte vor Korsika stand unter dem Befehl eines gewissen Dragut (oder Torgut), eines Schülers des Chaireddin; sein Name hat in der Erinnerung der Inseln und Küsten ähnlich düsteren Klang wie der seines Meisters. 1540 war er, bereits ein gefürchteter Korsar, in Gefangenschaft geraten und mußte vier Jahre lang als Ruderknecht dienen, bis ihn Chaireddin wieder freikaufte. Nach Chaireddins Tod erreichte er vom Sultan, daß eine Flotte von 112 Galeeren ausgerüstet wurde, und da es an anderer Mannschaft fehlte, wurden 12 000 Janitscharen zum Dienst auf den Schiffen bestimmt. Mit ihnen eroberte Dragut im Jahre 1551 Tripolis und wurde Sandschakbej der Stadt und des umliegenden Gebietes von Libyen, wo vorher die Johanniter geherrscht hatten. Im Frühjahr 1560 versuchten die Spanier, Tripolis wieder in christliche Hand zu bringen. Giovanni Doria, der Kommandant der Flotte, besaß den großen Namen und gewiß auch einige der Fähigkeiten seines Großonkels, nur leider nicht alle. Der Angriff auf Tripolis scheiterte, und bei der Insel Dscherba lauerte nicht nur Dragut, sondern auch der Kapudan-Pascha Piale, der türkische Großadmiral, mit der Flotte des Sultans. Es war ein ungleicher Kampf. Viele der schwer beweglichen Truppentransportschiffe wurden von den begleitenden Galeonen abgeschnitten, erobert und nach Istanbul gebracht: ihre Ankunft glich einem Triumphzug. Der Sultan selbst ritt in den Hafen hinab, die Schiffe und die vornehmsten der vielen Gefangenen zu besichtigen.
Inzwischen hatte die osmanische Kriegsflotte noch andere Er-

folge verzeichnen können. Im Jahre 1550 war die Insel Samos erobert und geplündert worden, eigentlich spät, angesichts ihrer Lage so nahe der Küste von Kleinasien. Sie blieb unter dem Namen Sisam Adasi türkisch bis 1912, doch diese lange Fremdherrschaft, über dreieinhalb Jahrhunderte, hat nur geringe Spuren hinterlassen, kaum mehr als rote Backsteinhäuser mit hölzernen Balkonen in der Hauptstadt Vathy. Die griechische Bevölkerung bewahrte ihre Religion und Sprache und alle Traditionen; die kostbarsten Zeugnisse ihrer Vergangenheit beziehen sich nicht auf die Türken, sondern auf den Tyrannen Polykrates und den Philosophen Pythagoras, die vor zweieinhalb Jahrtausenden auf Samos gelebt haben.

Im westlichen Mittelmeer ging der Kampf weiter, denn Frankreich ersuchte neuerlich um türkische Hilfe gegen die Spanier. So nützte der Streit zweier christlicher Mächte dem Feind des Christentums. »Sulejman war es eine innige Freude«, berichtete Demetrie Kantemir in der bilderreichen Sprache des Orients, »daß er ein Ei durch das andere zerbrechen konnte, ohne seinen eigenen Händen wehe zu tun.« Seine Flotte unter Piale Pascha plünderte gern und ausgiebig die Küstenorte von Apulien bis zu den Balearen und brachte viel Beute heim. Piale Pascha konnte davon eine Moschee und einen Marktplatz in Istanbul erbauen lassen.

Piale Pascha war gleich Dragut aus der harten Schule des Chaireddin hervorgegangen. Als ehemaligem Korsaren mochte ihm leicht erreichbare Beute genügen, als Großadmiral des Sultans aber mußte er auch strategische Ziele verfolgen. So lief im Frühjahr 1565 die Flotte aus, um die Insel Malta zu erobern. Das Kommando führte Piale, aus Tripolis kam noch Dragut mit seinen Schiffen. Die Stärke der Landungstruppen unter dem Wesir Mustafa Pascha belief sich auf 28 000 Mann, davon 6000 Janitscharen und 6000 Sipahi.

Die Hoffnung der Türken beruhte auf ihrer Artillerie. Drei schwere Geschütze waren eigens für den Kampf um Malta gegossen worden, zwei Mörser, die Eisenkugeln von 40 kg Gewicht verschossen, und ein ungeheurer »Basilisk« für Kugeln von 100 kg. Dafür und für die vielen mittleren und leich-

teren Geschütze brachten die Türken angeblich 100 000 Kugeln und 15 000 Quintalen (über 7000 kg) Pulver mit.
Die Ritter des Johanniterordens, aus Rhodos vertrieben und nun nach ihrer neuen Heimat »Malteser-Ritter« genannt, hatten beizeiten von Angriffsplänen und Vorbereitungen erfahren und sich zur Abwehr gerüstet. Ritter und Kriegsknechte zusammen zählten etwa 5000 Mann. Eine große Kette sperrte die Einfahrt in den Hafen. Noch mehr Vertrauen setzten die Verteidiger in ihre Forts, die sie im letzten Jahr neu instand gesetzt und verstärkt hatten.
Die Türken landeten am 18. Mai 1565. Nach starker Beschießung eroberten sie ein Außenwerk des Kastells Sant'Elmo, das den wichtigsten Hafen beherrschte, und stürmten bei Tag und bei Nacht fast ununterbrochen gegen das Fort selbst. Als sie es am 23. Juni genommen hatten, fanden sie darin 1500 Gefallene, die Opfer ihrer Artillerie. Ihre eigenen Verluste aber waren noch viel höher. Auch Dragut hatte vor Sant'Elmo den Tod gefunden. Das nächste Ziel der Türken war das Fort San Michele. Die Malteser-Ritter verteidigten sich heldenhaft und zäh, aber sie konnten den Tag absehen, an dem sie der Übermacht schließlich doch erliegen würden, wenn keine Hilfe von auswärts käme.
Eine Flotte, die Entsatz bringen sollte, hatte sich indessen im Hafen von Syrakus gesammelt, war schon gegen Malta in See gestochen, aber ein Sturm zwang sie zur Umkehr. Endlich am 6. September 1565 landete sie, während die Türkenflotte vor der großen Hafenbucht lag, in der Bucht von Melacca. Es waren nur 9000 Mann, vorwiegend Spanier, die da an Land gingen, aber die Türken hatten schon so große Verluste erlitten, angeblich 20 000 Mann, und waren von den harten Kämpfen so erschöpft, daß sie angesichts des neuen Feindes von einer Panik ergriffen wurden. Piale Pascha mußte froh sein, daß es ihm noch gelang, seine Artillerie zu verladen, dann trat er die Rückfahrt an.
Malta war gerettet, aber niemand wußte, ob nicht im nächsten Jahr eine neue Flotte eine neue Landungsarmee bringen würde. Um für diesen Fall gerüstet zu sein, ließ der Großmeister des Ritterordens eine neue, von vornherein stark befe-

stigte Stadt am Haupthafen erbauen. Er hieß Jean Parisot de la Valetta, hatte schon auf Rhodos gegen die Türken gekämpft und diesmal die Verteidigung tapfer und klug geleitet. Ihm zu Ehren erhielt die neue Hauptstadt den Namen La Valetta.

Im April 1568 brach in Spanien ein gefährlicher Aufstand los: die Nachkommen der Mauren, die noch im Lande verblieben und zum Christentum übergetreten waren, wurden von der Inquisition so bedrängt, daß sie zu den Waffen griffen. Ihr Kampf dauerte drei Jahre lang und hätte einer osmanischen Flotte guten Grund und günstige Gelegenheit zum Eingreifen geboten, doch in Istanbul saß nicht mehr der große Krieger Sulejman auf dem Thron – der war, wie schon geschildert, vor der ungarischen Stadt Szigetvár gestorben. Als sein Nachfolger Selim II. wohl eine Flotte rüstete, sie aber nicht nach Spanien, sondern gegen die Insel Zypern sandte, spotteten seine Feinde, er tue es nur deshalb, weil er den Wein von Zypern so liebe.

Der Wesir Mustafa Pascha begann am 25. Juli 1570, Nikosia zu belagern, die Hauptstadt der Insel, und eroberte sie am 9. September. Inzwischen schützte eine Flotte unter dem Befehl des Kapudan Muesin-Zade Ali Pascha das Landungsheer vor Überraschungen. Diesmal sollte nicht, wie bei Malta, ein unvermuteter Entsatz die Bemühungen zunichte machen. Tatsächlich war eine Hilfsflotte unterwegs; sie ankerte in der sicheren Suda-Bucht im Nordwesten von Kreta, den Befehl führte Giovanni Doria. Im September lief sie aus, aber etwa auf halbem Wege, bei der kleinen Insel Kastellorizon (türkisch Meis Adasi) kam die Nachricht, daß Nikosia verloren sei. Daraufhin kehrte Giovanni Doria um, wofür ihn schwere Vorwürfe trafen. Man argwöhnte, er habe das ganze Unternehmen verzögert, weil ihm wenig daran lag, den Venezianern den Besitz von Zypern zu erhalten. Ob das zutrifft, läßt sich schwer entscheiden, doch jedenfalls hätte er, wenn schon Nikosia verloren war, doch den anderen Städten von Zypern beistehen können!

Das stark befestigte Famagusta an der Ostküste der Insel hielt sich nämlich den ganzen Winter über gegen die Feinde und auch noch das halbe nächste Jahr, obwohl die Türken im Frühling neue Truppen und Kriegsvorräte hinbrachten. Der Kommandant Marco Antonio Bragadino, Edelmann und Senator von Venedig, verdiente gleichen Ruhm wie die Verteidiger von Malta und Szigetvár, sein Schicksal gestaltete sich aber viel trauriger. Zehn Monate hatte er die Feinde abgewehrt, nur Mangel an Lebensmitteln zwang ihn zur Kapitulation. Mustafa Pascha sicherte ihm freien Abzug zu, hielt sein Versprechen aber nicht, sondern ließ ihn ergreifen, entsetzlich verstümmeln und ihm auf dem Marktplatz von Famagusta bei lebendem Leib die Haut abziehen. Diese wurde dann ausgestopft und nach Istanbul gebracht; Bragadinos Söhne durften sie um viel Geld zurückkaufen.

Von den anderen Greueln auf Zypern schweigen natürlich die türkischen Berichte, die christlichen mögen übertrieben sein. Es heißt, die Eroberung der Insel habe die Türken 50 000 Mann gekostet, dafür hätten sie 20 000 Christen ermordet. Die weitere Nachricht, daß sie 2000 Christen als Sklaven und reiche Beute wegführten, klingt glaubhaft.

Obwohl es also zu spät war, der unglücklichen Insel beizustehen, fuhr die christliche Flotte neuerlich den Türken entgegen. Der Oberbefehl aber hatte gewechselt. Giovanni Doria befehligte nur mehr die genuesischen Schiffe, Veniero und Barbarigo die venezianischen, die päpstlichen führte Marcantonio Colonna, der noch einige Jahre zuvor gegen den Kirchenstaat gekämpft hatte. Er war erst 35 Jahre alt. Noch jünger, 24 Jahre, war der Führer des spanischen Kontingents und Oberkommandant der vereinigten Flotte, Don Juan d'Austria, ein natürlicher Sohn Kaiser Karls V. und der Regensburger Bürgerstochter Barbara Blomberg.

Die Flotte bestand aus 177 Galeeren, 30 Galeonen und Karakken sowie 6 Galeassen, welche die Vorteile der anderen Schiffstypen in sich vereinten: wie die Galeeren hatten sie Ruder und waren daher auch bei Windstille beweglich, aber oberhalb des Ruderdecks befand sich ein Geschützdeck, so daß die Galeasse gleich der Galeone Breitseiten abfeuern konnte, wenn auch nur aus leichteren Kanonen. Die schwere Artillerie war wie bei den Galeeren am Bug und auf dem Ach-

terdeck untergebracht, aber nicht starr, sondern beweglich in Geschütztürmen. Somit bildeten die hochbordigen, großen und breiten Galeassen aus Venedig den stärksten Bestandteil der vereinigten Flotte.
Die Zahl der türkischen Galeeren ist nicht genau zu ermitteln, die niedrigste Angabe liegt bei 170, die höchste bei 270. Ihre Feuerkraft war gewiß geringer als die der christlichen Schiffe, dafür war ihre Position günstig: sie lagen am Ausgang des Golfes von Korinth, knapp innerhalb von dessen engster Stelle, so daß sie beiderseits am Festland Rückhalt finden konnten, im Süden durch die Artillerie des Kastells von Rhion, im Norden durch die von Antirrhion und, ein wenig weiter innen im Golf, durch die Geschütze des gut befestigten Städtchens Lepanto (Nafpaktos).
Muesin-Zade Ali Pascha blieb aber nicht im Schutz der Festungsartillerie, sondern fuhr dem Feind entgegen. Er hielt sich an die altbewährte Angriffstaktik, bei der die Buggeschütze nur einmal, bestenfalls zweimal abgefeuert wurden, denn das Laden dauerte lange. Inzwischen mußten die Galeeren schon die feindlichen Schiffe erreicht haben, und wenn diese nicht gleich geentert und im Nahkampf erobert werden konnten, sollten wenigstens Brandpfeile und Pechkränze die Segel in Brand stecken. Die Galeeren der christlichen Flotte kämpften auf ähnliche Art, die Karacken, Galeonen und Galeassen dagegen setzten ihre überlegene Feuerkraft ein. Beide Seiten kämpften tapfer und erbittert.
Flammen und Qualm, Pulverdampf, Kampfeslärm und jämmerliches Geschrei der Rudersklaven, die an ihre Bänke gekettet waren und mit den Schiffen verbrannten oder untergingen – wie sollte in dieser Hölle der Flottenkommandant die Übersicht behalten? Es mag fast als Wunder erscheinen – und man sprach auch allgemein von der Hilfe Gottes und der Madonna –, daß Don Juan d'Austria rechtzeitig die große Gefahr erkannte, die dem Feind den Sieg zu bringen drohte: die Galeeren des türkischen linken Flügels waren zwischen die römischen und die genuesischen Schiffe eingedrungen. Wenn es ihnen gelang durchzubrechen, war die Aufstellung der Christen zersprengt, ein Teil ihrer Schiffe abgeschnitten.

Aber Don Juan d'Austria hatte sich eine Reserve aufbehalten und setzte sie im richtigen Augenblick ein, sodaß die Lage hier wiederhergestellt war.
Die entscheidende Wendung, die den Sieg brachte, stellte sich im Zentrum und auf dem linken Flügel der christlichen Flotte ein, wo die starken Galeassen aus Venedig kämpften. Nach vielen anderen türkischen Galeeren versenkten sie die des Kapudan-Pascha, Muesin-Zade Ali starb den Seemannstod. Damit erlahmte der Widerstand der Türken. Ihre Verluste waren größer als je in einer Seeschlacht: 15 – 30 000 Mann gefallen oder ertrunken, 3500 – 5000 in Gefangenschaft. Nur ein Teil des linken Flügels konnte durchbrechen und dann, nach Süden abdrehend, sich längs der Küste von Morea in Sicherheit bringen.
Der Sieg war nicht billig errungen, er hatte 15 Schiffe gekostet, 7000 – 8000 Tote, etwa doppelt so viele Verwundete. Unter ihnen befand sich übrigens ein junger spanischer Adeliger namens Miguel de Cervantes Saavedra, der später als Verfasser des *Don Quijote* weltberühmt wurde. Ein gewisser Trost für die Verluste war es, daß 12 000 christliche Ruadersklaven befreit werden konnten.
Große Maler wie Tizian, Paolo Veronese, Tintoretto und Vasari verherrlichten den Sieg in Gemälden, in allen Städten wurden Kupferstiche mit der Darstellung der Schlacht verkauft. Papst Pius V. stiftete zur Erinnerung daran eine Kassettendecke in der Kirche Santa Maria Aracoeli zu Rom und außerdem das Fest »Unserer Lieben Frau vom Sieg«, das dann sein Nachfolger Gregor XIII. in »Rosenkranzfest« (7. Oktober) umbenannte.
In Ingolstadt wurde die Kirche »Maria in victoriis« erbaut; ein Weihgeschenk befindet sich darin, das wie die Kirche selbst an den Seesieg von Lepanto erinnern soll: es ist, in Silber getrieben, die Nachbildung einer Galeere. Das schönste Gedenkstück besitzt jedoch die Kathedrale von Barcelona. In einer Seitenkapelle wird immer noch mit Messen, Kerzenopfern und Gebeten der »Christus von Lepanto« verehrt, die Gallionsfigur vom Flaggschiff des Siegers Don Juan d'Austria. Der holzgeschnitzte Christus neigt seinen Körper leicht

zur Seite – er wollte, sagt die Legende, einer türkischen Kanonenkugel ausweichen. Jede Stadt feierte ihre Helden, Marcantonio Colonna, der Kommandant der päpstlichen Schiffe, erhielt sogar bei seiner Rückkehr einen Triumphzug nach altrömischer Art.
Man feierte also den Sieg, aber man zog keinen Nutzen daraus. Spanien war zu sehr mit Frankreich und den aufständischen Niederlanden beschäftigt, vielleicht neidete auch König Philipp II. seinem berühmten Stiefbruder den Erfolg; der Krieg wurde jedenfalls nicht fortgesetzt. Venedig aber wünschte gar nicht, daß Spanien sich im östlichen Mittelmeer festsetze, und schloß einen ungünstigen Sonderfrieden, in dem es auf Zypern verzichtete und sogar Kriegsentschädigung zahlte, um seine Handelsvorrechte in türkischen Gewässern zu behalten. Nur in ihrer festen Stadt Zara (heute Zadar) in Dalmatien gestalteten die Venezianer das Seetor (Porta Marina) um und rühmten in einer Inschrift die Seeleute von Zara, die sehr tapfer mitgekämpft hatten.
Auch aus Cattaro (Kotor) hatten einige Schiffe wacker an der Schlacht teilgenommen, doch das Stadttor erinnert nicht an diesen, sondern an einen anderen siegreichen Kampf gegen die türkische Flotte, der für die Stadt noch wichtiger war: 1539 hatte Chaireddin Cattaro angegriffen, aber nicht erobern können. Andere Städte im südlichen Dalmatien, zum Beispiel Budva, hielten sich ebenfalls gegen türkische Angriffe und haben ihre Festungsanlagen behalten, Dulcigno (Ulcinj) aber ging um diese Zeit an die Türken verloren und wurde von ihnen als Stützpunkt ausgebaut.
Die türkische Flotte war ja vernichtend geschlagen, aber deswegen noch nicht aus dem Mittelmeer verschwunden. Als neuer Kapudan-Pascha wurde Uludsch Ali eingesetzt. Sein Name findet sich in der Überlieferung auch in der Form Kilitsch Ali oder Ochiali: er war es, der den linken Flügel der Flotte aus der Niederlage von Lepanto gerettet hatte. Die Flotte, die er wieder aufbaute, war der früheren nicht entfernt ebenbürtig, denn es fehlte an erfahrener Mannschaft. An ihn erinnert noch eine Moschee in Istanbul, die Sinan in seinem Auftrag baute. Nach seinem Tode (wahrscheinlich 1586) gab

es keinen Flottenkommandanten mehr, der kühn und in großem Stil operierte wie einst Chaireddin und Dragut.
Nur die Piraten der nordafrikanischen Küste, die »Barbaresken«, kaperten und plünderten bis ins 19. Jahrhundert verwegen und grausam, aber sie taten es eben nur als Piraten, es war kein richtiger Seekrieg mehr und vor allem: sie taten es immer weniger im Dienste des Sultans zu Istanbul. Oft waren es nur einzelne Kaperkapitäne oder Gesellschaften, die den Seeraub gewerbsmäßig betrieben, ganz ohne politischen Zweck. Die Behörden in Algier, Tunis oder Tripolis kümmerten sich nur soweit darum, daß sie von der Beute Steuern einhoben.
Aber nicht jeder Seeräuber im Mittelmeer war ein Mohammedaner. Wie englische Seefahrer auf dem Ozean spanische Schiffe kaperten, die mit Gold und anderer kostbarer Ladung aus Amerika kamen, so trieben im Mittelmeer auch christliche Seeleute ihr Unwesen. Zwar kämpften sie meistens gegen die Türken, aber sie taten es nicht nur im Dienste des Vaterlandes und des Glaubens, sondern des Geldes wegen.
Don Pedro Ghiron, Herzog von Ossuna, der von 1616 bis 1620 als spanischer Vizekönig in Neapel residierte, brauchte für seine Hofhaltung viel Geld: in seinem ersten Regierungsjahr soll er allein für Empfänge 50 000 Dukaten ausgegeben haben! Um seine Einkünfte zu erhöhen, nahm er Korsaren in Dienst wie den berühmten Normannen Jacques Pierre, der mit sechs Galeeren bei Chios eine türkische Flotte von 50 Schiffen angriff. Einige Jahre vorher hatte ein Korsar namens Beauregard es gewagt, bei Zypern mit seinen vier Galeonen den Kampf gegen 42 türkische Galeeren aufzunehmen. Beauregard fuhr im Dienste des Großherzogs von Toscana; aber auch der Johanniterorden schickte von Malta aus seine schnellen Geschwader auf Kaperfahrt. Ihnen gab der Krieg gegen die Ungläubigen hinreichenden Vorwand für ihre Taten und Untaten. Gleichzeitig agierten Kapitäne aus England und Frankreich, aus Spanien und den Niederlanden ganz auf eigene Faust und eigene Rechnung, auch wenn ihr König mit dem Sultan gerade in Frieden lebte. Und ihre Opfer waren nicht immer nur türkische Schiffe.

Außer den großen Korsaren befuhren viele kleine Räuber das Mittelmeer, lauerten in Buchten und Flußmündungen, zwischen den dalmatinischen oder den ägäischen Inseln, wo Untiefen und Riffe sie davor schützten, von größeren Schiffen verfolgt zu werden. Das führte zu richtigen Schelmenstreichen, etwa wenn die Korsaren die reiche Insel Chios überfielen und mit ihrer Beute flüchteten; türkische Galeeren machten Jagd auf sie, trieben sie in den Saronischen Golf, sperrten jeden Fluchtweg ab – da zogen die Korsaren ihre leichten Boote an Land, trugen sie über den Isthmos von Korinth und ruderten jenseits der Landenge munter davon.
Die einstige königlich-ungarische Freistadt Zengg (kroatisch Senj) im nördlichen Dalmatien bildete das Zentrum eines ganzen Seeräuberstaates. Es handelte sich um die Uskoken, christliche Serben, die vor den Türken geflüchtet waren. Sie sahen es als ihr gutes Recht an, nicht nur türkische Schiffe zu überfallen, sondern auch alle, die mit den Türken Handel trieben. Das brachte sie sehr bald in Konflikt mit Venedig, und schließlich mußte der Kaiser sie zwingen, ins Binnenland zu übersiedeln. Die Burg Nehaj, die sie 1558 errichtet hatten, und die Befestigungen von Senj selbst geben ein anschauliches Zeugnis von jenem kriegerischen Volk.
Senj wird des ähnlichen Namens wegen zuweilen mit Sinj verwechselt, einem Städtchen im mittleren Dalmatien, das gleichfalls seine Erinnerung an die Türken hat, wenn auch anderer Art. Aber Erinnerungen an die Türken und den Kampf gegen sie sind im mittleren Dalmatien nicht selten! Von den Festungen der Küstenstadt Šibenik (Sebenico) war schon die Rede; fährt man von dort landeinwärts nach Nordwesten, findet man bei Drniš die Ruinen eines türkischen Kastells, dessen Moschee später zu einer Kirche umgestaltet wurde. Nach weiteren 24 km erreicht man Knin im Tal der Krka; dort ist die Türkenfestung noch besser erhalten.
Das kleine Dorf Klis nordöstlich von Split (Spalato) liegt unterhalb einer einst wichtigen Sperrfestung. Kroaten und Ungarn verteidigten sie gegen die Türken, ihr Abwehrkampf war hart und lange Zeit erfolgreich, bis die Türken ihnen die Zufuhr absperrten und sie zu einem Ausfall zwangen. Gegen

die Übermacht, die der Pascha von Bosnien ins Feld geführt hatte, konnten sie sich nicht mehr behaupten, Klis (damals Clissa genannt) fiel im März 1537 in die Hand des Feindes und wurde sogar zum Sitz eines Paschas. Seine Moschee ist noch innerhalb der Festung zu sehen. Im Jahre 1648 aber eroberten die Venezianer die Festung Klis und auch noch 20 km weiter landeinwärts das Städtchen Sinj.

In Klis also und vielen anderen Städten erinnern Bauwerke an die Türken, in Sinj dagegen ist es ein schöner Brauch, der sich über die Jahrhunderte erhalten hat und jetzt, im Interesse des Fremdenverkehrs, besonders eifrig gepflegt wird: die »Sinjska Alka«. Es ist ein Volksfest rund um ein farbenprächtiges Reiterspiel, wie dergleichen als ritterliche Übung einst in ganz Europa bekannt war und mancherorts als »Ringelstechen« bis in die Gegenwart geübt wird. Gleich dem Feistritzer Kufenstechen (Seite 106) wird der alte Brauch mit einem Sieg über die Türken verknüpft: am 15. August 1715 griffen die Türken das Städtchen Sinj an, gerade am Festtag von Mariae Himmelfahrt – aber die Madonna stand den Christen bei, der Feind konnte abgewehrt werden. Zum Dank dafür und zur Freude der Zuschauer zeigen alljährlich um diese Zeit die »Alkari-Reiter«, wie geschickt sie mit ihren Lanzen umgehen können, und wenn sie mit ihren Knappen durch die Stadt ziehen, trägt ein Pferd das Prunkgeschirr und die Waffen des Paschas, die damals erbeutet wurden.

Das bunte Treiben läßt fast vergessen, daß es sich ursprünglich um ein religiöses Fest handelte mit Prozession und Gottesdienst, dem einmal auch Kaiser Franz I. von Österreich beiwohnte, ein andermal der König von Sachsen. Das wundertätige Madonnenbild, dem der Sieg zugeschrieben wird, soll von bosnischen Flüchtlingen mitgebracht worden sein. Der deutsche Reiseschriftsteller J. G. Kohl, der um die Mitte des vorigen Jahrhunderts nach Sinj kam, besichtigte das Bild im dortigen Franziskanerkloster, nannte es das Werk eines byzantinischen Künstlers, zeichnete die Legende von der Rettung der Stadt auf und vermerkte, wie sehr das Bild weit im Umkreis verehrt wurde. Sogar türkische Kaufleute, die auf ihrer Reise durch Sinj kamen, opferten der »Madonna di

Sign« eine Silbermünze. Der Glaube an die Wunderkraft des Bildes ist auch in der Gegenwart nicht ganz geschwunden, obwohl bei der Alka mehr das Schaugepränge im Vordergrund steht.

Auch die Insel Korčula kennt ein schönes altes Fest als Erinnerung an eine siegreiche Abwehr der Türken. Die örtliche Überlieferung verlegt das Ereignis in das Jahr 1571 nach der Schlacht von Lepanto: bevor Uludsch Ali mit seinen Schiffen rund um Griechenland segelte, um Istanbul zu erreichen, soll er noch rasch versucht haben, die dalmatinische Küste zu plündern. Der venezianische Gouverneur, der Adel, die meisten Geistlichen und reichen Bürger hätten, so heißt es, aus Furcht die Stadt Curzola (so hieß Korčula damals) verlassen, die Zurückgebliebenen aber hätten sie unter der Führung eines Archidiakon solange verteidigt, bis ein unerwartet heftiger Nordwind die Türken gezwungen habe, vom Angriff abzulassen. Auch wenn die Beziehung auf das denkwürdige Jahr 1571 nicht gesichert ist, die Geschichte von der Verteidigung gegen Korsaren ist glaubhaft. Problematisch wird es erst, wenn dieser kurze Kampf als Grund angegeben wird dafür, daß sich auf Korčula ein Waffentanz, die »Moreska«, erhalten hat.

Es würde zu weit von unserem Thema wegführen, wollten wir uns hier mit den Moreskentänzen auseinandersetzen, ob sich ihr Name wirklich von den »Mohren« herleitet, die als Seeräuber an vielen Küsten Europas gefürchtet wurden. In Portugal wird die »Mourescada« zur Sommersonnenwende getanzt, in anderen Ländern zu anderer Zeit, auch um den Maibaum, und vor allem sind die englischen Morristänzer weltbekannt. Es ist also ein Waffentanz alter Tradition, der gewiß nicht erst seit dem Jahr 1571 üblich geworden ist. Daß man diesen Tanz dann in Korčula auf den Sieg über die Angreifer bezog, ist verständlich. Früher wurde er nur einmal im Jahr aufgeführt, dann mehrmals, jetzt während des Sommers allwöchentlich, damit jeder Tourist ihn sehen kann.

In diesem Zusammenhang ist noch ein Kriegstanz einer Insel zu erwähnen: in Barano, einem Dorf im Süden von Ischia, kennt man »la 'ndrezzata«, einen malerischen, munteren

Männertanz, der ebenfalls die Kämpfe der Inselbewohner gegen Seeräuber zum Inhalt hat.
Jene Inseln, die am nahen Festland ihren Rückhalt hatten, wie Ischia und Korčula, konnten sich der Feinde erwehren, denn gewöhnlich ging es diesen nicht um dauernden Besitz, sondern nur um die Beute. Wenn der Sultan aber aus strategischen Gründen, des Handels oder nur des Prestiges wegen ernstlich wünschte, eine Insel seinem Reiche anzugliedern, wenn er Kampftruppen in jeder erforderlichen Zahl und dazu schwere Artillerie landen ließ, dann stand es um die Insel schlecht. Malta hatte sich erwehren können, Zypern nicht. Im Jahre 1645 kam Kreta an die Reihe.
Die Venezianer wußten selbstverständlich, daß ihre Herrschaft auf Kreta gefährdet war. Sie hatten die Hauptstadt Candia (das heutige Iraklion etwa in der Mitte der Nordküste) vorzüglich befestigt, in den Hafenstädten der Insel lagen immer Kriegsschiffe vor Anker: dauernde Wachsamkeit ist eben kostspielig! Man erwartete, daß einmal ein Sultan nach dem »Schlüssel zur Ägäis« greifen würde, aber daß es gerade der unbedeutende, noch junge Sultan Ibrahim sein werde, der sich hauptsächlich den Freuden seines Harems ergab – das konnte die Seerepublik bis zuletzt nicht annehmen.
Der Anlaß zu dem langen Krieg war eher nur ein Vorwand zu nennen, denn der Sultan durfte sich zwar mit gutem Recht sehr ärgern, aber Venedig trug keine Schuld an dem peinlichen Ereignis, sondern wieder einmal die raublustigen Galeeren aus Malta. Sechs von ihnen unter der Führung des Ordensgenerals trafen Ende September 1644 bei der Insel Kerpe (Karpathos zwischen Kreta und Rhodos) auf einen Geleitzug von 10 türkischen Schiffen, darunter eine ungewöhnlich große, gut bewaffnete Galeere. Die Malteser griffen an. In dem harten Gefecht verloren sie den General, acht hohe Offiziere und 110 Mann, dafür war ihre Beute ungeheuer groß. Die türkischen Schiffe, die sich nun in ihrer Gewalt befanden, hatten hochgestellte Persönlichkeiten nach Ägypten bringen sollen: eine Lieblingsfrau des Sultans, einen jungen Prinzen, den Kislar Agasi (Obersten Eunuchen) Sumbul Aga sowie die obersten Richter von Bursa und Mekka; wahrscheinlich soll-

ten sie die hohe Dame auf einer Pilgerfahrt nach Mekka begleiten.

Nach diesem Sieg legten die Malteser auf Kreta an, verkauften einen Teil der Beute und ließen befreite Christensklaven an Land gehen, dann setzten sie die Fahrt heimwärts fort. In Istanbul machte der Großwesir dem venezianischen Bailo (Gesandten) deswegen bittere Vorwürfe, aber das war kein Grund, noch mehr besorgt zu sein als bisher. Nur für alle Fälle verstärkte Venedig die Garnison auf Kreta und erhöhte die Zahl der dort stationierten Schiffe von 10 auf 20. Die Türken rüsteten inzwischen eine große Flotte, erklärten aber, sie sei für eine Strafexpedition gegen Malta bestimmt, und fragten sogar an, ob sie dazu einen Stützpunkt auf Kreta erhalten könnten. Das lehnte Venedig begreiflicherweise ab.

Im April 1645 segelte die türkische Flotte aus dem Goldenen Horn, erhielt auf der weiteren Fahrt noch Verstärkungen und erschien gegen Ende Mai zwischen den Inseln Kythera und Kreta, die damals die venezianischen Namen Cerigo und Candia führten. Als die Flotte die Durchfahrt passiert hatte und sich nach Nordwesten wendete, atmete man in Kreta wie in Venedig erleichtert auf: offenbar ging es wirklich gegen Malta! Drei Wochen blieben die türkischen Schiffe in den sicheren Gewässern der Bucht von Pylos (damals Navarino), bis auch aus Tunis und Tripolis Verstärkungen eingetroffen waren. Erst als die Flotte wieder auf hoher See war, erfuhren die Kapitäne das wirkliche Ziel des Unternehmens: es war doch Kreta!

Am 25. Juni 1645 landete die Flotte in der Bucht von Canea (Chania) im Nordwesten von Kreta. Dort lag auf der kleinen Insel San Todero (Agiou Theodorou) ein Fort; als der Kommandant sah, daß er sich nicht halten könne, sprengte er das Fort samt den eindringenden Feinden in die Luft. Die Stadt Canea wurde bis zum 18. August verteidigt, dann mußte sie kapitulieren. Die Besatzung durfte mit allen Ehren abziehen, und von der Bevölkerung jeder, der wollte, sogar mit allem Besitz, den er mittragen konnte. Der Kapudan Jussuf-Pascha hielt wider alle türkische Gewohnheit die Bedingungen ein, sei es aus persönlicher Anständigkeit, sei es in kluger Berech-

nung: den Griechen von Kreta sollte die bevorstehende Türkenherrschaft nicht vom ersten Tag an grausam erscheinen. Die Griechen hatten wenig Ursache, ihre venezianischen Herren zu lieben, die nicht hinreichend Schutz gegen die Seeräuber gewährt, aber hohe Steuern erhoben und harte Arbeitsleistungen erzwungen hatten. Im Altertum soll die Insel 100 Städte und gegen eine Million Einwohner gezählt haben, im 16. Jahrhundert waren es nur mehr vier Städte, die Bevölkerung auf unter 200 000 gesunken. Die Venezianer fanden in ihrem Kampf gegen die Türken wenig Unterstützung bei den Einheimischen; diese lernten die Türken erst richtig hassen, als ihnen im Sommer 1646 die Ernte in der Messara-Ebene weggenommen wurde. Das galt für die Bauern; den Söldnern und Miliztruppen aber dürften die Türken als kein größeres Übel denn die Venezianer erschienen sein. Als am 9. Oktober die Stadt Retimo (Rhéthymnon) erstürmt wurde, schloß sich die ganze Besatzung – die übrigens sehr tapfer gekämpft hatte – nunmehr dem Heer der Sieger an, mit alleiniger Ausnahme des venezianischen Kommandanten.
Zunächst hatten die Türken nur Canea als Brückenkopf gehalten, die Hauptkirche in eine Moschee umgewandelt, die Festungsanlagen verstärkt. Die Altstadt besitzt noch ihre Ringmauer und die Hafenmoschee; die Minarette und das alte Mauerwerk der Zitadelle bilden einen reizvollen Gegensatz und scheinen doch zusammenzugehören gegenüber den breiten Straßen und modernen Bauten der neuen Stadtteile.
Da die Venezianer sich auf die Verteidigung der Städte beschränkten und die Landbevölkerung kaum Widerstand leistete, konnten die Türken binnen eineinhalb Jahren die ganze Insel unter ihre Herrschaft bringen. Nur die Stadt Candia, welche die Griechen »Megalokastron« (die große Festung) nannten, Sitia im Osten der Insel und drei kleine Hafenkastelle der Nordküste waren noch venezianisch. Aber trotz dieser Erfolge hatten die Türken keinen Grund zur Siegesfreude, und die nächsten Jahre wurden schwierig. Die Krieger hatten zu gierig geraubt und zu viele Dörfer angezündet – nun waren die Herden gefährlich vermindert, die Felder blieben unbestellt, die Gärten und Baumpflanzungen waren

verwüstet; die Bauern, die Lebensmittel liefern sollten, lagen ermordet und verstümmelt, oft nicht einmal bestattet, unter den Trümmern ihrer Häuser. Da war es schwer, das Heer zu versorgen. Der Nachschub aus dem Mutterland kam aber nur unregelmäßig, zeitweise blieb er ganz aus.
Venedig hatte die Landung der Türken nicht verhindern können, aber es war stark genug, ihre Versorgung zu erschweren oder ganz zu unterbinden. Anfangs fand die Republik die Unterstützung des Papstes, des St. Stephansordens der Toscana, des spanischen Neapel und des Malteserordens, und bei etwas wendigerer Diplomatie hätten sogar Savoyen und Genua Schiffe geschickt. Aber ziemlich bald kämpften Venedig und Malta allein gegen die osmanische Flotte. Immerhin gelang es ihnen, binnen sieben Jahren drei große Seesiege zu erringen – ein blendendes Zeugnis für die Tapferkeit und seemännische Tüchtigkeit der Admirale und Kapitäne, der Soldaten und Matrosen.
Den türkischen Truppen auf Kreta mußte es geradezu als Glücksfall erscheinen, wenn trotzdem größere oder kleinere Geleitzüge landeten, um ihnen Verstärkung und Munition zu bringen, ja oft mußten sie längere Zeit sogar auf ihren Sold warten. Ihr Befehlshaber Husseyn Pascha führte den Beinamen »Deli«, das heißt »der Verrückte«, weil er so tollkühne und unerwartete Entschlüsse faßte. Er hatte das eroberte Land längst an Sipahi als Lehen vergeben, aber erkannt, daß er die einheimischen Bauern doch schonen müsse. Mit deren – gewiß nicht freiwilligen – Hilfe gelang es ihm, seine Truppen einigermaßen aus dem Lande zu ernähren. Seine Umsicht und sein Reichtum an Einfällen in der Verwaltung wie im Kriege machten ihn bei der Truppe beliebt, die Gegner fürchteten und haßten ihn, versagten ihm aber nicht ihre Achtung. Aber eben dieses hohe Ansehen brachte ihm den Untergang: er war dem Großwesir zu mächtig, zu einflußreich geworden. Im Mai 1658 wurde Husseyn Pascha aus Kreta abberufen, um das Amt des Kapudan-Pascha zu übernehmen, aber das war nur ein Vorwand, ebenso wie ein halbes Jahr später seine Ernennung zum Bejlerbej von Rumelien. Noch vor Ende des Jahres wurde er hingerichtet, immerhin in

der ehrenvollen Form der Erdrosselung. In den Gärten vor dem »Goldenen Tor« im Südwesten von Istanbul, bei der Festung der Sieben Türme (Yedikule) steht sein Grabmal.
Noch unregelmäßiger als zu den Türken kamen Verstärkungen und Nachschub für die wenigen venezianischen Positionen. Je nach der politischen Lage in Europa, nach der wirtschaftlichen Möglichkeit der einzelnen christlichen Staaten und der augenblicklichen Begeisterung bestiegen adelige Jünglinge oder Sträflingskompanien, Söldner, Priester und Ingenieure die Transportschiffe. Nicht jeder, der vor Candia an Land ging, war dem Kommandanten der Festung willkommen. Francesco Morosini, ein erfahrener Kriegsmann, brauchte echte Soldaten, die sowohl an Entbehrungen wie an Gehorsam gewöhnt waren, nicht Prinzen und Grafen, die ihre Pagen, Diener und anderes Gefolge mitbrachten, hier in den Kampf gingen wie daheim zu einem Duell und rasch Ruhm ernten wollten, um möglichst bald wieder abzusegeln. Ein französisches Corps von Edelleuten, das Ende November 1668 eintraf, verließ Kreta bereits am 3. Januar 1669, aber in diesen sechs Wochen war es auf ein Drittel zusammengeschmolzen.
Um die Beziehungen des französischen Hofes zum Sultan nicht zu trüben, kamen die Freiwilligen wie die regulären Kompanien aus Frankreich unter päpstlichen oder maltesischen Feldzeichen. Die Deutschen brauchten solche Rücksichten nicht zu nehmen. Ihre Verluste waren noch höher, sowohl durch die täglichen Kämpfe wie durch die ungewohnte Nahrung, das Klima und allerlei Krankheiten: von 3300 Lüneburgern, die im Mai 1669 gelandet waren, standen Ende Juni nur noch 700 im Gefecht. Den Bayern und den kaiserlichen Hilfsvölkern erging es kaum besser.

Am 27. August 1669 entschloß sich Morosini zur Kapitulation. Dies erforderte gleich großen Mut wie der Kampf, denn daß alle, die selbst weit vom Schuß gewesen waren, ihm nachträglich Vorwürfe machen würden, war sicher. Völlig unsicher aber war, ob die Türken die Vereinbarungen halten und ihm nicht, wie dem edlen Bragadino auf Zypern, die

Haut abziehen würden, als Rache für die 120 000 Mann, die sie im Kampf um Kreta eingebüßt hatten.
Den Oberbefehl über das türkische Heer hatte zuletzt der Großwesir Achmed Köprülü selbst geführt. Im Bemühen, den Kampf möglichst rasch zu beenden, und aus Achtung für den tapferen Gegner gestand er freien Abzug mit allen militärischen Ehren zu, das heißt, in Waffen mit fliegenden Fahnen, sogar mit einem Teil der Artillerie; die Zivilbevölkerung durfte alle bewegliche Habe, aus den Kirchen die Bilder, Kultgeräte und Reliquien mitnehmen.
Am 27. September 1669 verließen die Christen, nur mehr 2500 Soldaten und etwa 4000 Zivilisten, den Trümmerhaufen, der einst die Stadt Candia gewesen war. Um die Ehre, als letzter die Kampfstätte zu verlassen, stritten einige Herren, und wem sie tatsächlich zuteil wurde, bleibt ungeklärt. Wahrscheinlich war es der junge Schwabe Christoph von Degenfeld, nach dem Tod seines Bruders Adolf nun Regimentskommandant, der das Tor des Hafens hinter sich abschloß und den Schlüssel ins Wasser warf. Die Schlüssel der Stadttore waren auf silberner Schüssel dem Großwesir überreicht worden.
Die christliche Zivilbevölkerung erhielt im venezianischen Clissa (Klis) in Dalmatien eine neue Heimat, die Soldaten wurden vorerst auf die Insel Cerigo (Kythera) gebracht, die den Venezianern verblieben war, von dort nach Zante (Zakynthos) und Korfu. Nicht viele sahen die Heimat wieder, denn inzwischen hatten schon die Herbststürme eingesetzt, und die Korsaren aus Nordafrika brauchten sich nicht darum zu kümmern, daß der Großwesir freien Abzug zugestanden hatte.
Besser als den Bayern und Straßburgern, Lüneburgern, Braunschweigern und Savoyarden erging es den Truppenteilen, die noch kurz vor der Kapitulation, also zu besserer Jahreszeit, die Rückfahrt angetreten hatten, nämlich den päpstlichen, französischen und teilweise den kaiserlichen Kontingenten. Einer der vielen Einzelberichte erzählt von einem Oberst Heinrich Ulrich Baron Rilmasega (wahrscheinlich ist damit der General Heinrich Ulrich Graf Kielmansegg gemeint), der aus dem zerstörten Kirchlein des heiligen Niko-

laos zu Candia eine Ikone geborgen hatte, sie glücklich nach Wien brachte und in der Michaelerkirche nahe der Hofburg aufstellte. Außer der nüchternen Klassifikation der Kunstgeschichte »italo-kretisch 16. Jahrhundert« gibt es einen kleinen Kranz von Legenden um dieses Gnadenbild, von seiner Rettung aus Kreta bis zu Diebstahl und Wiederfindung 1977.
Viel kostbarer als dieses Bild, ja die kostbarste Reliquie der Insel überhaupt, war das Haupt des heiligen Titus, eines Schülers des Apostels Paulus. Er war der Überlieferung nach der erste christliche Bischof auf Kreta gewesen und in seiner Residenz Gortyna begraben, aber wegen der Seeräuber schien diese Stätte zu unsicher. Also hatte man sein Haupt nach Candia gebracht, und nun nahmen es Flüchtlinge – wahrscheinlich Morosini selbst – mit nach Venedig, wo es den reichen Reliquienschatz des Markusdomes noch vermehrte.
Auf Kreta gab es übrigens noch weiterhin christliche Kirchen, denn drei kleine Hafenfestungen blieben bis 1715 in venezianischem Besitz, Grambusa und Suda im Westen, Spinalonga im Osten der Nordküste, militärisch ohne Bedeutung, aber von einigem Wert als Stützpunkte für die Handelsschiffahrt. In Candia freilich, nunmehr Kandiye, wurde die alte Markuskirche sogleich in eine Moschee verwandelt; der Großwesir verrichtete darin sein Dankgebet, bevor er nach Istanbul zurückkehrte, um einen triumphalen Einzug zu erleben.
Auch Morosini bekam zunächst seinen festlichen Empfang, als er nach Venedig kam. Er wurde im nächsten Jahr zwar angeklagt, aber nach glänzenden Verteidigungsreden seiner Freunde freigesprochen. Als Höhepunkt seiner politischen Laufbahn wurde er zum Dogen gewählt; wenn auch etliche der gegen ihn erhobenen Vorwürfe berechtigt waren, hat er doch ruhmvolles Andenken hinterlassen. Nur der sogenannte Morosini-Brunnen in Iraklion (so heißt Candia heute) ist nicht von ihm gestiftet worden, sondern schon älter.
Den Tod fand Francesco Morosini im Jahre 1694 als Greis im Heerlager vor Nauplia, wieder im Kampf gegen die Türken. In diesem Krieg aber waren die Küsten des Mittelmeeres nur mehr Schauplätze zweiter Ordnung, die Entscheidungen fielen wieder im Binnenland.

## IX.
## MOGERSDORF, POLEN – UND WIEDER VOR WIEN

Sultan Ibrahim hatte gleich Husseyn-Pascha den Beinamen »Deli« geführt, aber seine Verrücktheit bestand nicht in phantasievollen, wagemutigen Kriegstaten, sondern in unsinnigen Regierungsmaßnahmen und vielfach variierten (im Effekt freilich gleichbleibenden) Genüssen innerhalb seines Harems. Als er nach acht Regierungsjahren am 18. August 1648 hingerichtet worden war, folgte ihm Mohammed IV., ein Knabe von sieben Jahren, Sohn einer Griechin. Die Regierung lag in den Händen der Großwesire und Palastcliquen. Der Krieg auf Kreta und zur See gegen Venedig nahm die Kräfte des Osmanischen Reiches stark in Anspruch, sodaß Verwicklungen im Norden als lästige Störung empfunden wurden.

An diesen Verwicklungen waren beide Seiten schuld, aber lange Zeit wollte man sie gar nicht richtig wahrhaben. Grenzübergriffe waren nahezu selbstverständlich, und solange sie in beschränktem Ausmaß und ohne Artillerie ausgeführt wurden, galten sie nicht als Friedensbruch. Mancher christliche Kommandant einer Festung oder eines Grenzabschnittes unternahm Beutezüge auf eigene Verantwortung, um seine Einkünfte und die seiner Soldaten aufzubessern, denn deren Sold wurde nicht regelmäßig bezahlt. Ebenso gern, wahrscheinlich noch häufiger, drangen türkische Krieger in die habsburgischen Länder vor.

In den Jahren 1640 und 1655 verheerten türkische Streifscharen die südliche Steiermark um Luttenberg (Ljutomer) und Radkersburg. Seit dem Fall von Nagykanizsa im Jahre 1600 galt Radkersburg als »Vormauer und Schlüssel des Erblandes und Herzogtumes Steier«. Die Wälle und Basteien der Stadt sind nicht mehr zu sehen, wohl aber das Provianthaus aus jener Zeit und das Zeughaus, das jetzt als Museum dient.

Wie Radkersburg, so spielten auch andere feste Städte jahrhundertelang ihre Rolle in der Verteidigung der habsburgischen Erbländer. Nach der einen Richtung hin setzten Fürstenfeld, Hartberg und Wiener Neustadt den Gürtel fort, nach der anderen die heute zu Jugoslawien gehörigen Städte Pettau (Ptuj), Rann (Brežice) mit der Burg der Grafen Attems, Marburg (Maribor) und Cilli (Celje). Die letzte, innerste Verteidigungslinie bildeten dann die befestigten Landeshauptstädte Klagenfurt, Graz und Wien.

In Graz wurde im Jahre 1645, also gerade zur Zeit der erwähnten Türkeneinfälle, der Bau des großen Landeszeughauses abgeschlossen. In einer großen Halle im Erdgeschoß standen die Geschütze samt den Protzwagen, allen Bedienungsgeräten und der Munition. In den Sälen der oberen Stockwerke wurden Rüstungen und Helme, Gewehre, Pistolen und blanke Waffen, dazu alles andere Gerät aufbewahrt, von der Pulverflasche bis zum Schanzzeug. Ein Inventar aus dem Jahre 1699 verzeichnete 185 700 Gegenstände. So groß ist die Sammlung heute nicht mehr, aber sie ist in ihrer Art einmalig und gehört zu den kostbarsten der Welt, weil sie nicht als Museum geschaffen wurde, sondern aus der unmittelbaren Notwendigkeit, Truppen für den Kampf auszurüsten. Von diesem Standpunkt erscheinen die Roßharnische, so wertvoll jeder auch sein mag, weniger interessant als die damals alltäglichen Waffen, die da in fast unabsehbaren Reihen gelagert sind, von der teuren Radschloßflinte bis herab zur bäuerlichen Kriegssense und dem Morgenstern.

Wie andrerseits der türkische Krieger bewaffnet und gerüstet war, ist in Istanbul im Militärmuseum zu sehen. Die Sammlung dort ist nicht entfernt mit dem Landeszeughaus in Graz zu vergleichen, doch immerhin sehr aufschlußreich. Neben Waffen und Rüstungen aus vielen Jahrhunderten zeigt sie auch lebensgroße Puppen mit den historischen Gewändern der Janitscharen.

An den vielen kleinen Unternehmungen und Grenzübergriffen, die ohne Wissen des Sultans, ohne diplomatische Verantwortung nahezu jährlich irgendwo zwischen der Adriaküste und dem Schwarzen Meer zu verzeichnen waren, nahmen die Janitscharen nicht teil. Wenn sie ins Feld geschickt wurden, handelte es sich schon um eine größere, ernstere Angelegenheit. Diese ergab sich um die Mitte des 17. Jahr-

**23** *Im mittelalterlichen Türkenviertel von Sarajevo/Jugoslawien.*

**24** *Seefestung Methoni bei Pylos/Griechenland.*

**25** *Kanone auf der Stadtmauer von Missolunghi (Mesolongion), Griechenland.*

**26** *Moschee in Joannina/Griechenland.*

**27** *Hof in der Koranschule zu Sarajevo/Jugoslawien.*

hunderts, für beide Seiten unerwünscht, und wuchs bald zu einer Schwierigkeit an, die ein stärkeres Aufgebot an Truppen erforderte.

Im christlichen Fürstentum Siebenbürgen, das die Türken als Vasallenstaat betrachteten, begann Georg II. Rákóczi, auf eigene Faust Politik zu treiben, so als wäre er ein selbständiger, unabhängiger Herrscher. Als der Pascha von Ofen ihn dafür züchtigen wollte, besiegte ihn Rákóczi im Jahre 1658. Der Fürst durfte sich seines Erfolges freuen, seine Untertanen aber büßten ihn bitter, denn nun zog der Großwesir in den Krieg, und gleichzeitig überschwemmten die Tataren das Land. Der Anblick der verbrannten Städte und der verwüsteten Felder, die Gefangenen und die Beute genügten den Türken aber nicht: um endlich Ruhe zu haben, mußten sie das Vasallenfürstentum gänzlich in die Hand bekommen und zu einem Paschalik machen. Also eroberten sie unter großen Opfern das feste Großwardein (Oradea) und belagerten Klausenburg (Cluj). Fürst Rákóczy war an den Folgen einer Verwundung gestorben, sein Nachfolger Johann Kemény im Kampf gefallen.

Diese Kämpfe erschienen in Wien nicht mehr als bloße innere Angelegenheit des Osmanischen Reiches. Was in Siebenbürgen geschah, berührte die Interessen des Kaisers. Sosehr Leopold I. zum Frieden neigte, Großwardein und Klausenburg konnten ihm nicht gleichgültig sein. Noch hoffte er, durch Verhandlungen den Frieden zu erhalten – das mußte ja auch der Sultan wünschen! Es hatte längere Zeit keinen ernsteren Streit gegeben, denn beide Großmächte waren zu sehr von ihren anderen Sorgen in Anspruch genommen, das Habsburgerreich im Dreißigjährigen Krieg, die Osmanen an ihren asiatischen Grenzen und dann auf Kreta; das Fürstentum Siebenbürgen hatte seine Rolle als Pufferstaat gespielt. Nun aber bewiesen die Ereignisse, wie unsicher die Voraussetzungen für den Frieden gewesen waren. Während kaiserliche Sondergesandte auf der Reise waren, den offenen Krieg zu verhüten, rüstete der neue Großwesir Achmed Köprülü bereits zu diesem Krieg.

Dem Türkenheer voraus ritten die Krimtataren, an die

100 000 Mann, bis nach Mähren hinein, steckten die Dörfer in Brand, ermordeten die Einwohner und schleppten die Kinder, bündelweise zusammengeschnürt, auf ihren Pferden fort. Der Großwesir folgte mit der Hauptmacht die Donau entlang und näherte sich schon der Grenze Österreichs. Dort war man auf nichts vorbereitet, und um so größer war der Schrecken. 70 000 Menschen sollen damals Wien verlassen und sich weiter westwärts geflüchtet haben, sogar bis nach Linz. Kaiser Leopold hielt lange in seiner Hauptstadt aus, zuletzt machte auch er sich auf den Weg. Damit Wien gerettet würde, mußte ein Wunder geschehen!

Das »österreichische Wunder« trat ein: Wieder hemmte eine kleine, gut befestigte Stadt den Vormarsch des übermächtigen Feindes. Wie 1532 Güns, 1566 Szigetvár, so hielt diesmal, 1663, die Festung Neuhäusel (Nové Zámky) wochenlang der Beschießung stand. Die Türken feuerten aus 175 Geschützen, leiteten das Wasser aus den Festungsgräben ab, dann stürmten sie. Dreimal wies die kleine Besatzung den Feind zurück, vor dem vierten Sturmangriff aber, am 25. September 1663, meuterte sie und zwang die Befehlshaber, den Grafen Forgács und den Marchese Pio, zur Kapitulation. Inzwischen hatte jedoch der Herbstregen eingesetzt, die sumpfigen Niederungen beiderseits der Donau waren kaum mehr passierbar, und die Truppen, die der Kaiser aufbieten konnte, hatten sich endlich gesammelt. Wieder einmal war es zu spät im Jahr, noch gegen Wien vorzustoßen. Der Großwesir ließ nur mehr die Befestigungen von Neuhäusel ausbessern und legte eine Besatzung hinein, dann führte er sein Heer zurück nach Belgrad.

Die Gefährdung Wiens und die grauenhaften Verwüstungen in Mähren fanden in ganz Deutschland Widerhall, so daß der Hofkriegsrat zu Wien für das Jahr 1664 mit einiger Hilfe rechnen konnte. Zur Verstärkung der Österreicher kamen Reichstruppen, auch Schweden, und sogar der junge König Ludwig XIV. sandte 6000 Mann, allerdings nicht offiziell, um die guten Beziehungen Frankreichs zum Sultan nicht zu gefährden. Wie die Franzosen im Mittelmeer unter päpstlicher Flagge se-

gelten, so erschienen sie zur gleichen Zeit als Elsässer, als Kontingent des Rheinbundes, an der ungarischen Grenze.
Diese Grenze bildete auf eine gute Strecke die Raab, im Sommer ein harmloses Flüßchen zwischen grünen Uferböschungen. Daß das Heer des Großwesirs erst im Sommer dorthin kam, war dem Banus von Kroatien Niklas Zriny zu verdanken, dem Urenkel des Helden von Szigetvár. Er hatte den Krieg schon im Winter begonnen und die lange Brücke zerstört, die bei Esseg (Osijek) über die Drau und das anschließende Sumpfland führte. Damit hatte der Banus den Vormarsch des Feindes verzögert. Zriny war ein Dichter und ein rechter Edelmann, aber weder disziplinierter Soldat noch gar etwa ein Stratege. Um die Eifersucht zwischen ihm und anderen Heerführern zu entschärfen, wurde keiner dieser Herren, sondern der vielfach bewährte Graf Raimund Montecuccoli zum Oberbefehlshaber ernannt. Zriny nahm es hin, aber insgeheim ärgerte er sich, wenn er seine rauhen, kampferprobten Kroaten, Slawonier und Ungarn mit den eleganten, parfümierten Franzosen und Italienern verglich oder gar mit den Reichstruppen, die noch kein Pulver gerochen hatten.
Die Unerfahrenheit der Reichstruppen dürfte auch Schuld daran getragen haben, daß im Morgengrauen des 1. August 1664 Janitscharen unangefochten bei St. Gotthard die Raab überschreiten konnten. Markgraf Leopold Wilhelm von Baden-Baden, der Kommandant der Reichstruppen, mußte erst aus dem Bett geholt werden, als die Schlacht schon entbrannt war. Eine offene Feldschlacht gegen die Türken, das war jedoch eine böse Sache. Man hatte vielleicht gar nicht ernstlich damit gerechnet, zumindest nicht schon für diesen Tag.
Das Böse daran war nicht so sehr die zahlenmäßige Überlegenheit des Feindes, denn die fiel noch nicht ins Gewicht, solange höchstens ein Drittel von dessen Kerntruppen den Fluß überschritten hatte. Viel ärger wirkte seine unchristliche Kampfesweise. Ein durchschnittlicher Soldat in einem durchschnittlichen Krieg irgendwo in Europa konnte, sobald es ihm zu gefährlich wurde, unbesorgt die Waffe wegwerfen. Er riskierte gar nichts, wenn er in Gefangenschaft geriet: entweder bot man ihm an, in das andere Heer einzutreten, oder er

wurde bei nächster Gelegenheit ausgetauscht. Aber hier an der Raab ging es ganz anders zu!
Man sah kein ordentlich aufgestelltes Heer, war selbst noch nicht kampfbereit, da feuerten aus dem Ufergebüsch die Türken, stürmten vor, hauten mit ihren Säbeln drein, und wenn einer erschrocken die Hände hob und sich ergeben wollte, schnitt ihm ein Türke den Kopf ab. Wenn einer verwundet zu Boden stürzte oder sich zur Flucht wandte, erging es ihm nicht besser. Von Schreck gelähmt, riefen viele Soldaten die Muttergottes um Beistand an oder erwarteten stumm den Todesstreich. Schon zersprengten Sipahi und Janitscharen das Zentrum des Christenheeres, das noch gar nicht fertig aufgestellt war. Unter Siegesgeschrei drangen sie auf das Dorf zu, das hinter der Schlachtlinie am Fuß einer Hügelkette stand. Es hieß damals Nagyfalva (Großdorf), 1698 erhielt es den Namen Mogersdorf. Dort begannen inzwischen die Diener vieler vornehmer Herren, die Kutschen zur Flucht zu bepacken, Troßknechte spannten bereits die Pferde ein.
Der Großwesir Achmed Köprülü konnte mit dem Verlauf der Schlacht zufrieden sein. Er sah die Truppen, die zuerst die Raab überschritten hatten, siegreich vordringen und hinter ihnen immer neue Einheiten durch den Fluß waten. Planmäßig wurden hinter den Kämpfenden Gräben ausgehoben und mit Schützen besetzt. Gegen Mittag stockte zwar der Angriff, ja stellenweise, besonders an den beiden Flügeln, gewannen die Christen sogar ein wenig an Boden, doch das war noch kein Grund zur Unruhe. Der Großwesir verfügte ja über mindestens 120 000 Mann, davon die Hälfte Kerntruppen. Diese Übermacht erlaubte es ihm, oberhalb des Schlachtfeldes und zugleich unterhalb, bei dem Kloster St. Gotthard, Reiter an den Fluß zu schicken, wo sie schwimmend übersetzen sollten. Sie hatten beide Flügel des Feindes von den Flanken her anzugreifen; dann würden die Janitscharen aus ihren Gräben steigen, neuerlich im Zentrum vordringen und damit den Sieg vollständig machen.
Achmed Köprülü wußte, daß der Kaiser ihm kein zweites Heer entgegenstellen konnte. War dieses eine erst geschlagen, lag der Weg nach Wien frei vor ihm. Binnen weniger Ta-

ge könnten die ersten Tataren dort sein, die Hauptmacht spätestens in zwei Wochen. Die Kaiserstadt, die er im Vorjahr nicht mehr erreicht hatte, schien ihm nunmehr greifbar.
Aber warum zögerten dort rechts, flußabwärts, die Sipahi, seinen Befehl auszuführen und die Raab zu überschreiten? Waren ihnen die Uferböschungen zu steil, das Wasser zu tief? Die linke Abteilung hatte flußaufwärts mit einiger Mühe übergesetzt, bald würde sie in die Flanke des Feindes einbrechen. Doch dort kamen ihnen die Panzerreiter der Christen entgegen und feuerten aus Karabinern und Pistolen. Damit hemmten sie den Angriff der Sipahi; die vordersten Reiter waren gefallen, die anderen zögerten, und dann stürmten die kaiserlichen Kürassiere los, ihre schweren Pferde prallten auf die zarteren der Türken, warfen sie einfach nieder und trampelten über die Liegenden hinweg.
Zugleich blitzte es von den Hügeln her auf. Dort hatten die Christen ihre Kanonen also endlich in Stellung gebracht. Und da ging auch das feindliche Heer insgesamt zum Angriff vor, Reiter und Fußvolk gemischt, blieb stehen, feuerte, lud nach mit schnellen, einexerzierten Griffen, ging weiter vor ohne Rücksicht, ob etliche aus den Reihen fielen. Die nächste Salve, weiterer Vormarsch. Dieses geordnete, unabwendbare Näherkommen des Feindes raubte den Janitscharen den Mut. Sie sprangen aus den vordersten Gräben, gerieten damit ins Schußfeld der anderen und rissen deren Besatzungen mit in die Flucht. Alle rannten zum Fluß zurück, sprangen hinein und stießen dort mit jenen zusammen, die zu ihrer Verstärkung kommen sollten.
Die Raab aber führte durch den Regenguß des Vortages viel Wasser und stieg weiter an. Die Ufer waren, durch unzählige Füße und Hufe abgetreten, glitschig geworden und nicht mehr so leicht zu erklimmen wie am Morgen. Die Pferde der fliehenden Sipahi und die Kamele, die Munition gebracht hatten, behinderten einander und die anderen Flüchtlinge. Tote und Verwundete, Ertrinkende und Ertrunkene trieben im lehmgelben Wasser flußabwärts.
Diese Katastrophe mußte der Großwesir mit ansehen. Dem ersten Aga, den er als Flüchtling erblickte, hieb er den Kopf

ab, sieben weitere tötete er mit eigener Hand, aber damit konnte er die Flucht nicht hemmen. Mehr als die Hälfte seiner Kerntruppen hatte gar nicht in den Kampf eingegriffen, sie stand noch wie als Zuschauer wartend da, aber nicht mehr lange. Bevor sich die Krieger in den Fluß jagen ließen, in das von Erdreich und Blut getrübte Wasser, gegen die Gewehre der Christen, ergriffen lieber auch sie die Flucht und liefen zu ihrem Lager.
Einsetzender Regen und die Erschöpfung auf beiden Seiten, bei den Christen auch Mangel an Munition, beendeten den Kampf. Die Türken hatten ihre erste große Niederlage in einer offenen Feldschlacht erlitten.
Von den Höhen hinter Mogersdorf aus kann man die Wiesen, die Felder und am Fluß den Auwald überblicken, wo an jenem 1. August 1664 15 000 bis 20 000 Menschen den Tod gefunden haben. Der »Kreuzstadel«, ein hübscher neuer Gasthof im ländlichen Stil mit einem Museumsraum wartet dort oben auf dem Schlößlberg auf Besucher. Nicht weit davon erhebt sich ein modern geschmackloser Bau als Gedächtniskapelle, daneben ein 15 m hohes Kreuz. Wer des Ereignisses, der Heldentaten und Leiden gedenken will, tut es besser vor dem alten »Weißen Kreuz«, das ein wenig abseits steht. Es trägt in deutscher, lateinischer, ungarischer und französischer Sprache die in ihrer Einfachheit rührende Inschrift:

> Den tapferen Helden allen
> die im Jahre 1664 hier gefallen
> durch bewaffnete Türkenhand
> kämpfend für Gott, Kaiser und Vaterland.

Die militärtheoretischen Werke des Grafen, späteren Fürsten Raimund Montecuccoli sind für den Fachmann interessant zu lesen, in diesem Zusammenhang besonders die Schrift *Vom Krieg mit den Türken in Ungarn*. Die Bedeutung jenes Sieges wurde allerdings durch die folgenden größeren in den Schatten gestellt, noch mehr das traurige Jahr vorher, 1663, das den Verlust von Neuhäusel gebracht hatte. Wahrscheinlich wäre es überhaupt vergessen, hätte nicht ein Dichter jene Ereignisse zum Hintergrund eines Werkes gewählt, das die Ju-

gend zweier Generationen begeisterte: *Die Weise von Liebe und Tod des Cornets Christoph Rilke* von Rainer Maria Rilke. Auch wer sie Jahrzehnte später wieder liest, fühlt sich ergriffen und erlebt das Grauen des Feldzuges mit.
Wir wollen nicht suchen, in welchem Schloß der junge Cornet die glücklichste und letzte Nacht seines Lebens verbrachte (das wäre so unnütz wie die Frage nach der Insel der Kirke oder der Kalypso), wollen nicht nach dem Namen der Gräfin forschen, nicht die Dichtung wie ein historisches Dokument zerpflücken. Aber wer zur Stützung seiner Phantasie Anschauung braucht, findet diese in Güssing: eine Burg, die nie von den Türken eingenommen wurde, Familienbesitz der Grafen Batthyany seit 1524, darin türkische Waffen und Feldzeichen vom nahen Mogersdorf.
In der Schlacht von Mogersdorf/St. Gotthard focht das Kürassierregiment des Freiherrn Heister mit, dem der junge Christoph Rilke angehört hatte, und die entscheidende Kavallerieattacke führte der Feldmarschall-Leutnant Johann Graf Sporck, der ihm den Rang eines Cornets verlieh. Sporcks »Feldküriß«, ein noch an die Ritterzeit gemahnender Panzer mit Visierhelm, ist im Heeresgeschichtlichen Museum zu Wien ausgestellt. Dasselbe Museum verwahrt ein seltsames Beutestück aus jener Schlacht: eine Taschenuhr, die außer der Tageszeit auch den türkischen Kalender mit Monaten und Wochentagen anzeigte. Sie blieb (in unsere Zeitrechnung übertragen) am 1. August 1664 stehen, um drei Uhr nachmittags, als die Niederlage der Türken sich abzuzeichnen begann. Als Dank dafür, daß der Sieg des Christenheeres die Steiermark vor neuen Verheerungen rettete, wurde auf dem Hauptplatz von Fürstenfeld eine Mariensäule errichtet.

Der Großwesir Achmed Köprülü hatte die Schlacht verloren, konnte aber im folgenden Frieden von Eisenburg (Vasvár) sehr günstige Bedingungen erreichen, welche die eroberten Städte Großwardein und Neuhäusel in türkischer Hand beließen. Er nützte den Frieden an dieser Front, um die Eroberung von Kreta abzuschließen. Kaiser Leopold I. hatte die enttäuschenden Friedensbedingungen hingenommen, denn er mußte seine Westgrenze gegen die Franzosen verteidigen. Aber auch im Osten ließen sich weitere Schwierigkeiten voraussehen. Dafür sorgten, von Frankreich ermutigt und unterstützt, die unzufriedenen ungarischen Adeligen. Unter ihnen gab es ja schon seit 1529 eine türkenfreundliche Partei, und deren Verbindung mit der Hohen Pforte war schuld daran, daß der Friede von Eisenburg nicht allzulang dauerte.

Zum Sieg von Mogersdorf/St.Gotthard hatte der moralische, diplomatische und finanzielle Beistand Papst Alexanders VII. viel beigetragen, doch die Polen hatte er vergeblich um Waffenhilfe gebeten, denn sie waren von ihren Auseinandersetzungen mit Russen, ukrainischen Kosaken und Tataren völlig in Anspruch genommen. Rußland gewann dem Königreich Polen in den folgenden Jahren die Städte Kiew und Smolensk ab, einen Besitz von großem Wert für Gegenwart und Zukunft, und war damit vorläufig zufrieden. An seiner Stelle beteiligte sich an dem verwickelten Spiel von Bündnissen und Feldzügen, Friedensschlüssen und neuen, anderen Bündnissen fortan das Osmanische Reich.

Zu dieser Zeit nämlich, im Jahre 1667, als die türkischen Truppen noch auf Kreta kämpften, Sultan Mohammed IV. aber in der Umgebung von Larissa auf der Jagd war, kamen Gesandte eines christlichen Volkes, das bei den türkischen Historikern »Samisch Karisch Kaßaki« hieß. Das heißt zu deutsch »Kosaken von dem gelben Rohr (= Schilf)« und bezeichnete die zwischen Dnjestr und Dnjepr lebenden Kosaken. Sie wollten nicht mehr den Polen untertan sein, sondern lieber den Türken, offenbar in der Überzeugung, ein entfernter Oberherr sei leichter zu ertragen als ein benachbarter. Der Sultan ging gern darauf ein und verlieh Peter Doroschenko, dem Hetman dieser Kosaken, die Rangabzeichen, die für solche Fälle vorgesehen waren, nämlich Roßschweif und Sandschak (Standarte). Außerdem beschenkte er ihn mit einem schönen Kaftan und einem Streitkolben.

So weit die Ukraine auch von Istanbul entfernt ist, waren die Kosaken doch kein unbekanntes Volk. Mit ihren Tschaiken, kleinen, schnellen und wendigen Ruder- und Segelschiffen, hatten sie schon seit über einem halben Jahrhundert alle Küsten des Schwarzen Meeres heimgesucht, sowohl die Donaumündung wie auch Kleinasien, und sogar am Bosporus bis vor Istanbul die Landsitze osmanischer Würdenträger geplündert. Ihr Hetman Bogdan Chmelnickij, ein gebürtiger Pole, hatte die Kosaken auch bis vor Lemberg geführt.

Für Chmelnickij steht ein Denkmal in Kiew, denn das zaristische Rußland ehrte ihn als Vorkämpfer der Einigung der Ukraine mit Rußland; die Sowjets haben diese Behauptung übernommen und pflegen das Andenken an jenen Kosakenführer weiter. Aber damals, in der Mitte des 17. Jahrhunderts, sah der kluge Bogdan Chmelnickij in Moskau nur einen vielleicht nützlichen Verbündeten. Einen zweiten suchten die Kosaken unter Doroschenko in Istanbul, einen dritten Verbündeten auf der Krim.

Die Tataren der Krim, Untertanen des Sultans, waren seit jeher Feinde der Polen. Wenn die Kämpfe auch für beide Seiten unerfreulich waren, sie waren doch ein Kontakt, der zu einem gewissen Einfluß im Kriegswesen führte. Das tatarische Wort »Ulanen«, zu deutsch »die Tapferen«, wurde der Name einer leichten, mit langer Lanze bewaffneten Reitertruppe, die von Polen aus in alle Heere Europas Eingang fand, zusammen mit ihrer typischen viereckigen Mütze, der tatarischen »Tschapka«, und ihrer Jacke, der »Ulanka«.

Die Tataren gingen mit ihren Gefangenen nicht freundlicher um als die Türken. Nach seinem Sieg bei Batok ließ der Tataren-Khan 300 polnische Edelleute enthaupten, darunter den Sohn des Kastellans von Krakau namens Marek Sobieski. Das geschah im Jahre 1652; im folgenden Jahr weilte Mareks Bruder Johann (Jan) Sobieski als Geisel in der Residenz des Khans der Krimtataren.

Dieser Herrschersitz, das legendenumwobene Bachtschi-saray, wurde nach dem Zweiten Weltkrieg restauriert und als Museum eingerichtet. Es ist vom internationalen Kurort Jalta aus im Rahmen eines Tagesausfluges erreichbar und lohnt den Besuch gewiß, aber wer Bachtschi-saray vorher kannte, ist enttäuscht: so glatt und sauber wie heute war der Palast wahrscheinlich nie. Zu ihm gehörten die Atmosphäre von

Zwiebel und Knoblauch, Schafdung und ranzige Butter, Fliegenschwärme, greinende Kinder, Pferdespuren im Sand, der Ruf des Muezzins und Peitschengeknall. Der Khan war ja Herr über ungezählte Herden auf unermeßlichem Weideland, er war noch immer Viehzüchter wie seine Vorfahren, auch wenn sich in seinem Palast der Reichtum häufte, den ihm die Beutezüge einbrachten. Dieser Beute wegen ließen sich die Tataren die Oberhoheit des Sultans zu Istanbul gefallen, denn als Vortrab seiner Heere erreichten sie Gebiete, die sonst weit jenseits ihres Horizonts gelegen wären.
Johann Sobieski blieb nicht lange in Bachtschi-saray. Schon im nächsten Jahr, 1654, kam er im Gefolge eines polnischen Sonderbotschafters nach Istanbul und erlangte in der Folgezeit in seiner Heimat die Würde eines Großkronmarschalls. Das war kein bloßer Titel, sondern ein sehr ernstes Amt: Sobieski mußte fast Jahr um Jahr gegen Tataren und Kosaken kämpfen, bald auch gegen das osmanische Heer, das nicht – wie jene Feinde – nur mit leichten Reitern ins Feld zog, sondern auch mit Janitscharen und Artillerie.
Im Jahre 1672 führte der Großwesir Achmed Köprülü das Heer über den Dnjestr. Mit ihm zogen Sultan Mohammed IV. und Kara Mustafa Mersiwenli, der das Amt eines Kaimakam bekleidete, eines Verwesers oder Stellvertreters des Großwesirs im Rang eines Paschas mit drei Roßschweifen. Gegen ihre Heeresmacht konnte sich die polnische Festung Kamieniecz (Kamenez Podolskij) nicht halten. Sie kapitulierte am 27. August 1672, und der Sultan ritt in die Peter-Paul-Kathedrale bis vor den Altar. Die altehrwürdige Bischofskathedrale wurde sogleich in eine Moschee umgewandelt, sehr bald auch die anderen Kirchen der Stadt. In Kamieniecz gab es keine katholischen Gottesdienste mehr, denn alle Polen waren nach Lemberg fortgeführt worden. Zurück blieben nur Kosaken, Armenier und die Juden, die dann bis ins 20. Jahrhundert ungefähr die Hälfte der Stadtbevölkerung ausmachten. Die Türken indes haben in Kamieniecz keine Spuren hinterlassen, dazu dauerte ihre Herrschaft zu kurz.
Die Kosaken und Tataren drangen bis an die Weichsel vor. Johann Sobieski konnte sie wieder verjagen, aber nach dem

Waffenstillstand vom 17. Oktober 1672 blieb doch die Ukraine im Besitz der Kosaken als Vasallen des Osmanischen Reiches, Podolien wurde ein Teil des Sultansreiches, die polnischen Grundbesitzer vertrieben, ihr Land an die Sipahi als Lehen verteilt.

Viele dieser Sipahi verloren ihr neu erworbenes Lehen schon im nächsten Jahr. Johann Sobieski weigerte sich nämlich, den vereinbarten hohen Tribut zu zahlen, sammelte ein neues Heer und trat noch im Herbst 1673 den Türken entgegen. Am 9. November kam es bei Chotin zu einer Schlacht, die heute fast vergessen ist, obwohl damals strahlende Heldentaten aus ihr berichtet wurden. Ein Fürst Radziwill soll den türkischen Serdar Hüsseyn Pascha im Zweikampf getötet, Johann Sobieski mit eigener Hand die Grüne Fahne des Propheten erobert haben.

Diese heilige Fahne, heißt es, sei als kostbares Beutestück nach Rom geschickt worden, um Papst Clemens X. für seine Hilfe zu danken, und man habe sie im Petersdom aufgehängt. Dasselbe wird allerdings von der Schlacht vor Wien, zehn Jahre später, berichtet: auch dort soll Sobieski die Grüne Fahne erbeutet und nach Rom gesendet haben, während die Osmanischen Geschichtsschreiber bestreiten, daß jene Fahne jemals verloren gegangen sei.

Die Fahne ist jedoch nicht so wichtig wie der Sieg selbst, und der ist unbestritten, obwohl er nicht allein durch Tapferkeit errungen wurde. Unmittelbar vor der Schlacht veränderte sich das zahlenmäßige Verhältnis der beiden Heere zugunsten der Polen: Stefan XI. Petriceicu, Fürst der Moldau, und Gregor Ghica, Fürst der Walachei, beides Vasallen des Sultans, gingen samt ihren Truppen zu Sobieski über. Als dann die türkischen Krieger geschlagen und in den Dnjestr gedrängt waren, als unter den Fliehenden noch die Brücke einbrach, war die Katastrophe nicht mehr aufzuhalten. Vergebens suchte der Sultan, Flüchtlinge wieder in den Kampf zu treiben, und tötete einige von ihnen mit seinem Säbel. Bald mußte er selbst mitfliehen, um nicht den polnischen Husaren in die Hände zu fallen.

Damit gewann Sobieski einen guten Teil Podoliens zurück,

aber zum Glück für die Türken starb König Michael von Polen. Der König selbst, 35 Jahre alt, ein Schwager Kaiser Leopolds I., war kein gefährlicher Gegner gewesen, aber sein Tod brachte den polnischen Adeligen so große Probleme, daß sie das geschlagene Türkenheer nicht verfolgten und den Krieg vorerst nicht weiterführten. Die Königswürde in Polen war nämlich nicht erblich, sondern wurde durch eine Wahl vergeben. Zum Dank für seine früheren Erfolge und besonders den letzten großen Sieg wurde am 21. Mai 1674 Johann Sobieski gewählt. Er nahm die Wahl an, erklärte aber, er wolle sich die Krone erst aufs Haupt setzten lassen, wenn er die Türken endgültig besiegt habe.

Seine Gegner waren Selim Girai, Khan der Krimtataren, und Kara Mustafa, der als Kaimakam zum ersten Mal selbständig ein Heer führte. Sowohl Kara Mustafa als auch der Seraskjer Ibrahim mit dem Beinamen Schejtan (»Der Teufel«) zeichneten sich durch unglaubliche Grausamkeit aus, die aber keine Folge von Jähzorn, sondern planmäßig berechnet war: die Kunde von ihren Untaten sollte die Polen einschüchtern. Durch ihre Kriegszüge und die Gegenschläge Sobieskis litt die Bevölkerung arg, ganze Landstriche verödeten.

Zu denen, deren Taten und Leiden vergessen sind, zählen die brandenburgischen Reiter, die Markgraf Friedrich Wilhelm, der »Große Kurfürst«, den Polen zu Hilfe geschickt hatte. Mehr durch Hunger und Strapazen als durch den Kampf an sich verloren manche Regimenter über drei Viertel der Mannschaft, neun Zehntel der Pferde.

Johann Sobieski ließ sich nach zwei Jahren wechselnden Kriegsglücks auch ohne endgültigen Sieg krönen. Sein Erfolg bestand darin, daß Polen keinen Tribut zahlen mußte und einen Teil Podoliens behalten konnte. Der größere Teil dieses ausgebluteten, verwüsteten Landes wurde ein Paschalik des Osmanischen Reiches, die Ukraine blieb botmäßig. Damit hatte der Sultan großen Landgewinn erzielt, aber der Frieden kehrte noch nicht ein.

Sobald die Kosaken nämlich nicht mehr den unmittelbaren Schutz des Sultans brauchten, wurde ihnen seine Oberhoheit lästig. Und wieder suchten sie sich einen neuen, weit entfernten Herrn, diesmal den Zaren von Moskau. Wie sie vordem die Türken um Hilfe gegen die Polen ersucht hatten, so jetzt die Russen gegen Türken und Tataren. Also gab es neuen Krieg. Kara Mustafa, inzwischen zum Rang des Großwesirs aufgestiegen, führte sein Heer vor die Kosakenfestung Tschirigin. Die Krimtataren unter ihrem Khan Murad Girai begleiteten ihn.

Tschirigin lag an der Tjasmina, einem Seitenfluß des Dnjepr, war gut befestigt und durch Sümpfe geschützt. Die Belagerung gestaltete sich schwierig, und die Gefahr wurde groß, als ein russisches Heer und Kosaken zum Entsatz anrückten. Kara Mustafa befahl dem bewährten Heerführer Kaplan Pascha, mit einem großen Teil der Truppen die Feinde solange aufzuhalten, bis er selbst die Stadt erobert habe. Kaplan Pascha wurde geschlagen, verbrannte aber hinter sich die Brükken, die durch die Sümpfe und über die Wasserarme führten, sodaß das Entsatzheer nicht folgen konnte. Inzwischen ließ Kara Mustafa die Minen sprengen, die unter die Mauern von Tschirigin gegraben worden waren. Durch die Breschen drangen die Janitscharen in die Stadt ein. Als jedoch der Großwesir das eroberte Tschirigin besichtigte, sah er nicht viel mehr als einen Trümmerhaufen.

Dieser Erfolg lohnte den Verlust von 30 000 Mann gewiß nicht. Schon damals dürfte Kara Mustafa erwogen haben, das nächste Ziel seiner Eroberungen in einer Gegend zu suchen, die sein Heer besser ernähren könnte, wo es gute Straßen und reiche Ortschaften gäbe. Da paßte es recht gut, daß in dem Teil Ungarns, den die Habsburger beherrschten, wieder einmal ein junger Graf einen Aufstand erregte. Er hieß Emmerich (Imre) Tököly und stammte aus der Zips in Oberungarn, der heutigen Slowakei; sein Stammschloß in Käsmark (Kežmarok) ist erhalten, und zur Erinnerung an ihn tragen die Kellner in der Schloßtaverne noch Husarenuniform.

Tököly fand viel Anhang unter den anderen ungarischen Adeligen. Wie seinerzeit Johann Zápolya es getan hatte, so wandte auch er sich an den Sultan um Hilfe gegen den Kaiser und versprach großzügig außer einem hohen jährlichen Tribut, dem Sultansheer 30 000 Ungarn zuzuführen.

Im Osmanischen Reich wünschte niemand einen neuen Krieg, nur der Sultan selbst und sein Großwesir Kara Mustafa, aber sie setzten ihren Willen durch. Obwohl der Frieden von Eisenburg auf 20 Jahre abgeschlossen war, also bis 1684, unterstützten schon 1682 Kotscha Arnaut Ibrahim Pascha von Ofen und andere türkische Befehlshaber die aufständischen Ungarn. Mit ihrer Hilfe konnte Tököly Kaschau (Košice) erobern, die wichtigste Stadt in Oberungarn. Inzwischen rüstete man in Istanbul zum Kriegszug nach Österreich.
Nach einer großen, unerhört prunkvollen Heerschau trat Kara Mustafa am 31. März 1683 von Edirne aus den Marsch an. Ein unabsehbarer Heereszug überwand die verschneiten Pässe des Rhodopegebirges, voran die Janitscharen, dann Sultan Mohammed IV. mit seinem Hofstaat. Allein für den Harem sollen 100 Wagen nötig gewesen sein. Dafür waren Vorspann und Treiber nötig, Wegebereiter und andere Knechte; der Troß des Großwesirs war zwar geringer als der des Sultans, aber immer noch gewaltig groß für einen Feldzug. Daß für die Artillerie unter diesen Umständen nicht genug Bespannung übrig blieb, ist begreiflich. Vor Wien sollte es sich verhängnisvoll auswirken.
So ging es nach Sofia und weiter nach Belgrad. Dort musterte der Sultan sein Heer noch einmal, übergab Kara Mustafa die heilige Fahne des Propheten aus grüner Seide und machte ihn unter weiteren sehr feierlichen Zeremonien zum Seraskjer (Heerführer). Dann – es war bereits Mai geworden – trat der Sultan mit Harem und Gefolge die Heimreise an, unterbrach die Fahrt aber immer wieder um zu jagen. Das war von vornherein sein Plan gewesen, darum hatte er viele Falkner mitgenommen.
Kara Mustafa setzte den Marsch fort, überschritt bei Esseg die Drau und erreichte Ende Juni 1683 Stuhlweißenburg. Seine Heeresmacht umfaßte nicht nur die bewährten Kerntruppen der Sipahi, Janitscharen und Arnauten (Albaner), sondern auch Aufgebote aus ganz Rumelien, asiatische Kontingente und Ägypter. Zu den vornehmen Unterfeldherren zählten Husseyn Pascha, der Bejlerbej von Damaskus, und Kara Mehemed Pascha von Diarbakir. Die Vasallenfürstentümer Mol-

dau und Walachei mußten Hilfstruppen stellen, der Rebellenführer Tököly kam mit ungarischen Edelleuten und viel Troß. Endlich schloß sich noch Murad Giraj an, der Khan der Krimtataren. Die Schätzungen für die Gesamtzahl des Heeres liegen zwischen fast 200 000 und 273 000 Mann – und das ohne Troß! Die Kutscher und Tragtierführer, Treiber und Knechte sollen 62 000 Mann ausgemacht haben, aber solche Zahlen sind wie immer mit Vorsicht aufzunehmen.

Dieser Streitmacht konnte der kaiserliche Feldherr Herzog Karl V. von Lothringen mit seinen 22 000 Mann nicht den Weg versperren. Er konnte nur versuchen, seine Soldaten zwar zweckmäßig einzusetzen, aber eine entscheidende Schlacht solange zu vermeiden, bis die versprochenen Verstärkungen aus dem Reich und aus Polen einträfen. Die Türken kümmerten sich auch wenig um die Regimenter des Herzogs, ja nicht einmal um die Festungen, die an ihrem Weg lagen. Kara Mustafa wollte nicht den Fehler begehen, der schon dreimal einen Angriff auf Wien vereitelt hatte. Er ließ nur Raab (Györ) einschließen, beachtete Komorn und Preßburg überhaupt nicht und zog am rechten (südlichen) Donauufer weiter gegen Wien.

Die berühmte Zweite Türkenbelagerung Wiens im Jahre 1683 wurde schon so oft geschildert, auch mit allen Einzelheiten und genauen Angaben aus den Berichten der Augenzeugen beider Seiten, der Verteidiger wie der Belagerer, daß wir uns hier auf eine kurze Zusammenfassung beschränken können. Die Befestigungsanlagen waren nach den Regeln der damals modernen italienischen Fortifikationstechnik errichtet und gut mit Artillerie versehen, aber trotz der Erfahrungen von 1529 war für den Minenkrieg nicht vorgesorgt. Bald zeigte sich noch ein zweiter Mangel: das Glacis, das freie Schußfeld vor der äußeren Grabenwehr, war zu schmal. Die Vorstädte, die das befestigte Wien (den heutigen 1. Gemeindebezirk »Innere Stadt«) umgaben, mußten wie bei der ersten Türkenbelagerung eingeäschert werden, um dem Feind keine Dekkung zu bieten. Das brachte den Städtern großen wirtschaftlichen Schaden, half aber nicht viel, denn die Türken fanden in den Brandruinen noch genug Baumaterial für Schanzen und

Unterkünfte. Von dort arbeiteten sie sich in Laufgräben gegen die Stadt vor, und unterirdisch gruben sie Minen, um die Bastionen zu sprengen.

Mehrmals versuchten die Türken, mit stärkeren Verbänden nördlich der Donau Fuß zu fassen, aber dort hielt Herzog Karl von Lothringen Wache. In einem Gefecht am Bisamberg schlug er die Feinde zurück; unter den 2 000 gefallenen Türken befand sich der Pascha von Erlau. Eine starke Reiterabteilung, an die 15 000 Mann, sollte die Donaubrücke bei Krems erobern, denn Kara Mustafa hatte die strategische Bedeutung dieser ersten Brücke oberhalb von Wien erkannt, aber kaiserliche Kürassiere und Dragoner trieben sie unter hohen Verlusten in die Flucht und befreiten 3 000 Christen, die das Streifkorps unterwegs aufgegriffen hatte.

Aber was bedeuteten 3 000 Gerettete angesichts der ungeheuren Zahl der Gefangenen! Ihre Menge war so groß, daß sie ganz billig verhandelt wurden. »So konnte man die schönsten Sklavinnen schon um 40 bis 50 Piaster erstehen, eine mittelmäßige um 15 bis 20« vermerkte der Historiker Mehmed Aga, der sich im Gefolge des Großwesirs befand. An einer anderen Stelle seiner Aufzeichnungen schrieb er: »Die Schlösser waren dort so fest und schön gebaut und mit Zierat so reich geschmückt, daß sie darin fast den chinesischen Pagoden gleichkamen. Auch die Häuser der allerärmsten Giauren waren noch schöner als die Herrschaftshäuser in Istanbul.«

Das war für die Türken freilich ein erfreulicherer Kriegszug als jener nach Podolien. Schon auf dem Vormarsch nach Wien hatte Mehmed Aga den Reichtum der Felder und Gärten bewundert. Ohne das geringste Mitgefühl, ja richtig befriedigt stellte er fest, die Türken und Tataren »plünderten und raubten alle beweglichen Güter und Lebensmittel, nahmen Frauen und Kinder gefangen und köpften die wehrhaften Männer. Schon allein für das Eisenzeug aus all den zerstörten Häusern, um vom Kupfer erst gar nicht zu reden, würde man in Istanbul ein unermeßliches Vermögen erhalten«.

Ein kurzer Überblick über das Schicksal der wichtigeren Bauwerke in der Umgebung von Wien bestätigt diese Worte des türkischen Historikers. Das Schloß von Liesing und die Engelsburg bei Mauer wurden zerstört, ebenso das Schloß Achau, die Burgen Liechtenstein und Wildegg, das Schloß Gaden, die Burg von Wiener Neudorf. Für Mödling und Gumpoldskirchen brachte der Türkeneinfall eine ähnliche Katastrophe wie jene des Jahres 1529. Die Krieger des Kara Mustafa brannten Baden nieder, ebenso die drei umliegenden Schlösser Gutenbrunn, Weikersdorf und Leesdorf.

Mitunter ist die Zahl der Opfer genau bekannt. Die Burg Merkenstein bei Bad Vöslau, die sich 1529 gegen die Türken gehalten hatte, wurde diesmal nach längerer Belagerung erstürmt, die 173 Leute aus der Umgebung, die dort Zuflucht gesucht hatten, allesamt erschlagen. Baden hatte 848 Tote zu beklagen, zwei Drittel der Einwohnerschaft, darunter den Stadtschreiber Bartholomäus Schwarz, der noch im letzten Augenblick versucht hatte, das Archiv der Stadt zu retten.

Für das traurige Geschick von Perchtoldsdorf gibt es das Zeugnis eines Überlebenden und eine übereinstimmende türkische Nachricht: Die Einwohner hatten schon mehrmals kleinere Tatarentrupps verjagt, vor einer größeren Schar aber mußten sie sich in die befestigte Kirche zurückziehen. Der Anführer der Feinde verhandelte durch einen Dolmetscher: er sei ein Pascha, habe sich vom Großwesir diese Stadt als sein Eigentum erbeten und werde sie schützen, wenn die Einwohner ihre Waffen ablegten und die Kirche verließen; sie müßten sich nur die Schonung durch Geld erkaufen. Da die Bürger wenig Munition hatten, gingen sie auf den Vorschlag ein, zahlten 100 Dukaten und lieferten die Waffen ab. Aber sobald sie wehrlos waren, zogen die Türken die Säbel und ermordeten sie, drangen in die Kirche ein, raubten die Frauen, die ihnen gefielen, und töteten alle anderen. So kamen 300 bis 500 Menschen ums Leben, der Ort wurde zum größeren Teil eingeäschert.

Die Türken und Tataren sahen solche Treulosigkeit einfach als Kriegslist an. Auch vor Wiener Neustadt versuchten sie es damit. Das Stadtarchiv bewahrt den Brief in türkischer Sprache, der die Unterwerfung und Zahlung von 1500 Talern, fer-

ner zwei Zobelpelze und 60 Pferde forderte und dafür Schonung und Schutz versprach. Die Bürger müßten nur eine Besatzung in ihre Mauern aufnehmen, »dann werden wir sogar keiner eurer Hennen einen Schaden zufügen«. Die Neustädter trauten dem aber nicht, sondern verließen sich lieber auf ihre Befestigungen, ihre Geschütze und das Dragonerregiment, das in ihrer Stadt lag. Die Stadtgeschichte berichtet sogar von einem Ausfall, der die Feinde vertrieb.
So wehrten sich auch andere Orte erfolgreich, zum Beispiel die Burg Pitten oder das Stift Lilienfeld. Als die Türken durch das Piestingtal zogen, zerstörten sie die Dörfer, aber die alte, schon verfallende Burg Gutenstein bewährte sich noch einmal als Zuflucht. Man braucht nur zu der malerischen Ruine auf steiler Höhe aufzublicken, um zu verstehen, daß alle Angriffe – angeblich waren es 17 – scheiterten.
Klosterneuburg liegt so nahe bei Wien, daß es täglich mit Angriffen rechnen mußte, und das Stift versprach reiche Beute. Viele der Mönche wie der Bürger waren deshalb geflohen, doch die Zurückgebliebenen verteidigten die kleine, ziemlich gut befestigte Stadt und das Kloster. Den Befehl führte ein Laienbruder namens Marcellus Ortner, der danach zur Belohnung Küchenmeister wurde. Vorher war er Tischler gewesen; einige schöne Schränke, die er schuf, stehen in der Schatzkammer des Stiftes, er selbst liegt im Kreuzgang begraben. Allerdings durfte, wie in Wiener Neustadt, die entscheidende Rolle bei der Verteidigung doch den kaiserlichen Soldaten zugefallen sein. An der Ecke der Heißlergasse erinnert eine unscheinbare Tafel daran: noch am 8. September 1683 waren die Feinde bis in den Schiefergarten vorgedrungen, als der Obrist Heißler seine Dragoner zum Gegenangriff führte und die Stadt rettete.
Wie bei den früheren Türkeneinfällen leisteten auch diesmal wieder Wehrkirchen, Schlösser und andere feste Gebäude gute Dienste. Tapferer Widerstand rettete viele Orte, besonders wenn genug Gewehre und Munition vorhanden waren oder vielleicht gar ein leichtes Geschütz. Oft behalfen sich die Bauern auch mit Steinlawinen, mit Verhauen und Talsperren – es mußte nur ein mutiger und zugleich umsichtiger Anfüh-

rer da sein, ein Bürgermeister, Richter oder Pfarrer. Den Tataren lag ja nur an der Beute, auf Heldentaten legten sie keinen Wert. Manchmal genügten schon ein paar Schüsse, sie zu vertreiben.
Reguläre Truppen ließen sich freilich nicht so leicht abweisen. Die Eroberung von Hainburg wurde dem Kara Mehmed Pascha und Bekir Pascha, Bejlerbej von Aleppo, übertragen. Zweimal konnte die Übermacht der Angreifer abgewehrt werden, beim dritten Sturmangriff aber erstiegen sie die Stadtmauer und töteten in ihrer Wut alle Einwohner und Flüchtlinge, auch Frauen und Kinder, zusammen über 8000 Menschen. Man zeigt in der Stadt noch die Gasse, durch die das Blut der Erschlagenen zur Donau hinabgeronnen sein soll.
Angesichts solcher Greuel – Rauchsäulen kündeten weithin davon – kann man es einigen Gemeinden nicht verargen, daß sie sich unter den Schutz Tökölys stellten. Als Christ und Edelmann hielt er seine Zusage besser ein als Türken und Tataren, seine Wachmannschaften gewährten Schutz gegen plündernde Horden. So rettete sich die berühmte Weinstadt Rust am Neusiedlersee wie schon 1529, als sie Johann Zápolya gehuldigt hatte. Bruck an der Leitha blieb unversehrt und auch das Wasserschloß Pottendorf. Dessen Besitzer Franz Graf Nádasdy war 1671 als Verschwörer hingerichtet, das Schloß mit den Ländereien beschlagnahmt worden. Aber der junge Thomas Nádasdy zählte zu den prominenten Anhängern Tökölys, und da er Anspruch auf Pottendorf erhob, wurde das Schloß geschont.
Indessen machte die Belagerung von Wien nur geringe Fortschritte. Der Boden war so steinig, daß es viel Zeit kostete, die nötigen Laufgräben anzulegen und Minen zu graben. Nach einigen Wochen schon wurde die Nahrung im Lager knapp, weil die Umgebung sinnlos verheert worden war. Da die Gräben gewöhnlich auch als Latrinen dienten und die Toten nicht immer gleich bestattet, Tierkadaver nachlässig beseitigt wurden, erfüllte widerlicher Gestank die türkischen Stellungen. Fliegen und Ungeziefer gab es in kaum erträglicher Menge.

Kara Mustafa merkte davon nicht viel, oder wenn er es auf seinen Inspektionen feststellte, litt er jedenfalls nicht lang darunter. Sein riesiges Prunkzelt stand auf den Weinbergen südwestlich von Wien im heutigen 7. Gemeindebezirk. Es war eine ganze Zeltstadt: »Diese Zelte nehmen für sich einen Raum ein, der so groß ist wie die Stadt Warschau oder Lemberg« schrieb König Johann Sobieski nach dem Sieg an seine Gemahlin. Wahrscheinlich übertrieb er dabei, die Wiener Lokalsage aber will genau wissen, wo das Zelt des Großwesirs stand; am Haus Neustiftgasse 32 verkünden es eine Inschrift und die Figur eines türkischen Reiters.

Zahlreicher sind die Erinnerungen an das Jahr 1683 naturgemäß innerhalb der belagerten Stadt. Da gibt es die »Starhembergbank« im Südturm des Stephansdomes, von der aus Rüdiger Graf Starhemberg, der Kommandant der Verteidiger, die Belagerungsarbeiten der Feinde beobachtete, und im Eszterházykeller am Haarhof erzählt eine Tafel, daß dort Graf Starhemberg an seine Soldaten Wein ausschenken ließ. Das Bürgerliche Zeughaus, in dem die Waffen verwahrt waren, bis man sie plötzlich brauchte, erlitt während der Belagerung schwere Schäden und mußte umgestaltet werden; jetzt dient es als Feuerwehrzentrale. Von den Basteien ist nicht mehr viel zu sehen, das Glacis ist verbaut, die Tore längst abgerissen. Sie leben aber in der Erinnerung fort. Das Stubentor, das Kärntnertor und besonders das Schottentor sind selbstverständliche Begriffe im Wien der Gegenwart.

Weniger bekannt ist die Steinkugel, ein 79 Pfund schweres Geschoß eines türkischen Mörsers, das an der Fassade des Neustädterhofs in der Sterngasse 3 angebracht ist. Solche Kugeln sind im Laufe der Zeit selten geworden. Eine kann man im Haus Nußdorferstraße 59 unter dem Sims des ersten Stockwerkes sehen. Es war ein Einkehrgasthof an einer viel benützten Ausfallstraße, hat sein altes Aussehen ziemlich getreu bewahrt und ist unter dem überlieferten Namen »Zum weißen Schwan« ein geschätztes Speiselokal geblieben.

Die erfahrenen Kriegsmänner unter den türkischen Heerführern machten es dem Großwesir insgeheim sehr zum Vorwurf, daß es ihm nicht gelungen war, mehr schwere Artillerie

heranzuschaffen. Mit einer ausreichenden Anzahl von Belagerungsgeschützen wäre es ihm wahrscheinlich gelungen, die Festungsanlagen sturmreif zu schießen. Man munkelte, Kara Mustafa schone die Stadt, weil er sie möglichst wohlbehalten in Besitz nehmen wolle; er habe sie zu seiner Residenz ausersehen und denke daran, von hier aus, unabhängig vom Sultan, über die eroberten Länder zu gebieten. Vermutlich hegte Kara Mustafa solche Absichten; ob auch in Istanbul ein Argwohn dieser Art aufkam, läßt sich nicht sicher sagen.
Immerhin kam von dort der Hofschatzmeister, ein Neger namens Ali Aga, ins Lager des Großwesirs. Er überbrachte ihm ein Ehrengewand aus Goldbrokat, mit Zobelpelz verbrämt, dazu einen Ehrensäbel und einen Dolch als Geschenke des Sultans. Ob Ali Aga gleichzeitig den Fortgang der Belagerung inspizieren sollte, ist nicht gewiß, aber in den zwei Wochen, die er vor Wien verweilte, konnte er keine besonderen Erfolge sehen, sondern nur die schweren Verluste, welche die Türken durch die Artillerie der Verteidiger erlitten. Falls Ali Aga von geheimen Feinden des Großwesirs ausgesandt worden war, berichtete er ihnen sicherlich darüber.
Vielleicht war der Sturz Kara Mustafas schon damals, im Juli und August 1683, nicht mehr abzuwenden. Die Eroberung Wiens hätte ihn allzu mächtig und daher gefährlich gemacht, die Schuld an der Niederlage aber wurde einzig ihm zugeschrieben. Dabei war sein Plan durchaus vernünftig überlegt. In Laufgräben arbeitete sich die türkische Infanterie zwar langsam, aber unaufhaltsam vor, aus Parallelgräben konnte sie die Verteidiger unablässig beschießen. Oft lag man nur mehr wenige Meter von einander entfernt – und diese dauernden Kämpfe erschöpften die Christen, während der Großwesir immer neue Truppen ins Gefecht schicken konnte. Tatsächlich war die Festung Wien schon nahe dem Fall, aber nicht als Trümmerhaufen wie das unglückliche Candia oder die Kosakensiedlung Tschirigin, sondern immer noch als begehrenswerte Stadt. Ein Fehler Kara Mustafas war es, daß er nicht erkannte oder nicht erkennen wollte, wie müde und verdrossen seine Krieger schon waren.
Die Hoffnung auf reiche Beute hat noch immer und überall

die Angreifer ermutigt, aber Kara Mustafa erwartete, in Wien so großen Reichtum vorzufinden, daß es ihm schade dünkte, ihn den Janitscharen zu überlassen. Er wußte, wieviel Wertvolles bei jeder Plünderung vernichtet wurde, wie leicht eine ganze Stadt in Flammen aufging. Die Stadt, in der er herrschen würde, sollte nicht vorher zerstört werden! Also erklärte er, die Schätze des Kaisers gehörten dem Sultan, und verbot zu plündern. Damit minderte er jedoch den Kampfesmut der Janitscharen und der anderen Kerntruppen.

Im übrigen Heer gab es genug Leute, die von vornherein nicht mit Begeisterung in den Krieg gezogen waren, nämlich die ländlichen Aufgebote, die lieber daheim ihre Äcker bestellt hätten, und die Truppen aus den christlichen Vasallenfürstentümern. Serban II. Kantakuzenos, der Fürst der Walachei, ließ heimlich wissen, er wünsche den Sieg der kaiserlichen Waffen, und ebenso stehe es bei den Moldauern und den Siebenbürgern. Daraus ist zu erklären, daß der Belagerungsring um Wien nicht ganz dicht hielt. Christliche Fuhrleute des Türkenheeres trieben an die 100 Rinder durch die Linien und verkauften sie den Wienern, Slawonier lieferten Wein, Armenier handelten mit Brot aus der türkischen Feldbäckerei, Kundschaftern und heimlichen Boten wurden die Wege erleichtert. Von diesen Boten wurde besonders Georg Franz Koltschitzky bekannt, weil er sich nachher seiner Taten sehr rühmte und sie in einer Druckschrift mit seinem Bild in mehreren Sprachen veröffentlichte, aber es gab noch andere, die – vielleicht noch unter größeren Gefahren – die Verbindung zwischen der belagerten Stadt und dem Entsatzheer aufrechterhielten.

Daß Kara Mustafa dieses Entsatzheer unterschätzte, war sein zweiter verhängnisvoller Fehler. Es hatte ja lange gedauert, bis es beisammen war, aber nun rückte es endlich die Donau entlang heran. Die Tataren hatten das Land westlich von Wien bis an die Grenze Oberösterreichs heimgesucht und beobachteten nun den Vormarsch der christlichen Streitmacht. Als leichte Reiter, deren Hauptwaffe noch immer der Bogen war, hätten sie den Kürassieren und Dragonern nicht ernstlich Widerstand leisten, wohl aber den Vormarsch verzögern können. Wahrscheinlich hoffte der Großwesir, er werde die belagerte Stadt vor der Ankunft des Entsatzheeres einnehmen können. So war es ihm fünf Jahre vorher mit Tschirigin in der Ukraine geglückt, warum sollte es hier nicht möglich sein? Und vielleicht hätte wirklich eine Frist von drei oder vier Tagen genügt, doch noch Wien zu erobern. Von der ganzen Besatzung der Stadt waren nur mehr 4000 Mann dienstfähig, und auch diese schon erschöpft. Die türkischen Historiker erhoben deshalb Vorwürfe gegen den Khan der Tataren, der nur aus gekränktem Stolz und persönlichem Haß gegen Kara Mustafa die deutschen und polnischen Truppen nicht gehindert habe, bei Krems die Donau zu überschreiten.

Das gesamte Entsatzheer zählte 65 000 bis 82 700 Mann – so weit gehen die Schätzungen auseinander; einigermaßen sicher ist nur die Zahl der Reiter innerhalb dieses Heeres, nämlich 34 000. Dagegen konnte der Großwesir bei einer Musterung seines Heeres am 7. September 1683 noch immer 180 000 Mann feststellen, aber die bloße Zahl besagte wenig. Was half es denn, daß die leichten Reiter und die einberufenen Bauern, die Schanzarbeiter und Knechte ziemlich vollständig beisammen waren, wenn dafür die richtigen Kampftruppen hohe Verluste erlitten hatten! Da Kara Mustafa daran festhielt, in einer letzten großen Anstrengung Wien zu erstürmen, beließ er die meisten Janitscharen und Arnauten in den Gräben vor der Stadt und stellte nur verhältnismäßig wenige Janitscharen mit den Sipahi, den Hilfstruppen und einiger Artillerie dem Entsatzheer entgegen. Auch dazu entschloß er sich erst so spät, daß er nicht mehr dazukam, die Hügelkämme zu besetzen.

Die christlichen Truppen erstiegen die Höhen nordwestlich von Wien mit einiger Mühe, aber kampflos. Nun sahen sie die Stadt, zu deren Befreiung sie gekommen waren, sahen durch den Pulverqualm das Mündungsfeuer der Geschütze und erkannten, wie nötig rasche Hilfe war. Darum griffen sie an, voll Eifer und heiliger Begeisterung, aber durchwegs in guter Ordnung und Disziplin.

Die Türken dagegen standen mit dem Rücken zur Stadt, aus der sie noch immer beschossen wurden, mit dem Gesicht gegen einen neuen Feind, dessen Stärke sie überschätzten. Mehmed Aga glaubte an 200 000 Mann; sein Tagebuch vermittelt das Bild, das sich im Augenblick bot: »Die Giauren hatten die Palanke auf dem Berg erreicht und tauchten nun mit ihren Abteilungen auf den Hängen auf wie die Gewitterwolken, starrend vor dunkelblauem Erz . . . Es war, als wälze sich eine Flut von schwarzem Pech bergab, die alles, was sich ihr entgegenstellt, erdrückt und verbrennt.«

Das Entsatzheer führte leichte Feldgeschütze unmittelbar mit sich und setzte sie immer wieder ein. Den Ausschlag aber gab nicht die Artillerie, nicht die Feuerkraft der Infanterie, sondern die bessere Disziplin und die Kampfmoral, der Schwung und die gute Zuversicht, die den Türken fehlte.

Am Vormittag mußten die Türken aus Nußdorf weichen. Mehmed Aga nannte es »das zerstörte Dorf«: tatsächlich standen nur mehr eine Mühle und zwei Häuser. Eines von ihnen trägt heute noch die Aufschrift »Renoviert 1684«. Bald danach eroberten die Kaiserlichen und die Sachsen die benachbarten Weinbauerndörfer Heiligenstadt und Grinzing, gegen Mittag erreichten sie den Anschluß an die Bayern und Franken, die Sievering erobert hatten. Am linken Flügel des Türkenheeres hielt der Bejlerbej von Damaskus eine Zeit lang die Polen auf, die vom Hermannskogel und Dreimarkstein über Salmannsdorf und Neustift am Walde bis Neuwaldegg gekommen waren. Im Tal des Dornbaches konnte sich ihre schwere Reiterei nicht recht entfalten, der Angriff stockte. Wenn jetzt die Tataren von den Flanken her gegen die dicht gedrängten Polen vorstießen! Aber die Tataren machten keine Miene, am Kampf teilzunehmen.

Als am frühen Nachmittag die Polen weiter nach Süden und Südosten vordrangen, stieg Kara Mustafa selbst zu Pferd und führte einen Gegenangriff. Bei Ottakring und auf der Schmelz entwickelte sich ein großes Reitergefecht. Das Gefolge des Großwesirs und seine Sipahi leisteten den polnischen Panzerreitern erbitterten Widerstand.

In der örtlichen Tradition lebt die Erinnerung an eine Feldbefestigung, welche die Türken oberhalb der Ortschaften Weinhaus und Währing auf einer Höhe angelegt hatten; Markgraf

Ludwig Wilhelm I. von Baden soll sie mit sächsischen Dragonern und zwei kaiserlichen Regimentern erstürmt haben. Innerhalb der neuesten Forschung regen sich Zweifel daran, doch die Frage läßt sich kaum mehr klären. Im Gelände jener Befestigung wurde 1888 ein großer Park angelegt, und da man damals noch von keinen Zweifeln wußte, trägt er den Namen »Türkenschanzpark«.

Lokale Überlieferungen sind nicht immer verläßlich, die Berichte Verbündeter stimmen selten überein – das gilt von den ersten historischen Aufzeichnungen bis in die Gegenwart und selbstverständlich auch für die Ereignisse am 12. September 1683. Die Stimmung der Türken aber ist aus ihren eigenen Berichten gut zu ersehen: »Da erkannten die Muslims, daß alles verloren war und die Katastrophe nicht mehr abgewendet werden konnte. Kämpfend und fechtend wandten sich die Krieger in der Umgebung des Großwesirs zur Flucht; die meisten flohen geradewegs zu ihren Zelten hin und dachten nur noch daran, ihr Leben und ihre Habe zu retten. Der Großwesir zog sich mit seinem engsten Gefolge und mit der heiligen Fahne kämpfend zu seiner Zeltburg zurück, während die Glaubensfeinde bereits hier und dort in die Zelte des Lagers eindrangen.«

Im Tagebuch von Kara Mustafas Zeremonienmeister heißt es dann weiter: »Als der Feind bereits das Scharfrichterzelt erreicht und auf dem Schatzzelt eine Fahne aufgepflanzt hatte, da griff der Großwesir mit einigen Gefolgsmännern und Paschas wieder in den Kampf ein und schlug sich dort gegen eine große Zahl von Giauren. Er drang sogar persönlich, mit der Lanze in der Hand, auf die Giauren ein.«

Kara Mustafa wollte einen ehrenvollen Tod im Kampfe suchen, doch der Aga der Sipahi beschwor ihn, den Rest des Heeres zu retten. So verließ er eineinhalb Stunden vor Sonnenuntergang seine Zeltburg und floh vier Wegstunden weit auf der alten Heerstraße entlang der Donau, rastete kurz bei Fischamend und setzte dann die Flucht fort bis vor Raab.

Das Bündnis zwischen Kaiser Leopold I. und dem Polenkönig war ein Verdienst Innozenz' XI., des bedeutendsten Papstes seines Jahrhunderts. Er durfte mit gutem Recht den Sieg über die Türken als Erfolg seiner Politik betrachten. Zur Erinnerung daran schrieb er für die ganze Kirche künftig ein Fest »Mariae Namen« vor, eben am Siegestag, dem 12. September. Sein Gesandter, der berühmte Prediger Marco d'Aviano, hatte am Morgen jenes Tages auf dem Kahlenberg die Messe gelesen; König Johann Sobieski hatte persönlich ministriert, mit den anderen Heerführern die Kommunion empfangen und danach seinen Sohn Jakob zum Ritter geschlagen. Die Sobieski-Kapelle in der St. Josephskirche auf dem Kahlenberg bewahrt das Gedenken, den Polen gilt sie heute noch als Wallfahrtsort.

Von seinem Hofmaler Martino Altomonte ließ der König den Sieg in mehreren Gemälden verherrlichen, deren größtes 9 m lang ist. Eine kleinere Replik davon ist im niederösterreichischen Stift Herzogenburg zu sehen. Auch viele andere Maler haben den Sieg verewigt; etliche dieser Bilder bewahrt das Historische Museum der Stadt Wien. Im Wiener Kunsthistorischen Museum befindet sich eine prachtvolle Tapisserie, auf der die Entsatzschlacht dargestellt ist, aber nicht mit dem Polenkönig, sondern dem Herzog Karl V. von Lothringen im Vordergrund, denn das gewebte Bild stammt aus der herzoglich lothringischen Manufaktur in Nancy.

Die Eifersucht zwischen den Verbündeten hatte sich am 12. September 1683 – zum Glück für die Christenheit – noch nicht ausgewirkt, die Schlacht war sogar im gemeinsamen Eifer früher entbrannt, als geplant war, früher auch, als die Türken vorausgesehen hatten. Noch wenige Tage vorher hatten Troßknechte die Kamele und Maultiere auf die Weide getrieben; als sie nun ahnungslos zurückkehrten, gerieten sie unversehens in Gefangenschaft. Die Sieger fanden noch Brot in den Backöfen, in manchen Zelten Schüsseln mit angerichteten Speisen – so plötzlich hatte die Katastrophe das Türkenheer überrascht.

Die Zeit hatte auch nicht mehr ausgereicht, alle Gefangenen zu ermorden, die man nicht mitnehmen wollte. Wie viele der Unglücklichen noch im letzten Augenblick sterben mußten, ist nicht verläßlich bekannt; eine türkische Nachricht spricht

von 30 000. Außerdem ließ Kara Mustafa einen Strauß enthaupten, damit der kostbare Vogel nicht den Christen in die Hände falle.
Immerhin konnte ein Teil der christlichen Gefangenen im Türkenlager gerettet werden, darunter etwa 500 elternlose Kinder. Ihrer nahm sich der Bischof von Wiener Neustadt an, der edle Graf Leopold Kolonitsch, der seinerzeit als Malteserritter auf Kreta gegen die Türken gekämpft und dann im belagerten Wien die Pflege der Verwundeten und Kranken geleitet hatte. Er ließ die Kinder sammeln und zunächst mit Nahrung versehen, kümmerte sich um Quartier für sie und sorgte späterhin für ihre Erziehung und Ausbildung, teils aus eigenen Mitteln, teils mit Hilfe der Spenden adeliger und bürgerlicher Familien.
Die letzten Stunden, bis sie geborgen waren, müssen aber für die Kinder fürchterlich gewesen sein, während manche ihre Eltern sterben sahen und niemand wußte, ob die Mörder endgültig geflohen seien oder vielleicht zurückkehren würden. Nicht einmal die siegreichen Feldherren glaubten an die Flucht des Feindes, sondern hielten ihre Soldaten kampfbereit beisammen. Zu oft schon hatte, wenn sich die Krieger zum Plündern zerstreuten, ein Gegenstoß den Sieg in eine Niederlage verkehrt.
Drei Reiterregimenter verfolgten den fliehenden Feind bis gegen Fischamend, die anderen hielten Wache, nur die Polen begannen sogleich, sich die Beute anzueignen. Das sahen sie als ihr gutes Recht an, ihr König hatte es sich vertraglich ausbedungen – und wahrscheinlich hatte er seine Edelleute nicht so fest in der Hand, daß er sie daran hätte hindern können. Wie gewöhnlich plünderten neben den Streitern, die es sich verdient hatten, sehr bald die Knechte und Troßleute. Bis tief in die Nacht hinein durchstreiften sie mit Fackeln die Zelte. Die Kaiserlichen und die Reichstruppen kamen erst am nächsten Tag an die Reihe, die Wiener noch später.
Die Beute soll 600 Säcke voll Geld betragen haben, dazu Gürtel und Köcher, die mit Perlen, Diamanten und Saphiren besetzt waren, andere kostbare Waffen, Kästchen aus gediegenem Gold, Uhren und Teppiche, ferner 370 Kanonen, 15 000

Zelte, 10 000 Zugochsen und Büffel, 5000 Kamele, 10 000 Schafe. Diese zeitgenössischen Angaben mögen übertrieben sein, aber sie geben eine ungefähre Vorstellung vom Reichtum des Türkenlagers. Was einzelne Offiziere und Soldaten, Diener und Troßknechte für sich erbeuteten, verschwand sehr schnell. Erhalten blieben nur einzelne Prunkstücke, die den höchsten Herren zufielen, damals ihren Privatsammlungen eingegliedert wurden und heute in Museen zu bewundern sind. In der Waffensammlung des Kunsthistorischen Museums zu Wien ist der Anteil Kaiser Leopolds I. ausgestellt, in Krakau die reiche Beute des Polenkönigs, darunter das Prunkzelt des Großwesirs, in Karlsruhe alles, was dem Markgrafen Ludwig Wilhelm von Baden zugefallen war.
Im Heeresgeschichtlichen Museum und im Historischen Museum der Stadt Wien sind weniger prächtige, aber in anderer Hinsicht interessante Stücke zu sehen, nämlich die Kampfwaffen der türkischen Krieger, Bogen und Pfeile, Lanzen, Wurfspieße, Handbeile, Streitkolben, Säbel und Handfeuerwaffen aller Art, Turbane, Köcher und Zelte. Zelte, Sättel und Schabracken werden in der Wagenburg des Schlosses Schönbrunn aufbewahrt. Nur die erbeuteten Kanonen sind nicht erhalten: aus ihnen wurde im Jahre 1711 die »Pummerin« gegossen, die große Glocke von St. Stephan.
Kleinere, aber für die Lokalgeschichte wichtige Sammlungen türkischer Waffen und Fahnen finden sich im Stift Kremsmünster, in vielen Ortsmuseen, in Burgen und Schlössern von Niederösterreich und dem Burgenland, zum Beispiel in der Burg Forchtenstein. Diese Renaissancefestung mit ihrem wuchtigen Bergfried aus dem Mittelalter diente im Sommer 1683 den Bauern der Umgebung als Zuflucht. Die Mönche des Franziskanerklosters von Frauenkirchen retteten dorthin das alte Gnadenbild der Wallfahrtskirche, die Marienstatue und einen Teil des Kirchenschatzes, während Kirche, Kloster und Markt Frauenkirchen verbrannten.
Forchtenstein gehört den Eszterházy, die den Habsburgern stets die Treue gehalten haben. Angehörige anderer Magnatenfamilien hatten sich mit Tököly arrangiert und türkische Besatzungen in ihre Burgen aufgenommen. Nicht immer ta-

ten sie es aus Feindschaft gegen Leopold I., oft nur zum Schutz gegen Tataren und andere Plünderer. Aber als die Nachricht vom Sieg der verbündeten christlichen Herrscher kam, schlug die Stimmung schnell um. Schon zum 14. September vermerkte Mehmed Aga: »Es wurde berichtet, daß die Bewohner der Burgen und Palanken, die vordem gehuldigt hatten, sich nunmehr erhoben und die Schutzwachen davonjagten. Zriny und Batthyány waren doch seinerzeit in das Lager vor Wien gekommen und hatten dem Großwesir ihre Huldigung dargebracht, große Mengen von Lebensmitteln geschickt und von den muslimischen Grenzkriegern an die 4000 oder 5000 Mann als Schutztruppen aufgenommen; nun kam die Nachricht, daß sie diese alle hingemordet hätten.«
An diesem Tag, dem 14. September 1683, kamen immer noch verspätete Flüchtlinge und Versprengte in das Lager vor Raab. Sie fanden keine Unterkunft mehr, denn die Plätze waren schon von denen belegt, die vorher eingetroffen waren. Gegen diese, die offensichtlich schon frühzeitig das Schlachtfeld verlassen hatten, richtete sich der allgemeine Zorn. Dem Khan der Tataren konnte Kara Mustafa nichts anhaben, aber zugleich mit diesem war der Wesir Kotscha Arnaut Ibrahim Pascha, Bejlerbej von Ofen, schon am Tage nach der Schlacht im Lager bei Raab angelangt, einen ganzen Tag früher als der Großwesir! Und war er nicht im Kampf als erster vor den Giauren gewichen? Ob er wirklich schuldig war, ob Kara Mustafa einen Sündenbock brauchte oder nur eine alte Rechnung begleichen, einen gefährlichen Mitwisser seiner früheren ehrgeizigen Pläne beseitigen wollte – der greise Wesir mußte sterben. Der Zeremonienmeister des Großwesirs kleidete den Bericht darüber in blumige Worte:
»Er wurde dem Pfortenmarschall übergeben, und noch zur gleichen Stunde wurde ihm der Weg ins Jenseits bereitet und das Tagebuch seines Lebens zugeklappt, um nie wieder geöffnet zu werden. Möge Allahs Barmherzigeit ihm im reichsten Maße zuteil werden . . .«
Kotscha Arnaut Ibrahim Pascha hatte durch seine rechtzeitige Flucht aus dem Lager vor Wien sehr viel von seinem Eigentum retten können. Das alles samt Zelt, Kamelen und Maul-

tieren ließ nun der Großwesir beschlagnahmen und sandte auch gleich Leute nach Ofen, die dort den Besitz des Hingerichteten sicherstellen sollten. An den Sultan aber schickte er einen wortreichen Bericht, der das Ausmaß der Niederlage verringerte und alle Schuld daran auf Kotscha Arnaut Ibrahim Pascha abwälzte.

Sultan Mohammed IV. hatte den ganzen Sommer in Nordgriechenland und im Rhodopegebirge auf der Jagd und mit anderen Vergnügungen zugebracht, hatte den günstigen Berichten seines Großwesirs geglaubt und bereits die Rückreise nach Istanbul angetreten, um dort den erwarteten Sieg zu feiern. Die Nachricht vom Rückzug des Heeres enttäuschte ihn zwar, aber prachtvolle Geschenke des Großwesirs stimmten ihn milde. Die Mutter des Sultans und einflußreiche Hofbeamte hatten gleichfalls kostbare Geschenke erhalten, sodaß sie Fürsprache einlegten und den Sultan überzeugten, Kara Mustafa werde auf einem neuen Feldzug Wien und ganz Deutschland erobern; man brauche ihm nur zu erlauben, frische Truppen zu sammeln.

Kara Mustafa kehrte nicht nach Istanbul zurück, sondern blieb in Belgrad, um gleich im nächsten Frühjahr wieder gegen Wien zu ziehen. Inzwischen wollte er sich aber noch weiterer Feinde entledigen. Zugleich mit dem Wesir Kotscha Arnaut Ibrahim Pascha hatte er einige Paschas erdrosseln, Offiziere mit dem Schwert umbringen lassen, aber nicht gewagt, ohne Zustimmung des Sultans auch gleich den Oberbefehlshaber der Janitscharen und andere hohe Würdenträger zu töten. Das wollte er nun nachholen. Niemand, dessen Aussage ihn belasten könnte, sollte am Leben bleiben. Also klagte er alle, von denen er Gefahr voraussah, vor dem Sultan an.

Damit hatte er aber den Bogen überspannt, denn diejenigen, deren Tod er forderte, hatten Freunde in der Umgebung des Sultans. Raffinierte Intrigen waren nicht nötig, es genügte schon, daß der Sultan endlich genaue Berichte über das Ausmaß der Katastrophe vor Wien und ihre Ursachen erhielt und von Kara Mustafas Plänen einer eigenen, selbständigen Herrschaft erfuhr. Dazu kamen noch Nachrichten von neuen Miß-

erfolgen des türkischen Heeres und dem Verlust der starken Festung Gran (Esztergom).
An der Kapitulation dieser Festung trug Kara Mustafa gewiß keine Schuld, aber solche Unglücksfälle widersprachen zu sehr seinen schönen Berichten, und seine Feinde in Istanbul versäumten keine Gelegenheit, den Sultan darauf hinzuweisen. Also entschloß sich Mohammed IV., Kara Mustafa das Schicksal zu bereiten, das schon manchem Großwesir zuteil geworden war.
Gegen Mittag des 25. Dezember 1683 trafen in Belgrad der Oberstkämmerer des Sultans und der Pfortenmarschall ein und suchten zusammen mit dem Oberbefehlshaber der Janitscharen den Großwesir in dessen Haus auf. Sie begrüßten ihn mit aller gebührenden Höflichkeit, aber als sie ihm im Auftrag des Sultans das Reichssiegel, die Heilige Fahne und den Schlüssel zur Kaaba abforderten, wußte Kara Mustafa, was ihm bevorstehe. Er beendete sein Mittagsgebet, das er bei ihrer Ankunft unterbrochen hatte, sprach noch ein persönliches Gebet, dann entließ er seine Pagen, legte Pelz und Turban ab und rief die Henker. Damit sie ihm die Stricke richtig um den Hals legen könnten, hob er mit seinen eigenen Händen den Vollbart hoch.
Der Körper des Großwesirs wurde der Sitte gemäß entkleidet, gewaschen, in ein Leichentuch gehüllt und nach den Totengebeten in den Sarg gelegt, die Kopfhaut vom Schädel gelöst, ausgestopft und nach Istanbul geschickt. Den Leichnam setzte man in Belgrad in der Moschee bei, die Kara Mustafa gestiftet hatte. Seine Ruhe im Grab dauerte aber nicht lang. Belgrad wurde – das sei hier vorgreifend erwähnt – im Jahre 1688 von kaiserlichen Truppen unter dem Befehl des Kurfürsten Max Emanuel von Bayern erobert, die Moschee des Kara Mustafa in eine Kirche umgewandelt. Jesuitenmönche (nach anderem Bericht plündernde Soldaten) öffneten das Grab des Großwesirs, entnahmen seinen Schädel und lieferten ihn dem Stadtkommandanten ab. Dieser übersandte den Schädel an Bischof Graf Kollonitsch, wohl in Erinnerung daran, daß Kara Mustafa fünf Jahre vorher geschworen hatte, er werde den Schädel des Bischofs auf eine Lanze stecken. Nun war es

anders gekommen, der Bischof besaß den Schädel des Großwesirs. Er wollte ihn aber nicht behalten, sondern schenkte ihn dem Wiener Bürgerlichen Zeughaus. An den Totenkopf dieses berühmten Feindes und andere, ähnlich makabre Erinnerungsstücke knüpften sich im Laufe der Zeit allerlei Spukgeschichten. Erst jetzt, da sich der Schädel nicht mehr in dem alten Zeughaus, sondern im modernen, nüchternen Bau des Historischen Museums der Stadt Wien befindet, scheint der Geist des Großwesirs Ruhe gefunden zu haben.

**28** *Der Kalemegdan, die viel umstrittene Burg von Belgrad.*

**30** *Teilansicht der Bunten Moschee von Tetovo/Jugoslawien.*

◁ **29** *Die gotische Kirche von Bihać in Bosnien ist seit 1592 eine Moschee.*

**31** *Die heute noch verbreiteten Tarock-Spielkarten zeigen viele Motive aus der Türkenzeit.*

## X.
## DREIMAL BELGRAD

Jeder Schachspieler weiß, daß sein Erfolg nicht nur vom eigenen Können abhängt, sondern ebenso von dem des Gegners: er muß dessen Züge genau beobachten und darf nicht nur blindlings einem vorgefaßten Plan folgen. Diese Binsenweisheit bestätigte sich im Jahre 1684 für den Sultan und seinen neuen Großwesir Kara Ibrahim. Zunächst machte Kaiser Leopold I. die besseren Schachzüge. Im Januar versprach er den ungarischen Adeligen, die sich Tököly angeschlossen hatten, ihren Hochverrat zu verzeihen, wenn sie zu ihm überträten, und schwächte damit Tökölys Anhang sehr. Ein Vertrag mit Frankreich machte ihm den Rücken frei. Am 1. März 1684 schloß Leopold I. ein Bündnis mit Polen und Venedig.

Darauf mußte der Großwesir Kara Ibrahim seine Gegenzüge abstimmen. Zum Seraskjer gegen die kaiserlichen Truppen in Ungarn ernannte er den bewährten Kriegsmann Schejtan Ibrahim Pascha, gegen die Polen den Bosnier Ajnadschi Sulejman Pascha. Er selbst blieb in Istanbul, wo er vorher als Kaimakam gewaltet hatte, um sich in seiner neuen Würde zu festigen. Den beiden Feldherren trug er insgeheim auf, ihm jederzeit genau und schnell alles zu berichten, dem Sultan aber nur gute Nachrichten zukommen zu lassen. Er wußte, wieviel von der Laune des Sultans abhing, und wollte nicht so bald das Schicksal seines Vorgängers teilen.

Zweifelhaft wie die künftigen Ereignisse in Ungarn waren auch die zur See. Seit dem Sieg auf Kreta war die osmanische Flotte nicht mehr gebraucht und daher vernachlässigt worden. Es fehlte jedoch an Geld, die alten Schiffe auszubessern und neue zu bauen. In vernünftiger Beschränkung verzichtete Kara Ibrahim auf den Seekrieg und ließ nur die Küstenfestungen verstärken. Die Republik Venedig schickte zwar eine Flotte, die ein kleines Heer für Landungsoperationen an Bord hatte, zum guten Teil Veteranen des Kampfes auf Kreta; den Oberbefehl führte der greise Francesco Morosini, Verteidiger von Candia – aber der Großwesir sorgte sich darum nicht all-

zusehr. Mochten die Venezianer auch die Festung Santa Maura auf der Insel Lefkas erobern, die Entscheidung würde doch nicht dort fallen, sondern in Ungarn.
Damit behielt Kara Ibrahim recht, nur dauerte es länger, endete anders, als er erwartet hatte. 1684 erging es ihm noch einigermaßen gut: dank der Verstärkungen, die er aus Ägypten herangezogen hatte, gewann er im Herbst die meisten Plätze zurück, die ihm die Kaiserlichen während des Sommers abgenommen hatten. Sultan Mohammed IV. konnte also mit den Nachrichten, die ihm sein Großwesir überbrachte, vorläufig ganz zufrieden sein. Auch die Verluste des Jahres 1685 waren zu verschmerzen. Ob er Neuhäusel, Szolnok und Arad noch besaß oder nicht, brauchte ihn nicht allzusehr zu kümmern, so wenig wie die Tatsache, daß die Stadt Esseg in Flammen aufgegangen war. Die Leute, die dort ihr Obdach und allen Besitz verloren, waren vorwiegend Christen und Juden.
Wenn den Sultan etwas betrübte, dann nur die Erkenntnis, daß jetzt das Gesetz des Handelns in den Händen der Kaiserlichen lag. Obwohl sie nicht überall Erfolg hatten, waren doch meistens sie es, die angriffen. Vom Adriatischen Meer bis zu den Karpaten rückten größere und kleinere Truppenverbände vor, und das machte überall der einheimischen Bevölkerung Mut. Irreguläre Streifcorps der Ungarn und Kroaten wagten Überfälle, wie man sie seit einem Jahrhundert nicht mehr erlebt hatte; in Montenegro wurde es wieder unruhig, Räuberbanden traten als Freiheitskämpfer auf.
Unter diesen Umständen schien es dem Großwesir ratsam, einen Waffenstillstand zu schließen. Um günstige Voraussetzungen dafür zu schaffen, opferte er den hartnäckigsten Gegner der Habsburger, den ungarischen Rebellen Tököly, ganz in der üblichen Weise. Als Graf Tököly nach Großwardein kam, um dort Hilfe für die belagerte Stadt Kaschau zu erbitten, empfing ihn der Pascha von Großwardein freundlich, wies den 7000 Husaren und Hajduken Tökölys Quartiere in der Umgebung an und lud den Grafen zum Mittagessen ein. Nach der Mahlzeit aber traten Janitscharen ein, zeigten einen Befehl des Sultans und legten Tököly in Ketten. Er wurde als

Gefangener nach Edirne gebracht, sein Reisegepäck teilten die Janitscharen untereinander.
Dieses Vorgehen erschütterte die anderen aufständischen Ungarn. Einer ihrer Anführer soll offen erklärt haben: »Es ist vergebens, die Herstellung der Freiheit Ungarns von Leuten zu erwarten, die selbst nicht wissen, was Freiheit ist!« Auch die Verteidiger von Kaschau verloren ihre Zuversicht, als sie von Tökölys Gefangenschaft erfuhren, und übergaben die Stadt. Viele Ungarn traten in die Dienste des Kaisers.
In Wien glaubte niemand an die Ehrlichkeit des Friedensangebotes. Sicherer erschien es, nach den ersten Erfolgen noch weitere zu erringen. Selten war eine so starke Armee zur Verfügung gestanden, wie sie für den Feldzug des Jahres 1686 zu erwarten war: 51 650 Kaiserliche, 24 000 Ungarn und Kroaten, ferner Brandenburger, Bayern, Sachsen, Schwaben, Franken, Rheinländer und Schweden, zusammen über 100 000 Mann, dazu adelige Freiwillige aus Spanien, Italien, Frankreich und England, ganz abgesehen von den Polen und den venezianischen Söldnern, die auf ihren eigenen Kriegsschauplätzen gegen die Türken kämpften.
Als erstes Gegenmittel setzten in Istanbul Intrigen ein, Vorwürfe und die Suche nach Schuldigen an den bisherigen Mißerfolgen. Das erste Opfer war der tapfere Schejtan Ibrahim Pascha, nach ihm starben einige weniger namhafte Heerführer. Schließlich wurde der Großwesir Kara Ibrahim abgesetzt und nach Rhodos verbannt. Seine Stelle nahm Ajnadschi Sulejman Pascha ein, der sich im Krieg gegen Polen ausgezeichnet hatte. Er wollte in Ungarn selbst mitkämpfen, nicht dauernd in Istanbul bleiben, wie es der vorsichtige Kara Ibrahim getan hatte.
Eine der ersten Maßnahmen des neuen Großwesirs war, den gefangenen Grafen Tököly wieder in Freiheit zu setzen. Als Häftling nützte er nichts, in Ungarn könnte er sehr brauchbar sein. Er war gleich wieder zum Kampf bereit. Die türkischen Befehlshaber in Belgrad, Temesvár und Großwardein unterstützten ihn mit Truppen, bald kamen auch die Tataren.
Also begannen 1686 die kriegerischen Auseinandersetzungen früher im Jahr, als es bisher der Fall gewesen war. Es gab al-

lerdings keine klaren Fronten, sondern nur Stützpunkte, und von diesen aus Märsche und Streifzüge, Überfälle und Gefechte. Wieder gingen Städte und Dörfer in Flammen auf, die Bauern büßten ihr Vieh und ihre letzten Vorräte ein. Aber alle Umstellungen in der Heeresführung der Osmanen konnten nicht verhindern, daß weiterhin die Kaiserlichen den Verlauf der Kriegshandlungen bestimmten.
Am 18. Juni 1686 begannen die Kaiserlichen und ihre Verbündeten, die Stadt und die Festung Ofen einzuschließen, die sie zwei Jahre vorher vergeblich belagert hatten. Dort waren inzwischen die Befestigungen noch verstärkt und mit 215 schweren Geschützen bestückt worden. Den Befehl über 10 000 Janitscharen führte der alte Abdurrahman Pascha, ein kriegserfahrener Arnaute.
Der Pascha von Ofen wollte seinen Harem nicht in der gefährdeten Stadt belassen, sondern brachte ihn auf Schiffe, zusammen mit seinen reichen Schätzen und den Familien und Kostbarkeiten anderer vornehmer Türken. Die Schiffe wurden bei der Donauinsel Csepel verankert, um im Notfall schnell fliehen zu können. Aber gerade diese Vorsicht wurde zum Verhängnis. Johann Bottyán, Rittmeister der Husaren aus Gran, entdeckte auf einem Erkundungsritt die Schiffe und brachte sie samt ihrer Ladung als willkommene Beute ins Heerlager.
Die Verteidiger von Ofen wehrten sich zäh. Am 22. Juli schlug ein Geschoß in das Hauptarsenal und entzündete die Pulvervorräte. Durch die Explosion stürzte eine Ecke des Schlosses ein, Trümmer sollten bis nach Pest hinüber geflogen, 1500 Menschen umgekommen sein. Aber als Herzog Karl V. von Lothringen am nächsten Tag zur Kapitulation aufforderte, lehnte Abdurrahman Pascha ab. Er hatte vor Candia und Kamieniecz gekämpft, er wollte sein Leben in Ehren zu Ende bringen.
Der Großwesir führte ein Entsatzheer heran, aber es gelang ihm nicht, den festen Ring der Belagerer zu durchbrechen und Ofen zu befreien. Nach einigen verlustreichen Kämpfen trat er Ende August den Rückzug an. Am 2. September 1686 nachmittags sammelten sich die christlichen Truppen zum

entscheidenden Sturmangriff. Nach ritterlicher Art führte jeder Offizier seine Abteilung persönlich an, auch wenn er nicht mehr jung war, und nahm selbst teil am Nahkampf, Säbel gegen Säbel, Bajonett gegen Handschar.

Die Türken verteidigten mit dem Mut der Verzweiflung jeden Mauerabschnitt, jede Gasse, jeden Hauseingang. Frauen und Kinder standen ihnen bei, wie sie es während der ganzen Belagerung getan hatten, brachten Munition und bargen Verwundete. Auch die Juden kämpften mit. Vielleicht erinnerte sich mancher an alte Familienerzählungen von der Grausamkeit der Inquisition in Spanien, von Folter und Scheiterhaufen, Vertreibung oder zwangsweiser Bekehrung zum Christentum. Die Mohammedaner hatten immer nur Geld verlangt, nie die Seele – darum kämpften die Juden an ihrer Seite. Als Abdurrahman Pascha gefallen und die Stadt erobert war, ging der Kampf in der Burg weiter, bis der Kurfürst von Bayern Einhalt befahl und den letzten Türken Schonung ihres Lebens zusicherte.

An einem 2. September, vor 145 Jahren, war Sultan Sulejman II. der Prächtige in Ofen eingezogen. Dieser 2. September 1686 nun leitete einen neuen Abschnitt in der Geschichte der Stadt ein. Vorerst wurden nur die Breschen durch Palisaden gesperrt, aber bald kamen zu den Soldaten die Priester und Mönche mit ihren Baumeistern. Die Moscheen, die früher Kirchen gewesen waren, wurden sogleich dem christlichen Kultus zurückgegeben, andere eingerissen.

Die Moschee, in der Sultan Sulejman im Jahre 1541 am Festgottesdienst teilgenommen hatte, wurde den Jesuiten zugesprochen, von ihnen ausgebaut und mit einem Collegium sowie einem Priesterseminar umgeben; sie ist als Liebfrauen- oder Matthiaskirche bekannt. Der Franziskanerorden übernahm die Fethije-Dschami (Siegesmoschee), die Karmelitermönche zogen in den Palast des Paschas ein. Diese Gebäude erlebten noch ein wechselvolles Schicksal: die Pascha-Moschee wurde zerstört, die an ihrer Stelle erbaute Karmeliterkirche in der josephinischen Zeit zu einem Theater umgebaut. Beethoven gab darin ein Konzert. Die Gasse im Festungsviertel, an der einst Paschapalast, dann Kloster und

Kirche der Karmeliter lagen, heißt nun nach jenem Theater »Szinház-utca«, zu deutsch »Theatergasse«.
Die Mustafa-Dschami wurde zunächst zu einer Kapelle umgestaltet; erst einige Jahrzehnte später waren die Mittel vorhanden, die Kirche zu erbauen, die in der heutigen Attila körút steht. Ebenfalls in der Nähe des Festungsberges, in der Fö utca, erwarben die Franziskaner eine Moschee und bauten daraus Kloster und Kirche. Das türkische Bad in der selben Gasse blieb erhalten. Es ist das schon erwähnte Bad des Arslan Pascha, das seit dem vorigen Jahrhundert Király-Bad heißt und trotz späterer Umbauten sehr deutlich seinen Ursprung verrät. Auch das Rudas-Bad und das Rác-Bad (»Serbenbad«), beide ebenfalls in der Umgebung des Festungsberges, zeigen viele gut erkennbare Bauelemente der Türkenzeit.
Die Türbe des Derwisches Gül Baba (oben S. 134) diente nunmehr den Jesuiten als Kapelle, doch bei den Türken erhielt sich die Erinnerung an den heiligen Ort. In den friedlicheren Zeiten des 19. Jahrhunderts kamen oft mohammedanische Pilger dorthin, sodaß Sultan Abd ul-Hamid II. im Jahre 1885 das Gebäude restaurieren ließ. Es wurde noch mehrmals ausgebessert, zuletzt 1963.
Die Restaurierungsarbeiten nach den Schäden des Zweiten Weltkrieges haben auf dem Burgberg etliche Erinnerungen an das Jahr 1686 zutage gebracht, so z. B. in der Uri-utca den mittelalterlichen Kern einer ganzen Reihe von Häusern, die bei dem Sieg über die Türken in Mitleidenschaft gezogen worden waren. Damals wurde auch in der damaligen Judengasse (heute Táncsiscs Mihály-utca) hart gekämpft, beide Synagogen gingen in Flammen auf. Reste von ihnen sind nun wieder zu sehen; man braucht nur einen Spaziergang durch das einstige Ghetto auf dem Burgberg zu unternehmen.
Pest, die Stadt in der Ebene auf dem anderen Donauufer, konnte schon früher als Ofen (Buda) befreit werden. Noch im selben Jahr 1686 bauten dort die Franziskaner und andere Orden die Moscheen zu Kirchen um und stellten binnen weniger Jahre die gotische Pfarrkirche wieder her, die während der Türkenherrschaft verfallen war.
Nach der Eroberung von Ofen kehrten die Reichstruppen

wieder heim, die Kaiserlichen aber zogen weiter, um noch etliche wichtige Städte den Türken zu entreißen. In zwei dieser Städte, Szeged und Kaposvár, sind keine Spuren der Türkenzeit mehr zu finden, um so mehr dafür in Pécs, das später von deutschen Siedlern den Namen Fünfkirchen erhielt.
Die Katastrophe von Ofen war dort schon bekannt geworden und hatte die Türken eingeschüchtert. Als sich der Vortrab des Prinzen von Baden der Stadt näherte, glaubte der Pascha von Pécs, nun sei er an der Reihe, zog sich mit seinen 800 Mann in die Festung zurück und ließ die Stadt anzünden. Die Dragoner und Husaren waren erbost, daß die erhoffte Beute vor ihren Augen zu verbrennen drohte, stiegen von den Pferden und löschten eilig das Feuer. Damit retteten sie die Häuser, doch der Pascha merkte, daß er voreilig die Stadt aufgegeben habe. Mit Rücksicht auf seine Waffenehre ordnete er einen Ausfall an, und als dieser fehlschlug, ließ er auf einem Turm der Festung eine schwarze und sechs rote Fahnen ausstecken zum Zeichen, daß er gesonnen sei, bis zum letzten Mann zu kämpfen. Inzwischen waren aber die Truppen des Prinzen von Baden vollständig beisammen, eine Batterie von fünf Geschützen begann mit der Beschießung. Der Pascha kapitulierte und wurde mit seinen Leuten gefangen nach Graz gebracht.
Eine runde Barbakane der Festung wurde um 1970 sehr schön restauriert. Ein anderes Beispiel großzügiger Denkmalpflege ist auf dem Hauptplatz von Pécs zu sehen, der als großes Rechteck einen flachen Hang hinansteigt. Auf seinem oberen Rand erhob sich an der Stelle einer früheren Kirche die Kasim Gazi Pascha-Dschami als beherrschender Bau. Nach dem Abzug der Türken wurde das Minarett abgerissen und die Moschee umgebaut, um als Kirche zu dienen, doch von 1939 bis 1942 und dann wieder 1958 hat man die barocken Zutaten entfernt und die Kuppel neu mit Kupfer gedeckt. Obwohl das Gebäude weiterhin als Pfarrkirche dient, wirkt es mohammedanisch.
Unter der Türkenherrschaft hatte nur eine einzige Kirche in der Stadt gestanden. Einige Jahrzehnte danach waren die Moscheen wieder zu christlichen Gotteshäusern geworden;

eine aber, die Jakowali Pascha-Dschami, hat man aus einer Kapelle neuerlich rückverwandelt und gut restauriert. Sie bekam sogar ihr Minarett wieder und beherbergt ein Museum türkischer Kunst.

Dieses Museum zieht mit Recht viele Besucher von Pécs an. Viel schwieriger ist es, die Türbe des Idris Baba zu finden, der ein Heiliger, Arzt und Wahrsager gewesen war. Sein Grabbau steht vergessen in einem kleinen, unzugänglichen Park zwischen dem Stadtrand und einer neuen Villensiedlung. Von dem Derwischkloster, das die Türken in einem Bischofspalast errichteten, sind nur mehr malerische Ruinen in einer Parkanlage oberhalb der Stadt zu sehen.

Noch im selben Jahr 1686 verloren die Türken die Festung Siklós, 23 km südlich von Pécs. In den 143 Jahren, in denen sie die Burg besetzt hielten, hatten sie keine Bauarbeiten vorgenommen. Die einzige Erinnerung an ihre Anwesenheit ist ein Handwaschbecken, das neben der Kirchentür als Weihwasserbecken dient. Solche Becken sind übrigens nicht selten. Zwei aus rotem Marmor finden sich in der Pfarrkirche von Szigetvár, der ehemaligen Moschee eines Ali Pascha, eines in der Unterstädtischen Pfarrkirche von Nagykanicsa; es trägt noch eine Inschrift des Mustafa Pascha, des letzten Kommandanten der Burg. In der Pfarrkirche von Ordacsehi am Südufer des Plattensees ist das Taufbecken aus einem türkischen Waschbecken angefertigt worden.

Am 12. August 1687 besiegten die Kaiserlichen am Berg Harsány in Südungarn den Großwesir und machten reiche Beute. Die Ehre, die Siegesbotschaft nach Wien zu bringen, wurde einem jungen Obristen zuteil, der sich mit seinen Dragonern besonders ausgezeichnet hatte: es war der später berühmte Prinz Eugen von Savoyen. Man nennt diese Schlacht auch die »Zweite Schlacht bei Mohács«, doch das stimmt nicht ganz, denn zwischen den beiden Schlachtorten liegt ein guter Tagesmarsch.

Noch ein zweiter Irrtum bezieht sich auf jene Gegend. Es heißt nämlich, slawische Flüchtlinge, die sich auf einer Donauinsel bei Mohács angesiedelt hatten, die Sokacen, hätten sich aus Weiden- oder Pappelholz wilde Tiermasken angefer-

tigt und diese mit Rinds- oder Bockshörnern geschmückt und mit Hanfwerg und Schweinsleder ausstaffiert. Dazu hätten sie zottige Tierfelle angelegt, in Einbäumen die Donau überquert und in ihrer schauerlichen Vermummung die Türken überfallen. Angeblich zur Erinnerung an diesen Überfall des Jahres 1687 tragen Bauernburschen jetzt noch alljährlich zur Faschingszeit ähnliche Masken und führen ihre Tänze auf. Daß die Türken seinerzeit sich davor gefürchtet hätten, ist durchaus wahrscheinlich, nur stammen Masken und Tänze aus viel älterer, noch heidnischer Zeit und werden nun – wie der Jakobischützentanz (Seite 107) und andere Bräuche – fälschlich auf ein historisches Ereignis der Türkenzeit bezogen.
Als Folge ihres Sieges am Berg Harsány konnten die kaiserlichen Truppen noch 1687 sowohl Slawonien als auch Siebenbürgen besetzen. Zuletzt, im Dezember, mußte sich das stark befestigte, mit 107 Geschützen bestückte Erlau (Eger) ergeben. Von dieser Stadt und ihrer alten Burg gibt es viele Heldengeschichten und Bilder, wie im Jahre 1552 2000 Mann sie gegen 150 000 Türken verteidigten, wie die Frauen mitkämpften, bis die Feinde schließlich abzogen. 1596 kam wieder ein großes Türkenheer; diesmal meuterten die Söldner, verhandelten mit dem Feind und übergaben die Festung gegen freien Abzug, wurden aber zum größten Teil niedergemetzelt.
So hatte sich Erlau Ruhm erworben, und die Türken schätzten die Stadt ebenfalls. Von ihren Bauarbeiten ist auf der Festung eine Torbastei zu sehen, in der Stadt der Kernbau eines Bades sowie ein hohes Minarett. Die Moschee, zu der es gehört hatte, diente dann den Barmherzigen Brüdern als Kirche, wurde aber 1841 abgerissen. Es mag überraschen, daß gerade das Minarett erhalten blieb, obwohl es längst keinen Zweck mehr erfüllte, doch das ist in Ungarn kein Einzelfall. Auch in Erd, einer Gartenstadt südwestlich von Budapest, steht noch das Minarett, während von der Moschee erst 1970 die Grundmauern wieder freigelegt wurden.
Als die Türken im Jahre 1688 aus der Fruška Gora weichen mußten, dem waldigen Hügelland und den Weinbergen süd-

lich der Donau in der Provinz Syrmien (Srem), plünderten sie noch rasch die Klöster, in die sich serbische Mönche zurückgezogen hatten. Besonders Grgeteg und Hopovo erlitten schwere Schäden. Aber damit schien die Schreckenszeit vorbei zu sein. Am 6. September 1688 verloren die Türken Belgrad, im nächsten Jahr Niš und die starke Festung Vidin an der Donau. Der kroatische Adelige Anton Zichy von Znorica führte sein Freicorps bis vor Sofia. Die Siege der kaiserlichen Truppen hatten viele Kroaten und Serben, Albaner und Makedonier ermutigt, gegen die verhaßten Unterdrücker mitzukämpfen. Schon tauchte die Hoffnung auf, die christlichen Balkanvölker würden sich gemeinsam gegen die Türken erheben, sodaß mit ihrer Hilfe der Weg über Sofia freistehe nach der einstigen Kaiserstadt Konstantinopel.

Die lange Reihe dieser Niederlagen und die Erfolge der Venezianer in Dalmatien und Morea sowie der Polen in der Moldau hatten das Osmanische Reich von Jahr zu Jahr mehr erschüttert. Die Janitscharen meuterten im Feldheer und sogar in Istanbul, der Großwesir Sulejman Pascha und andere hohe Würdenträger wurden hingerichtet, Sultan Mohammed IV. entthront. Das Unheil aber setzte sich fort: den nächsten Großwesir erschlugen die Janitscharen, sein Nachfolger mußte nach Rhodos in die Verbannung gehen. Als der neue Sultan, Sulejman III., für eine Weile aus der unruhigen Hauptstadt nach Edirne ausweichen wollte, waren nicht genug Pferde, Kamele und Maultiere vorhanden, den Hofstaat zu übersiedeln. Um Pferde und Wagen wenigstens mieten zu können, mußte der Sultan einen Teil seines goldenen und silbernen Tafelgeschirrs verkaufen lassen.

Endlich entschloß sich der Sultan, Friedensverhandlungen mit Kaiser Leopold I. anzuknüpfen. »Es ist auch kein Zweifel, daß der Friede würde zustande gekommen sein, wenn nicht die allerchristlichste Sonne den abnehmenden Mond mit ihrem Lichte belebt und verhindert hätte, daß derselbe durch die Waffen der Deutschen gänzlich verfinstert würde.« So schrieb Demetrie Kantemir, den sein Vater, Fürst der Moldau, zu jener Zeit als Geisel nach Istanbul gesandt hatte. Mit dem »abnehmenden Mond« meinte er, wie leicht zu erraten ist, die Macht des Sultans, mit der »allerchristlichsten Sonne« aber König Ludwig XIV. von Frankreich, der durch seinen Botschafter Chateauneuf den Sultan ermunterte, den Krieg weiterzuführen. Er hatte die Zeit genützt, da die kaiserlichen Truppen im Südosten kämpften, hatte mitten im Frieden Straßburg besetzt und ließ seine Soldaten die Pfalz verwüsten. Die Ruinen des Heidelberger Schlosses sind zwar nicht als Spur der Türken anzusprechen, doch als ein trauriges Erinnerungsmal an ihre christlichen Verbündeten.

Schon im Herbst 1688 hatten Reichstruppen und kaiserliche Regimenter Serbien verlassen und sich in langen Märschen auf den neuen Kriegsschauplatz begeben müssen. Als 1690 der neue Großwesir Mustafa Köprülü ein gewaltiges Heer ins Feld führte, war er den Kaiserlichen weit überlegen.

Dieser Großwesir stammte aus der angesehenen, ursprünglich albanischen Familie der Köprülü. Schon sein Vater Mohammed und sein älterer Bruder Achmed hatte das hohe Amt bekleidet und Ruhm erworben; auch Mustafa war ein gebildeter, umsichtiger Mann. Er widersetzte sich allen Friedensbemühungen, führte den Krieg aber nicht blindlings fort, sondern schuf zunächst einmal die Voraussetzungen für eine günstige Wende. Um den leeren Staatsschatz aufzufüllen, erhöhte er die Kopfsteuer (Karatsch) für die Christen und dehnte sie auf die Mönche aus, die bisher davon befreit waren, zwang die korrupten Beamten, unrechtmäßig erworbenes Geld abzuliefern, und ordnete die Tribute und anderen Abgaben neu, das heißt einträglicher. Durch religiöse Aufrufe brachte er mehr Krieger auf die Beine, als seine Vorgänger gewaltsam zusammengetrieben hatten, erweckte bei ihnen größere Begeisterung und fand willigeren Gehorsam. Und da es ein Religionskrieg war, wagte es der Großwesir, die Schätze der Moscheen dafür in Anspruch zu nehmen. Schließlich traf er noch eine politisch kluge Maßnahme, indem er den Grafen Tököly als Fürsten von Siebenbürgen einsetzte.

So wurde das Jahr 1690 zu einem Wendepunkt der Türkenkriege. In raschen Angriffen gewann Mustafa Köprülü Niš, Smederevo und Belgrad zurück, der Bejlerbej von Rumelien zwang Vidin zur Übergabe, zugleich mit den Tataren fiel Tö-

köly in Siebenbürgen ein. Nach den ersten Erfolgen schlossen sich viele Ungarn seinem Heer an, während die Freicorps der christlichen Slawen, die an der Seite der Kaiserlichen gekämpft hatten, sich allmählich verliefen.
Zwei große, blutige Schlachten waren nötig, daß die kaiserlichen den Vormarsch des Türkischen Heeres aufhalten konnten. Bei Slankamen, einem Dorf am rechten Donauufer, fiel am 19. August 1691 der Großwesir zusammen mit 20 000 Mann im Kampf. Der Sieger war Markgraf Ludwig Wilhelm I. von Baden, genannt »Türkenlouis«, ein bereits ruhmbedeckter Heerführer. Sein Schüler in der Feldherrnkunst, Prinz Eugen von Savoyen, errang sechs Jahre später bei Zenta den zweiten der großen Siege. Die Türken verloren über 30 000 Mann, davon zwei Drittel Kerntruppen, nämlich Janitscharen und Arnauten. Der Großwesir Almas Mohammed, der Aga der Janitscharen und 42 Pascha fielen im Kampf oder gingen auf der Flucht zugrunde. Das kostbarste Beutestück war das Siegel des Großwesirs, das Symbol seiner Macht und Würde. Es wurde dem Kaiser überreicht; jetzt befindet es sich im Heeresgeschichtlichen Museum zu Wien.
Zenta liegt an der Theiß. Die Stadt wird zwar zum größeren Teil von Ungarn bewohnt, gehört aber zu Jugoslawien, heißt heute Senta und lohnt einen Besuch ebensowenig wie der kleine Kurort Slankamen. Beide Orte sind nur wichtig wegen der Abwehrschlachten, die dort geschlagen wurden: ein Sieg hätte den Türken neuerlich den Weg nach Ungarn eröffnet, gewiß bis Ofen, vielleicht sogar zum dritten Mal bis vor die Kaiserstadt Wien.
Der »Karlowitzer« teilt das Schicksal des Erlauer Stierblutes (Egri Bikavér), des Kalterers und etlicher anderer Weine: ihr Name wird so oft für üble Fälschungen mißbraucht, daß der einstige Ruhm ein wenig verblaßt ist. Dennoch gedeiht um Sremski Karlovci an den Ausläufern der Fruška Gora ein vorzüglicher Wein. In diesem Städtchen, dem einstigen Hauptort von Syrmien, unterzeichneten die Vertreter des Kaisers, des Sultans, des Königs von Polen und des Dogen von Venedig am 26. Januar 1699 einen Friedensvertrag auf 25 Jahre, der dem Osmanischen Reich große Gebietsverluste brachte und damit seinen Niedergang einleitete. Fast ganz Ungarn, dazu

Kroatien, Slawonien und Siebenbürgen verblieben dem Habsburgerreich, dessen Truppen diese Gebiete ohnehin schon längst erobert hatten, Polen behielt die Ukraine und Podolien, Venedig die Halbinsel Morea.
Außerdem besagte einer der 20 Artikel des Vertrages, daß keiner der unterzeichnenden Staaten eine Aufstandsbewegung im Bereich einer anderen Macht unterstützen dürfe. Aber selbst wenn Sultan und Großwesir bereit waren, sich daran zu halten, gab es doch in fast jeder Grenzprovinz einen Pascha, der sich durch Ehrgeiz oder Habgier verleiten ließ, selbständig über die Grenze hinweg Politik zu treiben.
An Gelegenheit dazu fehlte es nicht, denn in Ungarn freuten sich zwar Bürger und Bauern über den Frieden, doch nicht alle Adeligen. Etliche Herren meinten, die kaiserlichen Soldaten sollten nun, da sie die Türken vertrieben hatten, wieder abziehen. Die neue Regierung mit neuen Steuern und Zollgebühren, mit einheitlicher Gerichtsbarkeit und vor allem mit Garnisonen im Land sagte ihnen gar nicht zu. Da sie einen Teil ihrer einstigen Freiheiten vermißten, nannten sie sich »die Unzufriedenen«, in der lateinischen Amtssprache »malcontenti«. Allgemein nannte man sie »Kuruzzen«, ein Wort, das man gewöhnlich von dem mittelalterlichen Ausdruck »cruciatus miles« (= Kreuzträger) ableitet. Ihr Anführer war Franz II. Rákóczy, ein Stiefsohn des Grafen Tököly. Er proklamierte 1703 die Unabhängigkeit Ungarns, suchte nach bewährter Manier Hilfe bei Frankreich und den Türken – und fand sie auch. Der Schaden, den die Kuruzzen im östlichen Österreich anrichteten, ist fast vergessen, erhalten hat sich das Fluchwort »Kruzitürken«.
Kaiser Leopold I. und nach ihm sein Sohn Joseph I. konnten wegen des Spanischen Erbfolgekrieges nur geringe Heeresmacht gegen die Kuruzzen einsetzen. Erst 1711 herrschte wieder Frieden; Rákóczy floh nach Polen, ging dann nach Paris, zuletzt in die Türkei. In Wien wußte man selbstverständlich, wieviel heimliche, ja kaum mehr verborgene Hilfe die Kuruzzen bei den Türken gefunden hatten, suchte aber den Frieden mit dem Sultansreich aufrechtzuerhalten. Bald waren auch die Türken froh, sich nicht stärker engagiert zu haben,

denn sie hatten gegen die Russen zu kämpfen. Und doch mußten Türken und Österreicher bald wieder gegen einander in den Krieg ziehen.
In Wien herrschte seit 1711 Kaiser Karl VI., in Istanbul seit 1703 Sultan Achmed III., jeder von beiden übrigens als Nachfolger seines Bruders. Sie hätten die Feindseligkeiten gern vermieden, aber leider gab es Verwicklungen zwischen dem Osmanischen Reich und Venedig. Als der Kaiser vergeblich versucht hatte, zwischen den Streitenden zu vermitteln, mußte er getreu seinen Verpflichtungen als Verbündeter der Dogenrepublik in den Krieg eingreifen.
Sultan Achmed III. führte seine Truppen selbst gegen die venezianischen Besitzungen auf Morea und im ägäischen Raum. Seine Flotte eroberte 1714 die Insel Tinos, die bis dahin den Venezianern gehört hatte. Davon trägt sie noch immer deutliche Spuren, während von der folgenden Türkenherrschaft keine festzustellen sind. Das osmanische Landheer eroberte Festungen und Städte, die schon mehrmals den Besitzer gewechselt hatten, Argos, Korinth, Nauplia, bald auch die berühmten Kastelle Koron und Modon. Die ausgedehnten, ungemein malerischen Festungsanlagen von Modon (Methoni) stammen aus verschiedener Zeit. Die letzte venezianische Bastion, die Antonio Loredan erst 1714 hinzugefügt hatte, ist gut zu erkennen, denn sie hat das Wappenschild mit dem Markuslöwen behalten. Die Ergänzungen und Ausbesserungsarbeiten der Türken nach 1715 sind besonders auf der alten Bembo-Bastion sichtbar.
Den Befehl an der anderen Front überließ der Sultan seinem Schwager, dem Großwesir Damad Ali Pascha. Das war der viel gefährlichere Abschnitt, denn Kaiser Karl VI. konnte ihm den größten Feldherrn jener Epoche entgegenstellen, Prinz Eugen von Savoyen. Ihm unterlagen die Türken am 15. August 1716 bei Peterwardein, obwohl ihr Heer doppelt so stark war wie das kaiserliche. Damad Ali Pascha fiel im Kampf. Das Grabdenkmal dieses grimmigen Christenfeindes steht im Park der Oberen Festung des Kalemegdan zu Belgrad. Zwei Monate nach der Schlacht von Peterwardein kapitulierte Temesvár, die letzte Stadt Ungarns, die noch den Türken gehört hatte.

164 Jahre lang hatten nur Türken in der Stadt leben dürfen, zumindest offiziell, aber gewiß gab es neben ihnen, wie in jeder türkischen Stadt der Balkanhalbinsel, griechische, armenische und jüdische Kaufleute. Um 1900 waren von den 53 000 Einwohnern 27 000 Deutsche, vorwiegend Banater Schwaben, die ihre Stadt gewöhnlich Temeschburg nannten, ferner 18 600 Ungarn, der Rest hauptsächlich Serben. 1919 fiel die Stadt an Rumänien und heißt seither Timişoara. Die starken Befestigungen und die Sümpfe ringsum, die noch besseren Schutz geboten hatten, sind längst verschwunden. An der Stelle des einstigen Burgtores erinnert über dem Eingang eines bescheidenen Hauses eine Steintafel mit einer Inschrift in deutscher Sprache daran, daß hier Prinz Eugen in die eroberte Festung einzog. Von den Türken ist auf dem Freiheitsplatz am Eingang des Alten Rathauses eine rauchgeschwärzte Granittafel mit arabischer Inschrift geblieben. Man zeigt auch ein »Haus des Prinzen Eugen« und ein »Türkisches Haus«. Ein Reisehandbuch aus dem Jahre 1844 vermerkt (wovon die modernen rumänischen Reiseführer nicht mehr sprechen): »Mehrere Kirchen waren ursprünglich Moscheen.«

Temesvár war von 18 000 Mann verteidigt worden, die Belagerung hatte sieben Wochen gedauert. In Belgrad lagen 30 000 Türken; um sie zu bezwingen, waren acht Wochen nötig. Dazu mußte das Heer erst einmal die Donau überschreiten, wie es das Lied schildert, das damals im Heerlager entstand und heute noch gesungen wird:

»Prinz Eugenius, der edle Ritter,
wollt dem Kaiser wiedrum kriegen
Stadt und Festung Belgerad.
Er ließ schlagen eine Brucken,
daß man konnt hinüberrucken
mit der Armee wohl für die Stadt . . .«

Als der Großwesir Chalil Pascha ein Entsatzheer heranführte, beging Prinz Eugen nicht den Fehler des Kara Mustafa vor Wien, überließ nicht dem Feind die Initiative, sondern griff

den Großwesir an, schlug ihn in hartem Kampf und konnte danach die Kapitulation von Belgrad entgegennehmen.
Zur Erinnerung an diesen Sieg wurde in der Unteren Festung des Kalemegdan zu Belgrad das Prinz-Eugen-Tor errichtet. Nicht weit davon sind die Ruinen eines Amam, eines türkischen Bades, zu sehen. Die Spuren der Türken sind auf dem Kalemegdan häufiger als die der Kaiserlichen, denn diese behielten Belgrad auch nach der Eroberung des Jahres 1717 nur kurze Zeit.
Der Friede von Passarowitz (Požarevac) im Juli 1718 entriß dem Sultan am linken, nördlichen Donauufer das Banat und die Kleine Walachei, südlich der Donau einen guten Teil Serbiens. Die Macht des Kaisers zu Wien schien groß wie nie zuvor – aber die Kraft des Osmanischen Reiches war noch längst nicht gebrochen. In Griechenland behielt es alle Orte, die es den Venezianern abgenommen hatte, und Serbien gewann es bald wieder zurück.
Ein Bündnisvertrag mit Rußland zwang Kaiser Karl VI., im Jahre 1737 seine Soldaten gegen die Türken in den Krieg zu schicken, doch diesmal führte sie kein Prinz Eugen mehr; der war im Vorjahr gestorben. Bei den Kaiserlichen gab es keinen fähigen Feldherrn, wohl aber bei den Türken. Sie konnten zwar nicht noch einmal nach Ungarn vorstoßen, doch immerhin vieles zurückgewinnen, was sie zwanzig Jahre vorher eingebüßt hatten. Der Friede von Belgrad machte sie wieder zu Herren in dieser Stadt wie auch im übrigen Serbien und der Kleinen Walachei. Fortan bildeten die Una, die Save und die Donau bis Orsova die Grenze zwischen den beiden Reichen.
Dieser Türkenkrieg 1737/39 hatte also seine politischen Folgen, und zwar stärkere, als auf der Landkarte zu erkennen wäre. Man hatte von Wien aus versucht, das eroberte Serbien nach den damals modernsten Gesichtspunkten zu verwalten: was die junge Philosophie der Aufklärung an Staatstheorien zu entwickeln begann, sollte hier in der Praxis erprobt werden. Aber kaum zeigten sich die ersten Früchte dieser Versuche, als alles plötzlich sein Ende fand, christliches Schulwesen, Toleranz der Katholiken gegenüber den Orthodoxen, ge-

ordnete Administration, Straßenbau, Krankenhäuser und Bauinspektion. Nun zogen wieder Kamelkarawanen ohne Maut und Zoll durchs Land, man zahlte seine Steuer nach einfachem, jedermann verständlichem System, brauchte keine Pedanterie zu befürchten und ging wieder zum guten alten korrupten Kadi. Belgrad wurde neuerlich eine schmutzige, verwahrloste orientalische Stadt.
Das Verwaltungskonzept, in dem die kaiserliche Hofkammer manche Maßnahme des Josephinismus vorwegnahm, wurde nahezu vergessen, aber der unglückliche Türkenkrieg, der den Versuch beendet hatte, hat einen kleinen Platz in der Weltliteratur gefunden. Unter den abenteuerlustigen jungen Deutschen befand sich nämlich – allerdings nicht im kaiserlichen, sondern im russischen Heer – der siebzehnjährige Karl Friedrich Hieronymus Freiherr von Münchhausen. Gleich vielen anderen Herren vom homerischen Nestor bis in die unmittelbare Gegenwart erzählte er später gern von seinen Taten und Erlebnissen, übertrieb dabei und schmückte aus. Der Beifall seiner Jagd- und Trinkkumpane, die ihm gern zuhörten, lockte immer neue Geschichten hervor. Seither sind sowohl die Erzählungen des Freiherrn wie er selbst wissenschaftlich und belletristisch vielfach behandelt worden; von den ersten Geschichten aber, die ein unbekannter Verfasser 1781 veröffentlichte, gehen etliche auf jenen Türkenkrieg zurück. Zumindest Münchhausens Ritt auf der Kanonenkugel und seine Abenteuer als Gefangener des Sultans sind noch allgemein bekannt.

Noch ein drittes Mal binnen 100 Jahren, im Oktober 1788, eroberten die kaiserlichen Truppen Belgrad, Kaiser Joseph II. weilte selbst im Heerlager vor der Stadt. Aber auch diesmal gewannen die Türken Belgrad rasch zurück. Dieser letzte Türkenkrieg des Habsburgerreiches war gleich dem vorigen unter dem Zwang eines Bündnisses mit Rußland begonnen worden. Er endete, weil der Sultan einen Verbündeten gewann, der für Österreich der gefährlichste Feind war: der König von Preußen. Aber inzwischen war in Paris die Revolution ausgebrochen, die Weltgeschichte ging neue Wege.

## XI.
## SKLAVEN UND GEFANGENE, ÜBERLÄUFER UND VERRÄTER

Überall, wo sich zwei Fronten bilden, gibt es Leute, die von der einen zur anderen überwechseln, verlockt, gezwungen oder einfach, um das Leben zu retten. Es gibt Kollaborateure, Renegaten und schließlich die große Zahl der Gefangenen, die ja gar nicht freiwillig in die Machtsphäre des Feindes gerieten. Beispiele dafür finden sich in der Bibel, in Heldensage und Dichtung und in jeder historischen Epoche; auch hier soll diesem Problem ein eigener Abschnitt gewidmet sein, obwohl wir dazu noch einmal in die frühen Zeiten des Osmanischen Reiches zurückkehren müssen.

Es war ja von vornherein zu erwarten, daß einige der Überwundenen sich dem Sieger zuwenden würden. Das geschah schon im Sommer 1393, als das Bulgarische Reich in die Gewalt der Türken geriet: Alexander, Sohn des letzten Zaren Schischman III., trat zum Islam über und stellte sich dem Sultan zur Verfügung. Auf einigen weniger bedeutenden Posten wurde seine Verläßlichkeit erprobt, dann erhielt er die einträgliche Statthalterschaft von Smyrna.

Bei der Belagerung von Konstantinopel konnte sich Sultan Mohammed II. auf die Hilfe etlicher Renegaten stützen. Ein Ungar oder Walache namens Orban goß für ihn Geschütze von ungeheurem Kaliber, ein Italiener zeigte ihm die Möglichkeit, Schiffe auf dem Landweg ins Goldene Horn zu bringen, und der Artillerist, der von Galata aus das Kapitänsschiff der kaiserlich griechischen Flotte versenkte, war ein aus Konstantinopel übergelaufener Grieche. Die Flotte des Sultans stand unter dem Befehl eines Bulgaren, der als Balta-Oglu Sulejman Bej der erste namentlich bekannte Kapudan-Pascha des Osmanischen Reiches war.

Zu den Höflingen in Konstantinopel, nunmehr Istanbul, zählte Georgios Amoiroutsis, der vordem ein hoher Beamter des Kaisers von Trapezunt gewesen war und nun in griechischen Hymnen den Sultan als neuen Achilleus und Alexan-

der verherrlichte. Als Lohn für seine Unterwürfigkeit erhielt er die schöne Witwe des letzten Herzogs von Theben zur Frau. Vom Tod dieses Herzogs, Franco Acciaiuoli, wurde schon berichtet (S. 80); der türkische Statthalter Zaganos Pascha, der ihn hinrichten ließ, stammte selbst von christlichen Eltern in Illyrien ab.
In der osmanischen Flotte dienten viele Seeleute, die christlich getauft worden waren. Wenn sie den Venezianern in die Hände fielen, konnten sie das Glück haben, daß ihre reumütige Rückkehr angenommen wurde – oder man knüpfte sie als Verräter an die Rahen der Schiffe. So tat es schon 1416 der venezianische Admiral Petro Loredan mit den gefangenen Matrosen des Sultans, lauter Genuesen, Catalanen, Sizilianern, Provençalen und Inselgriechen. Aber auch das Oberkommando der türkischen Flotte, das Amt des Kapudan-Pascha, lag oft in der Hand eines früheren Christen. Bald nach dem Bulgaren Balta-Oglu Sulejman Pascha erhielt der Illyrer Zaganos Pascha diese Würde, zwei Jahrzehnte später der Grieche Mesich Achmed Pascha.

Mesich Achmed Pascha stammte aus dem Kaisergeschlecht der Paläologen. Soll man ihn als Verräter ansehen? Das griechische Kaisertum war unwiederbringlich dahin, und er kämpfte nicht im Dienste des Sultans gegen seine Landsleute. Die Ritter des Johanniterordens auf Rhodos, gegen die er nun die Flotte des Sultans führte, waren ja »Lateiner«, Katholiken – der Kampf gegen sie mußte sein Gewissen nicht belasten. Trotzdem mag es ihm peinlich gewesen sein, mit anderen Christen zusammenzutreffen, die dem Sultan beistehen wollten, etwa dem Dimitrios Othonias und dem Antonios Meligabos. Diese beiden Männer rieten dem Sultan, von welcher Seite her er Rhodos am besten angreifen könne.
Von zwei weiteren Verrätern auf Rhodos sind die Namen nicht bekannt, doch man weiß, daß sie Franziskanermönche aus Genua waren. Ihre geheimen Verhandlungen wurden entdeckt, und sie erhielten die gebührende Strafe. Wenig später erbot sich der Minoritenmönch Fra Domenico, die Insel Chios den Türken in die Hände zu spielen. Das gelang

ihm nicht, denn der Generalvikar des Ordens berief ihn sehr bald von der Insel ab, aber sein Brief an den Sultan liegt im Archiv des Serails zu Istanbul.
Daß ein Bruder des Stefan Tomašević, des letzten Königs von Bosnien, zum Islam übertrat, ist dagegen kaum als Verrat zu werten. Er rettete damit nur sein Leben! Die übrige Königsfamilie wurde auf Befehl des Sultans Mohammed II. ausgerottet.
Ein anderer vornehmer Südslawe wurde 1474 im Alter von 15 Jahren Mohammedaner, wohl kaum aus religiöser Überzeugung, sondern weil sich ihm damit eine günstige Laufbahn eröffnete. Sein Vater Stefan Kosača war Vasall des Sultans, der Knabe kam vermutlich als Geisel nach Istanbul. Im Laufe der Zeit errang er die Würde eines Bejlerbejs von Anatolien, war viermal Großwesir, zuletzt Kapudan-Pascha. Sein mohammedanischer Name Hersek-oglu Achmed Pascha erinnerte daran, daß er ein Herzogssohn war.

Sultan Mohammed II. machte jedoch nicht nur gute Erfahrungen mit Christensöhnen. Von den Knaben, die er in Serbien geraubt hatte (S. 93), nahm er acht unter seine Pagen auf, aber sie dachten weniger an die Vorteile ihrer neuen Stellung als an die Leiden, die der Sultan ihren Verwandten zugefügt hatte. Daher verabredeten sie untereinander, während der Nachtwache den Sultan zu ermorden. Sie wußten, daß sie dafür grausamen Tod erleiden würden, und waren bereit, als Märtyrer des Christentums zu sterben. Einer von ihnen namens Dimitrie Tomašević verlor jedoch im letzten Augenblick den Mut und verriet den Anschlag. Der Sultan ließ die sieben Verschwörer peinigen und fragte erst ein Jahr später wieder nach ihnen. Als er sah, daß sie die Martern gut überstanden hatten, befahl er, sie zu enthaupten. Jener Verräter trat zum Islam über, nahm den Namen Bajdary an und erlangte einige Würden bei Hofe, wurde aber nicht alt.
Von denen, die wider ihren Willen ins türkische Heer eingegliedert worden waren, machte sich begreiflicherweise mancher wieder davon, sobald es ohne Gefahr möglich war. Solch eine Gelegenheit ergab sich im Dezember 1463, als Kö-

nig Matthias Corvinus die bosnischen Festungen Jaice und Zvečaj eroberte. Er bot den Besatzungen an, in seine Dienste zu treten, und fast alle Krieger taten es, sogar der Burghauptmann Ilyas Bej.
Dergleichen kam allerdings selten vor. Man begreift das Mißtrauen der Venezianer, als im Jahre 1470 ein Albaner ihnen versicherte, für 40 000 Zechinen (Golddukaten) werde Masud Pascha die Festungen an den Dardanellen sowie die ganze Osmanische Flotte ausliefern, denn er trachte nach selbständiger Herrschaft über die Halbinsel Morea. Die moderne Forschung konnte noch nicht befriedigend klären, wer dieser Masud Pascha überhaupt war. Etwa Mesich Achmed Pascha? Ihm, dem Paläologen, wäre es eher zuzutrauen als einem richtigen Osmanen, doch er erlangte die Würde des Kapudan-Pascha erst später; im Jahr 1470 hatte er noch gar nicht die Macht, Festungen oder gar die Flotte zu übergeben. Eher möchte man annehmen, jener Albaner, der den Verrat vermitteln wollte, sei ein Schwindler gewesen. Denselben Verdacht düften auch die Venezianer gehegt haben, denn sie waren nicht bereit, so viel zu zahlen, sondern höchstens ein Viertel der geforderten Summe. Daraufhin ließ der Mittelsmann nichts mehr von sich hören.
Bald danach trat aber der Schwiegervater dieses obskuren Albaners auf, ein vornehmer Herr namens Alexios Span. Er machte die Signoria von Venedig auf einen gewissen Mehmed aufmerksam, der als Subaschi die Truppen auf Negroponte (Euböa) befehligte: dieser Mann und der Befehlshaber des dortigen Brückenturmes seien bereit, unter Umständen die Insel den Venezianern zu übergeben. An diesem Plan wollte noch ein zweiter Vermittler verdienen, ein orthodoxer Mönch aus Istanbul namens Konstantinos. Er präzisierte die Forderungen des Subaschi: 15 000 Zechinen bar, dazu Grundbesitz im venezianischen Festlandsgebiet und eine Leibrente. Für sich selbst verlangte der Mönch 3000 Zechinen sowie eine lebenslängliche Rente von 500 Zechinen jährlich. Den Venezianern erschien die Geschichte anrüchig, das Risiko zu groß. Sie hätten ja nicht nur zahlen, sondern zugleich auch eine Flotte und Landungstruppen aussenden müssen,

und für ein so großes Unternehmen boten die Vorschläge höchst zweifelhafter Mittelsmänner doch nicht genug Garantie.
Ob es sich nur um ein Gaunerstück oder um ernste Pläne handelte, läßt sich nicht mehr feststellen. Jedenfalls war es eine geringfügige Angelegenheit im Verhältnis zu dem, was sich an Tücke, Bestechung und Verrat in den Jahren 1482 bis 1495 abspielte.
Nach dem Tode Mohammeds II. war zwischen den beiden Söhnen des Sultans ein Thronstreit ausgebrochen. Für Prinz Dschem traten der Großwesir und sein Anhang ein, für Bayazid II. die Janitscharen. Diese ermordeten den Großwesir und setzten Bayazid II. auf den Thron. Dschem verlor zwei Schlachten gegen seinen Halbbruder, und da er weder in Ägypten noch in Kleinasien ausreichende Hilfe gefunden hatte, faßte er den verhängnisvollen Entschluß, sie bei den Christen zu suchen. Im Juli 1482 segelte er nach Rhodos.
Pierre d'Aubusson, der Großmeister des Johanniterordens zu Rhodos, gewährte dem Prinzen einen prunkvollen Empfang und ließ sich die Rückgabe aller Reliquien versprechen, welche die Türken in Konstantinopel erbeutet hatten, sobald Dschem die Herrschaft über das Osmanische Reich erlangt habe. Ihm aber beizustehen, dazu hätten die Mittel des Ordens keinesfalls ausgereicht, und der Großmeister war viel zu klug, sich für ein aussichtsloses Unternehmen militärisch zu engagieren. Andrerseits widersprach es seiner ritterlichen Art, den Prinzen an Bayazid II. auszuliefern, so lockende Angebote der Sultan auch machte. Als Mittelweg, den er vor seinem Gewissen gerade noch verantworten konnte, erschien es ihm, den Prinzen auf eine Komturei des Ordens in Südfrankreich zu bringen. Dafür erhielt der Großmeister vom Sultan die Zusicherung, daß der türkische Angriff auf Rhodos nicht wiederholt, der Handel des Ordens nicht gestört würde. Außerdem verpflichtete sich Bayazid II., für den Unterhalt (damit meinte er: für die Überwachung) seines Stiefbruders jährlich die hohe Summe von 45 000 Golddukaten zu zahlen.
Dschem verfaßte Gedichte und liebte friedlichen Lebensge-

nuß; die Energie seines Vaters Mohammed II., des Eroberers, fehlte ihm. Betrübt mußte er erkennen, wie weit er davon entfernt war, selbständig Politik treiben zu können. Statt dessen wünschten andere, ihn zum Mittel ihrer Politik zu machen, der König von Frankreich, der von Ungarn, der von Neapel, der Papst und sogar der Sultan der Mameluken in Ägypten. Die Wachsamkeit der Ordensritter vereitelte mehrere Versuche, den Prinzen zu befreien, wobei es ungewiß bleibt, ob die Entführer ihn wirklich befreien, nur in die Macht eines anderen Herrn bringen oder im Auftrag des Sultans töten wollten.

Nach sechs Jahren entschloß sich das Ordenskapitel der Johanniter, Prinz Dschem dem Papst zu überlassen. Dafür wurden dem Orden etliche Rechte zugestanden, der Großmeister zum Kardinal ernannt. Am 13. März 1489 wurde Dschem nach Rom geführt, und zwar in sehr feierlichem Zuge, denn er galt immer noch als geschätzter Gast, auch wenn sein Los sich nur in einer Hinsicht von dem eines Gefangenen unterschied: er genoß jede Bequemlichkeit, lebte in richtigem Luxus, hatte Familie und zahlreiche Dienerschaft um sich.

Papst Innozenz VIII. hatte beabsichtigt, den Prinzen für einen Kreuzzug gegen den Sultan zu verwenden, aber der Kreuzzug kam nicht zustande. Aus Istanbul dagegen reiste im November 1490 ein Botschafter mit reichen Geschenken an Perlen und Edelsteinen nach Rom, und dazu brachte er 120 000 Golddukaten für die Verwahrung des Prinzen auf weitere drei Jahre. Die Bedeutung der Summe läßt sich ermessen, wenn man erfährt, daß die gesamten Einnahmen des Kirchenstaates zu jener Zeit 200 000 Dukaten jährlich betrugen und somit durch die Zahlung des Sultans um 20% erhöht wurden.

Eineinhalb Jahre später überbrachte ein Gesandter Bayazids II. das Rohr, mit dem Christus geschlagen, sowie den Schwamm, mit dem er während der Kreuzigung erfrischt worden war, und als kostbarste Gabe ein Stück der Lanze, mit der ein römischer Soldat Christus verwundet hatte. Die Echtheit dieser Reliquien erregte Zweifel, denn sowohl in Nürnberg wie in Paris wurde bereits je eine Spitze der Lanze verwahrt. Das Lanzenstück, das der Sultan sandte, befindet sich heute noch in der Schatzkammer des Petersdomes. Aber selbst wenn es, wie viele Kardinäle argwöhnten, nicht von jener berühmten Lanze stammte – die Golddukaten, deren Zahlung neuerlich vereinbart wurde, die waren zweifellos echt!

Sultan Bayazid II. fürchtete gewiß nicht seinen Bruder persönlich, er hatte ihn ja schon zweimal besiegt. Aber ein Krieg, in dem ein Sohn des großen Mohammed II. auf der Gegenseite stünde, war gefährlicher als jeder andere: nach dem ersten größeren Sieg würde Dschem an Anhang gewinnen. Von den Osmanen, die gegen die Christen immer einig gewesen waren, würden in solch einem Krieg vielleicht viele sich durch Versprechungen verlocken lassen, zu Dschem überzugehen. Trotz dieser Befürchtungen mag der Sultan gezweifelt haben, ob die hohen Ausgaben sich auf die Dauer lohnten.

Es gab doch auch einen kürzeren Weg, sich der Sorge zu entledigen!

Tatsächlich kennen wir verschiedene Berichte über Versuche des Sultans, durch seine Gesandten oder andere Mittelsmänner Dschem vergiften zu lassen, sei es ihn allein, sei es gleich den Papst dazu. Aber keiner der Anschläge glückte, bis der kühne Gedanke auftauchte, den Papst selbst dafür zu gewinnen, Prinz Dschem zu beseitigen. Das war freilich erst nach dem Tode Innozenz' VIII. denkbar. Sein Nachfolger Alexander VI. aus der Familie Borgia schien nach allem, was über ihn bekannt war, einer solchen Tat durchaus fähig. Die Briefe, die zwischen ihm und dem Sultan über dieses Thema gewechselt wurden, sind erhalten. Darin ging es nicht mehr um Reliquien oder andere Gegenstände von religiösem Wert, sondern einzig um Geld. 300 000 Golddukaten bot der Sultan an, der Papst dürfte akzeptiert haben, denn am 25. Februar 1495 starb Prinz Dschem. Ein Beweis dafür, daß er auf Befehl des Papstes vergiftet worden war, ist nicht vorhanden, doch der Ruf der Familie Borgia ließ es vielen Zeitgenossen und ebenso der Nachwelt glaubhaft erscheinen.

Der Leichnam des Prinzen wurde einbalsamiert und nach

Bursa gebracht. Dort steht seine Türbe auf dem schönen Friedhof neben der Moschee Sultan Murads II. inmitten anderer Grabbauten des osmanischen Herrschergeschlechts. Die Romane, die sein kurzes Leben behandelten, sind vergessen; eher kennt noch jemand eines der lyrischen Gedichte, die Prinz Dschem in türkischer und persischer Sprache verfaßte.

Wahrscheinlich hat niemals ein Gefangener dem, der ihn verwahrte, so viel Geld eingebracht wie Prinz Dschem dem Johanniterorden und danach dem Papst. Sehr hohe, am damaligen Kaufwert gemessen sogar ungeheure Summen wurden aber auch für andere Gefangene gezahlt – freilich nicht für ihre Haft, sondern als Lösegeld. So hatte schon Sultan Bayazid I. für den Grafen von Nevers und dessen Begleiter, die ihm 1396 bei Nikopolis in die Hände gefallen waren, 200 000 Dukaten gefordert und auch wirklich erhalten.
Das Lösegeld an sich war selbstverständlich keine türkische Erfindung, sondern schon seit dem Altertum bekannt, ebenso die Verwendung von Gefangenen als Rudersklaven. Der erste christliche Herrscher, der Türken zwang, seine Schiffe zu rudern, war Don Alfonso d'Aragona – jener Herzog von Calabrien, der im Jahre 1481 einen Teil der abziehenden Besatzung von Otranto gegen den Vertrag festnehmen und auf seine Schiffe bringen ließ. Diese Leute dürften bald wieder die Freiheit erlangt haben, denn Don Alfonsos Vater, König Ferdinand I. von Neapel, begann noch im selben Jahr verhältnismäßig freundschaftliche Verhandlungen mit dem Sultan. Andere Gefangene allerdings, besonders Seeräuber, wurden an den Ruderbänken festgeschmiedet und erst durch den Tod befreit.
Auf der großen Armada, die König Philipp II. von Spanien im Mai 1588 gegen England ausschickte, dienten neben 8450 Matrosen über 2000 Sklaven. Als ein Sturm die Flotte zertreute, gelang es auf drei Schiffen den Ruderern, sich zu befreien. Sie überwältigten die Mannschaft und führten die Schiffe an die französische Küste. Damit hatten sie vorläufig die Freiheit errungen; wie sie sich dann weiterbrachten, ist nicht mehr

verläßlich zu ermitteln. In einem alten Bericht heißt es nur, »die Städte wimmelten davon und sie belustigten die Einwohner mit Gesang und Possenreißerei«.

Große Sklavenaufstände kamen kaum vor, dazu fehlte es den Unglücklichen an der Möglichkeit, sich untereinander zu verständigen und gemeinsame Vorbereitungen zu treffen. Einzelne Meutereien jedoch wie jene auf den drei spanischen Schiffen waren nichts Seltenes. Dazu konnte die Verzweiflung treiben, auch wenn die Aussicht auf Erfolg gering war. Von der Erhebung der Christensklaven in Tunis 1535 war schon die Rede; wenige Jahrzehnte später ereignete sich ein ähnlicher Versuch in Algier. Der Mann, der die Verschwörung leitete, war der später berühmte Miguel de Cervantes Saavedra, der Verfasser des *Don Quijote*. Er wurde verraten und in Ketten gelegt, aber aus Achtung vor seinem Mut nicht hingerichtet. Das Lösegeld, das Freunde für ihn aufbrachten, befreite ihn schließlich im September 1580 nach fünfjähriger Gefangenschaft.

Auf Kriegszügen töteten die Türken ihre Gefangenen oft zu Tausenden. Wurde die menschliche Beute aber nach Edirne oder Istanbul gebracht, galt sie als Handelsware. Am höchsten standen Tscherkessen im Kurs, dann die anderen Kaukasier, ferner Polen und Perser. Russen und Kosaken schätzte man als Ruderknechte auf den Galeeren, während Deutsche, Ungarn und Italiener als ungeeignet für schwere körperliche Arbeit angesehen wurden.

Selbstverständlich richtete sich der Preis auf dem Sklavenmarkt nicht allein nach der Herkunft, sondern hauptsächlich nach Alter, Gesundheit und Aussehen. Wer besondere Fähigkeiten besaß und dazu das Glück hatte, sie auch anwenden zu dürfen, konnte als Arzt oder Dolmetscher, Baumeister oder Gartenarchitekt, Handwerker oder Stallmeister ein verhältnismäßig angenehmes Leben führen. Manchem Sklaven in der Hauptstadt erging es besser als den freien Bauern auf dem Lande.

Das ließ sich jedoch nicht voraussehen – es konnte auch ganz anders kommen. Sultan Murad III. ließ anläßlich eines Familienfestes im Hippodrom kriegsgefangene Ungarn und Bos-

niaken gegeneinander kämpfen: ein blutiges Schaugefecht zur Unterhaltung der Gäste.
Auch unter den Sklavinnen wurden – unter gleichen Voraussetzungen von Alter und Schönheit – die Tscherkessinnen am höchsten geschätzt. Frauen von gewinnendem Äußeren oder gar Jungfrauen waren teuer und kamen nur für den Harem reicher Herren in Frage. Ihr weiteres Geschick hing dann vom Glück und von ihren Talenten ab. Eine große blonde Frau, eine gefangene Venezianerin aus der angesehenen Familie Baffo, wurde die Lieblingsfrau Sultan Murads III. und übte noch während der Regierung ihres Sohnes Mohammeds III. etlichen Einfluß auf die Politik aus. Gleich am ersten Tag soll sie ihm den Rat gegeben haben, seine Stiefbrüder erdrosseln zu lassen, um einem Aufstand vorzubeugen. Daß eine Venezianerin den Tod von 19 türkischen Prinzen herbeiführen konnte, war gewiß ein seltener Fall.
Für gefangene Knaben war es vielleicht das beste Geschick, zum Soldaten erzogen zu werden. Als Page oder Lustknabe lebte er zwar bequemer und weniger gefährlich, aber immer abhängig von der Laune seines Gebieters. Von denen, die als Eunuchen ausersehen waren, überlebten wenige die Kastration, aber diese wenigen wurden um so teurer bezahlt und konnten als Haremswächter mitunter zu Macht und Einfluß kommen.
Da das Osmanische Reich keinen erblichen Adel kannte, stand jedem Fähigen der Weg zu hohen Würden offen. Ein Christenknabe, der 1532 in der Steiermark geraubt wurde, soll als Achmed Pascha das Amt des Großwesirs erreicht haben. Diese Nachricht ist nicht über jeden Zweifel erhaben, doch sicher ist es, daß Kotscha Mustafa Pascha als Sohn eines griechischen Popen in der Nähe von Drama geboren wurde. Sultan Bayazid II. machte ihn zum Kammerherrn, dann zum Bejlerbej von Rumelien, zuletzt zum Großwesir. Das höchste Amt brachte die höchste Gefahr. Als Selim I. im Jahre 1512 seinen Vater absetzen und bald danach vergiften ließ, räumte er auch die treuesten Diener seines Vaters aus dem Wege. Ende November fand Kotscha Mustafa Pascha den standesgemäßen Tod durch eine Bogensehne.

Sultan Sulejman II. verlieh etlichen Christensöhnen hohe Ehren. Sein Jugendfreund, ein Grieche aus Parga, wurde unter dem Namen Ibrahim erst Oberster Page, dann Falkenmeister, bald sogar Großwesir und erhielt eine Schwester des Sultans zur Gemahlin. Palastintrigen brachten ihm den Tod. Ein anderer Großwesir und Sulejmans Schwiegersohn, Rüstem Pascha, war ein geborener Kroate, nach anderen Angaben Epirote. Er galt als geizig und habgierig und war nach den Zeugnissen der Zeitgenossen viel weniger sympathisch als der elegante, hübsche, kluge und musikalische Ibrahim. Eine Moschee westlich der Galata-Brücke, die Sinan für ihn baute, hält die Erinnerung an ihn wach.
Der dritte Großwesir Sulejmans II., der einer christlichen Familie entstammte, war der berühmte Mehmed Sokoli, der Erbauer der Brücke über die Drina. Vielleicht seine größte Leistung war es, daß er einmal einen Befehl nicht ausführte. Sulejmans Nachfolger Selim II. hatte im Zorn über die Niederlage bei Lepanto angeordnet, alle Christen in Istanbul umzubringen, doch der Großwesir verzögerte es solange, bis der Sultan sich beruhigte und den Befehl widerrief. Und zur gleichen Zeit, als dieser Sohn einer vornehmen serbischen Familie Großwesir war, hatte sein Bruder Makarios die Würde eines Patriarchen inne; er residierte im altehrwürdigen Kloster zu Péc.
Die andere Stütze des Osmanischen Reiches nach der Schlacht bei Lepanto, der Kapudan-Pascha Uludsch Ali, stammte aus Calabrien. Sinan, der für ihn eine Moschee baute, war ein Albaner, der Sultan selbst Sohn einer Ukrainerin. So ließe sich noch viel von Leuten berichten, die im Osmanischen Reich zu Ansehen kamen, obwohl sie von christlichen Eltern geboren waren, sei es als Untertanen des Sultans, sei es, daß sie erst als Gefangene in seinen Machtbereich gerieten. Voraussetzung für jeden Aufstieg war allerdings, daß man sich zum Islam bekannte. Der Gefangene dagegen, der seinem Glauben die Treue hielt, blieb in untergeordneter Stellung, bis er starb, wenn ihn nicht ein gütiges Geschick heimkehren ließ.
In der Wallfahrtskirche Maria Waitschach in Kärnten hängt

das Votivbild, das ein Peter Latneker zum Dank für seine glückliche Rückkehr aus türkischer Gefangenschaft stiftete. Ähnliche Dankesgaben kann man in ganz Österreich finden, von Alberschwende in Vorarlberg bis Purbach im Burgenland. Neben der Madonna galt der hl. Leonhard als Retter aus Gefangenschaft, mitunter der hl. Rochus und der wenig bekannte hl. Merbod. Durch Bilder, Tafeln und Inschriften sowie die Erzählungen, die sich daran knüpften, haben sich einige wenige aus der unabsehbaren Schar der namenlosen Gefangenen herausgehoben.

Solche Erzählungen über Gefangenschaft und Befreiung sind selbstverständlich mit Vorsicht aufzunehmen, nicht nur, weil sie im Laufe der Jahrhunderte in verschiedenen Versionen wiederholt wurden und mancher Nacherzähler etwas hinzugefügt haben mag, sondern weil schon der erste Berichterstatter leicht in Versuchung kam, seine Leiden und Taten ein wenig auszuschmücken und zu übertreiben. Oft entließen die Türken aus einer Gruppe von Gefangenen einen einzelnen Mann, damit er das Lösegeld für die anderen aufbringe; der zog dann bettelnd von Ort zu Ort, und je schöner oder schauriger er zu erzählen wußte, je mehr Mitleid er erregte, desto rascher füllte sich seine Sammelbüchse.

Daran dürfte ein Brauch erinnert haben, der aus Hernals bei Wien (dem heutigen 17. Gemeindebezirk) bekannt ist, nur verlor er nach dem Ende der Türkengefahr seinen ursprünglichen Sinn. Es war ein Maskenumzug am Sonntag nach Bartholomäus (24. August): voran ging eine Musikbande mit Pfeifen und Trommeln, als Hauptfigur ritt ein wohlbeleibter »Pascha Wampum« auf einem Esel, und bärtige, grimmig blickende Janitscharen führten Christensklaven, die in zerrissenen Kleidern, mit Ketten beladen, den Zuschauern Sammelbüchsen hinstreckten. Das Geld, das sie erhielten, vertranken sie dann gemeinsam in Hernals. So geschah es alljährlich, bis Kaiser Joseph II., kein Freund der lauten Fröhlichkeit, neben vielen anderen alten Bräuchen auch den »Hernalser Türkenritt« verbot. Das einstige Dorf Hernals, das 1683 völlig zerstört worden war, besitzt aber noch seine Erinnerung an die Türkenzeit: über dem Tabernakel der Hernalser

Pfarrkirche ist die »Türkenmuttergottes« zu sehen, ein in Öl gemaltes Marienbild, das, von Kugeln und Pfeilschüssen durchlöchert, 1683 im Türkenlager gefunden worden war.
Diese Kirche auf dem Kalvarienberg in Hernals hat noch eine Beziehung zu den Gefangenen. Dort faßte nämlich 1688 der Orden der Trinitarier festen Fuß in Österreich, bevor er sein Kloster in der Alserstraße baute. Die Mönche, die der Volksmund »Weißspanier« nannte, befaßten sich schon seit den Kreuzzügen damit, christliche Sklaven freizukaufen, und das taten sie nun auch von Wien aus. Schon nach zweieinhalb Jahren, am 10. Juli 1691, kamen die ersten Geretteten nach Wien. Es waren nur 16 Leute, aber ihr Erscheinen wurde als große Feierlichkeit unter Glockengeläut begangen. Nach Wiener Art mündete die ergreifende Zeremonie in ein fröhliches Volksfest.

Den Türken, die in christliche Gefangenschaft gerieten, erging es im allgemeinen, entsprechend den Rechtsverhältnissen und Lebensbedingungen, wahrscheinlich ein wenig besser als den Christensklaven im Osmanischen Reich, wenn sie nicht gerade als Rudersklaven dienen mußten. Einen Türken, der in Graz gefangengehalten wurde, kann man in der Sporgasse 25 sehen, wie er aus einer Dachluke des Palais Saurau herausschaut (jeder Besucher von Graz sollte mindestens einmal durch die Sporgasse wandern!). Die bemalte barocke Halbfigur aus Holz, die einen Arm herausstreckt und ein Schwert in der Hand hält, ist offensichtlich ein Zeichen dafür, daß das Haus seinerzeit von Einquartierung befreit war, aber daß sie gerade einen Türken darstellt, könnte an einen vornehmen Gefangenen erinnern, den der Schloßhauptmann Pankratz von Windischgrätz im Jahre 1566 auf dem Schloßberg in Gewahrsam hielt.
Ebenfalls in Graz zeigt der »Türkenbrunnen«, daß Gefangene zu harter Arbeit eingesetzt wurden. Der Brunnen wurde 1554 – 1558 unterhalb der Stallbastei des Schloßberges gegraben; 94 m tief geht er hinab. Die technischen Aufgaben be-

sorgten deutsche Bergleute, die schwere körperliche Leistung aber oblag den Türken. Ähnlich dürfte es bei der großen Zisterne des Schloßberges ergangen sein. Etwa zwei Jahrzehnte vorher hatten die Grafen Starhemberg ihre Burg Riedegg nordöstlich von Linz durch Gefangene des Jahres 1529 ausbauen lassen. Die härteste Arbeit aber, die gefangene Türken leisten mußten – und viele gingen dabei zugrunde – war der Brunnen der Burg Forchtenstein in den Jahren 1660 bis 1690. Der Grundwasserspiegel wurde erst in 82 m Tiefe erreicht, und das war noch nicht genug! Um auch in einem trockenen Sommer hinreichend Wasser zur Verfügung zu haben, ließ Graf (seit 1687 Fürst) Paul Eszterházy den Kalkfelsen bis 142 m Tiefe ausschachten. Ein Tretrad von 6 m Durchmesser holte die Eimer herauf.

Das ausführlichste Zeugnis vom Schicksal eines gefangenen Türken ist die Autobiographie des Osman Aga aus Temesvár. Was er alles erlebte, nachdem er im Juni 1688 in die Gewalt der Kaiserlichen gekommen war, wie er flüchten wollte, eingekerkert wurde, beinahe für 22 Zechinen auf eine venezianische Galeere verkauft worden wäre, dann seine weiteren Erlebnisse in Kroatien, in der Steiermark und in Wien, als Roßknecht, Diener, Lakai, Reisebegleiter bis Augsburg und Mailand, wie es ihm jahrelang recht gut erging, er aber schließlich doch flüchtete – dieser abenteuerliche, als Zeitdokument interessante Lebensbericht ist unter dem Titel *Der Gefangene der Giauren* in der Serie »Osmanische Geschichtsschreiber« zu lesen.

Sobald ein gefangener Mohammedaner sich taufen ließ, besserte sich sein Los wie das eines Christen, der im Osmanischen Reich zum Islam übertrat und die Beschneidung erduldete. Die Pfarrmatrikeln vieler burgenländischer Gemeinden vermerken solche mehr oder minder freiwillige Taufen, vorwiegend in den Jahren zwischen 1683 bis 1699. In Wien wurden damals 651 Türken getauft.

Als nach dem Frieden von Karlowitz ein Ibrahim Pascha als Gesandter nach Wien kam, um den vereinbarten Gefangenenaustausch durchzuführen, wollte man ihm die inzwischen getauften Türken nicht mitgeben, doch er bot allen Zu-

**32** *Die Sulejman-Moschee in der Altstadt von Rhodos/Griechenland.*

**33** *Insel Kos/Griechenland: Antike Agora gegenüber Lontzas-Moschee.*

**34** *Altstadtwinkel in Plovdiv/Bulgarien.*

**35** *In Vidin an der Donau steht die am besten erhaltene Burg Bulgariens.*

**36** *Die Vertreibung der Türken aus Gran (Esztergom) 1683. Kupferstich von J. J. von Sandrart, 17. Jh.*

**37** *Hinrichtung Mustafa Paschas 1639. Radierung aus der Ludolff-Chronik 1718.*

flucht, die heimkehren wollten. Über 100 Männer und Frauen sammelten sich bei ihm, und er setzte es trotz großer Schwierigkeiten durch, daß sie mit ihm zusammen auf seinem Schiff ausreisen konnten. Andrerseits entlief den türkischen Gesandten fast regelmäßig jemand aus ihrem Personal; einmal sollen es gleich 30 Leute gewesen sein.

Das größte Aufsehen erregte die Flucht eines Imam, eines mohammedanischen Geistlichen, im Jahre 1715. Der Wiener Lokalhistoriker Prof. Karl Teply hat die abenteuerliche Geschichte aufgespürt: Der Imam Mehmed Effendi war im Gefolge des Gesandten Ibrahim Müteferrika gekommen, wollte aber nicht wieder mit ihm zusammen Wien verlassen, sondern machte sich mit einem Gefährten davon. Diesen holten die Verfolger noch ein, der Imam jedoch flüchtete in die Karmeliterkirche in der Leopoldstadt (heute 2. Gemeindebezirk) und fand dort Asyl. Ein Franziskanerpater, selbst getaufter Türke, sowie ein armenischer Bischof unterwiesen ihn in der christlichen Glaubenslehre, sodaß er am 24. Dezember 1715 im Stephansdom getauft werden konnte. Kaiser Karl VI. und Prinz Eugen waren die Taufpaten, und da der ehemalige Imam weiterhin in der Leopoldstadt wohnte, erhielt er den Namen Karl Eugen Leopoldstätter. Er wurde Kaffeesieder. Sein Testament, das er noch mit arabischen Schriftzügen unterzeichnete, liegt im Wiener Stadtarchiv.

In Archiven zu suchen, ist eine zeitraubende Beschäftigung, erbringt aber oft Erkenntnisse, welche die bereits vorhandenen bestätigen und ergänzen. So ist z. B. in den Taufmatrikeln des berühmten Zisterzienserstiftes Heiligenkreuz die Taufe von vier Türken erwähnt, die aus einer Gesandtschaft entwichen waren: »1720, 21. Julei baptizati sunt catechumeni Machometani . . .« Als Taufpate fungierte ein Kammerherr der kürzlich verstorbenen Kaiserin-Mutter Eleonore von Pfalz-Neuburg, der Witwe nach Kaiser Leopold I. Den Auftrag dazu hatte Kaiser Karl VI. erteilt, also erhielten die vier Männer die Taufnamen Karl Michael, Karl Rudolf, Peter Karl und Karl Joseph Gerhard, dazu die deutschen Familiennamen Kreutzberger, Herzlberger, Mohrenberger und einer sogar Weixelberger nach dem Abt Gerhard Weixelberger, der die Taufe vollzog. Gleich jenem Karl Eugen Leopoldstätter, dem Täufling des Jahres 1715, konnten sie nunmehr unter den anderen Christen leben, ohne daß ihre Namen auf fremde Herkunft gedeutet und vielleicht Spott oder Vorwurf hervorgerufen hätten.

Aus dieser Zeit ist noch ein Türke zu erwähnen, der aber nicht als Überläufer, sondern auf durchaus ehrenvollem Wege nach Österreich und sogar in die kaiserliche Armee kam. Bei der Einnahme von Ofen 1686 war der Vize-Pascha Tschenga Bej gefangen worden, mit ihm seine Familie. Sein kleiner Sohn wurde in Wien christlich erzogen, schlug die Offizierslaufbahn ein und bewährte sich im Spanischen Erbfolgekrieg so vorzüglich, daß er 1730 ein Husarenregiment erhielt. Als Feldmarschall-Leutnant Freiherr von Czungenberg (eine letzte Erinnerung an den türkischen Namen Tschenga Bej!) starb er 1734 auf einem Feldzug in Italien. Sein Regiment bestand, zuletzt als Husarenregiment Nr. 8, bis zum Ende der Donaumonarchie.

Zur selben Zeit lebte ein Abenteurer, eine völlig andere Natur als der tapfere Freiherr türkischer Herkunft. Es war ein vornehmer Franzose, der in drei großen Reichen diente, Ruhm erwarb und ihn selbst wieder zunichte machte. Claude Alexandre Graf von Bonneval, geboren 1675 im Limousin, zeichnete sich im französischen Heer aus, machte sich aber verschiedener Erpressungen schuldig und wurde von einem Kriegsgericht zum Tode verurteilt. Noch rechtzeitig floh er nach Deutschland und trat in das kaiserliche Heer ein. Unter Prinz Eugen nahm er an der Eroberung von Temesvár teil, trug bei zum Sieg von Peterwardein 1716 und wurde dort schwer verwundet. Aber sowohl in Wien wie in den Niederlanden, wo er als Generalfeldzeugmeister wirkte, hatte er im Dienst wie im Privatleben unangenehme Affären. Als ihn der Hofkriegsrat vor Gericht stellte, kam so viel Kompromittierendes zu Tage, daß Graf Bonneval ein zweites Mal zum Tod verurteilt wurde. Kaiser Karl VI. begnadigte ihn zu einjähriger Haft auf dem Spielberg zu Brünn und ließ ihn danach über die Grenze abschieben.

Diese Milde sollte der Kaiser noch sehr bereuen! Bonneval begab sich nach Istanbul, trat 1730 zum Islam über und erhielt bald den Rang eines Paschas mit drei Roßschweifen. Seine große Leistung im Osmanischen Reich bestand darin, daß er die Artillerie technisch und organisatorisch nach den modernsten europäischen Grundsätzen reformierte. Die Erfolge der Türken im Krieg 1737-1739, in dem sie Serbien mit Belgrad zurückgewannen, sind nicht zuletzt ihrer guten Artillerie zuzuschreiben. Graf Bonneval, nunmehr Achmed Pascha genannt, kämpfte siegreich auch gegen Russen und Perser, Sultan Mahmud I. machte ihn dafür zum Statthalter von Chios – aber unversehens verspielte der Abenteurer die Gunst des Sultans, wurde abgesetzt und verbannt. Während er seine Rückkehr nach Europa vorbereitete, starb er am 27. März 1747.

# XII.
# DIPLOMATEN HÜBEN UND DRÜBEN

Die Modernisierung der Artillerie und andere Heeresreformen verdankte das Osmanische Reich dem Renegaten Bonneval. Auf diplomatischem Gebiet dauerte es noch länger, bis es sich europäischen Gepflogenheiten anpaßte. Die Sultane lernten zwar allerlei von ihren französischen Verbündeten, aber spät. Erst 1793 eröffnete Sultan Selim III. eine ständige Botschaft in London, zwei Jahre später eine in Wien, danach in Paris.

Ganz anders stand es um die Vertretungen christlicher Staaten im Osmanischen Reich. Zumindest die italienischen Staaten mußten keine Vorurteile überwinden, brauchten keine Fäden neu anzuknüpfen, sondern bedienten sich einfach ihrer Kaufleute, die schon zur Zeit des Byzantinischen Reiches im Osten Handel getrieben hatten. Im Jahre 1461, also sehr bald nach der Eroberung von Konstantinopel, übernahm der Florentiner Kaufmann Mainardo degli Ubaldini eine Art konsularischer Vertretung zum Schutze seiner Landsleute und zur Wahrnehmung handelspolitischer Interessen. Die gemeinsame Abneigung gegen Venedig verstärkte die Sympathie zwischen Florenz und den neuen Herren der alten Kaiserstadt. Sultan Mohammed II. soll mit den vornehmsten christlichen Handelsherren »Freudenfeste und Gastereien« veranstaltet haben, allerdings nicht an seinem Hof, sondern jenseits des Goldenen Horns in Pera.

Wenn sich einer dieser Herren den Titel »ambasciadore« zulegte, war das bloße Großsprecherei: er besaß keineswegs den Rang eines heutigen Botschafters oder Gesandten, kaum den eines Konsuls, genoß weder das Recht der Unverletzlichkeit noch der Exterritorialität (ein richtiges Gesandtschaftsrecht bestand ja auch im christlichen Europa noch nicht), sein Wohlergehen hing fast ausschließlich von den Interessen des Sultans, oft nur von dessen Launen ab. Die Florentiner verstanden es jedoch, sich dem Sultan nützlich zu machen. Sie berieten ihn sachkundig, als er im Jahre 1462 am Eingang der

Dardanellen eine Sperrfestung anlegte und sie mit 30 großen Geschützen armierte.

Am 26. April 1478 während des Hochamtes im Dom von Florenz versuchten Verschwörer ein Attentat auf die beiden Häupter der Stadt. Giuliano de' Medici fiel, sein älterer Bruder Lorenzo entkam mit leichter Verwundung und behielt die Zügel der Regierung fest in der Hand. Der Attentäter Bernardo Bandini flüchtete nach Istanbul, doch Sultan Mohammed II. ließ ihn ergreifen und lieferte ihn aus. Bandini wurde in Florenz gehängt.

Wenn der Sultan seinerseits mit einem christlichen Staat etwas auszuhandeln hatte – vorläufig nur in Italien –, benützte er dazu Juden oder Griechen. Sie erhielten Beglaubigungsschreiben als Gesandte, und nebenbei dienten sie als Späher und Spione. Die Affäre um den geflüchteten Prinzen Dschem veranlaßte Sultan Bayazid II. zu reger diplomatischer Tätigkeit, doch König Ludwig XI. von Frankreich weigerte sich, einen Gesandten des Hauptfeindes der Christenheit zu empfangen.

Ein weiterer Grund zu Kontakten ergab sich aus dem schlauen Einfall, den Christen Reliquien zu verschachern. Damit hatte schon Mohammed II. begonnen, sein Sohn Bayazid II. setzte es fort und zwar in großem Umfang, nicht nur so weit, wie es schon erwähnt wurde (S. 248). War ein christlicher Fürst zu vorsichtig, für eine Reliquie von zweifelhafter Echtheit gute Dukaten auszugeben, so nahm er sie doch als Geschenk an, und der Sultan ersparte sich eine Gabe, die ihn Geld gekostet hätte.

Auf diese Weise erhielt der Ungarnkönig Matthias Corvinus die Gebeine eines Heiligen namens Ioannes Elemosynarius (Johannes der Almosengeber), eines mildtätigen Patriarchen von Alexandrien, der zu Beginn des 7. Jahrhunderts vor den Persern geflüchtet und auf Zypern gestorben war. Diese Reliquien waren also nicht so dubios wie jene, die zur gleichen Zeit in Paris angeboten wurden, Haare vom Bart Christi oder der Leichnam des Propheten Jesaias. König Matthias nahm die Gebeine des Heiligen dankbar an und verwahrte sie in der Kapelle seiner Burg zu Ofen, von wo sie später in die Kathedrale von Preßburg überführt wurden.

An König Matthias Corvinus ergingen auch die beiden ersten türkischen Gesandtschaften, die deutschen Boden betraten: eine kam 1487 ins Heerlager vor Wiener Neustadt, die zweite im nächsten Jahr nach Wien, das damals im Besitz des Ungarnkönigs war. Die Kamele, die den Türken als Tragtiere dienten, waren vermutlich die ersten in Wien seit der Römerzeit und erregten beträchtliches Aufsehen. Später brachten Gesandte des Sultans mehrmals exotische Tiere als Geschenk. Kaiser Leopold I. erhielt zwei Jagdgeparden, die dazu abgerichtet waren, hinter ihrem Wärter auf der Kruppe des Pferdes zu sitzen und erst abzuspringen, sobald sie ein lohnendes Wild erblickt hatten. Wenn sie es eingeholt und geschlagen hatten, kehrten sie auf ihren Platz zurück.
Die Erinnerung an ein anderes seltsames Geschenk, nicht zum Gebrauch, sondern nur als Rarität im zoologischen Garten, hat sich in Prag erhalten. Dorthin wurden für Kaiser Rudolf II. drei Strauße gebracht und bildeten in ihrer Fremdartigkeit eine Weile das Tagesgespräch, sodaß ein Wirt auf den Gedanken kam, sein Gasthaus »Zu den drei Straußen« zu benennen. Dieses entzückende alte Haus auf der Prager Kleinseite, ganz nahe der Karlsbrücke, wurde kürzlich renoviert und bietet wieder vorbildliche Gastlichkeit, immer noch unter dem alten Namen und mit dem Wappenbild der drei Strauße.
Damit haben wir freilich der historischen Entwicklung der diplomatischen Beziehungen zwischen Sultan und Kaiser vorgegriffen. Zunächst war man sich gar nicht klar darüber, welche Form diese Beziehungen erhalten sollten. Zur ersten Sondierung schickte Sultan Bayazid II. im Jahre 1497 einen griechischen Kaufmann Andreas, der in den österreichischen Notizen als »Andreas Graecus« aufscheint. Er erreichte Kaiser Maximilian I. in der Nähe von Innsbruck, nahm an einer Hirschjagd und einem Bankett teil und wurde zu feierlicher Audienz auf der Herzogswiese empfangen. Dabei überreichte er ein Schreiben des Sultans samt Geschenken, und als er die Rückreise antrat, begleitete ihn als erster kaiserlicher Gesandter der Hauptmann von Fiume Hans von Thurn.
Nicht immer pflegte man so gute Manieren. Als im Jahre 1520

Sultan Sulejman II. den Ungarn Friedensbedingungen anbot, die ihnen schimpflich erschienen, ergrimmten sie derart, daß sie den türkischen Gesandten in Ofen erdrosselten. Umgekehrt war das Leben der christlichen Gesandten in Istanbul auch nicht ohne Gefahr. Mehrmals wurde einer eingekerkert und mit dem Tode bedroht. Gegen einen Zornesausbruch des Sultans gab es keinen Schutz! Schon im Juli 1491 waren chiffrierte Briefe der Republik Venedig abgefangen worden, und Sultan Bayazid II. zwang den venezianischen Bailo (Gesandten) in Istanbul, Geronimo Marcello, ihm den Schlüssel zur Entzifferung auszuliefern. Im November desselben Jahres verfügte er, daß der Bailo und alle anderen Diplomaten jeglicher Nation das Osmanische Reich zu verlassen hätten. Dieser Befehl wurde ausgeführt, blieb aber nicht allzu lange in Kraft. Neben den Vertretern der italienischen Staaten ließen sich im Laufe der folgenden Zeit auch die Beauftragten anderer Mächte nieder, freilich noch nicht im Range bevollmächtigter Botschafter, sondern wieder ungefähr in der Funktion von Konsuln. Soóft etwas Wichtiges zu verhandeln war, machte sich dazu ein Sonderbotschafter auf die Reise.

Die ständigen Vertreter oder »Residenten« hatten nebenbei den Auftrag, Nachrichten zu sammeln. Bei der Bestechlichkeit der osmanischen Würdenträger fiel ihnen das nicht schwer, doch die Informationen, die sie sich erkauften, waren von sehr unterschiedlichem Wert. Der kaiserliche Sonderbotschafter Hans Ludwig Freiherr von Kuefstein, der im Herbst 1628 nach Istanbul entsandt wurde, warnte den Kaiser ausdrücklich vor Nachrichten dieser Art, denn man müsse dauernd damit rechnen, daß der Informant aus Habgier lüge oder zumindest übertreibe. Wörtlich heißt es außerdem in Kuefsteins Bericht, ». . . daß durch unserseits Entdeckung der Geheimnisse, so man zu wissen verlanget, ihnen kundbar wird, woran uns etwas sonders gelegen, und sie ihre consilia darnach richten, auch uns mit falschen Berichten unter dem Schein sonderer Geheimnisse am besten betrügen können«. Diese Warnung des Freiherrn war gewiß richtig, und ebenso sein Rat, »dergleichen vergebliche und schädliche Spesen künftig gänzlich einzustellen, dagegen dieselbe auf kontinuierlich gute Vorbereitung und Verbesserung der Grenzhäuser anzuwenden, indem vorerst ein immer wachsames Aug eines Grenzobristen eine beste Kundschaft sein muß«.

Der Bericht des Sonderbotschafters Kuefstein liegt handschriftlich im Staatsarchiv zu Wien. Ob man sich die Mühe macht, diese 64 Seiten durchzustudieren oder einen anderen, leichter zugänglichen Gesandtschaftsbericht des 17. Jahrhunderts vornimmt, man erkennt jedenfalls den Wert solcher Aufzeichnungen, seinerzeit zur aktuellen Information, heute als historisches Dokument. Zwischen den beiden Großmächten hatte sich die Gewohnheit entwickelt, daß an der Grenzstation (damals bei der starken Festung Komorn, später immer weiter südlich) die Delegationen einander begegneten. Der »Gegenbotschafter« hatte keine eigene diplomatische Aufgabe, sondern diente nur zur Sicherheit, fast als Geisel, und hatte gleichwertige Geschenke zu überbringen.

Geschenke spielten eine große Rolle. Jeder türkische Beamte forderte sie als sein gutes Recht und beschwerte sich, wenn sie ihm zu gering erschienen. Auch alle Formalitäten wurden sehr ernst genommen, ja kleinlich genau beachtet, um die Würde des eigenen Staates zu betonen. Der Freiherr von Kuefstein legte großen Wert darauf, alle Ortschaften unterwegs mit klingendem Spiel und fliegenden Fahnen zu passieren, und vermerkte befriedigt, welchen Eindruck das bei der christlichen Bevölkerung hinterließ. Das Kreuz auf der Fahne machte ihnen Mut, der kaiserliche Doppeladler erinnerte sie an das Wappen des byzantinischen Reiches, dessen Tradition nicht vergessen war. Erst beim Einzug in Istanbul mußte die Musik verstummen, die Fahnen wurden eingerollt. In Istanbul aber wurde der Botschafter fast wie ein Gefangener gehalten, durfte oft nicht ausgehen; der französische Botschafter wurde gehindert, ihn zu besuchen. Bis zur Audienz beim Sultan vergingen noch zehn Tage. Kuefstein hielt dort seine Rede in deutscher Sprache, bekam aber »ihrem alten unlöblichen Brauche nach« keine Antwort.

Zweck dieser Gesandtschaftsreise war es, den Frieden zu verlängern. Dem Kaiser lag viel daran, weil er – es war das elfte Jahr des Dreißigjährigen Krieges – seine Soldaten in Deutschland brauchte. Dem Sultan war das Anerbieten zunächst sehr willkommen, denn die türkische Armee war durch einen Rebellen in Armenien in Anspruch genommen, aber sobald dieser besiegt war, verschlechterte sich die Stimmung. Auch davon berichtete Kuefstein, ferner von den Lebensbedingungen der Diplomaten wie der christlichen Bevölkerung, von der Habgier und Unaufrichtigkeit der türkischen Beamten und von ihrem Machtkampf untereinander.

Vom türkischen Standpunkt aus sah die Angelegenheit natürlich anders aus. Der Großwesir ärgerte sich über die Pracht, die der Giaur entfaltete: der fuhr sechsspännig in einer Karosse, die sogar gläserne Fensterscheiben besaß. Das mußte doch bei den Stadtbewohnern den Glauben an die Allmacht und unendliche Überlegenheit des Sultans erschüttern! Und dazu knüpfte dieser Botschafter noch Beziehungen zu den Abgesandten der Vasallenfürstentümer Walachei und Moldau an, empfing einen griechischen Erzbischof und Franziskanermönche. All das mißfiel dem Großwesir, aber da er zum Aufbruch zu einem Feldzug gegen die Perser rüstete, schien es ihm nötig, den Botschafter des Kaisers nicht allzusehr zu verstimmen. Der Kaimakam jedoch, der nach der Abreise des Großwesirs die Verhandlungen führte, nahm persönliche Rache. Als Kuefstein die Rückreise angetreten hatte, wurden ihm unterwegs die schönen türkischen Waffen, die er als Andenken erworben hatte, die Pferde, die ihm als Ehrengabe zugeführt worden waren, und sogar die freigekauften christlichen Sklaven wieder abgenommen.

Mit Vernunft, Selbstbeherrschung und diplomatischem Geschick hatte Kuefstein alle Situationen vermieden, die geeignet gewesen wären, ernstere Verwicklungen oder gar Gefahren heraufzubeschwören. Das glückte nicht jedem Vertreter einer europäischen Macht. 30 Jahre später, während des Krieges auf Kreta, wurde der französische Botschafter de la Haye in das Gefängnis der Sieben Türme gebracht, jenes berüchtigte »Yedi Kule«, in dem ein Sultan und viele Großwesire starben und nicht selten christliche Botschafter festgehalten wurden. An einem der Türme erinnern Inschriften an die kai-

serlichen und die venezianischen Gesandten, die hier eingekerkert waren.
Der letzte europäische Diplomat, dem das widerfuhr, war der französische Gesandte Ruffin; zu seiner Zeit, im Jahre 1798, war Frankreich bereits eine Republik. Die französischen Könige waren, wie bekannt, fast immer auf gutem Fuße mit dem Sultan gestanden, und einer ihrer Gesandten hatte das, fast 100 Jahre vor Ruffin, weitgehend ausgenützt. Es war ein Herr Fériole – Demetrie Kantemir, dem wir diese Geschichte verdanken, kannte ihn persönlich –, der sich beharrlich weigerte, zur Audienz bei Sultan Mustafa II. seinen Degen abzulegen. Erst mahnte ihn der offizielle Dolmetscher, ein Grieche aus der angesehenen Familie Maurokordatos, dann sandte der Sultan den Befehl dazu, und als auch das nichts half, wurde Fériole vor dem Tor recht derb zurückgestoßen. Er blieb jedoch dabei, daß er nicht ohne Degen bei Hof erscheinen werde, und daraufhin lud man ihn nie mehr ein.
Zum Trost ließ Fériole sich eine Galeere bauen, auf der vergoldete Säulen einen Baldachin aus purpurfarbener Seide trugen, wie er allein dem Sultan zustand, außerdem nur dem Kapudan-Pascha auf einer Kriegsfahrt. Als nun Fériole damit im Hafen von Istanbul erschien, glaubte der Bostandschi Baschi (Verwalter der Paläste), der Sultan sei ausgefahren, und beeilte sich, ihm das gebührende Geleit zu geben. Daraus entstand großer Ärger, aber Fériole hielt sich an sein Wort, er werde nie anders als mit dieser Prunkgaleere fahren; da es ihm nun verboten war, nahm er lieber den weiten, mühsamen Landweg rund ums Goldene Horn auf sich, wenn er von seinem Wohnsitz in Pera nach Istanbul reisen mußte, ehe er ein bescheideneres Schiff bestiegen hätte.
Fériole lieferte noch andere Beweise seines Stolzes und Eigensinns, die nicht nur ihn, sondern auch seine Gäste gefährdeten. Schließlich verfiel er in Wahnsinn und wurde gefesselt nach Frankreich zurückgebracht. Bei seiner Ankunft soll er wieder völlig normal gewesen sein, sodaß das Gerücht auftauchte, König Ludwig XIV. habe ihm befohlen, den Wahnsinn vorzutäuschen, damit sein eigenwilliges Betragen entschuldbar erscheine.

Schon vor Herrn Fériole hatte ein anderer christlicher Gesandter einen Großwesir durch seinen Hochmut geärgert. Es war im Jahre 1676, noch unter Sultan Mohammed IV., da verlangte Graf Gninski, Wojwode von Kulm (Chelmno), der Großwesir möge ihn persönlich an einem Stadttor von Istanbul empfangen. Da der Großwesir das ablehnte, kehrte Graf Gninski um und nahm sein Quartier in Dawud Pascha, einem sehr vornehmen Vorort, fast einer kleinen Palaststadt, eine halbe Wegstunde außerhalb von Istanbul. Dort verweilte er eineinhalb Jahre, bis der Friede unterzeichnet war, und hielt dann erst seinen Einzug in die Stadt. Dabei sollte nicht nur die Zahl seines Gefolges und die kostbare Gewandung Aufsehen erregen: Graf Gninski ließ die Pferde mit silbernen Hufeisen beschlagen, diese aber nur mit je zwei Nägeln befestigen, damit sie auf dem Straßenpflaster leicht abfielen und so seinen Reichtum zeigten. Der Großwesir sagte allerdings darüber, der Giaur habe silberne Schuhe, doch einen kupfernen Kopf, und sein Gefolge sei zu gering, Istanbul zu erobern, aber zu groß für einen Besuch, denn die Küsse der Polen würden die Schwelle des Sultanspalastes besudeln. Übrigens falle es dem Sultan nicht schwerer, 700 Polen als Gäste zu ernähren, als die 7 000 polnischen Bauern, die auf den Galeeren Ruderdienste leisten müßten.
Der Ärger des Großwesirs ist verständlich, und er hätte gewiß nicht zugegeben, den Vertrag in Dawud Pascha abzuschließen, wenn er den Frieden mit Polen nicht gebraucht hätte, um einen anderen, viel größeren Krieg vorbereiten zu können. Der Großwesir hieß nämlich Kara Mustafa – er dachte schon daran, Wien zu erobern.
Eine Gesandtschaft von 700 Personen war für jene Zeit wirklich zu groß! Zwölf Jahre vorher hatte sich der kaiserliche Botschafter Walter Graf Leslie mit 150 Begleitern begnügt. Aber Leslie (bekannt aus der Wallenstein-Tragödie) kam ja nicht, wie die Polen, als Vertreter eines besiegten Monarchen, der meinte, gerade deshalb auftrumpfen zu müssen, sondern nach dem Sieg der kaiserlichen Truppen bei St. Gotthard/Mogersdorf. Sein Gefolge umfaßte auch bei der geringeren Zahl alles, was nötig war, Sekretäre und Dolmetscher, Diener

aller Art, Pagen, Offiziere und Soldaten, Leibarzt, Beichtvater, Haushofmeister. Außerdem hatten sich ihm viele sehr vornehme Herren aus Deutschland, England, Frankreich und Italien angeschlossen, um die Gelegenheit einer interessanten Reise auszunützen.

Was diese Vertreter des christlichen Hochadels dann daheim erzählten, ist leider selten aufgezeichnet worden. Von der türkischen Gegenbotschaft aber, die zur gleichen Zeit Wien besuchte, gibt es den lebendigen, orientalisch bunten Bericht eines Mitreisenden namens Evlija Tschelebi, der auch in deutscher Übersetzung (Osmanische Geschichtsschreiber Band II.) erschienen ist. Neben Bewunderung und Mißverständnissen, Kritik und erheiternder Übertreibung findet sich darin eine Nachricht, die auf die Pläne eines Feldzuges gegen Wien hinweist: Evlija ging die Mauern Wiens entlang um festzustellen, wie viele Schritte die einzelnen Abschnitte der Befestigung lang, wie weit die Artilleriestellungen voneinander entfernt seien. Diese türkische Gesandtschaft unter der Führung eines Kara Mehmed Pascha war doppelt so stark wie die kaiserliche und bestätigt damit die Annahme, daß der Besiegte gern großen Prunk zeigt.

Noch größer wurde der Aufwand der Türken im Jahre 1700 nach dem Frieden von Karlowitz: 658 Mann begleiteten den Sonderbotschafter nach Wien, und dieser selbst war keine alltägliche Persönlichkeit. Als Ibrahim Aga war er 1683 Schatzmeister und Vertrauter des Großwesirs Kara Mustafa vor Wien gewesen, hatte dessen Sturz überdauert und hieß nun Hasnadar Ibrahim Pascha. Nach seiner Zeit als Botschafter in Wien wurde er zum Statthalter in Belgrad ernannt und schien noch eine weitere Karriere vor sich zu haben. Er hatte jedoch in Wien Geschmack am Wein gefunden, und da er diese verbotene Neigung weiter pflegte, ließ ihn der Sultan nicht mehr bei Hof erscheinen. Angeblich aus Gram darüber (eher wohl wegen eines Leberleidens) wurde er von »Auszehrung« befallen und starb binnen weniger Monate.

Der Friede von Passarowitz brachte dem Osmanischen Reich noch größere Verluste als der von Karlowitz, die Gesandtschaft des Jahres 1719 war demnach noch größer als die bisherigen. Am Vormittag des 14. August empfingen der kaiserliche Obersthofmarschall Adam Fürst Schwarzenberg und Feldmarschall Ulrich Graf Daun mit der ganzen Kavallerie der Garnison und unzähligen Neugierigen den Bejlerbej von Rumelien Ibrahim Pascha mit seinem Gefolge von 763 Personen. Armenische, griechische und jüdische Händler hatten sich angeschlossen, um die Reise gleich zu Handelsgeschäften auszunützen. Der Troß war dementsprechend groß: 645 Pferde, 100 Maultiere, 180 Kamele!

Der größere Teil des Trosses wurde außen um die Stadt herum in das vorbereitete Quartier jenseits der Donau geführt, die anderen zogen zur Stadt. Vom Lustschloß Favorita (dem heutigen Theresianum) aus betrachteten Kaiser Karl VI. und seine Gemahlin den bunten Aufzug. Militär, Stadtguardia und acht Kompanien der neu uniformierten Bürgerschaft bildeten Spalier, von der Brücke über den Wienfluß durch die Kärntnerstraße über den Neuen Markt, den Michaelerplatz, Kohlmarkt, Graben, Stephansplatz und durch die Rotenturmstaße wieder hinaus, über die Schlagbrücke bis zum Gasthaus »Zum Goldenen Lamm« in der Praterstraße.

Ibrahim Pascha durfte sogar – allerdings incognito – der Vermählung der Erzherzogin Maria Josefa mit dem Prinzen Friedrich August II. von Sachsen (und späterem König von Polen) beiwohnen. Es scheint ihm in Wien gefallen zu haben. Der Mufti von Kallipolis, der ihn begleitete, schrieb traurige Verse über den Abschied von Wien und den Schönen der Stadt. Die Gesandtschaft war immerhin zehn Monate geblieben, Zeit genug, sich mit den berühmten, gern gefälligen »Hübschlerinnen« zu befassen.

Es wäre eine boshafte Vermutung und ist auch nicht zu beweisen, daß der Ruf dieser »Grabennymphen« sich im Osmanischen Reich verbreitet habe. Immerhin traf schon im Herbst 1720, nur fünf Monate nach dem Aufbruch des Ibrahim Pascha, die nächste mohammedanische Gesandtschaft in Wien ein, Mohammed Effendi aus Tripolis. Er logierte ebenfalls in der Leopoldstadt, beim »Schwarzen Adler« in der Taborstraße.

Die größte Zahl von Begleitern brachte Tschanabi Ali Pascha

im Jahre 1740, nämlich 921 Personen mit 900 Pferden, 170 Maultieren und 135 Kamelen. Welche Vorbereitungen, wieviel Geld und Mühe muß es gekostet haben, so viele Menschen und Tiere unterzubringen! Der kaiserliche Gegenbotschafter Anton Graf Ulefeld hatte viel weniger Tragtiere, denn er legte nach bewährter Art den ersten Teil der Reise, bis Belgrad, mit Schiffen auf der Donau zurück. Sein Gefolge zählte aber ebenfalls gegen 1000 Leute, wie es dem großen Stil jener Zeit entsprach – und vielleicht auch, weil der Krieg 1737-1739 unglücklich für Österreich ausgegangen war.

Der letzte türkische Großbotschafter, der – freilich schon mit geringerem Aufwand – nach Wien kam, war Ebu Bekir Ratib Effendi im Jahre 1792. Bald danach errichtete das Osmanische Reich seine erste ständige Vertretung in Wien. Zunächst wurde sie nur von einem Geschäftsträger geleitet, doch im Jahre 1836 folgte auf den Griechen Johann von Mavrojannis ein vornehmer Türke namens Achmed Fethi Pascha mit dem Titel eines Botschafters. Er bezog das Palais Kaunitz-Eszterházy in der damaligen Vorstadt Mariahilf (das leider vor einigen Jahren abgerissen wurde) und umgab sich mit allem Glanz, zu dem ihn der Rang seines Herrn verpflichtete: Der Sultan stand ja auf gleicher Stufe mit dem Kaiser von Österreich und dem Zaren von Rußland, höher als alle Könige in Europa.

Der erste Empfang des Botschafters im Dezember 1836 erregte große Neugier in Wien, besonders bei den Damen, und seine Liebenswürdigkeit machte ihn bald zu einer »persona gratissima«. Man besuchte ihn auch, um zum Geburtstag Sultan Mahmuds II. zu gratulieren, und bei seinem Ball am 23. Januar 1837 versammelte sich der hohe Adel sowie das diplomatische Corps. Als einer der ersten Gäste erschien der päpstliche Nuntius. Die Zeit der Feindschaft zwischen Kreuz und Halbmond war vergessen, auch die kulturelle Schranke, denn der Pascha tanzte mit der Prinzessin Luise Wasa einen Wiener Walzer. Die Rolle der Hausfrau hatte die Fürstin Metternich übernommen. Der türkische Botschafter wußte diese Ehre zu schätzen und bedankte sich bei Metternich mit den Worten: »Wenn Sie in Konstantinopel wären, mein Fürst, so würde ich Ihnen nicht nur eine, sondern alle meine Frauen leihen.«

# XIII.
# DIE BALKANSTAATEN WERDEN FREI

Die jahrhundertelange Gegnerschaft zwischen Österreich und dem Osmanischen Reich bestand im 19. Jahrhundert nicht mehr. Die neuen, zeitweise sogar freundschaftlichen Beziehungen ergaben sich aus der ähnlichen Struktur beider Reiche. Der Kaiser wie der Sultan regierten nicht über Nationalstaaten, sondern waren Herrscher nach alter, übernationaler Tradition. Ihr gemeinsamer Feind waren die neuen Gedanken der Aufklärung und des romantischen Nationalismus, das Streben nach Selbständigkeit, das sich in den einzelnen Gliedern der Vielvölkerstaaten zu regen begann.

Die Gefahren, die dadurch heraufbeschworen wurden, waren im Österreich der Biedermeierzeit noch wenig zu spüren, nur Politiker vom Rang eines Fürsten Metternich waren sich ihrer bewußt. Das Osmanische Reich dagegen hatte sich schon oft damit auseinandersetzen müssen, denn dort verschärfte der religiöse Gegensatz die Spannung zwischen der herrschenden Schicht und den Untertanen. Die Mängel des Verwaltungssystems und die Korruption riefen um so mehr Aufstände hervor, je schwächer die Zentralgewalt wurde.

Das Balkanvolk, das sich seit jeher der Türkenherrschaft am heftigsten widersetzt hatte, waren die Montenegriner. An Grausamkeit standen sie nicht hinter ihren Feinden zurück, an Tatkraft waren sie überlegen. Die Ruinen einer türkischen Festung auf einem Hügel oberhalb des Dorfes Virpazar am Skutarisee erinnern an einen von vielen blutigen Zusammenstößen, die berüchtigte »Montenegrinische Vesper« des Jahres 1785.

Während des letzten Krieges Rußlands und Österreichs gegen das Osmanische Reich (oben S. 241) griffen die Montenegriner neuerlich zu den Waffen und konnten auch durch eine überlegene türkische Armee nicht niedergeworfen werden. Gleichzeitig kämpften serbische Freischaren auf österreichischer Seite. Schon vor Kriegsbeginn, im Dezember 1787 und im Januar 1788, standen in Belgrad serbische Verschwörer bereit, um die Tore der Unterstadt zu besetzen und österreichische Truppen einzulassen. Sie warteten auf Schiffe, welche die Donau herabkommen und nachts heimlich anlegen würden; leider warteten sie vergeblich.

Nach dem Ende dieses Türkenkrieges traten viele der Freikorpsführer in die kaiserlichen Grenzer-Regimenter ein. Andere dieser »Frajkorci« stellten sich dem Statthalter von Belgrad, Hadschi Mustafa Pascha, zur Verfügung. Sie waren ihm willkommene Helfer gegen die unbotmäßigen, zuchtlosen Janitscharen und den Pascha von Vidin, der diese unterstützte. Bewaffnete Christen als Verbündete eines Paschas gegen die Janitscharen, die einstige Kerntruppe des Osmanischen Reiches: das war ein bedenkliches Zeichen der Schwäche, ja schon beginnender Auflösung!

Als die Janitscharen Hadschi Mustafa Pascha ermordeten und, um einem Aufstand vorzubeugen, in vielen Teilen Serbiens die Führer der Christen töteten, brach der Aufstand erst richtig los. Einer der Überlebenden der Verschwörung von 1787, Georg Petrović, genannt »Karadjordje«, eroberte 1806 Belgrad, erklärte sich zum Fürsten und suchte Hilfe sowohl bei Österreich wie bei Rußland.

Kaiser Franz I. hatte am letzten Türkenkrieg persönlich teilgenommen, damals noch als Kronprinz und übrigens sehr tapfer. Nun aber hatte er seine Sorgen mit Napoleon und wünschte keinen neuen Konflikt mit dem Nachbar im Südosten. Außerdem schien dem Kaiser Sultan Selim III. ein vertrauenswürdigerer Bundesgenosse als der »Schweinehirt« Karadjordje, der zwar kaum lesen und schreiben konnte, sich aber in napoleonischer Pose, sogar mit Stirnlocke, porträtieren ließ. Die Herrschaft des Serbenfürsten dauerte auch nicht lange. Er mußte ins Ausland fliehen, und als er 1817 zurückkehrte, ließ ihn ein anderer Serbenführer namens Miloš Obrenović ermorden und seinen Kopf dem Pascha von Belgrad überbringen.

Falls Maraschli Ali Pascha mit den Sitten der Serben soweit vertraut war, daß er von Familienfehde und Blutrache wußte, konnte er ungefähr voraussehen, was sich zwischen den beiden Sippen Karadjordjević und Obrenović künftig noch abspielen würde, aber wahrscheinlich sorgte er sich wenig darum. Die Serben hatten nunmehr ihre Autonomie innerhalb des Osmanischen Reiches; wenn sie sich damit zufrieden gaben, brauchte der Sultan sein Zugeständnis nicht zu bereuen. Eines der Tore des Kalemegdan, der alten Festung von Belgrad, heißt »Karadjordje-Tor« zur Erinnerung daran, daß hier der Freiheitsheld eindrang und die Burg besetzte. Nicht weit von der Burg, nahe der Kathedrale, steht in einem Garten der »Konak Knejginje Ljubice«, das Wohnhaus der Fürstin Ljubica. Dort lebte die Gemahlin des Fürsten Miloš Obrenović mit ihren Kindern; das Haus gilt als interessantes Beispiel für den ersten Einfluß Mitteleuropas auf die alte balkanische Bauweise.

Die Schwäche der türkischen Regierung wirkte sich auch in anderen Teilen des Reiches verhängnisvoll aus. Durch Tücke, Verrat und mehrfachen Mord erlangte Ali, der Sohn eines albanischen Bej, die Würde eines Paschas von Trikkala. Mit den gleichen Methoden gewann er das Paschalik Janina (Ioannina) in Epirus dazu, danach noch Berati in Albanien, erhielt Ehrentitel und den Rang eines Wesirs. Das Vermögen, das er durch Raub und Erpressung zusammengebracht hatte, soll 72 Millionen Franken betragen haben. Bargeld und Juwelen verwahrte er in seiner Residenz zu Janina, einen Teil aber legte er in Wertpapieren in englischen Banken an.
Während der Napoleonischen Kriege verhandelte Ali Pascha mit Engländern, Franzosen und Russen, italienische Offiziere kommandierten seine Artillerie. Er träumte davon, ein selbständiger Herrscher, vielleicht sogar ein eigener Machtfaktor im Kräftespiel Europas zu werden. Ähnliche Gedanken hatte schon Kara Mustafa gehegt, aber auch der Tyrann von Janina hatte keinen Erfolg. Seine Untreue erregte den Zorn des Sultans, und ebenso gefährlich war es für ihn, daß seine Schätze Neid hervorriefen: sie schienen geeignet, die leere Staatskasse zu Istanbul aufzufüllen! Also zog eine Armee von 50 000 Mann gegen ihn in den Krieg. Fast zwei Jahre lang hielt sich der greise Ali Pascha gegen die Übermacht, bis er im Januar 1822 durch Heimtücke und Lüge überwunden wurde, eben die Mittel, die er selbst so oft angewendet hatte.

Ioannina ist eine freundliche, in manchen Teilen fast moderne Provinzstadt geworden. Aber nicht nur ihr Name gemahnt an das alte Janina, sie bewahrt auch noch andere Erinnerungen an die Vergangenheit – und besonders an Ali Pascha. War er auch keine sympathische Persönlichkeit, so doch die einzige, die der Stadt einmal Ruhm und weitere Bedeutung verlieh. Seine Zitadelle am Seeufer ist gut erhalten, und unterhalb der Mauer zeigt man die Stelle, wo er eine Griechin ertränken ließ, die ihm nicht zu Willen sein wollte. Auf der Klosterinsel im See von Ioannina ist dem Despoten in einem niedrigen Haus ein Gedenkraum gewidmet: dorthin hatte er sich zuletzt zurückgezogen und im Nahkampf den Tod gefunden.

Wie Hadschi Mustafa Pascha von Belgrad, so hatte auch Ali Pascha von Janina nicht gezögert, seine christlichen Untertanen zu bewaffnen und für sich kämpfen zu lassen. Er wußte von dem großen Aufstand, der sich allenthalben in Griechenland ankündigte, und war bereit, seine gewaltigen Geldmittel dafür zur Verfügung zu stellen, wenn man ihm die Führung überließe. Das aber lehnten die Priester ab: den großen Krieg des Kreuzes gegen den Halbmond sollte kein Mohammedaner anführen.

Als der Aufstand dann offen losbrach – Ali Pascha erlebte es noch – war es ebenso eine religiöse wie eine nationale Erhebung. Im Kloster Hagia Lavra bei Kalavrita, im Bergland der nördlichen Peloponnes, zeigt ein Gemälde den Metropoliten Germanos von Patras, wie er am 25. März 1821 seine Zuhörer zu heiliger Begeisterung entflammt. Der Priester mit wehendem weißen Bart, das Kreuz in der Hand, fehlt auf keinem patriotischen Bild – und er fehlte auch damals weder auf den großen Schlachtfeldern noch auf den Schauplätzen des langwierigen, mörderischen Kleinkrieges.

Beide Seiten kämpften mit barbarischer Grausamkeit. Als die Griechen im Oktober 1821 die wichtige Stadt Tripolitza (das heutige Tripolis auf der Peloponnes) eroberten, brachen sie die Kapitulationsbedingungen und töteten mehr als die Hälfte der Besatzung wie auch der türkischen Bevölkerung. Die Türken brannten dafür die Stadt nieder. Vor dem Aufstand hatten 50 000 Menschen dort gewohnt, nachher nur mehr 6 000. Aber nicht nur das griechische Festland erlebte unsagbare Greuel. Auf der Insel Chios erschlugen die Türken über 30 000 Menschen, fast ein Drittel der Einwohnerschaft, und mehr als 41 000 führten sie als Sklaven fort. Das sind übrigens die niedrigsten Zahlenangaben, die sich in den verschiedenen Berichten finden; die Zeitgenossen nannten noch weit höhere.

Solche Schreckenstaten erregten die öffentliche Meinung in Europa. Aus Begeisterung für das klassische Griechenland wie für die Freiheit überhaupt waren auch schon vorher Freiwillige aus vielen Staaten gekommen. Sie sind inzwischen wieder vergessen bis auf einen – Lord Byron, den größten englischen Dichter seiner Zeit. Er starb am Sumpffieber bei Missolunghi (Mesolongion), einer Kleinstadt, die durch ihre heldenhafte Verteidigung gegen die türkische Übermacht berühmt wurde. Am Nordrand der Stadt sieht man die einst so heiß umkämpfte Festungsmauer mit einigen Kanonen aus jener Zeit; hinter ihr liegt der »Park der Helden« mit den Ehrengräbern von Griechen und Philhellenen, Griechenfreunden aus dem Ausland.

Denkmäler für griechische Heerführer des Freiheitskampfes sind nicht selten, vor den Stadtmauern von Arta z. B. steht eine Bronzestatue des tapferen Georgios Karaiskakis. Ihre türkischen Gegner wurden im befreiten Griechenland begreiflicherweise nicht geehrt, doch einer von ihnen scheint der Erwähnung wert: Ibrahim Pascha, der Adoptivsohn des Vizekönigs Mehemed Ali von Ägypten. 1824 befehligte er, erst 35 Jahre alt, die türkische Flotte im Ägäischen Meer. Im folgenden Jahr landete er mit seinen Truppen bei Modon, einer der wenigen Festungen, die den Türken auf der Peloponnes noch verblieben waren, und eroberte binnen weniger Monate den Großteil der Halbinsel zurück, 1826 auch die Stadt Missolunghi.

Trotz aller Verwüstungen, die der Krieg mit sich brachte, errang sich Ibrahim Pascha durch vernünftige Mäßigung und die Disziplin seiner ägyptischen Soldaten einige Sympathien bei dem Teil der Landbevölkerung, der nur Frieden wünschte, gleich unter welcher Regierung. Daß er schließlich doch abzog, ist teils dem unermüdlichen Kleinkrieg der Griechen zu danken, teils den diplomatischen Aktionen der europäischen Großmächte und der Seeschlacht bei Navarino (Pylos). Dort vernichtete am 20. Oktober 1827 ein vereinigtes Geschwader aus englischen, französischen und russischen Schiffen die türkisch-ägyptische Flotte, die – an Zahl weit überlegen – in der großen Bucht Aufstellung genommen hatte. Bei ruhiger See sollen Wrackteile auf dem Meeresgrund zu erkennen sein.

Auch österreichische Schiffe kreuzten in den griechischen Gewässern, aber nur mit dem Auftrag, die Handelsschiffahrt vor Seeräubern zu schützen, im übrigen strenge Neutralität zu wahren. Bei dieser Mission kam der Hauptmann Anton Prokesch (der spätere Staatsmann und Feldzeugmeister Graf Prokesch-Osten) in das Hauptquartier Ibrahims nach Modon und sah dort das traurige Geschick der gefangenen Griechen. Seiner Intervention gelang es, rund 500 Menschen, darunter Frauen und Kinder, freizubekommen und auseinandergerissene Familien wieder zusammenzuführen. Ibrahim Pascha zeigte sich dabei großzügig und gütig, so hart er als Kriegsmann war.

Als Fürst Pückler-Muskau im Jahre 1836 das befreite Griechenland besuchte, fand er noch etliche Spuren der früheren Türkenherrschaft, sowohl in der Kleidung wie in den Sitten, und mancher Bürgermeister redete ihn mit dem Titel »Effendi« an. Die Moschee von Kifisia bei Athen dürfte damals noch gestanden sein, während die bei der antiken Agora in Athen gleich den anderen wieder zu Kirchen geworden waren. Viele Moscheen freilich hatte der frische Zorn zerstört. In Kalavrita sah Fürst Pückler-Muskau nur die Ruinen der verbrannten Moschee neben den Trümmern des einstigen Regierungsgebäudes, vom Lustschloß des Ibrahim Pascha bei Pyrgos war nicht mehr viel übrig.

Aber etwa 20 km südlich von Pyrgos finden sich Reste der Sperrfestung Klidi, die Ibrahim Pascha bei der antiken Burg Samikon errichten ließ, und nordwestlich von Pyrgos liegt einsam auf einem Hügel das Kastell Chlemoutsi. Es ist eine mächtige Wehranlage aus dem Mittelalter; die Venezianer nannten sie Castel Tornese, die Türken bauten sie noch stärker aus. So sind die Spuren der türkischen Religion, ihrer Verwaltung und ihrer Lebensfreude verschwunden, Befestigungen aber erhalten geblieben.

Der Verlust Griechenlands – freilich noch nicht in seinem heutigen Umfang – war die erste große Einbuße des Osmanischen Reiches, seit die Russen 1771 die Krim erobert hatten, aber im Frieden von Adrianopel 1829 mußte Sultan Mahmud II. außerdem die Donaumündung an Rußland abtreten. Die Fürstentümer Serbien, Walachei und Moldau blieben noch unter türkischer Oberhoheit, doch es war schon abzusehen, daß sie im Lauf der nächsten Jahrzehnte ihre Unabhängigkeit erringen würden. Die Montenegriner griffen wieder zu den Waffen, Aufstände in der Hercegovina und auf Kreta kamen hinzu, das Zarenreich trat als Schutzmacht der slawischen Völker auf: dieser vielfachen Bedrohung hätte nur ein energischer, kluger Sultan zusammen mit einem umsichtigen Großwesir begegnen können. Daran fehlte es aber, und die finanziellen Mittel waren gering, die Soldaten zwar tapfer wie immer, nur nicht immer gut geführt. Stück um Stück verlor das Osmanische Reich seine Besitzungen in Europa.
Als Musterbeispiel dafür, welche Zustände und Schicksale sich aus dem schrittweisen Rückzug der Türken ergaben, kann Belgrad gelten. Entsprechend ihrer bunt gemischten Bevölkerung hatte die Stadt viele Namen: die Serben nannten sie »Beograd«, die Ungarn »Nándor Fejérvár«, die Deutschen »Weißenburg«, die Türken »Darol Dschihad«, das heißt »Haus des heiligen Krieges«. Als 1862 der Sultan anordnen mußte, alle Türken sollten Serbien verlassen, blieb in Belgrad auf dem Kalemegdan, den ein Glacis von 400 Schritt Breite von der Stadt trennte, noch eine türkische Besatzung von 3000 Mann.
Fünf Jahre später mußten auch die letzten türkischen Soldaten abziehen. Über 100 zurückgelassene Kanonen, darunter Prachtstücke aus dem 16. und 17. Jahrhundert, wurden versteigert. Die 14 Moscheen und das Derwischkloster verfielen, in die verlassenen Häuser der Türkenstadt zogen arme Juden

und noch ärmere Christen ein, die bisher gar kein Obdach gehabt hatten, nach den Berichten jener Zeit »zerlumptes Gesindel«. Auf den Straßen lagen Misthaufen, Abfälle und Tierkadaver, Schweine suhlten sich in den Pfützen, Kühe und Ziegen weideten das Gras ab, das zwischen den Pflastersteinen wuchs. Fürst Milan Obrenović setzte Zuchthaussträflinge ein, um alte Schanzen einzuebnen und Gärten anzulegen, aber bis die Stadt ein einigermaßen europäisches Aussehen erlangte, sollte es Jahrzehnte dauern.
Den Parks im Bereich der Oberstadt und der Festung kann man nicht ansehen, welche historische Stätten sie überdekken: hier exerzierten einst die Janitscharen, dort wurden Todesurteile vollstreckt, weiter östlich lag ein mohammedanischer Friedhof. Aber Tore und Basteien, Graben, Mauern und Türme, Grabmäler und ein Brunnen lassen die alte, oft umkämpfte Festung noch gut erkennen. Sie lohnt einen längeren Besuch, aber wirkt auch schön, wenn man sie nur von der Donau, von Bord eines Schiffes aus betrachtet. Manchem mag sie als das Sehenswerteste von Belgrad erscheinen.
Bis zum Ersten Weltkrieg kannte das Königreich Serbien Nikkelmünzen mit dem Namen »Piaster«, aber von den Moscheen stand in Belgrad nur mehr die Bajrakli- (Fahnen-) Moschee. Sie ist erhalten geblieben; außerdem erinnern die Türbe eines Scheich Mustafa und ein Museum an die Türkenzeit. Das alte Dositelj-Haus, in dem das Museum untergebracht ist, besteht aus zwei Teilen, dem Selamlik, in dem der Hausherr Besuche empfing, und dem Haremlik für seine Familie. So dürften die meisten Wohnhäuser vornehmer Türken des 17. bis 19. Jahrhunderts ausgesehen haben.

Die Donaufürstentümer Moldau und Walachei brauchten keine großen Opfer zu bringen, um ihre Selbständigkeit zu erringen. Sie hatten sich immer einer Sonderstellung erfreut und haben keine nennenswerten Erinnerungen an die türkische Oberherrschaft bewahrt.
Die Montenegriner dagegen, die ja nie völlig unterjocht waren, führten mehrere Kriege, um ihr kleines Stammland zu erweitern. Stolz verweisen sie auf zerstörte Türkenfestungen

wie jene schon erwähnte oberhalb von Virpazar oder auch Lesendro südöstlich von Titograd bei dem Dorf Rijeka Crnojevica. Dort führt eine malerische türkische Brücke über den Fluß, in Titograd steht ein Uhrturm aus dem 16. Jahrhundert. In dem Dörfchen Bajice, knapp vor Cetinje, erinnert ein Mausoleum an die Männer, die 1862 im Kampf gegen die Türken fielen.
Die Montenegriner gingen mit ihren Feinden nicht zart um. Petar II. Njegoš stellte in seinem Fort Tablja die abgeschnittenen Türkenköpfe zur Schau. Das Kastell Haj Nehaj nahe dem Badeort Sutomore ist verhältnismäßig gut erhalten, die Festung von Stari Bar wurde jedoch 1878 von der montenegrinischen Artillerie zerschossen. Dasselbe Schicksal erlitt die Burg von Ulcinj; auch sie ist seither eine Ruine. Aber die Pascha-Moschee steht noch, und einige Gassen der Altstadt lassen mit ihrem orientalischen Charakter an die Zeit denken, da Ulcinj ein berüchtigter Sklavenmarkt war.
Aus Bosnien und der Hercegovina sollten sich die Türken gemäß den Vereinbarungen des Berliner Kongresses von 1878 zurückziehen, dafür österreichisch-ungarische Truppen einrücken. Das schien den europäischen Mächten günstiger, als wenn das Zarenreich seinen Einfluß auf dem Balkan neuerlich ausgedehnt hätte – aber diese weisen Beschlüsse waren wesentlich schwieriger auszuführen, als es am Verhandlungstisch ausgesehen hatte. Die regulären türkischen Streitkräfte, 6000 bis 7000 Mann, zogen zwar aus der Hercegovina ab, und die Redifbataillone (Landwehr) in Bosnien hätten für sich allein den gut ausgerüsteten, vorzüglich ausgebildeten Österreichern und Ungarn keinen ernstlichen Widerstand leisten können, aber wider Erwarten war ein guter Teil der Landbevölkerung nicht bereit, die gewohnte Herrschaft gegen eine neue, die mohammedanische gegen eine christliche einzutauschen.
In größeren Abteilungen bis zu 7000 Mann und vielen kleinen Gruppen verteidigten die Bosniaken Ortschaften und Höhenstellungen, überfielen immer wieder die einmarschierenden kaiserlich-königlichen Truppen, störten den Nachschub und nützten überhaupt alle Vorteile, die ihnen das unwegsa-

me Gelände bot, sodaß aus der friedlichen Besetzung, die man in Wien erhofft hatte, ein richtiger Feldzug wurde. Die »Insurgenten«, wie die kriegerischen Bosniaken offiziell in den k. u. k. Berichten genannt wurden, kämpften zwar nicht nur mit Steinschloßflinten und Handschar, sondern verfügten zum Teil über ganz moderne englische Gewehre, aber auf die Dauer konnten sie sich gegen die Divisionen, vor allem nicht gegen die Gebirgsartillerie behaupten. Nach kaum drei Monaten war das Land befriedet.

Wenn die Bosniaken trotz dieses Widerstandes bald zu treuen Untertanen der Habsburgermonarchie wurden, war das nicht zuletzt der behutsamen Art zu danken, wie die neue Verwaltung auf alle nationalen und religiösen Traditionen Rücksicht nahm. Dadurch hat sich in Bosnien und der Hercegovina vieles erhalten, was in den meisten anderen einst türkischen Gebieten der Balkanhalbinsel zum größten Teil verschwunden ist – all die Moscheen und Friedhöfe, Brücken und Festungsmauern, Türme, Bäder, Grabmäler, von denen in früheren Kapiteln erzählt wurde.

Sultan Abd ul-Hamid II. hatte sich gezwungenermaßen mit der Besetzung der Hercegovina und Bosniens einverstanden erklärt; nominell blieb seine Souveränität über diese beiden Länder erhalten. Serbien und Montenegro waren jedoch nunmehr völlig unabhängig. Noch schwerer wog im Jahre 1885 der Verlust der Provinz Ostrumelien an das neue Fürstentum Bulgarien: darin lag der Keim für weitere kriegerische Auseinandersetzungen.

Auch die Insel Zypern durfte der Sultan noch als seinen Besitz ansehen, obwohl dort seit 1878 die Engländer regierten. Sie beseitigten die ärgsten Spuren früherer Mißwirtschaft, bauten Straßen und Wasserleitungen, forsteten auf, wo die Türken schonungslos abgeholzt hatten, richteten Schulen und Spitäler ein. Vom Streben ihrer griechischen Untertanen, mit dem Mutterland vereinigt zu werden, wußten sie – daß die Türken einmal wiederkommen würden, konnten sie nicht ahnen.

Die Türken betrachten nämlich Zypern (»Kibris« in ihrer Sprache) ganz anders, als die übrige Welt es tut, vor allem anders als die Griechen. Daß jene dort schon seit drei Jahrtausenden angesiedelt sind, stört die nationalbewußten Osmanen nicht. Sie verweisen darauf, daß vor vier Jahrhunderten 30 000 Ansiedler aus Anatolien herüberkamen und im Laufe der Zeit 200 Moscheen erbauten, Koranschulen, Derwischklöster und Herbergen wie den noch bestehenden Büyük Han in Nikosia, ferner Brunnen und natürlich Festungsanlagen. Zudem haben sie ja Zypern seinerzeit nicht den Griechen entrissen, sondern den Venezianern. Das bestätigt in Nikosia die Selimiye-Dschami, eine verstümmelte gotische (also einst katholische) Kirche, zu der die beiden Minaretts gar nicht passen wollen. Erst sie – sagen die Türken – haben der orthodoxen Kirche auf Zypern wieder ihre Rechte zurückgegeben, und übergehen diskret, daß sie 1821 den Erzbischof Kyprianos aufhängten und die übrigen Bischöfe und Äbte enthaupteten. Im Interesse ihrer gemeinsamen Heimat müßten beide Bevölkerungsgruppen zusammenarbeiten, aber wie das erreicht werden könnte, wissen auch die klügsten Politiker nicht.

## XIV.
## WAS IST GEBLIEBEN?

Im Jahre 1881 mußte das Osmanische Reich auf Thessalien und einen Teil von Epirus verzichten. Türken und Türkenfreunde schätzten, die Mohammedaner hätten dort ein Drittel der gesamten Bevölkerung gebildet. Ob das nun zutrifft oder nicht (die Griechen bestreiten es sehr!), – die Nachkommen der Sipahi besaßen jedenfalls seit Jahrhunderten die fruchtbareren Landstriche und dominierten in den Städten. In Larisa, der Hauptstadt von Thessalien, sollen um die Mitte des 19. Jahrhunderts nur 400 griechische und ebenso viele jüdische Familien neben mindestens 36 000 Türken gelebt haben. Von diesen ist nichts zurückgeblieben als nur Reste der alten Stadtmauer und der Festung im Süden der Stadt; eine kleine Moschee dient als Museum.

In Pharsala war der mohammedanische Anteil noch größer, ja bis zum Anfang des 19. Jahrhunderts wurde dort überhaupt kein Christ geduldet. Davon ist nichts mehr zu merken. Was sich an alten Bauwerken noch erhalten hatte, das vernichtete das Erdbeben des Jahres 1954. In Trikkala, einst dem wichtigsten Ort von Thessalien, bestehen noch der malerische Bazar und die Korsum-Dschami, eine Moschee aus dem 16. Jahrhundert mit schöner Kuppel.

Die Türken behaupten gern, ihrer strengeren Sittengesetze wegen hätten sie sich nicht so stark vermehrt wie die unterworfenen Christen. Diese wieder sagen, bei den Türken trage die mangelnde Hygiene Schuld an der größeren Sterblichkeit. Jedenfalls wurde der Anteil der Mohammedaner in den Gebieten der Balkanhalbinsel, die dem Osmanischen Reich noch unterstanden, allmählich geringer. Um das Verhältnis zu korrigieren, siedelte man zwischen 1861 und 1864, sozusagen im letzten Augenblick, in Bulgarien mohammedanische Tataren und Tscherkessen an. Damit wurde das Völkergemisch noch bunter, die historische Entwicklung aber nicht mehr beeinflußt, zumindest nicht in dem Sinne, wie es die Osmanische Regierung beabsichtigt hatte.

Die Balkankriege 1912 und 1913 bestätigten die altbekannten Erfahrungen, daß der Rückzug einer Großmacht in den Gebieten, die plötzlich frei werden, viele neue Probleme schafft, und daß Kriege nicht die richtigen Mittel sind, solche Probleme zu lösen. Serben, Montenegriner, Bulgaren und Griechen hatten gemeinsam die Grenzen des Osmanischen Reiches zurückgedrängt und ihre einstigen Unterdrücker auf jenen kleinen Brückenkopf in Thrakien beschränkt, der den Türken heute noch gehört. Aber wie sollte die Beute geteilt werden? Wer konnte zwischen Leuten, die jahrhundertelang bunt durcheinander und dabei recht friedlich zusammen gelebt hatten, nun neue Grenzen ziehen? Und gab es überhaupt Grenzen, die allen nationalen Ansprüchen gerecht würden? Und welche Ansprüche waren berechtigt, welche übertrieben?

Für unseren Zusammenhang ist es weder nötig, die wohlbekannte Mazedonische (richtiger: Makedonische) Frage aufzurollen, noch die historische Entwicklung auf der Balkanhalbinsel über die beiden Weltkriege hinweg durch alle Wechselfälle bis zur Gegenwart zu verfolgen. Einige Einzelheiten mögen ausreichen, um anzudeuten, wie sich binnen weniger Jahrzehnte die Bevölkerung von Städten und ganzen Landstrichen veränderte.

Eine Statistik des Jahres 1914 von Dr. Kleanthes Nikolaides (also einem Griechen, der den türkischen Anteil gewiß nicht zu hoch angab) nannte für den Kaza (Kreis) Saloniki 33 000 Türken und 74 000 Juden gegenüber 47 000 Griechen und 13 800 Bulgaren. Heute ist Saloniki (Thessaloniki) eine griechische Stadt mit nicht mehr fremden Elementen, als sie jede andere große Hafenstadt aufweist. Von 30 Minaretten ist nur mehr eines zu sehen, und dieses als Ruine über einem antiken Gebäude, das 1591 bis 1912 eine Moschee war und jetzt als Museum eingerichtet ist. Nur die Kuppeln des Bazars und einiger Bäder erinnern daran, daß die Gebäude unter türkischer Herrschaft errichtet wurden.

Östlich von Saloniki war der Anteil der Türken – immer noch nach jener Statistik von Dr. Nikolaides – bis zu den Balkankriegen naturgemäß größer. Im Sandschak Drama lebten mehr Mohammedaner als Christen, das heißt, als Griechen und Bulgaren zusammen; davon ist nur mehr wenig zu merken. In Serrä dagegen beschränkten sich die Türken auf ein Stadtviertel, und dieses wirkt heute noch sehr malerisch; die beiden Moscheen freilich sind verfallen. Besser ist die Moschee von Didimotichon (Dimotiko) erhalten, aber auch sie wird nicht mehr benützt. In den Städten Alexandroupolis und Komotini sowie in einigen Dörfern leben verhältnismäßig viele Türken und mohammedanische Bulgaren; das ist in der Nähe der Grenze nicht verwunderlich. Mitunter erblickt der Reisende ein hübsches Minarett wie z. B. im Dorf Aratos oder romantisch anmutende Häuser wie in Xanthi.

Allerlei Interessantes bietet die Stadt Kavalla. Sie dürfte ihren Namen der Tatsache verdanken, daß hier eine Poststation lag, wo die Pferde gewechselt wurden. Keine andere Stadt Griechenlands wirkt so orientalisch. Das Türkenviertel besteht noch und auch ein Aquädukt, das Sultan Sulejman II. erbauen ließ. Eine besondere Rarität ist ein altes Türkenhaus, das bis 1961 dem ägyptischen Staat gehörte: hier wurde 1769 Mehemed Ali geboren, der Begründer der letzten ägyptischen Dynastie, Adoptivvater des Ibrahim Pascha (oben S. 277).

Von den Inseln, die das Osmanische Reich 1912/13 an Griechenland abtreten mußte – Samos, Chios, Lesbos, Thasos – und auch von Samothrake sind die wenigen Türken, die dort lebten, längst abgezogen. Sie haben kein erwähnenswertes Kulturerbe hinterlassen – dort überwiegen überall die antiken Sehenswürdigkeiten. Eher finden sich Reste türkischer Bauwerke auf den Inseln, die 1913 dem Königreich Italien zugefallen waren, zum Beispiel auf Kos, am zahlreichsten und schönsten aber auf Rhodos. Von den Moscheen der Stadt Rhodos war schon die Rede (oben S. 157); es gibt aber auch ein richtiges Türkenviertel und ein Museum muselmanischer Kunst. Ein türkisches Bad (Amam) ist noch in Betrieb, der Bazar wirkt belebt.

Kreta hatte unter der Türkenherrschaft sehr gelitten, aber nach blutigen Aufständen erst seine Selbständigkeit, 1912 endlich den Anschluß an Griechenland erreicht. Auch auf dieser Insel sind die antiken Baudenkmäler viel wichtiger als alle späteren. Es bedarf etlicher Geduld, um an den Bauten aus venezianischer Zeit zu erkennen, was die Türken dann ergänzt oder verändert haben. Viel ist es nicht. Im Jahre 1923 mußten alle Mohammedaner Kreta verlassen, griechische Flüchtlinge aus Kleinasien nahmen ihren Platz ein.

Der seinerzeit vielgenannte »Bevölkerungsaustausch« war unter diesem und anderen Namen eine politisch notwendige, wahrscheinlich auch zweckmäßige Maßnahme, aber er brachte ungezählten Menschen Leid, erzeugte Armut und Not, zerstörte jahrhundertealte Traditionen und Bindungen. Insgesamt wurden rund 1 500 000 Griechen aus Kleinasien ins Mutterland, 500 000 Türken aus Griechenland in die Türkei gebracht. Zwei Millionen Menschen also entwurzelt und verpflanzt! Die traurigen Einzelschicksale, durch Plünderung und sogar Mord verursacht, erzeugten Haß auf beiden Seiten.

Das gilt auch für die Reste der türkischen Bevölkerung in Bulgarien und Rumänien – in jeder Gegend allerdings in verschiedener Form und verschiedenem Ausmaß. Siebenbürgen hatte ja nie richtig zum osmanischen Staatsgebiet gehört, auch in der Walachei und Moldau hatten fast keine Mohammedaner gelebt, aus dem Banat waren sie schon im 18. Jahrhundert verdrängt worden: somit kannte man im weitaus größeren Teil des heutigen Rumänien die Türken nicht als Unterdrücker. Nur im Donaudelta und in der Dobrudscha wohnten Türken schon seit dem 15. Jahrhundert.

Welches Völkergemisch dort beisammen lebte, ist aus einer Studie des Jahres 1852 zu ersehen. Ihr Verfasser ist eine im Westen kaum bekannte, seinerzeit jedoch sehr geachtete Persönlichkeit, Ion Ionescu aus Brad (Tannenhof), dem Mittelpunkt des siebenbürgischen Goldbergbaus. Er war 1849 mit anderen Revolutionären in die Türkei geflüchtet und dort als Fachmann für Agrarprobleme gut aufgenommen worden. Der junge, reformfreundliche Sultan Abd ul-Meschid machte ihn zum Leiter einer Landwirtschaftsschule, der Großwesir Mustafa Reschid Pascha übertrug ihm die Verwaltung seiner Ländereien in Thessalien. Unter den zahlreichen Monogra-

**38** *Am Hafen von Kavala/Nordostgriechenland.*

**39** *Bachtschisaray auf der Krim, die Residenz der Tartaren-Khane.*

**40** *Brücke bei Debar/Jugoslawien.*

**41** *Eine der Moscheen von Vidin, der nordwestlichsten Stadt Bulgariens an der Donau.*

**42** *Die Felsenstadt Belogradtschik/Bulgarien.*

**43** *Der Hof des Kuršumli-Han, einer großen Karawanenherberge in Skopje.*

phien, die Ionescu über verbesserte Methoden und Entwicklungsmöglichkeiten verfaßte, befindet sich auch eine Schrift über die Zustände in der Dobrudscha.
Ionescus Statistiken umfassen nicht das ganze Gebiet, geben aber ein gutes Bild von der bunten Zusammensetzung der Einwohnerschaft. In 215 Ortschaften zählte er insgesamt 11 858 Familien; davon waren 3656 Familien Rumänen, 2268 Türken, 2225 Tataren, 1194 Bulgaren, 1092 Kosaken, 747 Lipovaner (Russen), 250 Griechen, 172 Zigeuner, 119 Juden, 76 Armenier, 59 Deutsche. Diese deutschen Familien waren als letzte ins Land gekommen, die Tataren seit 1783; bei den Rumänen waren die seßhaften Bauern von den Wanderhirten zu unterscheiden; Griechen, Armenier und Juden lebten als Handelsleute nur in den Städten.
Statistiken sind schwer zu vergleichen: die eine nennt Familien, die andere Personen, die dritte Prozentsätze, sie umfassen ein großes Gebiet oder lassen bestimmte Teile aus, wie es gerade zweckmäßig scheint, um das zu beweisen, was man beweisen will. Immerhin ergibt die unvollständige Zählung Ionescus für 1852 einen Anteil von rund 19% Türken in der Dobrudscha, eine offizielle rumänische Statistik des Jahres 1928 nennt sogar 22,6%. Seither hat sich freilich viel verändert: allein zwischen 1934 und 1939 sind 77 831 Türken aus der Dobrudscha nach Anatolien ausgewandert. Der kleine Rest, der zurückblieb, lebt hauptsächlich in Tulcea, Babadag und Constanţa.
Da Baumaterial in der Dobrudscha kostbar ist, wurden viele aufgegebene Moscheen abgetragen. Trotzdem sind einige Bauwerke als Erinnerung an die lange Türkenherrschaft geblieben, in Tulcea z. B. zwei Moscheen und der Bazar. Im Stadtpark von Braila stehen Reste der alten türkischen Festung. Solche Ruinen (allerdings keinen Stadtpark!) besitzt auch das Dorf Murighiol, die einstige Türkenfestung Vezi Erata. Die größte Sehenswürdigkeit des Städtchens Babadag bildet die alte Moschee (oben S. 65) mit ihrem 30 m hohen Minarett. Macin, ebenfalls im Bezirk Tulcea, hat sein romantisches Stadtbild mit den engen Gassen bewahrt und besitzt seine Moschee sowie einen Han. Weiter südlich, im Bezirk

Constanţa, hat Medgidia eine Moschee. In diesem Industrieort wirkt sie beinahe verblüffend – sie ist auch noch nicht alt, erst im Jahre 1856 erbaut. Aber es gibt noch jüngere Moscheen in Rumänien! Zwei wurden erst in diesem Jahrhundert unter Sultan Mohammed V. errichtet, die eine in Mahmudia, einer einst rein türkischen Gemeinde des Donaudeltas, die andere in der Hafenstadt Küstendsche. Diese ansehnliche Stadt in der Nähe des bekannten Badeortes Mamaia war im Altertum unter dem Namen Tomi bekannt, der Dichter Ovid starb dort als Verbannter; die Türken erbauten eine kleine Moschee und ersetzten sie dann durch eine größere im maurischen Stil. Die Stadt heißt jetzt Constanţa, die Moschee wurde zu einem Museum, ihr 50 m hohes Minarett dient als Aussichtsturm.

Nicht an die Türken unmittelbar, doch an den Kampf gegen sie erinnern die bereits erwähnten Wehrkirchen und Stadtmauern in Siebenbürgen und ebenso die Festungsmauern, welche die berühmten Moldauklöster umgeben. Viele Jahrhunderte lang war es nötig, die Klöster zu schützen; das beweist das traurige Schicksal des kleinen Klosters Schitu Sihastria, das die Türken noch im Jahre 1821 plünderten und niederbrannten.

Als Letztes von all dem, was in Rumänien an die Türken gemahnt, ist die Donau-Insel Ada Kaleh zu nennen. Sie ist nicht mehr zu sehen, seit um 1970 das Wasser des Djerdap-Stausees sie überdeckt hat, aber schon bilden sich Legenden um sie, wie es einer versunkenen Insel ja zusteht. Kaiser Leopold I. hatte sie befestigen lassen, der Friedensschluß von 1739 brachte sie in türkischen Besitz. Nun heißt es, sie sei am Berliner Kongreß von 1878, der auf dem Balkan so viel veränderte, einfach übersehen worden und bis 1919 türkisch geblieben. Wenn man sich vorstellt, daß am linken Donauufer, nördlich der Insel, Österreich-Ungarn an Rumänien grenzte, das rechte Ufer Serbien gehörte, gibt die türkische Insel mittendrin den Stoff zu einer netten Anekdote von der Vergeßlichkeit der großen Diplomaten.

Aber selbst wenn die Diplomaten nicht daran gedacht haben sollten, die k. u. k. Militärbehörden wußten von der Insel und besetzten sie gleich 1878 aus strategischen Gründen – und vermutlich auch, um den Schmuggel zu unterbinden, von dem die Bewohner der Insel bis dahin recht gut gelebt hatten. »Trotz dieses Wandels der Dinge« heißt es in einem Büchlein der Donaudampfschiffahrtsgesellschaft aus dem Jahre 1912, »sind viele türkische Familien auf der Insel geblieben, die mit ihrer Moschee, dem türkischen Friedhofe und den türkischen Kaffeehäusern eine wirkungsvolle Staffage an der Pforte des Orients bildet«. In der Moschee, einem früheren Franziskanerkloster, wurde ein Teppich von 15 m Länge, 9 m Breite aufbewahrt, ein Geschenk des Sultans Abd ul-Hamid aus dem Jahre 1904.

Eine weitere Sehenswürdigkeit von Ada Kaleh war eine Türbe, um die sich die zweite Legende der Insel rankt. Hier soll im Jahr 1851 der letzte Prinz von Buchara bestattet worden sein, der den Rest seines Lebens als Einsiedler auf Ada Kaleh verbrachte. Den Einsiedler und seinen Namen Miskin Baba (»Armer Vater« oder »Lumpengreis«) darf man glauben, seine frühere Würde aber kaum, zumindest nicht, daß er der letzte Prinz von Buchara war. In jenem Staat Zentralasiens herrschten nämlich viele Emire, bis der letzte von der Roten Armee vertrieben wurde, und da jeder seinen Harem hatte, gab es genug Prinzen bis ins 20. Jahrhundert, nicht nur bis 1851. Aber die Donauinsel hatte ihre Märchenerzähler und Fremdenführer, für die der alte Miskin Baba willkommenen Stoff lieferte, wenn neugierige Touristen mit einem Dampfboot den Strom herabkamen, in Orsowa im Hotel »Zum Lamm« oder »Zum Kaiser von Österreich« abstiegen und die Zeit bis zur Rückfahrt zu einem Ausflug auf die Insel nützten. Damals, um 1850, mußte man jedoch den k. k. Kordonskommandanten in Orsowa um ein Boot und die Begleitung eines Dolmetschers und eines »Reinigungsdieners« ersuchen, denn es bestanden noch strenge Quarantänevorschriften, damit keine Pest oder Cholera aus der Türkei eingeschleppt würde.

Nach 1960 begannen die Vorbereitungen für den Bau eines großen Stauwerkes. Die Uferstraße wurde höher verlegt, und auf Ada Kaleh begann man, Bauwerke abzutragen. Die mohammedanischen Familien rüsteten zur Übersiedlung in die Türkei. Er hieß zwar, die Moschee und die historischen Festungswerke würden auf einer anderen Donauinsel wieder aufgebaut. Hoffentlich ist nicht auch das nur eine Legende . . . .

Bulgarien gehörte jahrhundertelang unmittelbar, also nicht nur als Vasallenstaat, dem Osmanischen Reiche an, viele Sipahi hatten hier ihre Lehen besessen. Als 1878 Bulgarien ein selbständiges Fürstentum wurde, soll eine Million Türken dort gelebt haben. Gegenwärtig sind es noch etwa 700 000, etwa 9% der Gesamtbevölkerung des Staates, also eine beachtlich starke Minderheit. Sie haben ihre eigenen (selbstverständlich streng linientreuen) Zeitungen, ihre Theater, sogar einen Großmufti als religiöses Oberhaupt, und sie haben die Probleme, denen sich jede Minderheit gegenübersieht.
Es forderte harte Auseinandersetzungen – von der Politik begrüßt, von der Volkskunde bedauert –, bis die türkischen Frauen auch in den Dörfern ihre Schleier und Pluderhosen mit armseliger europäischer Einheitskleidung vertauschten. Sie lernten lesen, aber die neu eingerichteten Bibliotheken erfreuen sich keines starken Besuches. In den Dörfern verraten die fensterlosen Lehmmauern beiderseits der Straßen, daß hier Mohammedaner an der alten Sitte festhalten. Aber wer den Türkenspuren in Bulgarien nachgeht, darf auch den Badeort Nessebar an der Küste des Schwarzen Meeres besuchen, denn dort läßt eine unterirdische Kirche erkennen, welche Beschränkungen die christliche Religion unter der Türkenherrschaft ertragen mußte. Auch die Muttergotteskirche (Sveta Bogordzia) von Pazardschik liegt fast zur Hälfte unter der Erde, wie es die türkischen Vorschriften verlangten. Diese Stadt besitzt noch ihre beiden Moscheen. Ihr Han befand sich schon vor 120 Jahren in einem Zustand, daß auch ein Europäer einigermaßen erträglich übernachten konnte, und die Ortsbehörde war unter Umständen (das heißt, bei entsprechendem Bakschisch) bereit, auf die Reise über das Balkangebirge nach Sofia einige Soldaten als Schutz gegen Räuber mitzugeben.

Sofia hat seinen spätbyzantinischen Namen in der Türkenzeit und auch nachher beibehalten, das slawische »Sredetz« oder »Triaditza« hat sich nie durchgesetzt. Um 1875 sollen dort 40 000 Menschen gelebt haben, davon die Hälfte Griechen. Nach anderer Angabe aus derselben Zeit zählte die Stadt nur 20 000 Einwohner, und zwar etwa gleichviel Türken, Bulgaren, Griechen und Juden, daneben gegen 1000 Zigeuner. Was man wirklich glauben darf, läßt sich kaum sagen. Von den einst zahlreichen Moscheen sind immerhin noch drei leicht aufzufinden. Eine davon, die der große Sinan erbaute, dient als Kirche, eine andere als Archäologisches Museum. Ferner gibt es ein Bad und Reste der einstigen Befestigungen.
Die Donaustadt Vidin hat, entsprechend ihrer strategisch wichtigen Lage, viele Türkenbauten besessen und auch etliche davon bewahrt. Da gibt es die gut erhaltene Festung, Stadtmauern mit Toren, zwei Moscheen und ein Derwischkloster, eine Türbe, eine Kaserne aus dem frühen 19. Jahrhundert und das unterirdische Warenlager der Handelsherren von Ragusa. Festungsmauern stehen in vielen Städten, vor allem in Nikopol und Silistra, auch in Plovdiv. Von Plovdiv ist die Altstadt berühmt, doch die reichen Türken, Griechen und Armenier, die dort lebten, haben die Volksdemokratie schnell verlassen. In Stara Zagora steht eine alte Moschee, in Tirnovo ein sehenswerter Han, in Svilengrad kann man die Maritza auf der Brücke überqueren, die der Großwesir Kotscha Mustafa im Jahre 1512 erbauen ließ.
So ist mit Geduld und Aufmerksamkeit allerlei im Lande zu entdecken. Das deutlichste Zeugnis für die Türkenherrschaft jedoch bietet die Stadt Schumen, die eine Zeitlang »Kolarovgrad« benannt war, jetzt aber wieder ihren alten Namen führen darf. Die größte Moschee von Bulgarien, ein Uhrturm, ein alter Bazar und große Teile der einstigen Festungsmauern bezeugen die Rolle, die dieser Stadt im Osmanischen Reich seit dem späten Mittelalter zukam.
Zum Abschluß müssen wir noch einmal nach Jugoslawien zurückkehren, denn dort findet sich das islamische Erbe in Europa am lebendigsten (abgesehen natürlich von der europäischen Türkei selbst). Das gilt nicht nur für Bosnien; auch

in Makedonien war ein Teil der slawischen Bevölkerung zum Islam übergetreten und bekennt sich noch dazu, ebenso in den albanischen Gebieten. Während in der Volksrepublik Albanien die mohammedanische Religion mit großen Schwierigkeiten zu kämpfen hat, wird sie in Jugoslawien durchaus geduldet. Eine Übersicht aus dem Jahre 1972 nennt innerhalb Jugoslawiens 183 000 Türken, aber über eine Million Mohammedaner!

Zahlenangaben mögen immer wieder nötig sein, überzeugender wirken Bauten. Sie beginnen schon in Serbien, und zwar nicht nur mit dem berühmten Kalemegdan. An der Stelle der alten serbischen Königsstadt Ras gründete Isa Bej Isaković die türkische Festung Novipazar, die zu einer wichtigen Karawanenstation wurde. Von den Stadtmauern ist nicht mehr viel zu sehen, aber von den einst zahlreichen Herbergen steht noch eine, der »Stari Han«, und von den erhaltenen Moscheen ist die Altum Alem Dschamija aus dem 16. Jahrhundert eine echte Sehenswürdigkeit.

Die autonome Provinz Kosmet (Kosovien und Metohija) ist trotz allen wirtschaftlichen Fortschritts albanisch-mohammedanisch geprägt. Das beweisen das Stadtbild von Kosovska Mitrovica oder von Vučitrn ebenso wie die Altstadt von Priština, die Kaisermoschee dort, die anderen Moscheen, das Bad und der Uhrturm. Das Städtchen Uroševac an der großen Straße von Priština nach Skopje weist außer etlichen Moscheen nichts Besonderes auf, aber wer sich nach Westen ins Bergland wagt, wird für seine Mühe belohnt. Schon vor Einfahrt nach Prizren zeigt sich eine verfallene Moschee, dann ein alter Amam, mitten in der Stadt eine türkische Brücke und die Sinan-Pascha-Dschamija aus dem Jahre 1615. Und diese Bauten sind keine musealen Fremdkörper in einer sonst modernisierten Umgebung, sondern sie gehören zum Leben der Stadt.

Die Fahrt von Prizren nach Nordwesten führt bald durch ein mohammedanisches Dorf, dessen Armseligkeit echter wirkt als etwa eine folkloristische Fassade. Über eine alte sechsbogige Brücke erreicht man das malerische Städtchen Djakovica. Hier ist noch ein Rest des alten Osmanischen Reiches zu erleben, sogar noch in Peć, obwohl dort das Patriarchenkloster mehr Aufmerksamkeit verdient als die Moscheen aus der Zeit, da das Städtchen den türkischen abgewandelten Namen Ipek trug.

Südlich an die Provinz Kosmet schließt sich der jugoslawische Teil Makedoniens an. Wie im bulgarischen Makedonien, ja wie überall auf der Welt, wird die Tradition schwächer, die Volkstracht seltener, der Fernsehapparat hat den Guslaren überflüssig gemacht. Wenn in Tetovo der Muezzin vom Minarett der Bunten Moschee (der einzigartigen Šarena Dschamija) zum Gebet ruft, horchen nur mehr die alten Männer auf ihn, und das Wasser des Brunnens zur religiösen Reinigung fließt so unverläßlich wie in einem makedonischen Hotel. Im einstigen Derwischkloster ist ein Museum eingerichtet. Aber die Hälfte der Einwohnerschaft bekennt sich noch zum Islam und benützt den alten Amam wie damals, als die Stadt den türkischen Namen Kalkandelen trug. Außer dem Konak des Haki Pascha sind schöne Häuser der Vornehmen erhalten, die alle den Titel Bej führten.

So wäre von fast jeder makedonischen Siedlung etwas zu erzählen, sogar von unbedeutenden, die noch ihren türkischen Namen tragen wie Demir Kapija (»Eisernes Tor«) und Saraj (»Schloß«) mit seiner kleinen Moschee und kuppelgekrönter Türbe. Die Hauptstadt Skopje, das türkische Üsküb, weist trotz Erdbeben und Modernisierung noch so viel Osmanisches auf, daß ein ganzer Tag zur Besichtigung nicht ausreicht. Titov Veles ist eine Stadt von über zweitausendjähriger Geschichte und wird zum größeren Teil von Mohammedanern bewohnt: beide Tatsachen sind hier in Makedonien nichts Außergewöhnliches, auch nicht die malerischen Häuser und Moscheen von Prilep oder Gostivar oder Bitola, dem alten Monastir.

Eine Stadt muß noch erwähnt werden. In 700 m Höhe liegt anmutig zwischen See und Burgberg das Städtchen Ochrid, dessen historische Erinnerungen von den alten Illyrern über König Philipp II. von Makedonien, über Römer, Goten, Awaren, Slawen und Byzantiner bis zum Partisanenkampf des Zweiten Weltkriegs reichen. Die Türken nehmen in diesem

Zeitraum von zweieinhalb Jahrtausenden fast ein Viertel ein. Sie verwandelten die prächtige Sophien-Kathedrale in eine Moschee; aus dem Kloster, das der hl. Kliment im 9. Jahrhundert gegründet hatte, machten sie eine Moschee und ein Imaret. Der Kaimakam des Kaza, das heißt, der leitende Beamte des Kreises, wohnte zeitweise in der alten Burg des Bulgaren-Zaren Samuil.

Ochrid kann als Beispiel für sehr viele Städte gelten, die auf der Balkanhalbinsel einst dem Osmanischen Reich angehörten: die Türken kamen nicht als Kulturbringer, nicht als Schöpfer von Neuem, aber dort, wo sie zu bleiben gedachten, zerstörten sie nicht übermäßig viel. Sie nahmen, was sie vorfanden, benützten es weiter, gestalteten soweit um, wie es gerade nötig war, und ließen lieber verfallen, bevor sie sich zu einer Anstrengung entschlossen. Ihnen fehlten die Erfindungsgabe des Griechen, der Arbeitsernst des Deutschen, die Eleganz der Romanen und allgemein der Sinn für Ordnung und Sauberkeit und vieles andere, was die europäische Zivilisation in Gang hielt. Unter ihrer Herrschaft vollzog sich die gesamte Entwicklung viel langsamer als in Mittel-, West- und Nordeuropa, oft gab es überhaupt keine Entwicklung.

Historiker und Politiker der Gebiete, die bis ins späte 19. Jahrhundert oder gar bis 1912 von Türken regiert wurden, beklagen mitunter, über ihr Land sei ein Leichentuch gebreitet gewesen. Das stimmt, aber man muß bedenken, daß ein Tuch auch schützt. Der Romantiker, der Freund des Malerischen, Individuellen, des Bunten und Harmonischen freut sich mehr am Anblick eines Pferdegeschirrs, eines handgeflochtenen Korbes, einer Wassermühle als an den entsprechenden Einrichtungen und Geräten moderner Technik; er geht lieber in der Altstadt von Plovdiv, Mostar oder Ioannina spazieren als zwischen den Hochhäusern irgendeines neuen Stadtteils, sei es im Piräus, sei es in Saloniki, Belgrad oder Sarajevo.

Man wird die Nostalgie nicht zu weit treiben. Man braucht nicht an Exzesse von religiösem Fanatismus zu denken, es genügt schon, als Tourist die hygienischen Verhältnisse in Schumen 1965 erlebt zu haben, um sich nicht jene des Jahres 1865 zu wünschen. Aber der Zauber des Orients läßt sich mit

Vernunftgründen nicht völlig widerlegen – das gehört ja zum Wesen eines Zaubers.

Zuletzt bleibt die Frage, ob die europäische Kultur den Türken etwas zu verdanken hat. Daß es nicht viel sein kann, hat das Beispiel von Ochrid gezeigt, obwohl es selbstverständlich nicht überall anzuwenden ist. An etlichen Orten begnügten die Türken sich nicht mit den vorgefundenen Bauten, sondern errichteten eindrucksvolle Festungen wie Belogradtschik südlich von Vidin, und sie bauten Moscheen und Türben, Lustschlösser und Brücken neu. Viel stärker aber erinnert an sie vieles, was sie gar nicht weitergeben wollten, ob es nun ihre eigene Erfindung war oder sie es selbst übernommen hatten.

Der berühmte krumme Säbel (»kilidsch«) stammt aus Persien. Die Europäer hatten ihn schon im Altertum und dann wieder in den Kreuzzügen kennengelernt, aber nicht nachgeahmt. Mit der leichten Reiterei, die im Dreißigjährigen Krieg als »Kroaten«, später allgemein als Husaren bekannt wurde, kam der Säbel nach Europa und verdrängte allmählich die alte traditionsreiche Waffe, das Schwert. Die meisten Balkanvölker übernahmen auch den Handschar als Hieb- und Stichwaffe.

Im Verlauf des Dreißigjährigen Krieges vertauschten die Panzerreiter ihren Visierhelm zumeist mit der Zischägge, der Sturmhaube nach türkischer Art. Die Türken wiederum hatten sie bei den Tataren kennengelernt und weiterentwickelt. Ähnlich verbreitete sich die Stirnkette als Teil der Zäumung, die Kopfbedeckungen Tschako und Kalpak mit Federagraffe und das umgehängte Pardelfell oder der Dolman. Der türkische Ursprung dieser Ausrüstungsstücke war kaum mehr bewußt, aber die Husarenmode machte sie der ganzen Welt bekannt. Nicht nur eine Modeerscheinung, sondern sehr nützlich war dagegen der Bocksattel, den die Türken wahrscheinlich aus ihrer asiatischen Heimat mitgebracht hatten, und die Schabracke, türkisch »Tschaprak«.

Husaren und Panduren brachten viele Elemente der orientalischen Kleidung und Ausrüstung in das österreichische Heer.

In dem Maße, wie andere Staaten – zuerst Polen, Bayern und Frankreich – ebenfalls Husarenabteilungen aufstellten, verbreiteten sich die Eigenheiten, obwohl sie eigentlich primitiv waren. Die eng anliegende Husarenhose hatte keine Taschen; was der Mann mit sich führte, stopfte er in die Ärmel der umgehängten Jacke oder steckte es in die Tasche, die neben dem Säbel herabhing und daher »Säbeltasche« hieß. Knöpfe kannten die Türken nicht, auch nicht die Husaren, darum behalf man sich mit Schnüren, die um einen Knebel gelegt wurden. Diese Verschnürung über der Brust wurde als Kennzeichen der Husarenuniform eifrig nachgeahmt und bis an die Grenze des Grotesken übertrieben: es wurde zu einem überreichen Schmuck, dessen Ursache nur auf eine technische Schwäche, den Mangel des Knopfes, zurückzuführen war!
Die Serešaner dagegen schätzten türkische Kleidung aus anderem Grund. Sie versahen im kaiserlich-königlichen Heer Ordonanz- und Gendarmeriedienst, spürten Räuberbanden und Schmuggler auf, waren als Meldereiter und vor allem als Späher sehr nützlich. Dabei kam ihnen ihre bunte, für heutige Begriffe fast operettenhafte Kleidung sehr zustatten. Man sah ihnen kaum an, ob sie reguläres Militär, einheimische Räuber, Freischärler oder Türken waren.
Heute kann der Husar nicht mehr als Träger türkischer oder allgemein asiatischer Überlieferung gelten, denn es gibt ihn fast nicht mehr, bestenfalls noch als Bestandteil einer schönen Gardetruppe wie in Dänemark. Bis zum Ende des Ersten Weltkriegs hatte jeder Staat seine Husaren, selbst die U.S.A. und Japan. Die türkischen Sipahi jedoch, die vornehme, lange Zeit gepanzerte Reiterei der Lehensträger, bestanden weiterhin in Algerien und Senegal, auch als sie im Osmanischen Reich ihre Rolle längst beendet hatten. Bis zum Ende des Französischen Kolonialreiches nach dem Zweiten Weltkrieg bildeten die Spahi eine allgemein geschätzte Reitertruppe.
Die andere Stütze des alten osmanischen Heeres neben den Sipahi war die Kerntruppe der Janitscharen. Sie wurden schon 1826 von Sultan Mahmud II. nach dem letzten ihrer vielen Aufstände blutig ausgelöscht. Wenn jetzt wieder zu besonderen Anlässen in Istanbul eine Janitscharenmusik in

ihren alten Uniformen aufspielt, ist es nur mehr eine Erinnerung an eine große Vergangenheit, in gewissem Sinne vergleichbar mit der Deutschmeisterkapelle in Wien.
Von beiden einst berühmten (in anderer Hinsicht freilich sehr verschiedenen) Truppenkörpern, Deutschmeistern und Janitscharen, ist nur mehr ihre Musik geblieben, ja die der Janitscharen hat sogar die europäische Militärmusik stark beeinflußt. Ihre Musikkapellen begleiteten nicht nur die Truppe beim Angriff, sondern kamen auch mit Gesandtschaften nach Wien, Paris oder Krakau und machten überall starken Eindruck. Die europäischen Heere hatten wohl Signalinstrumente und »Feldspiel« gekannt, Trommel und Pfeife bei der Infanterie, Pauke und Trompete oder Oboe bei der Reiterei, aber keine ganzen Kapellen. Zuerst folgte König Johann Sobieski dem türkischen Vorbild. 1741 brachte Trenck zugleich mit seinem Pandurencorps eine wilde, lärmende Musikkapelle, die türkische Rhythmen mit türkischen Instrumenten spielten, nämlich Schellenbaum, Schalmeien, Zinken und Trommeln. Bald kamen noch Triangel und Tamburin und die besonders wirkungsvollen Becken (Tschinellen) dazu.
Wohl waren gelegentlich auch früher schon einzelne Instrumente erbeutet worden, und wenn es gelang, auch die Musiker dazu gefangenzunehmen, mußten sie gleich für den Sieger spielen. Die große Modewirkung, die rasch ausstrahlte, gelang aber erst Trenck mit seinen Panduren. Die anderen österreichischen Regimenter wollten hinter ihm nicht zurückstehen, danach folgten Preußen und Rußland dem Beispiel, schließlich das übrige Europa. Wenn jetzt noch Militärmusiken zum Platzkonzert aufspielen, tun sie es nach dem fast vergessenen Vorbild der Panduren und der Janitscharen.

Die Grenzen zwischen dem türkischen und dem allgemein balkanischen oder gar asiatischen Element sind schwer zu ziehen. Weder in der Kleidung noch im Kunsthandwerk oder in der Küche von Südosteuropa läßt sich eindeutig sagen, was von den Türken stammt, von ihnen aufgenommen und verbreitet wurde oder schon früher Allgemeinbesitz gewesen war. Obwohl »kebab« ein osmanisches Wort arabischen Ur-

sprungs ist, muß der Šiškebab nicht unmittelbar oder ausschließlich auf Türken und Araber zurückgeführt werden, denn Fleischstücke am Spieß schätzten schon die homerischen Helden. Eher dürften die komplizierteren Genüsse wie gefüllte Melanzani (Auberginen, Eierfrüchte), gefüllte Paprika und Tomaten oder von Weinblättern umhüllter Reis den Türken zuzuschreiben sein. Dafür haben sich teils sogar im türkenfeindlichen Griechenland türkische Bezeichnungen erhalten wie Dolmades, Papoutsaki oder Imam Baildi.
Die Vorliebe für Süßigkeiten stammt gewiß aus dem Orient. Noch heute sind auf vielen Konditoreien der Balkanhalbinsel bis nach Istrien türkische Namen zu lesen, und wer auf einem österreichischen Jahrmarkt »Türkischen Honig« verkauft, stülpt sich dazu gern einen Fez auf den Kopf.
Der Kaffee stammt bekanntlich aus Kâfa in Äthiopien, aber seine erste Station in Europa war das Istanbul Sultan Sulejmans II. des Prächtigen schon vor der Mitte des 16. Jahrhunderts. Es dauerte noch 90 Jahre, bis ihn die Venezianer nach Italien brachten. Der Hof Ludwigs XIV. zu Paris lernte den Kaffeegenuß durch einen Botschafter Sultan Mohammeds IV. kennen. In Wien soll jener Koltschitzky, der sich 1683 als heimlicher Bote durch das Türkenlager schlich, dann aus der Türkenbeute die Kaffeesäcke erhalten und damit das erste Wiener Kaffeehaus »Zur blauen Flasche« gegründet haben. Das ist eine vielfach variierte Lokalsage, nur leider nicht beweisbar. Das erste Privileg zum Kaffeeausschank erhielt 1685 ein Geheimagent des Hofkriegsrates namens Johannes Diodato. Zwei Jahre später folgte ihm der Armenier Sahak Lukasian, eine ebenfalls etwas undurchsichtige Persönlichkeit mit guten Beziehungen zur Hohen Pforte.
Obwohl wir also den Kaffee den Türken verdanken, waren sie doch wieder nur die Vermittler, nicht der Ausgangspunkt. Das gilt auch für viele Fachausdrücke, die ins Deutsche und andere Sprachen übernommen wurden, vom Sultan über den Wesir und den Harem bis zum Diwan und zum Bazar: es sind arabische oder persische Wörter. An jedes von ihnen und noch viele andere ließe sich eine Erläuterung, eine Geschichte oder zumindest eine Anekdote knüpfen, wir wollen

uns aber damit begnügen anzuführen, wie unser Gewährsmann Demetrie Kantemir das wohlbekannte Wort »Bakschisch« erklärt:
»Bakschisch« bedeutet eine Gabe, die aus Güte gereicht wird, aber kein Almosen. Sooft ein neuer Sultan den Thron bestieg, hatte er den Kriegern, die zur Zeit in Istanbul anwesend waren, ein Bakschisch zu reichen, und zwar gar nicht wenig: Jeder Sipahi erhielt damals, also um 1700, 25 Taler in Gold, jeder Janitschar 20. Das wurde so fester Brauch, daß die Soldaten das Geld forderten, wenn sie es nicht sogleich erhielten – und der Sultan hütete sich, es ihnen zu verweigern.

Am Triumphbogen der Schottenkirche zu Wien zeigt das Altarbild die Kreuzigung Christi und dabei die Henkersknechte als Türken. So erscheinen die Feinde der Christenheit auf vielen Abbildungen, nicht nur in den Kirchen, sondern auch in Mausoleen, auf Denksäulen und Wegkreuzen. Das gleiche Feindbild galt in der ritterlichen Übung: der hölzerne Kopf, nach dem der Reiter zu stechen oder zu schlagen hatte, war mit Bart und Turban eindeutig als Türke zu erkennen. Dergleichen geschah auch bei feierlichen Veranstaltungen, und wenn zufällig ein Botschafter des Sultans anwesend war, mag es peinlich gewesen sein. Im Jahre 1661 soll einer der vornehmen Türken geäußert haben, die Herren könnten ihren Mut besser im Kampf gegen echte Türken zeigen. Dem Gesandten Ibrahim Pascha zuliebe wurden im Jahre 1700 die hölzernen Türkenköpfe durch mythologische Gestalten ersetzt, aber danach blieben sie wieder bis ins späte 19. Jahrhundert üblich.
Das war aber nur mehr Tradition, denn als Feind galt im 19. Jahrhundert nicht mehr der Türke – wenigstens nicht in Österreich. Dafür brachten die Spielkarten des beliebten Tarock etliche idyllische Motive aus dem mohammedanischen Balkan und dem Orient einschließlich des Haremslebens. Das Spiel hat außer den eigentlichen Tarockkarten noch andere, und auch unter ihnen ist Osmanisches anzutreffen: der Treff-Kavall ist als Türke mit Krummsäbel und Turban dargestellt, der Pick-König sogar als Sultan. Das ist nicht nur auf den

österreichischen Tarockkarten so geblieben, sondern auch auf den ungarischen und tschechischen bis in die unmittelbare Gegenwart.

Je weniger das Osmanische Reich gefürchtet wurde, desto stärker wirkte in Europa sein exotischer Reiz. Er brachte Möbel und Stoffmuster nach türkischer Art hervor, Gartenhäuschen nach dem Vorbild des türkischen Kiosk (Köschk), und mancher vornehme Herr ließ sich in seinem Park außer der künstlichen Ruine auch eine Moschee mit Minarett erbauen. Das höchste Minarett, 58 m, stand im alten fürstlich Liechtensteinschen Besitz Eisgrub (Lednice) an der Thaya in Südmähren. Es stand jedoch nicht lange, schon 1845 ließ Fürst Alois II. von Liechtenstein den ganzen Schloßkomplex im Stil der englischen Gotik umbauen. Eine Mode löste die andere rasch ab; nicht einmal exzentrische Herren verfielen auf den Gedanken, sich einen türkischen Baumeister kommen zu lassen.

Der engere Kontakt mit dem Osmanischen Reich und die verminderte Furcht wirkten sich schon im 18. Jahrhundert sogar auf der Bühne aus. Von Italien her verbreitete sich die »Türkenoper«, und das Ballett bediente sich gern des orientalischen Kolorits. Unter den Orchesterinstrumenten tauchten Becken und große Trommel auf, Pauken und Triangel. Große Namen der Musikgeschichte sind da zu nennen, z. B. Christoph Willibald Gluck mit seinen heiteren Singspielen »Le cadi dupé« (Der betrogene Kadi) und »Le recontre imprévu« (Die unvermutete Begegnung). Dieselbe Handlung, die auch den Titel »Die Pilgrime von Mekka« trug, vertonte nochmals Joseph Haydn als »L'incontro improviso«. Von Mozart sind das unvollendete Singspiel »Zaide« und vor allem die Oper »Die Entführung aus dem Serail« bekannt, von Rossini »L'Italiana in Algeri«, »Il Turco in Italia« und »Maometto II.« Diese letzte Oper brachte Rossini sechs Jahre später, 1826, umgearbeitet als »Die Belagerung von Korinth« auf die Bühne. Inzwischen hatte Beethoven für Kotzebues Festspiel »Die Ruinen von Athen« einen Derwischchor komponiert, ferner den berühmten »Türkischen Marsch«, Carl Maria von Weber die Oper »Abu Hassan«. So geht es weiter, über den »Barbier von Bagdad« von Peter Cornelius und die »Fatinitza« von Franz von Suppé bis herab zu Leo Fall mit seiner »Rose von Stambul« aus dem Jahre 1916. Der Türke war auf der Bühne heimisch, und zwar in ganz verschiedener Gestalt, als grausamer Barbar oder naiv und leicht zu betrügen, edelmütig oder schalkhaft-listig.

Eine besondere, vom literarhistorischen wie soziologischen Standpunkt aus vielleicht bemerkenswerte Ergänzung bietet der »Zigeunerbaron« von Johann Strauß. Wie sich schon in den antiken Komödien herausstellen mußte, daß das Sklavenmädchen eigentlich eine Bürgerstochter sei, damit der junge Held sie heiraten konnte, so wird noch 23 Jahrhunderte später das Zigeunermädchen Saffi zuletzt eine standesgemäße Gemahlin des Barons, da man sie als Tochter eines türkischen Paschas erkennt.

Über alle literarischen Moden hinweg hat sich das türkische Schattenspiel erhalten, der berühmte »Kara Göz« – und nicht nur im Orient. Obwohl es in Ioannina an Fernsehapparaten nicht mangelt, sind an jedem Sommerabend (das war noch 1978 festzustellen) hinter einer erleuchteten Leinwand Marionetten zu sehen, der Held des Stückes, das Mädchen, Soldaten und ein alter Türke. Die Zuschauer sitzen im Freien am Seeufer, ganz nahe der alten Festungsmauer des Ali Pascha.

Es wäre schön, die Suche nach TürkTqasuren in Europa mit diesem freundlichen, fast idyllischen Bild abschließen zu können. Aber leider hat die türkische Invasion auf Zypern 1974 gezeigt, daß die alten Gegensätze noch nicht vergessen sind. In Griechenland sorgt sich mancher Politiker, Reste türkischer Minderheiten könnten den Türken den Vorwand bieten, auch andere Inseln zu besetzen, wenn schon nicht wegen eines kulturellen Erbes, so doch wegen des Erdöls im ägäischen Raum. Die makedonische Frage kann jederzeit wieder aktuell werden, nicht nur zwischen Jugoslawien und Bulgarien, sondern auch zwischen Bulgarien und der Türkei. Wir hoffen, daß Friedenswillen und Vernunft die Probleme lösen können, aber wir dürfen die historischen Gründe dieser Probleme nicht vergessen.

# LITERATURBERICHT

## I. DIE QUELLEN

Der Verlag Styria in Graz bringt seit über einem Vierteljahrhundert Quellenbücher zur Geschichte Südosteuropas heraus, und zwar in vorzüglicher Übersetzung und reich mit Anmerkungen versehen. Damit wird jedem, der sich mit diesem Bereich befaßt, die Arbeit wesentlich erleichtert, zumal die Anmerkungen auch alle Fachausdrücke erklären und eine Kritik sowie gegebenenfalls Berichtigung enthalten. Es wäre ja unmöglich, alles als wahr hinzunehmen, was die Quellen angeben. Ihre Verfasser waren weder Forscher im modernen Sinn, noch verfügten sie über durchwegs genaue Unterlagen, Jahreszahlen, Statistiken oder ausreichende Landkarten. Dafür geben sie unmittelbare Empfindungen und Bilder und – bei aller nationalen Voreingenommenheit – doch glaubhafte Eindrücke. Für dieses Buch wurden folgende Bände benützt:

*Byzantinische Geschichtsschreiber Band I:* Die letzten Tage von Konstantinopel, 1954

*Slavische Geschichtsschreiber Band VIII:* Memoiren eines Janitscharen oder Türkische Chronik, Graz 1975

*Osmanische Geschichtsschreiber Band I:* Kara Mustafa vor Wien, Graz 1955

*Osmanische Geschichtsschreiber Band II:* Im Reiche des Goldenen Apfels (Evliya Celebi), Graz 1957

*Osmanische Geschichtsschreiber Band III:* Vom Hirtenzelt zur Hohen Pforte (Derwisch Achmed), Graz 1959

*Osmanische Geschichtsschreiber Band IV:* Der Gefangene der Giauren (Osman Aga), Graz 1962

*Osmanische Geschichtsschreiber Band V:* Zwischen Paschas und Generälen (Osman Aga), Graz 1966

*Osmanische Geschichtsschreiber Band VI:* Leben und Taten der türkischen Kaiser (Anonyme griechische Chronik), Graz 1971

An weiteren Quellen habe ich verwendet:

Die Protokollbücher des Kadiamtes Sofia, bearbeitet von G. Galabov, herausgegeben von H. Duda; München 1960

Die Reisetagebücher des Paolo Santonino 1485-87, Klagenfurt 1947

Voigtländers Quellenbücher Band 19: Hofleben in Byzanz, Leipzig o. J.

Berichte zur Gegenwart und Vergangenheit der einst türkischen Gebiete fand ich – nicht absolut verläßlich, aber angenehm zu lesen – in den Merian Monatsheften Siebenbürgen, Apulien, Lesbos-Chios-Samos, Rhodos-Dodekanes, Thessalien, Montenegro, Bulgarien, Zypern, Ägäische Inselwelt.

Die Entwicklung der Südosteuropa-Forschung ist in dem unten angeführten Werk von Georg Stadtmüller ausführlich dargestellt; dort sind auch Listen aller Sultane, Großwesire, byzantinischen Kaiser, balkanischen Fürsten usw. aufzufinden.

## II. DIE HISTORIKER

Die Grenze zu den Quellen ist nicht klar zu ziehen, denn von jenen in Abschnitt 1 genannten Autoren hat nicht jeder alles, was er schildert, selbst miterlebt; manches bringt er als Ergebnis mehr oder minder zuverlässiger Forschung. Wie also der Derwisch Achmed und der Verfasser der anonymen griechischen Chronik auch unter die Historiker einzureihen wären, haben die Angaben des Historikers Demetrie Kantemir, Fürsten der Moldau, an vielen Stellen den Wert einer Geschichtsquelle. Dasselbe gilt zum Teil noch für das umfangreiche, nicht immer leicht zu lesende Werk Hammer-Purgstalls. Dagegen ist G. F. Hertzberg bereits als Historiker im modernen Sinn zu werten; seine Darstellung reicht leider nur bis gegen Ende des 16. Jahrhunderts.

*Kantemir Demetrie:* Geschichte des Osmanischen Reiches. Deutsche Übersetzung Hamburg 1745

*Hammer-Purgstall Joseph von:* Geschichte des Osmanischen Reichs, Pest 1827-35

*Hertzberg Gustav Friedrich:* Geschichte der Byzantiner und des Osmanischen Reiches, Berlin 1883

## III. DIE FORSCHER

Das Thema dieses Buches erforderte weniger, Übersichtswerke heranzuziehen als vielmehr genaue Darstellungen begrenzter Abschnitte und einzelner Probleme. Auch wenn ich mitunter anderer Meinung bin, schätze ich die solide Gelehrtenarbeit und verdanke ihr viel. In erster Linie – als Beispiel für viele andere – habe ich zu nennen:

*Babinger Franz:* Spätmittelalterliche fränkische Briefschaften aus dem großherrlichen Seraj zu Stambul, München 1963

*Braun Maximilian:* Die Schlacht auf dem Amselfeld in geschichtlicher und epischer Überlieferung. Slawisch-baltische Quellen-Forschungen, Heft VIII, Leipzig 1937

*Eickhoff Ekkehard:* Venedig, Wien und die Osmanen, München 1970

*Kienitz Friedrich-Karl:* Städte unter dem Halbmond, München 1972
Das Mittelmeer, München 1976

*Kohlhaas Wilhelm:* Candia 1645-1669, Osnabrück 1978

*Löhneysen Wolfang Freiherr von:* Mistra, München 1977

*Teply Karl:* Türkische Gesandtschaften nach Wien (in: »Österreich in Geschichte und Literatur«, Heft 1/20, 1976)
Spuren aus Österreichs Türkenzeit (in: »Die Türken – und was von ihnen blieb«, Wien 1978)

## IV. DIE REISEFÜHRER

Türkenspuren zu finden, setzt viele Reisen voraus, außerdem das Studium geographischer und lokalhistorischer Angaben. Ich habe mich redlich bemüht, die Nachrichten über Gebäude und Ruinen der Türkenzeit zu überprüfen, aber es war nicht in jedem Falle möglich, und was ich vor zehn oder zwölf Jahren feststellte, muß heute nicht mehr richtig sein. Ich bin jedem Leser dankbar, der mir ergänzende Tatsachen mitteilt oder Irrtümer berichtigt. Vor allem wüßte ich gern, ob die abgerissenen Bauwerke von Ada Kaleh (S. 290 ff.) auf einer anderen Donauinsel neu errichtet worden sind. Folgende Reisehandbücher habe ich am häufigsten benützt:

Die blauen Führer (Guide bleu) Band Griechenland, Wien 1978
Jugoslawien, Paris 1972
*Dercsényi Dezsö und Balázs:* Kunstführer durch Ungarn, Budapest 1974
*Baedeker Karl:* Österreich-Ungarn, Leipzig 1910
Baedekers Auto-Reiseführer Jugoslawien und Griechenland, Stuttgart 1975 (7. Aufl.)
ÖAMTC-Handbuch Südosteuropa und Kleinasien, Wien 1967
Ungarn/Rumänien, Wien o. J.
*Handbuch der historischen Stätten:* Österreich (2 Bände) Stuttgart 1966/1970
*Dehio-Handbuch:* Die Kunstdenkmäler Österreichs, Bände Wien, Niederösterreich, Steiermark. Wien, ab 1953

V. AUSSERDEM WURDEN NOCH FOLGENDE WERKE VERWENDET:

*Bermann Moritz:* Maria Theresia und Kaiser Josef II.; Wien 1881
*Boeheim Wendelin:* Handbuch der Waffenkunde; Leipzig 1890/Graz 1966
*Boldizsár Iván (Hrsg):* Ungarn; Budapest 1969
*Brlić E.:* Die freiwillige Teilnahme der Serben und Kroaten an den vier letzten österreichisch-türkischen Kriegen; Wien 1854
*Busch Moritz:* Die Türkei, Reisehandbuch; Triest 1870
*Chledowski Casimir von:* Neapolitanische Kulturbilder; Berlin 1920
*DDSG (Hrsg):* Die Donau von Passau bis zum Schwarzen Meere; 1912
*Fallmerayer Jakob Philipp:* Fragmente aus dem Orient; München 1963
*Fehér Géza:* Türkische Miniaturen; Wiesbaden 1978
Türkisches und balkanisches Kunsthandwerk; Budapest 1975
*Frasheri Kristo:* The history of Albania; Tirana 1964
*Gabriel Erich:* Die Türkenbeute in Österreich; (In: Die Türken – und was von ihnen blieb; Wien 1978)
*Gaitanides Johannes – Worm Susanne:* Ägäisches Trio; München 1974
*Gerö Györö:* Buda, Török Müemlékei; Budapest 1957
Pécs, Török Müemlékei; Budapest 1960
*Ghiaţa Anca:* Condiţiile instaurarii dominaţiei Otomane in Dobrogea (in: Studii istorice Sud-est Europene, Vol. I, Bucureşti 1974)
Contribuţii noi privind unele aspecte ale societaţii româneşti din Dobrogea în secolele XV-XIX (in: Memoriile secţiei de ştiinţe istorice IV/1; Bucureşti 1978)
Les Roumains en Dobroudja au milieu du XIX^e^siècle (in: Revue des études Sud-est Européennes, T.XV/1 Bucarest 1977
*Gregorovius Ferdinand:* Athen und Athenais; Dresden 1927
*Gutkas Karl:* Geschichte des Landes Niederösterreich
*Harten Uwe:* »Alla Turca« – Türkisches in der Musik (in: Die Türken – und was von ihnen blieb; Wien 1978)
*Heitzenberger Josef:* Allzeit getreu! Wiener Neustadt 1904

*Holtz Georg Freiherr von:* Von Brod bis Sarajevo; Wien 1907
*Horsetzky Adolf von:* Kriegsgeschichtliche Übersicht der wichtigen Feldzüge in Europa seit 1792; Wien 1905
*Horstenau Edmund von:* Tuzla und Doboj; Wien 1909
*Hummelberger Walter:* Die Bewaffnung der Türken – dargestellt am Beispiel der Türkenbeute im Historischen Museum der Stadt Wien (in: Internationales Kulturhistorisches Symposion Mogersdorf, Band 1; Eisenstadt 1972)
*Hummelberger Walter und Peball Kurt:* Die Befestigungen Wiens; Wien 1974
*Kirsch Karl:* Burg Forchtenstein; Wien o. J.
*Kirsten Ernst:* Süditalienkunde; Heidelberg 1975
*Klein Anton Adalbert:* Zur Geschichte der Türkeneinfälle in die Steiermark; Dissertation Graz 1922
*Kohl Johann Georg:* Reise nach Istrien, Dalmatien und Montenegro; Dresden 1851
*Kolias G.:* Constantin Paléologue (in: Le cinq-centième anniversaire de la prise de Constantinople; Athen 1953)
*Kralik Richard – Schlitter Hans:* Wien. Geschichte der Kaiserstadt und ihrer Kultur; Wien 1912
*Krenn Peter:* Das Steiermärkische Landeszeughaus in Graz; Graz 1974
*Kuefstein Hans Ludwig Freiherr von:* Gesandtschaftsbericht. Handschrift im Österr. Staatsarchiv
*Kupelwieser Leopold:* Die Kämpfe Österreichs mit den Osmanen vom Jahre 1526 bis 1537; Wien 1899
*Langer:* Serbien unter der kaiserlichen Regierung 1711-1739 (in: Mitteilungen des k. k. Kriegsarchivs N. F. 3. Bd. Wien 1889)
*Liddell Robert:* Die Stadt am Bosporus; Zürich 1959
*Maiuri Amedeo:* Capri; Roma 1956
*Martischnig Michael:* Die Türken in Kärnten, Osttirol und Salzburg (in: Die Türken – und was von ihnen blieb; Wien 1978)
*Megas Georgios:* Die Ballade von der Arta-Brücke; Thessaloniki 1976
*Molnár Imre:* Szigetvár és környéke; Baranya 1975
*Molnár József:* Szigetvár, Török Müemlékei; Budapest 1958
Eger, Török Müemlékei; Budapest 1961
*Montecuccoli Raimund Fürst:* Vom Kriege mit den Türken in Ungarn; Ausgewählte Schriften Bd. 4, Wien 1899-1901
*Münzer Edith:* Altgrazer Spaziergänge; Graz 1974
*Nikolaides Kleanthes:* Griechenlands Anteil an den Balkankriegen 1912/1913; Wien 1914
*Pamlény Ervin (Hrsg):* Die Geschichte Ungarns; Budapest 1971
*Papp Antal:* Ungarn; Budapest 1971
*Paradakes Spyros:* ICTOPIA THC MONEMBACIAC; Athen 1974
*Peball Kurt:* Die Schlacht bei St. Gotthard-Mogersdorf 1664. Militärhistorische Schriftenreihe Heft 1, Wien 1964
*Posch Fritz:* Die Steiermark und die Türken (in: Die Türken – und was von ihnen blieb; Wien 1978)

*Prickler Harald:* Das Burgenland und die Türken (ebendort)
*Pückler-Muskau Fürst Hermann von:* Südöstlicher Bildersaal. Griechische Leiden; Stuttgart 1840/1968
*Rice Tamara Talbot:* Die Seldschuken; Köln 1963
*Schmidt Adolf:* Handbuch für Reisende im Kaiserthume Österreich; Wien 1844
*Schmidt Leopold:* Türkenmotive in der Volkskunst (in: Die Türken – und was von ihnen blieb; Wien 1978)
*Schreiber Hermann:* Korsika; Bern 1977
Şerbanescu Mircea: Timişoara; Bukarest 1964
*Siegert Heinz:* Bulgarien heute; Düsseldorf 1964
Rumänien heute; Düsseldorf 1966
*Stadtmüller Georg:* Geschichte Südosteuropas; München 1950
*Sturminger Walter:* Die Türken vor Wien in Augenzeugenberichten; Düsseldorf 1968
*Swoboda Otto:* Lebendiges Brauchtum; Salzburg 1970
*Thallóczy Ludwig:* Geschichte Bosniens (in: Die österreichisch-ungarische Monarchie in Wort und Bild, Band Bosnien und Hercegovina; Wien 1901)
*Todorov N./Dinev L./Melinischki L.:* Bulgarien; Sofia 1969
*Trollope Frances:* Briefe aus der Kaiserstadt; Stuttgart 1966
*Weller Franz:* Die kaiserlichen Burgen und Schlösser in Bild und Wort; Wien 1880

## VI. DIVINATIO

Die Prozeßordnung des antiken Rom verlangte unter gewissen Umständen von einem Redner, seine Fähigkeit und Berechtigung nachzuweisen. Dergleichen scheint heute wieder empfehlenswert, da sich das Bücherschreiben sehr verbreitet hat und zuweilen auch ohne Voraussetzungen betrieben wird. Ich selbst muß gestehen, kein Turkologe zu sein; die Geschichte der Balkanhalbinsel auch außerhalb der Antike (meinem eigentlichen Studienfach) beschäftigt mich jedoch schon seit 1958, als ich zum ersten Mal die Zitadelle des Ali Pascha in Ioannina sah. Seither habe ich fast jedes Jahr die einst türkischen oder venezianischen Gebiete erforscht, vorwiegend im Auto, aber auch auf Schiffsreisen, im Sattel und zu Fuß.

Meine Reisebücher »Fahr mit nach Griechenland« und »Fahr mit nach Jugoslawien« sind durch die Entwicklung des Tourismus zum guten Teil überholt; sie geben den Eindruck, der sich vor zwei Jahrzehnten bot. Die Gesandtschaftsreise des Freiherrn von Kuefstein im Jahre 1628 habe ich in Form eines Romans »Fahrt zur Hohen Pforte« (Graz 1965) dargestellt, interessante Quellen zur Geschichte in dem Band »Balkan aus erster Hand« (Würzburg 1971) aneinandergereiht. Die militärischen Ereignisse der Türkenkriege behandelte ich in »Des Kaisers Reiterei« (Wien 1967), wirtschaftliche und verwaltungstechnische Probleme in »Sipahi« (Innsbruck 1975).

# PERSONENREGISTER

# ORTSREGISTER

## BILDQUELLENNACHWEIS

Archiv für Kunst und Geschichte, Berlin 2, 3, 4, 7, 11, 19, 36, 37

Bildagentur Mauritius, Mittenwald 1 (Foto W. Gruber), 10 (Foto Rossenbach), 12 (Foto Bartel), 16 (Foto Bohnacker), 22 (Foto Grünewald), 23 (Foto Grünewald), 27 (Foto Werner), 32 (Foto Bartel), 38 (Foto Bohnacker)

Foto G. Klammet, Ohlstadt 8, 24, 26, 33, 34, 42

Kunsthistorisches Museum, Wien 20 (Foto Meyer)

Prof. Dr. Georg Schreiber, Wien 5, 6, 9, 13, 14, 15, 17, 18, 25, 28, 29, 30, 31, 35, 39, 40, 41, 43

Die Vorlage für die Strichzeichnung auf Seite 99 stammt aus dem Archiv für Kunst und Geschichte, Berlin.